이성은 죽지 않았다

당대총서 3

박이문 사상선집

이성은 죽지 않았다

도서출판 당대
1996

어려운 농촌 살림 속에서도
쓸데없는 공부길을 택한 막내자식을
끝까지 밀어주시고 타계하신
부모님께 이 책을 바칩니다

■ 책머리에

　60대 중반을 넘어 백발이 된 지 오래인 지금까지도 나는 구체적으로 어떤 것이 가장 옳고 보람있는 삶인가에 대한 확신을 단 한번도 자신있게 가져본 적이 없다. 지금 되돌아보면 내가 살아오면서 수없이 많은 잘못을 저질렀고 허다한 보람없고 부끄러운 짓을 해왔다는 것을 깨닫고 뉘우치는 일이 한두 번이 아니다. 자식으로서는 부모에 보답을 못했고, 남편으로서 재미 없었고, 동생 혹은 아저씨로서는 떳떳함이 없었고, 이웃으로서 정을 나누지 못했고, 친구로서 우정에 충실하지 못했고, 제자로서 사은에 궁색했고, 선생으로서 헌신적이지 못했고, 동료로서 한결같지 못했고, 한국인으로서 애국심에 뜨겁지 못했다. 이러한 것을 의식할 때마다 뉘우침과 아울러 부끄러운 느낌이 어쩔 수 없이 나를 덮는다. 보람있고 옳은 삶에의 길은 여러 갈래가 있다. 그러나 모든 길을 동시에 걸어갈 수는 없다. 그러기에 삶은 갈등을 피할 수 없다. 이런 갈등을 느끼면서 나는 그때그때마다 가장 옳고 보람있는 삶을 살려는 의지만은 한 번도 포기한 적이 없다.

내가 택한 길은 지적 탐구였다. 나는 무엇보다도 먼저 모든 것을 적어도 나 자신에게 투명하게 밝혀보고 싶었다. 그것은 나의 오랜 기간에 걸친 지적 섭렵과 방황, 실존적 고독과 몸부림을 의미했다. 나의 삶을 지탱해 온 첫째, 그리고 마지막 원칙은 어떤 경우, 어떤 문제에 있어서든지 유행이나 권위와는 상관없이 나 자신의 신조대로 생각해 보고, 나 자신의 신념대로 살면서 무엇보다도 나 자신에게 정직하자는 것이었다.
 30여 년 전부터 30권에 가까운 책과 수많은 논문 혹은 잡글 형식으로 발표한 글들은 나의 위와 같은 지적 행적의 그때그때의 기록들이다. 혹시 잘은 모르지만 그것들을 관통하는 일관된 신념과 논리가 있었으면 한다. 그것은 어쩌면 이성에 대한 신뢰와 삶에 대한 뜨거운 정열일지도 모른다.
 지금 돌아보면 그것들이 얼마나 미숙하고 미흡한가를 본인은 잘 알고 있다. 그런데도 나의 지적 행적에 관심을 갖고 그것들 가운데서 얼마를 뽑아 한 권의 책으로 내고자 하는 출판사 [당대]의 문부식 편집인의 간곡한 요청에 본인은 적지 않은 긍지와 한없는 사의를 느끼고, 혹시 이번 출판이 지적으로 극히 혼탁한 오늘날 누구에겐가 지적인 방향감각을 마련하는 데 도움이 될 수 있을지도 모른다는 과장된 판단을 구실로 그의 요청에 응하기로 한다. 「이성의 시련」과 「방황의 변」의 두 에세이는 각별히 이 책을 위해 쓴 것임을 밝혀둔다.

1996년 2월
포항공대 연구실에서
박이문

■ 차례

책머리에 · 7

제1부 20세기 말의 정신적 상황
　20세기 말의 정신적 상황 · 15
　　- 이성의 시련
　전통과 근대성 · 38
　　- 한국근대화를 중심으로
　합의로서의 합리성 · 59
　　- 하버마스 비판 이론의 경우

제2부 예술적 상황
　예술과 과학 · 75
　　- '하이테크 아트'는 정말 예술인가?
　생태학과 예술적 상상력 · 92
　21세기 한국문화의 선택 · 111
　외국문학의 수용(受容)과 수용(受用) · 130

제3부 과학과 인간
　과학기술, 그 적응과 도전 · 159
　　- 20세기 말의 과학적 상황과 전망
　21세기의 문화 : 전망과 희망 · 176
　　- 생태학적 문화를 위한 제안

과학과 이데올로기 · 205
　　과학도 인간이 하는 것이다 · 227
　　　—김호길 : 그의 인간과 사상

제4부 역사의 선택과 이성
　　역사의 선택과 이성 · 257
　　정통성과 도덕성 · 266
　　철학과 참여 · 285
　　어둠과 빛 · 301

제5부 삶에 대한 태도
　　교육이념과 인성교육(人性教育) · 319
　　　—대학에서 인성교육은 가능한가?
　　삶에의 태도 · 341
　　자기 기만 · 354
　　목적과 수단 · 361
　　　—삶을 보는 하나의 시각
　　가짜 · 365

연보/지적 방랑의 변명 · 375

제1부 20세기 말의 정신적 상황
-이성(理性)의 시련(試鍊)

20세기 말의 정신적 상황
-이성(理性)의 시련(試鍊)
전통과 근대성
-한국 근대화를 중심으로
합의로서의 합리성
-하버마스 비판 이론의 경우

20세기 말의 정신적 상황
―이성(理性)의 시련(試鍊)

   "실재하는 것은 이성적이며, 이성적인 것은 실재한다"라고 말했을 때 헤겔은 '이성'을 우주 전체의 속성, 즉 인식 대상으로서 존재의 모든 현상·실체의 속성인 동시에 그러한 현상·실체에 대한 인식 주체로서의 인간의 속성 즉 인간의 지적 속성으로 보았다. 그래서 '이성'(noesis, nous, logos, Reason, raison, Vernunft)은 우주의 존재론적·형이상학적 원리를 의미하기도 하고, 동시에 인간의 인식론적·의식구조적인 특수한 속성을 지칭하기도 하는 개념으로 사용되고 있다. 존재론적·형이상학적 속성으로서 '이성'은 '질서' 혹은 '원리'를 의미하고 '혼돈' 혹은 '우연'과 대립하며, 인식론적·의식구조적 속성으로서 '이성'은 신념의 투명하고 보편적이며, 확고한 '근거'를 뜻한다. 플라톤의 '이데아'라는 관념적 존재는 다양한 형상의 원형 즉 근거이며, 이러한 '이데아'는 비감각적 인식 기능을 갖는 투명한 '이성의 눈'으로서만 인식할 수 있는 존재이다. 이와 같이 존재론적·형이상학적 및 인식론적·의식구조적 속성의 뜻으로 사용되기도 하지만,

'이성'은 주로 전자보다는 후자 즉 인식 대상으로서 존재·실체의 속성보다는 주체적 인간의 인식적 기능을 가리키는 개념으로 더 통용되고 있다. 아리스토텔레스가 인간을 '이성적 동물'이라 정의했을 때 '이성'이 객관적 존재의 속성과는 상관없이 인식 주체로서 인간의 특수한 기능 즉 어떤 대상에 대한 진리를 파악하는 지적 능력을 지칭함은 분명하다.

인간은 항시 어떤 판단을 내려야 하고, 모든 판단은 어떤 근거를 요청한다. 판단의 근거는 인간의 지적 및 실천적 불안을 해방시켜주고 인간에게 긍지를 심어준다. 만일 이성이 모든 판단의 최종적 그리고 결정적 근거이며, 그리고 그러한 이성을 인간이 선천적으로 갖고 있다면 얼마나 축복된 일이랴.

이성의 존재와 그것의 절대적 권위에 대한 신뢰는 프로타고라스의 도전에도 불구하고 고대 그리스에서 플라톤과 아리스토텔레스에 의해서 서양적 사유의 초석이 되었고, 루소의 비판에도 불구하고 '근대'에 이르러 데카르트, 칸트, 헤겔 등에 의해서 보다 보편적 의미와 보다 확고한 권위를 갖고 새로운 문명을 가능하게 했으며, 19세기의 여러 사상가들에 의해서 금이 갔음에도 불구하고, 20세기 전반까지 서양철학을 지배했던 현상학과 분석철학에 의해 재확인·고수되어 왔다. 서로 정반대의 입장에 있는 현상학과 분석철학이 객관적 및 보편적 인식 기능으로서 이성의 존재를 확신한다는 점에서 전혀 다를 바 없다. 후설의 현상학은 딜타이의 역사주의는 물론 과학적 지식의 상대성을 비판하면서 이성에 의한 절대적으로 자명한 지식의 가능성을 확신하고 그러한 지식에 도달하는 철학적 방법을 제시하고자 했으며, 분석철학도 모든 언명과 담론의 절대적 투명성을 확신했다. 이성의 존재와 그 권위를 확신한 서양 사상가들은 전통적으로 이성을 발견했다는 점에서 여타의 문화에 비추어 서양의 우월성을 의심치 않았다.

인간은 선천적으로 이성을 갖고 태어난 존재이며, 이성은 모든 인식 대상의 절대적 진리를 발견할 수 있으며, 모든 도덕적 행위의 선악을 확실하게 결정할 수 있으며, 모든 미학적 감상 대상의 미와 추를 분명하게 측정할 수 있다는 것이다. 진리, 선, 그리고 미가 각기 지적 개명, 도덕적 승화, 미학적 세련이라는 가치를 뜻하고, 이성이 이러한 긍정적 가치를 제공해준다면 이성에 바탕을 둔 신념은 그렇지 않은 신념에 비해 진보한 것으로 봐야 한다. '근대'가 계몽적 이념에 뜨거웠던 한 시대적 정신을 지칭하고, 계몽적 정신은 인간이 갖고 있는 이성에 대한 신뢰 즉 휴머니스트적 정신의 표현이라 한다면, 휴머니스트적 세계관으로 지배된 '근대'라는 역사적 시기는 신화적·종교적 세계관에 지배됐던 고대나 중세에 비해 분명한 진보를 뜻한다. 근대와 더불어 역사의 '진보'에 대한 의식과 신념이 나타났던 것은 우연이 아니다.

근대에는 기초가 잡힌 과학으로 자연현상에 대한 보다 선명하고 다양한 지식이 가능해졌고, 그런 지식에 기초한 기술로 자연의 정복과 그에 따른 물질적 풍요가 가능해졌고, 근대에 발견한 이성은 개인과 사회를 전통과 종교에 의한 사회적 및 도덕적 억압에서 점차적으로 해방시켰다. 이런 점에서 '근대'가 긍정적으로 평가될 수 있다면, '근대'의 초석인 이성의 지적, 도덕적 그리고 미학적 가치는 시대와 장소를 초월한 보편적 가치임이 분명하다. 근대성·모더니즘이란 이러한 이성의 기능과 가치에 대한 절대적 신뢰를 뜻하며, 그러한 자신감과 신뢰심이 '계몽주의'라는 이름으로 표현됐던 것은 자연스럽고, 서양의 계몽주의가 서양사상의 우월성에 대한 주장과 서양문화의 세계지배를 정당화하는 근거로 동원되었다는 사실도 쉽게 이해된다.

근대성·모더니즘 즉 계몽주의에 깔려 있는 이성에 대한 확신과 오만에 대해 그 당시 이미 버크는 정치 및 도덕적 측면에서 보편적

이성에 근거했다는 프랑스혁명에 나타난 비인간성·정신적 타락과 모순성을 고발하고 이성에 대한 전통의 우월성을 주장했고, 맑스는 경제적 측면에서 이성의 모순을 고발했다. 더 가까이 지난 세기 말에는 쇼펜하우어, 키에르케골, 니체는 각기 자기 나름대로 종전의 철학적 주장을 웃음거리로 만들고자 했다. 이같은 이성·철학에 대한 강렬한 비판에도 불구하고 전체적으로 볼 때 이성의 근본적 시련은 없었고, 이성에 대한 신뢰 속에 뿌리 박고 있는 근대성·모더니즘은 두 세기에 걸쳐 서양의 사상계를 지배했고, 더 나아가서는 전세계의 서양에 의한 군사·정치·경제적 지배를 정당화하는 근거로 이용되었다. 그런데 지금 바로 그러한 근대적 이성이 내부적으로는 서양에서 그 권위가 근본적으로 의심받고 외부적으로는 서양 외의 문화권으로부터 정치, 경제, 문화의 측면에서만이 아니라 철학적으로 크게 도전을 받게 됐다. 이성이 과거에는 그 유례를 찾아볼 수 없는 가혹한 시련을 겪게 됐다는 것이다. 약 반 세기 전 아도르노와 호르크하이머의 공저 『계몽의 변증법』은 근대성·모더니즘의 내적 모순을 총괄적으로 비판했다. 그리고 지금 세계 전체에 확산되어 유행하고 있는 '해체주의', '반기저주의', '철학의 죽음', '인간의 죽음', '역사의 종말', '이성의 분해' 등의 다채롭기도 하고 신선한 낱말과 보다 포괄적으로 사용되는 포스트모더니즘이라는 낱말이 오늘날 이성이 겪고 있는 시련의 양상을 말해준다.

 그렇다면 과연 이성은 끝났고, 아울러 이른바 '근대적 기획' 즉 계몽주의는 막을 내렸는가? 이러한 물음에 어떤 대답이 어떻게 제시될 수 있는가? 전통적으로 철학은 이성의 가장 아름다운 꽃으로 자타가 믿어 왔었다. 철학이 이성의 가장 대표적 표현이요 활동이라면, 이성의 시련은 곧 철학의 시련이요, 이성의 부정은 곧 철학의 부정을 뜻한다. 이성의 죽음은 곧 철학의 죽음을 뜻한다. 그러므로 철학 비판의 근거는 이성 비판의 근거가 될 것이다. 그리고 철학 비판의 근거를 검토함으로써 이성을 깔고 있는 근대성·모더니즘에 대한 광범위한 비판을 뜻하는 포스트모더니즘의 근거와 그 타당성도 아울러 밝혀질 수 있을 것이다.

그렇다면 철학의 종말을 주장하는 근거는 무엇인가? 과연 이성은 죽었고, 게다가 허구이며 철학은 끝장났는가? 이런 물음에 대한 대답을 찾기 위해, 첫째, 이성의 시련, 아니 이성의 사망 진단을 의미하는 포스트모던적 철학 비판의 내용과 근거를 검토해보고, 둘째, 이러한 진단의 결과가 낳는 문제를 지적하고, 셋째, 이런 문제를 풀기 위해 '이성'의 본질과 위상에 대한 재해석의 필요성을 지적해보기로 하자.

1. 철학적 사망 진단

가장 근원적이고, 가장 확고하고, 가장 보편적이고 절대적인 진리를 추구하고 주장하는 철학은 몇 가지 암묵적 전제를 깔고 있다. 첫째, 철학적 신념은 우연적이 아니라 필연적이고, 특수적이 아니라 보편적이며, 경험적이 아니라 선험적이고 불확실한 것이 아니라 자명한 이성의 실체를 전제해야 한다. 이러한 속성을 가진 이성의 존재를 부정하면, 확고하고 보편적이고 투명한 인식이란 논리적으로 불가능하기 때문이다. 둘째, 철학 특히 심·신 이원론적 형이상학은 마음 내에 인식 주체자의 불변함, 초경험적인, 순수한 지적 '자아'를 전제한다. 이러한 자아의 전제 없이는 이성의 보편성과 필연성을 설명할 수 없기 때문이다. 셋째, 철학은 인식·지식을 인간 주체에 의한 인식 대상의 구성이 아니라 객관적 표상이라는 인식론적 입장을 전제한다. 만약 인식이 인식 주체자에 의한 경험의 재구성이라면, 그러한 재구성은 여러 가지 다른 방법으로 가능하다. 그렇다면 인식의 보편성이나 필연성이 부정되어야 하기 때문이다. 넷째, 철학은 언어의 문자적 의미와 은유적 의미 즉 언어의 객관적이고 분명한 의미와 언어의 주관적이며 애매모호한 상징적 의미의 구별을 전제한다. 만일 이러한 구별이 전제되지 않는 상황에서는 철학적 언어의 의미는 투명할 수 없으며, 따라서 이러한 언어에 담긴 철학적 명제의 진/위는 명확히 결정될 수 없기 때문이다. 플라톤의 '이데아론', 아리스토텔레스의 '논리학', 데카르트의 '생각하는 존재로서 자아', 칸트의 '순수이성비판', 후설의 '현상학', 카르납의 '논리실증주의'는 위와 같은 명제들을 진리로서 다 같이 알게 모르게 전제한다.

포스트모더니스트의 이성에 대한 도전에 대해 오늘날 철학은 두 가지 서로 다른 반응을 보이고 있다. 한편으로는 푸코, 데리다, 리오타르 등이 이성과 철학의 종말을 선언하는가 하면, 다른 한편으로는 약간 보수적 입장에서 가다머나 리꾀르는 철학의 해석학적 전환 가능성을, 그리고 매킨타이어는 철학의 철학적 역사학으로의 전환 가능성을 제시하고, 퍼트남이나 하버마스는 철학적 재구성을 통한 이성의 보존을 제안한다. 그러나 어떤 입장을 취하든 상관없이 오늘의 철학계를 대표하는 이들 가운데 그 누구도 전통적으로 깔려 있던 철학적 전제를 문자 그대로 믿고 있는 이는 아무도 없고, 플라톤이나 데카르트나 칸트나 후설이나 카르납 등과 똑같은 식으로 철학을 계속할 수 있다고 자신하는 철학가를 찾아보기란 불가능하다. 그렇다면 오늘날 시련을 받고 있는 이성의 문제와 미래의 이성에 대한 위상 문제는 전통적 이성을 부활시키는 문제가 아니라, 어떤 점에서 이성이 살아남을 수 있느냐에 대한 문제이다.

오늘날 누구나 다 어느 정도는 포스트모더니스트이다. 그러므로 문제는 극단주의자들이 주장하는 대로 정말 이성이 처음부터 허구였던가를 밝히는 것이며 그리고 어떻게 하면 이성이 어떤 모습으로든 살아 남을 수 있는가를 알아보는 데 있다. 그렇다면 우선 필요한 것은 극단적 철학적인 포스트모더니스트들의 이성 비판의 검토이다.

첫째, 철학적 모더니스트의 이성 비판은, 모든 철학적 명제의 진리는 전통적으로 모더니즘의 입장에서 확신하고 있는 바와는 달리 필연적이 아니라 우연적이며, 보편적이 아니라 특수적이며, 선험적이 아니라 경험적이며, 자명하기보다는 불확실하다는 데 있다. 하나의 인식적 명제의 필연성은 객관적으로 존재하는 어떤 형이상학적 구조에 근거한 것이 아니라 합리성에 대한 어떤 규칙이나 척도의 약정에서 유래하는 것이며, 그 명제의 보편성은 경우에 따라 서로 의사소통이 불가능한 언어적 놀이에 근거하며, 따라서 어떤 놀이의 패러다임 안에서만 그 의미를 갖는다. 그리고 이른바 철학적 명제의 선험성은 허구에 지나지 않으며, 모든 인식은 경험적이며, 결코 절대적일 수 없고, 이른바 철학적 인식의 자명성은 알고 보면 문화·사회·역사적 조건의 결과에 불과하다는 것이다.

하이데거의 인식주체자로서 실존적 인간(Dasein)과 그 대상 간의 원초적 관계로서 '도구적 관계'에 대한 주장, 비트겐슈타인의 언어의 의미와 '삶의 양식'의 관계에 대한 주장, 쿤의 과학이론의 패러다임 의존성에 대한 이론, 핸손의 '지각의 이론 적재성', 푸코의 지식과 권력의 뗄 수 없는 관계에 대한 주장, 데리다의 '현현'으로서 진리에 대한 해체주의적 비판 등은, 진리를 '메타포의 유동적 군대'라는 니체의 주장과 함께 이성의 속성에 대한 잘못된 인식과 전통적으로 철학에 부여되었던 과장된 신뢰를 밑바닥으로부터 다양한 각도에서 근본적으로 흔들어 놓기에 충분하다.

둘째, 지금까지 믿어 왔던 철학과 이성은 이성이라는 순수한 인식적 기능을 가진 인식 주체자의 특수한 속성을 전제하는데, 그것은 정신적 존재로서의 인식 주체자와 생리학적·육체적 존재의 형이상학적 구별을 전제한다. 그러나 포스트모던적 철학가들은 이러한 구별이 무용하고, 순수한 지적 인식자로서 이성적 주체란 하나의 허구에 지나지 않음을 지적한다. 육체적 조건은 물론 생물학적, 사회적, 문화적, 역사적 조건과 독립된 완전히 자율적 인식 주체는 존재하지 않는다는 것이다. 다윈의 진화론은 인간의 생물학적 조건을, 맑스는 인간의 인격적 형성의 사회적 조건을, 그리고 프로이트는 이른바 정신적 존재로서 이성의 밑바닥에 생물학적·물리적 충동으로서의 욕망이 깔려있음을 보여주었다. 사르트르의 철학은 대자와 즉자, 즉 의식과 그 대상을 철저하게 무한가역적으로 구별함으로써 이원론적 형이상학을 바탕으로 한다. 이런 입장에 반대하면서 메를로 퐁티의 현상학은 인간의 의식을 그의 신체와 존재론적으로 완전히 구별할 수 없음을 강조했다. 현대 생화학, 뇌신경과학, 두뇌공학은 자율적 존재라고만 믿어왔던 '나'라는 인식주체가 실제로는 의식이나 행동의 자율적 주체가 아니라 다양한 통신망의 한 잠정적 터미널에 지나지 않음을 보여준다. 그렇다면 구체적 현상 세계와 독립하고 그것을 초월하는 자율적 의식·주체·자아는 존재하지 않으며, 의식 내부에서 본능, 감정, 감성 등과 구별된다고 믿었던 특수한 의식으로서 '이성'이란 실체는 존재하지 않는 하나의 언어적 허구라는 것이다.

셋째, 철학과 이성의 기능에 대한 전통적 즉 모던적 신뢰는 진리·인식의 본질을 표상으로 보는데 이러한 진리·인식에 대한 개념은 더 이상 유지할 수 없다. 진리·인식은 발견한 것의 표상이 아니라, 필요에 따라 임의로 선택했거나 새로 만든 어떤 언어적 틀로 구성한 언어적 표상 제품이다. 언어적 틀 즉 개념적 모델이 자의적으로 다양하게 만들어질 수 있는 만큼, 같은 대상, 같은 경험이 그만큼 달리 구성될 수 있고, 따라서 똑같은 명제·서술도 경우와 상황에 따라서 참일 수 있고 그 반대일 수도 있다. 어떤 진리도 영원불변할 수 없고 보편적일 수 없다. 듀이, 콰인, 로티 및 매킨타이어 등의 실용주의적 인식론이 이러한 포스트모던적 진리·인식론을 대표적으로 뒷받침한다.

넷째, 철학의 목적이 확실하고 보편적인 진리를 투명하게 밝혀내는 데 있다면, 철학적 언어의 의미는 투명해야 할 것이다. 사실 철학적 담론은 자신이 사용하는 언어가 문학적 언어는 물론 일상적 언어와도 구별됨을 의심치 않으며, 전자의 의미가 문자적으로 투명하게 이해될 수 있는 데 반해 후자의 언어는 은유적이어서 그 의미가 애매모호하고 복잡하다고 믿는다. 철학에서 언어적 의미의 투명성·정확성이 얼마나 중요한 전제인가는 소크라테스의 철학적 문제가 언어의 개념을 정확히 결정하는 데 있었다는 사실이나, 20세기의 반 세기 동안 영미 철학을 완전히 지배하고 전세계에 결정적 영향을 미친 분석철학이 철학의 본질을 '개념적 해명'으로 보았다는 사실로 알 수 있다. 어찌 보면 분석철학은 철학적 의미론에 지나지 않는다. 이러한 철학은 언어의 정확한 의미와 애매모호한 의미의 명확한 구별의 가능성을 전제하고 있으며, 이러한 두 가지 언어적 의미구별은 전통적으로 자명하게 여겨왔던 로고스와 미토스, 논리와 수사학, 문자적 의미와 은유적 의미, 개념과 메타포, 논증과 이야기, 철학과 문학의 전통적 구별과 상통한다.

그럼에도 불구하고 언어적 의미를 정확히 결정하기 어렵다는 것은 이미 비트겐슈타인의 '용도 의미론'으로 나타났고, 데리다의 철학적 해체작업은 어떤 언어이든간에 언어의 정확한 의미결정이 불가능함을 밝히는 작업에 지나지 않는다. 데리다와 전혀 다른 철학적 전통에서 성장한 로티지만 모든 언어적 의미가 불투명성을 완전히 벗어날 수 없다는 점에서 데리다와 같은 철학적 입장을 취한다. 그들에 의하면 모든 언어의 의미는 근본적으로 은유적이라는 것임, 언어의 문자적 의미와 은유적 의미의 절대적 구별은 불가능하고, 따라서 철학과 문학의 절대적 구별만이 아니라, 과학과 문학의 절대적 구별도 불가능하다고 주장한다. 즉 어떤 언어의 의미도 절대적으로 맞는 것은 없다는 것이다. 그들의 주장대로 철학적 언어의 의미마저 불확실하다면, 철학적 명제의 진위도 필연적으로 불확정적이며, 따라서 철학적 담론으로 표현되는 인식에 관한 이성의 절대적 권위는 근본적으로 흔들린다.

전통적으로 믿어왔던 이성의 근본적 기능은 어떤 신념을 뒷받침함에 있다. 이성의 본질은 어떤 신념의 바탕이 되어 주는 데 있다. 그러나 이성은 그 자신이 필연성, 보편성, 객관성, 자명성 등의 인식적 속성을 지녔을 때만 비로소 어떤 신념의 참다운 근거가 될 수 있다. 만일 이성이 자처하는 위와 같은 속성이 부정될 때, 모든 신념의 근거는 그와 동시에 부정된다. 이성에서 위와 같은 속성들을 부정함으로써 포스트모더니즘은 어떤 종류의 신념도 절대적 근거가 없다는 결론을 내리게 된다. 포스트모더니즘의 본질은 인식론적 관점에서 볼 때 반기저주의에 지나지 않는다. 포스트모더니즘에 의하면 이성이라는 왕은 우리가 그렇게도 오래 믿어 왔던 바와는 달리, 진짜 반석이 아니라 하나의 신기루에 지나지 않는다는 것이다. 이성이라는 기저 즉 인식적 주춧돌이 빠짐과 동시에 신념이라는 하나의 건물의 기둥들, 수많은 서까래, 수많은 벽돌 그리고 지붕을 덮는 기와들이 와르르 붕괴된다. 포스트모던적 이성 비판은 어떤 결론을 유추하며, 그러한 결론은 인간의 여러 경험들을 어떻게 설명하며, 인간간의 갈등에 대해 어떤 해결책을 제안할 수 있는가? 포스트모더니스트의 위와 같은 이성 비판은 과연 정말 이성의 붕괴를 입증했다고 볼 수 있는가?

2 포스트모더니즘과 이성의 죽음

1) 포스트모더니즘의 대답

인간은 개인적으로나 집단적으로 수많은 결단을 내려야 한다. 어떤 명제가 인식적으로 참인가 거짓인가, 어떤 행위가 도덕적으로 선인가 악인가, 결혼할까 독신으로 남을까를 결정해야 한다. 이러한 결정은 무엇이 참이고 무엇이 선이며, 무엇이 좋은 일인가에 대한 앎을 전제한다. 문제는, 다양한 그리고 서로 갈등하는 의견들이 다 같이 '앎'으로 자처한다는 데 있다. 이런 혼탁한 상황에서 이성은 자신의 권위를 주장한다. 다양한 의견 가운데 어떤 것이 참이고 선이고 적절한가는 이성만이 내릴 수 있다는 것이다. 이러한 이성이 실제로 존재한다면 개인의 내부적 갈등이나 인간간의 갈등이나 사회적 집단간의 갈등은 논리적으로 풀릴 수 있다. 이성은 인간적 삶이 피할 수 없는 모든 갈등의 평화적 해결을 위해 요청하지 않을 수 없는 절대 필요한 중재자이다.

그러나 포스트모더니즘의 주장대로 이러한 이성은 하나의 허구·픽션이었다면, 다시 말해 이성이란 존재하지 않는다면, 아무리 서로 갈등해도 모든 의견이나 입장이 다 같이 맞고 옳다는 결론을 낼 수밖에 없는 결과를 낳게 될 것이다. 어떤 명제의 진리, 어떤 행위의 도덕적 선, 어떤 작품의 예술적 미는 시간과 장소, 판단자와 판단자의 관점에 따라 다양할 수 있다는 것이다. 이성을 전제하는 근대적 관점에서 볼 때 진리는 하나이며 보편적인 데 반해, 절대적 신념의 근거임을 자처하는 이성의 존재를 부정하는 포스트모더니즘의 입장에서 볼 때, 진리는 다원적이라는 것이다. 단 한 가지 입장, 신념만이 옳은 것이 아니라 서로 상반되는 입장이나 신념을 다 같이 수용해야 한다는 것이다.

이성의 죽음이 가져오는 결과는 언뜻 보아 분명히 한탄스럽다. 이성의 죽음은 갈등해결사의 죽음을 뜻하며, 갈등해결사의 죽음은 갈등이 평화적으로 해결할 수 없음을 말해주기 때문이다. 그러나 포스트모더니즘은 이성의 죽음 즉 철학의 죽음이 가져오는 이러한 결과를 한탄하기보다는 환영한다. 자신의 보편성, 필연성, 절대성, 확실성을 자처하는 이성은 필연적으로 지적으로는 독선적이며 행동적으로는 전체주의적 태도를 벗어날 수 없으며, 이러한 태도는 또한 필연적으로 자신과 배치되는 모든 타자를 억압하거나 때로는 제거하는 결과를 낳게 된다. 이성의 내재적 의미가 갖고 있는 이러한 결과는 개인적 측면에서는 스탈린이나 히틀러같은 독재자들의 독선과 폭정의 형태로 나타나고, 문화적 측면에서는 계몽주의 운동으로 활발해진 근대 서양의 합리주의적 휴머니즘의 시대적 및 문화적 우월감으로 표현되었고, 이러한 우월감은 다른 문화와 다른 지역의 인간들을 억압하면서 서양의 문화적, 정치경제적 및 군사적 세계지배를 정당화하는 데 이용되었다. 그런데 만일 휴머니즘이 주장하는 바와는 달리 그리고 포스트모더니즘이 주장하는 대로 보편적으로 적용할 수 있는 필연이고 유일한 절대적 권위를 갖춘 이성이 존재하지 않는다면, 계몽주의적 휴머니즘의 이성은 권위의 객관적 사실에 근거한 것이 아니라, 자신들 즉 서양적 이념의 지배를 정당화하는 강자의 목소리에 불과하다는 결론이 나온다. 그렇다면 근대성·계몽적 휴머니즘은 마땅히 비판되어야 한다. 이런 점에서 포스트모더니즘이 주장하는 근대적 이성의 죽음은 독선, 억압, 한 개인에 의한 다른 개인들의 혹은 한 문화에 의한 다른 문화들의 지배가 종지부를 찍게 됨을 의미한다는 점에서만이라도 한탄이 아니라 축복의 대상이 된다는 것이다.

 이성의 종말은 억압으로부터의 해방, 각 개체의 전체로부터의 자율성만을 의미하지 않는다. 절대적인 지적 권위를 갖는 이성의 종말로 생기게 될 지적 상대주의, 문화적 다원주의는 한탄의 대상이 아니라 축복의 대상이다. 상대주의와 다원주의는 나만의 독선을 포기하고 다른 이들의 입장을 인정하며, 나만의 존재가 아니라 모든 이의 공존을 존중한다. 나는 나의 편협된 고집을 버리고 남들의 관점에서 사물을 보며, 남과의 차이와 갈등은 한쪽만의 일방적 논증으로 풀 수 없고, 끊임없는 대화를 하는 과정에서 타협으로써 절충점을 발견할 수 있다는 것이다. 나 자신과 세계를 다원적 시각에서 남들의 눈으로 봄으로써 나는 나 자신과 세계에 대한 한결 넓고 높은 차원의 인식에 도달할 수 있다는 것이다.

2) 포스트모던적 대답의 문제

단일한 신념이나 입장만이 존재하는 세계보다는 다양한 신념과 입장이 존재하는 세계가 미학적 관점에서만 보더라도 바람직하다. 모든 사람들이 보편적으로 한 모양의 여자만을 좋아하거나 획일적으로 김치만을 선호하는 세계에서는 사회적, 경제적 그리고 위생학적 문제가 심각해질 것이다. 모든 시민들이 똑같은 이념을 갖고 똑같이 행동하기를 강요받는 전체주의적 사회보다는, 혼돈스러워 보이면서도 제각기 다른 생각을 하고, 다른 느낌을 받고, 다른 식으로 살아갈 수 있는 자유민주사회가 더 바람직하다. 단일·획일적인 것보다 다양·다원적인 것, 절대성이 강요되는 세계보다는 상대성이 가능한 세계에서 숨쉬기가 더 편하다. 사실 많은 경우 다양성·상대성은 가능하다. 아침에 빵을 먹을까 아니면 밥을 먹을까 하는 갈등이 생길 때 나는 꼭 한 가지를 고집할 필요는 없다. 사정에 따른다면 빵을 먹어도 좋고 밥을 먹어도 좋다. 비록 빵을 먹고 싶었다 해도 그것을 참고 밥을 먹는다는 것이 그렇게 중요하지 않기 때문이다. 어떤 책을 교재로 택해야 하는 문제를 놓고 교수들간에 다른 의견이 나올 수 있다. 그러나 어떤 교수나 자신의 의견을 번복하지 않고서도 경우에 따라서는 양보하는 입장에서 다른 이의 의견을 따라갈 수 있다. 내가 생각하기에 보다 덜 적절하다고 생각되는 교과서를 사용해도 학생들의 교육상 큰 문제가 생기는 것은 아니기 때문이다. 위의 두 경우에 누군가가 꼭 한 가지만 고집하고 남의 입장을 고려 내지 수용할 관용을 갖지 못한다면 오히려 문제는 크다.

그러나 문제는 이처럼 단순하지 않다. 신념의 갈등이 이처럼 쉽게 풀리지 않는 경우가 적지 않다. 신의 존재를 인정하는 신념과 신의 존재를 부정하는 신념은 두 가지가 동시에 다 같이 진리일 수 없으며, 그것들간의 갈등은 대화적 절충으로 해결할 수 있지 않다. 어떤 신념이 진리냐 아니냐의 문제는 타협이나 관용이나 대화로서 절충적으로 결정할 수 있는 것이 아니기 때문이다. 나는 기독교 신자이든지 아니든지 둘 중의 하나를 선택해야 한다. 진리가 상대적이라고 하여 두 가지를 다 인정하여 기독교 신자인 동시에 신자가 아닐 수는 없으며, 영생의 문제가 걸려 있는 한, 기독교 신자가 되느냐 아니냐의 결정은 나에게 심각한 문제이다. 한국은 정치와 종교를 분리하든지 않든지 둘 중 하나만의 입장을 선택할 수밖에 없다. 입장의 다원성을 인정한다 해서 한국정부가 동시에 정치와 종교를 분리하기도 하고 분리하지 않기도 한다는 것은 논리적으로 불가능하다. 나는 부모가 반대한다고 해서 내가 사랑하는 여자와 결혼해도 좋고 안해도 좋을 수는 없다. 나의 사랑이 걸려있고, 사랑이 있는 삶은 사랑이 부재한 삶에 비해 나에게 삶 자체보다 더 중요하기 때문이다. 1차대전 때 미국에는 참전에 대한 서로 대립되는 의견이 있었다. 그렇다고 두 가지 갈등하는 입장을 절충하여 가령 군사물자만을 지원할 수는 없다. 미국의 참전 여부가 앞으로의 미국의 흥망과 뗄 수 없다는 확신을 갖는 어떤 미국인에게는 참전 여부가 관용의 원칙에 따라 양보하여 절충할 수 있는 것이 아니다. 그는 자신의 신념에 따라 참전 여부의 결정을 분명히, 그리고 단연코 내려야만 한다. 개인적으로나 집단적으로 인간은 갈등의 상황에서 양자택일을 피할 수 없는 경우가 항상 있다. 인간의 실존적 상황은 상대주의나 다원주의를 허용하지 않는 경우가 많다.

선택은 필연적으로 맹점을 갖는다. 모든 것이 자명한 상황에서 선택이란 말은 무의미하다. 선택은 필연적으로 불확실한 가운데서 선택이다. 그렇다고 선택은 맹목적이거나 충동적 도박이 아니다. 선택은 감정의 폭발이 아니다. 선택은 반드시 사전의 숙고를 전제한다. 그런데 이성을 전제하지 않는 숙고는 생각할 수 없다. 숙고는 필연적으로 이성적 활동이다. 이성은 규범적이다. 그는 진/위, 선/악, 미/추, 적절함/비적절함의 다원성과 상대성을 용납할 수 없고, 스스로 갈등·대립하는 것들 중에서 양자택일의 절대적 척도임을 자처한다. 비록 모든 차원에서 인간의 삶을 부단한 선택의 연속으로 볼 수 있더라도, 그리고 그러한 선택이 다소는 불확실한 상황에서 이루어질 수밖에 없다 하더라도, 그것은 이성의 부재나 불필요성이 아니라 이성에의 요청, 이성적 활동임을 입증해준다. 인간의 모든 사유에 규범적 기능을 담당하는 이성 없는 삶, 다소간이나마 이성적이 아닌 삶은 인간의 삶이 아니라 동물의 삶이며, 이성적 활동, 즉 진/위, 선/악, 미/추를 가려내려는 충동이 없는 인간의 삶은 생각조차 할 수 없다. 즉 인간은 아무렇게나 살 수 없다는 것이며, 이성이란 아무렇게나 살 수 없다는 의식에 지나지 않는다. 따라서 인간으로서 존재하는 한 모든 것이 상대적이라는 주장이나 서로 갈등하는 모든 것을 인정하려는 다원주의는 보편적 진리로 받아들일 수 없다.

물론 포스트모더니즘은 단 하나의 '거대 이야기'를 부정할 뿐 다양한 '작은 이야기들'을 부정하지 않는다고 주장한다. 포스트모더니스트들은 보편적인 영원한 진리를 부정하지만 지역적, 역사적 진리까지를 부정하지 않는다. 인류 보편적 선악의 기준을 부정하지만 한 문화권의 선악의 기준을 부정하지 않는다. 예술 일반의 미학적 판단 기준을 거부하지만 특수한 양식의 예술 작품의 미학적 기준을 거부하지 않는다. 그들은 절대적인 진리의 일원성을 부정할 뿐 상대적 진/위의 다원성을 인정하고, 절대적인 선/악의 일원성을 거부할 뿐 상대적 선/악의 다원성을 수용하고, 절대적 미/추의 일원성을 반대할 뿐 상대적 미/추의 다원성을 용납한다. 포스트모더니즘은 절대적으로 단일한 진/위, 선/악, 미/추의 기준을 부정하며, 포스트모더니스트적 상대주의와 다원주의는 현재 철학적 그리고 더 일반적으로 특수한 지적 상황에 대한 진단일 수 있고, 그런 진단으로서는 참일 수 있지만, 철학적 그리고 지적 일반의 보편적 명제로서는 결코 참일 수 없다고 주장한다.

그러나 포스트모더니즘의 상대주의와 다원주의는 이성의 부정에서 나타나는 논리적 결과가 낳는 문제에 대한 만족스러운 대답일 수 없다. 한 지역 한 시대 내부에서 같은 사실을 놓고 일부 사람들과 다른 일부 사람들 간에 갈등이 있을 수 있다. 또한 일부 사람들 내부에서도 서로 상반되는 신념의 갈등이 있을 수 있고, 마찬가지로 한 개인 내부에서도 한 때의 신념과 다른 상황에서의 신념 간에 갈등이 있을 수 있다. 그렇다면 진/위, 선/악, 미/추에 대한 신념·판단·결정의 상대성은 개인마다 상대적이며, 상황과 경우마다 다원적일 수 있다. 그렇다면 신념·판단의 갈등의 해결은 전혀 불가능하고, 이런 상황에서 진/위, 선/악, 미/추를 생각해보고 따져 본다는 것 자체는 물론, 그러한 개념 자체도 무의미해진다. 그럼에도 불구하고 우리는 어떤 경우에도 절대적 확신은 없으면서도 역시 진/위, 선/악, 미/추를 생각하지 않을 수 없다. 이러한 사실은, 인간은 운명적으로 보다 객관적이고 보다 보편적이고 보다 확실한 신념을 갖고, 판단을 내리고 행동하고자 함을 말해준다. 이러한 사실은 또한 '이성'이라는 인간의 어느 정도는 선험적이고 보편성을 지닌 사고력을 전제하지 않고는 설명할 수 없다.

이성의 허구성 그리고 철학의 죽음을 주장하는 포스트모더니즘 자체가 철학적 활동을 뜻하며, 철학적 활동은 이성적 목소리인 것이다. 역설적이지만 이성을 부정하는 포스트모더니즘은 바로 이성이 살아 있음을 역으로 입증해준다. 포스트모더니즘은 이성의 부재와 철학의 죽음을 선언함으로써 이성의 건재와 철학의 생존을 역설적으로 입증해주고 있다. 이성은 아직 살아 있고 또한 이성을 전제하지 않고는 이성비판을 설명할 수 없다는 것은 과거 철학이 믿고 있었고, 근대 계몽주의자들이 확신했던 이성이 모든 지적 갈등을 해결할 수 있다는 주장과는 별개의 문제이다. 포스트모더니스트들이 주장하듯이 문제는 이성이 단 하나가 아니라 서로 다른 목소리를 갖고 각자 자신만이 옳다는 것을 주장하는 데 있다. 이러한 사실은 갈등의 해결이 그냥 '이성'에 호소해서 가능한 것이 아님을 말해준다.

이성의 다양한 목소리는 포스트모더니스트의 주장대로 결국 이성이 갈등을 중재할 수 있는 권위있는 규범적 기능을 발휘할 수 없음을 뜻하고, 이러한 사실은 지적 권위로서의 이성의 부재·죽음을 증명해주는 것으로 볼 수 있을 것 같다. 그러나 과연 그런가? 반드시 그렇지 않다. 서로 다른 '이성'의 목소리는 그냥 고함이 아니라 반드시 어떤 '근거'를 주장하고, 근거의 주장은 충동이나 우연의 발생이 아니라 필연적으로 지적(知的) 즉 이성적 목소리다. 이성이 대는 근거가 서로 다르다고 해서 그것들이 다 같이 동등한 차원에서 설득력이 있는 것은 아니다. 비록 결정적인 결론이 나오지 않아도 어떤 근거는 다른 근거에 비추어 보다 강하거나 약한 설득력을 갖는다. 그렇다면,

당장 결정적 판단이 나올 수 없더라도, 오랜 연구와 사고의 끝에 앞으로 결정적 답이 나올 수 있다는 가능성은 언제나 남아 있다. 현재 다른 이성의 목소리 가운데 어떤 목소리가 옳은가를 결정할 수 없다는 사실로부터 '이성'이 존재하지 않는다는 결론은 나오지 않는다. 이성은 여전히 살아있을지 모른다. 그렇다면 살아 있을 수 있거나 살아 있는 이성이란 정확히 어떤 것인가? 그렇다면 원점으로 돌아가 '이성'이 도대체 무엇을 지칭하는가를 새삼 따져 볼 필요가 있다.

3. 존재로서의 이성과 활동으로서의 이성

어떤 개념은 존재를 지칭하는가 하면 다른 개념은 활동을 가리킬 수도 있다. '돌', '의식', '자아' 등은 전자의 범주에 속하는 개념이며, '폭격', '기능', '능력' 등은 후자의 범주에 속한다. '이성'은 때로는 인식 주체자로서 인간 의식의 특수한 속성, 때로는 인식 대상으로서 현상·실체의 본질적 속성을 지칭하는 개념으로 사용되어 왔다. '이성'이라는 말로 번역될 수 있는 그리스어 '노에시스'(noesis) 혹은 '로고스'(logos), 독일어 페어눈프트(Vernunft) 등은 인간만이 갖고 있는 특수한 인식적 속성을 지칭하고, 똑같이 '이성'이라는 말로 번역되는 그리스어 누스(nous), 라틴어 라치오(ratio)는 현상·실체의 구조적 속성을 지칭한다. 한편 역시 '이성'이라는 말로 대치되며, 그리스어 '노에시스'나 독일어 '페어눈프트'의 동의어로도 사용되고, 원래 라틴어 '라치오'의 어원을 갖는 영어 '리즌'(reason), 불어 '레종'(raison) 등은 인식주체자의 의식의 속성을 지칭하는 동시에 그러한 인식 주체자의 인식 대상으로서 현상·실체의 본질적 구조를 지칭하기도 한다. '리즌' 혹은 '레종'이라는 하나의 낱말이 인식자의 속성과 존재의 속성을 동시에 지칭하는 사실은 가령 동양철학에서 '도(道)'라는 낱말을 인간의 행동규범을 지칭하는 개념으로 사용하는 동시에 만물의 구조적 원리를 지칭하는 개념으로도 사용하는 관례와 똑같다. 그러나 인식자의 속성으로 사용되든 아니면 인식 대상인 현상·실체의 속성으로 쓰이든, 이 모든 경우 '이성'이라는 낱말이 무엇인가의 고정된 것 즉 어떤 형태론가 규정할 수 있는 존재를 지칭한다는 데는 변함이 없다. 이러한 사실은 이성이 '보편성', '필연성', '자명성' 등의 속성을 갖는 신념으로 정의되기도 하고, 라틴어 라치오(ratio)의 원래의 뜻대로 '영원한 논리·수학적 관계'로 이해되기도 하고, 우주만물의 현상의 보이지 않는 관념적 원칙으로 해석되어온 관례를 통해 입증되며, 그리고 이성에 근거한다는 계몽주의자들의 근대적 신념들이나 과학적 사고방식이 '이성'의 구체적 모델로 자처하게 된 것으로 입증된다.

'이성'이라는 말의 개념을 위와 같이 존재적 개념, 즉 어떤 고정된 존재를 지칭하는 개념으로 전제하고 전통적 관념이 얼마만큼 깊이 뿌리 박고 있는가는 '이성'을 새롭게 규정함으로써 이성을 포스트모더니스트의 이성 파괴로부터 보호하려는 하버마스의 '합의로서의 이성' 이론에서도 분명하다. 하버마스는 이성이 곧 검증할 수 없는 형이상학적 원리·원칙 혹은 직관이 아니라 공적으로 즉 객관적으로 검증할 수 있는 '이상적 언어공동체가 도출해낸 합의'로 이해하고자 한다. 하버마스의 이성 정의는 그것이 형이상학적 및 직관적이 아니라 언어적 및 사회적이라는 점에서 혁신적이다. 그럼에도 불구하고 그가 말하는 '이성' 즉 '사회적 합의'가 어떤 특정한 시대와 사회에서 이루어진 것이기는 하나 객관적으로 고정된 상태를 지칭한다는 점에서 그의 '이성'은 역시 일종의 '존재'의 범주에 속하고, 그의 이성의 본질에 대한 이해의 관점은 그가 극복하려는 전통적 이성 이해의 관점과 다를 바 없다.

그러나 이성이 모든 신념의 궁극적 근거를 뜻하고, 그러한 근거가 일종의 고정된 존재를 지칭한다면, 이성으로서 제시된 즉 어떤 신념의 궁극적 근거로서 제시된 위의 예에서 본 여러 가지 '이성'들이 서로 갈등하고 그것들이 다 같이 서로 비판될 수 있다는 사실을 설명할 수 없다. 만일 존재로서의 이성, 예컨대 어떤 원칙, 형이상학적 직관, '합의'가 모든 신념의 궁극적 근거라면, 그러한 근거는 단 하나뿐일 것이며, 근거·이성이 단 하나라면 그것과 배치되는 다른 이성들은 진짜 이성일 수 없고, 만일 그러한 근거·이성이 존재하고 발견됐다면 그 이성에 대한 비판은 있을 수 없다. 그럼에도 불구하고 다 같이 이성적이라 주장하는 신념들 사이에 갈등이 항상 존재한다면, '이성'이라는 낱말이 비록 인간의 인식적 속성을 지칭하는 경우에도 그것은 어떤 객관적으로 고정된 존재일 수 없다.

만일 이성이 어떤 고정된 존재를 지칭하는 개념이 아니라면 그것은 어떤 범주에 속하는 개념일 수 있는가? 앞서 말했듯이 어떤 낱말들, 가령 '사람', '자아', '삼각형' 등의 낱말은 고정된 형태를 갖춘 특정한 구체적 동물, 영적 존재, 관념적 존재를 지칭하거나 아니면 또 다른 종류의 어떤 낱말들, 가령 '운동', '살아감', '웃음' 등은 어떤 고정된 사물·존재가 아니라 역동적 '활동' 혹은 일종의 초월적 '에너지'를 지칭한다. 전자에 속하는 개념을 존재적 개념이라 부를 수 있다면 후자에 속하는 개념은 역동적 개념으로 부를 수 있다. '이성'이라는 낱말은 지금까지 생각해왔던 것과는 달리 존재적 개념을 나타내는 것이 아니라 역동적 개념을 나타내는 개념으로 본다면, '이성'을 둘러싼 철학적 논의는 풀릴 수 있고, 최근 이성이 처해 있는 시련의 성격을 밝힐 수 있다.

이성을 둘러싼 논쟁에 있어 포스트모던적 이성을 부정하는 입장은 그 자체로서는 역설적으로 이성의 존재를 재확인한다. 이성은 인간만이 갖고 있는 지적 기능을 지칭한다. 어떤 종류의 고정된 신념이나 명제가 아니라 인간이 선천적으로 타고난 자기반성적 능력을 지칭할 뿐이다. 보편성, 필연성, 절대성, 투명성 등과 같은 확실히 규정할 수 없는 인식적 속성은 이성의 본질적 속성이 아니라, 이성의 영원한 이상으로만 존재한다. 따라서 어떤 인식적 신념의 보편성, 필연성, 투명성에 대한 비판은 이성 자체에 대한 비판이 아니라 어떤 시간과 공간의 맥락에서 나타난 이성의 한 양상에 대한 비판일 뿐이다. 어떤 신념의 보편성, 필연성, 투명성에 대한 비판은 이성 자체의 시련을 뜻하지 않고 특정한 시간과 공간에서 나타난 이성의 표현이 겪는 시련일 뿐이다. 이성의 본질은 스스로를 실현하는 활동이다. 그러므로 이성의 운명은 안주, 안착이 아니라 부단한 활동이며 작동이다. 이성 비판, 이성의 죽음에 대한 선언 그 자체는 이성이 아직 살아 있음을 역설적으로 실증해준다. 어떤 상황에 부딪치더라도 인간이 존재하는 한 인간은 자기반성을 할 것이며, 인간이 자기반성을 하는 한 인간은 자연을 초월한다.

포스트모더니즘이 주장하듯이 데카르트의 주장과는 달리 한 이성적 자아는 육체적 자아로부터 존재론적으로 완전히 분리될 수 없고 따라서 그가 가졌다는 이성도 이러한 조건과 완전히 독립된 자유로운 주체가 아니다. 근대적 휴머니스트들이 믿고 있었던 것과는 달리 하나의 구체적으로 살아 있는 인간의 지적 능력이 아무리 뛰어났다 해도 그는 생물학적, 사회적, 역사적 조건, 그리고 문화적 전통과 완전히 떼어서 규정할 수 없다. 따라서 각 개인의 이성, 그리고 어떤 사유·신념은 위와 같은 조건을 완전히 초월할 수 없으며, 그러한 사유·신념의 진/위도 그가 서 있는 문화적 맥락에서만 결정될 수 있다. 그럼에도 불구하고 인간의 사유, 즉 인간은 결코 그러한 조건들로 환원될 수 없다. 싫든 좋든 인간은 자신의 모든 조건을 다소간 필연적으로 초월한다. 이러한 사실은 인간 자신의 사유가 위와 같은 조건을 떠날 수 없다는 바로 그러한 의식을 통해서 역설적으로 반증된다. 이미 오래 전 파스칼이 말했듯이, 인간은 우주에 비해서 물리적으로 무한히 작은 존재로 그 속에 포함되지만, 바로 자신을 포함한 무한히 방대한 우주를 머리 속에서 생각할 수 있다는 점은 그가 우주보다도 더 크고 우주를 초월한다는 사실을 입증한다.

문화와 역사와 개인에 따라 정도의 차이는 있지만 전혀 말을 못하고, 생각을 못하고, 따지는 능력을 갖지 않는 인간은 생각할 수 없다. 그렇다면 그렇게 존재하는 인간, 더 정확히 말해서 인간의 사유는 모든 주어진 조건에 환원될 수 없고 이런 한에서 필연적으로 그러한 조건을 초월하며, 주어진 조건을 초월하는 한에서 인간의 사유는 자기반성적이며, 이성이란 다름 아니라 이러한 자기반성적 기능을 지칭함에 지나지 않는다. 이성이 자기반성적인 한에서 상대적인 모든 신념이나 주장들이 반성적으로 부단히 검토될 수 있으며, 그러한 검토를 통해서 보다 맞고, 보다 옳고, 보다 적절한 신념과 주장이 선택될 수 있고, 일단 선택된 신념이나 주장이 또 다시 반성되고 재검토되어 보다 적절하고 보다 나은 선택이 무한히 반복될 수 있다는 것이다. 이러한 자기반성과 선택에 결정적인 끝이 있을 수 없어도 이성은 한 발자국씩 어떤 이상적·최종적 선택을 지향한다. 인간이 갖고 있는 무한한 자기반성적 능력으로서 이성은 살아 있고, 그러한 이성이 살아있는 한 철학적 사고는 끝날 수 없고, 철학적 사고가 끝나지 않는 한 인간의 이상은 살아남고, 인간의 이상이 살아남는 한 '진보'의 개념은 아직도 그 뜻을 가질 수 있으며, '진보'가 기대되는 한 인간의 삶은 의미를 띠고, 의미가 있는 한 활력을 가질 수 있다. 그럴수록 우리는 보다 더 생각하고, 따지고, 세계와 자기 자신을 부단히 반성해야 할 의무를 느낀다. 이런 점에서 이성은 그저 존재하는 지적 기능이 아니라 본질적으로 윤리적 의미를 띠고 있다. 아직도 다시 생각할 중요한 문제는 많고, 아직도 끝없이 더 추구하고 따지고 알아봐야 할 신념과 주장, 그리고 그러한 따짐에 대한 따짐도 허다하다.

〈1996년, 미발표〉

전통과 근대성
―한국 근대화를 중심으로

1. 문제의 분석

　지난 한 세기의 한국사는 '근대성'의 구현으로서의 근대화의 역사이었으며, 여기서 '근대화'는 대체로 '서양화'를 뜻한다. 한국의 입장에서 볼 때 이러한 서양화는 곧 한국적·동양적 전통의 잠식 및 포기를 전제로 한다. 지난 한 세기의 우리 역사를 돌아보면 이러한 사실은 자명하다. 우리는 몇백 년 아니 몇천 년 동안 물려받은 세계관·가치관 그리고 다양한 측면의 생활 양식을 버리고 새로운 세계관·가치관, 그리고 다양한 측면의 생활 양식을 점차적으로 채용해왔다. 우리의 증조부들은 상투를 베어버렸고, 갓 대신 중절모를 썼으며, 바지저고리 대신 양복을 입고, 짚신이나 나막신 대신 고무신이나 구두를 신었다. 우리의 조부들은 서당에서 사서오경(四書五經)을 외우는 대신 보통학교에서 산술과 과학을 배웠다. 부친과 형의 세대에 와서는 초가집과 기와집 거의 모두가 고층 아파트와 빌딩으로 대치되었고, 오늘의 신세대의 젊은이들은 밥 대신 빵이나 피자를, 김치나 나물 대신 버터나 치즈를 선호하게 되었다. 몇 년 전부터 한국 말보다는 영어 배우기에 열중하게 된 현재의 한국은 전국이 영어학원으로 변했고, 일상 대화에서 한국 고유의 낱말이 영어로 대치되는 경향이 걱정스럽게 드러나고 있으며, 수많은 전자매체들이 영어 학습의 도구로 바뀌었다는 인상을 준다. 근대화가 서양화를 의미하고 서양화가 우리 고유의 전통의 포기를 의미한다면, 이러한 근대화가 얼마만큼 근본적으로 이루어졌는가는 현재 4분의 1 이상의 한국인이 천 년 이상 우리의 가장 깊은 정신적 지주였던 불교나 유교를 버리고 기독교 신자로 개종했다는 오늘의 현실이 잘 증명해주고 있다.

근대화 즉 서양적 전통에 의한 우리 전통의 대치는 외부에 의한 강요에 의해서가 아니라 자발적인 것이었다. 이질적 서양 문화와의 접촉에서 충격·반발·저항을 느끼면서도 우리는 서양화를 자율적으로 선택했던 것인데, 오늘날 이러한 선택을 전적으로 비판하고 후회할 이는 아무도 없을 것이다. 서양이 주장하고 있듯이 우리의 판단으로도 서양화·근대화는 곧 개명·개화·진보로 판단됐기 때문이다. 그렇다면 근대화의 우리 전통이 갈등을 일으키고, 근대화 즉 서양 전통의 선택은 우리 전통의 포기를 의미하더라도 우리가 서양화를 선택한 이상, 더 이상 우리의 전통과 서양화 즉 근대화에 갈등이 있을 수 없다. 우리는 근대화의 성공 즉 고유한 우리 전통의 포기를 우리 스스로가 초래한 데 대해서 자부심을 느껴야 할 것이다. 이러한 논리적 결론은 현재 정부나 기업이나 교육계에서 한결같이 '근대적' 즉 서양적 사고를 대표하는 과학적 지식과 기술의 중요성과 그 가치를 날이 갈수록 더욱 귀에 못이 박히도록 강조하고 있는 오늘의 현실이 입증하고 있다.

그런데 바로 이러한 오늘의 시점에서 얼마 전부터 '전통'과 '근대성'에 대한 반성과 비판의 목소리가 구석구석에서 조용하면서도 심각하게 들려온다. 그렇다면 이런 반성과 비판의 목소리의 내용은 무엇이며, 그런 반성이 제기하는 문제를 어떻게 풀어야 하는가? 이 물음에 대한 대답은 세계의 사상사적 맥락과 아니면 한국의 문화적 맥락에서 달리 고찰할 수 있다.

전통과 근대성의 관계에 대한 갈등과 반성은 세계사적 차원과 한국적 차원에서 달리 고찰해야 한다. 세계의 사상사적 맥락에서 전통과 근대성에 대한 반성은 근대성·근대적 이성을 자처하는 보편성에 대한 인식론적 권위에 대한 회의에서 시작되고, 한 공동체의 개별적 전통의 권위에 대한 의식에서 비롯한다. 근대성의 근원적 토대인 이성의 절대적 투명성과 보편성 그리고 그러한 이성에 뿌리박았다고 전제하는 인식적 기저주의(*Foundationalism*)는 적어도 60년대부터 미술·건축·철학 등의 모든 지적·문화적 영역에서 포스트모더니즘이라는 이름하에 반성·비판 및 부정되고 있다. 근대적 정신 즉 근대성이 보편적이며 획일적 진리인 과학적 세계관, 서양의 근대적 전통을 뒷받침하는 이성의 유일한 권위를 고집한다면, 포스트모더니즘은 그러한 이성이 갖는 보편적이며 유일한 권위를 부정하고 그 자리에 무한히 다양한 그리고 전통의 상대적 권위를 주장한다. 바로 이런 차원에서 현재 전통과 근대성은 새삼 문제되고 전통이 잃어버린 자신의 권위를 되찾고 그러한 되찾음이 근거를 갖는다고 볼 수 있다.

서양의 맥락에서 볼 때 한편으로 전근대적 서양 전통과 모더니티 즉 근대성으로 나타난 새로운 서양적 전통, 다른 한편으로는 모더니티라는 전통과 포스트모더니즘이라는 사조와의 갈등은 어디까지나 서양이라는 문화권내에서 한 역사적 지점에 나타난 사상적 갈등이지 한 문화권과 다른 문화권의 갈등이 아니다. 그러므로 전근대적 전통이 근대적 전통으로 바뀌고, 근대적 사유가 포스트모던한 사유로 바

꿰었다 해도 그것은 어디까지나 서양 문화라는 하나의 큰 전통 안에서의 작은 전통들의 발전적 교체이며, 따라서 그것들의 밑바닥에는 연속성이 유지되어 있다. 서양에서는 근대의 과학적 세계관이 서양적 전통이라면, 그런 전통이 부정했던 전근대적 즉 기독교적 세계관도 역시 서양적인 것이었으며, 근대적 세계관을 부정하고 새로 나타난 포스트모더니즘도 역시 서양적인 것이라는 사실에는 틀림없다. 이 세 가지 세계관·정신들은 다 같이 서양인 자신들이 주체적으로 창조한 사상이었고 따라서 그들은 그러한 사상들의 주인으로서 긍지를 가질 수 있다.

그러나 한국 그리고 서양 밖의 문화권에서 전통과 근대성의 갈등은 그 성격이 더 복잡하다. 첫째, 우리의 경우 전통과 근대성의 갈등은 우리의 주체성·정체성과 우리 자신의 존엄성에 대한 의식과 관계된다. 설사 근대화가 우리에게 개화·발전·진보를 의미하고 따라서 우리 스스로가 원했던 것이었다 하더라도, 그러한 근대화는 한국·동양의 문화와 전혀 뿌리와 전통을 달리하는 서양 문화라는 타자로의 변신, 즉 자기 자신의 주체성의 포기를 의미한다. 핫바지를 벗고 양복을 입거나, 상투를 자르고 삭발을 하는 것이 생활에 편하다는 것을 알면서도 우리는 어쩐지 우리 스스로 멋쩍음을 느끼고, 곰탕 대신 피자로 점심을 때우는 데 편이함을 느끼면서도 우리는 무엇인가 어색함을 느낀다. 공자나 맹자를 읽는 대신 플라톤이나 아리스토텔레스를 공부하는 데 더 재미를 느끼면서도 다락 구석의 먼지 덮인 『논어』나 『맹자』를 볼 때마다 어쩐지 정신적 지조를 잃었다는 의식을 하게 되고, 절이나 서당에 가는 대신 성당이나 교회에 나가 성서를 읽으면서 어쩐지 우리의 주체성을 상실한 것은 아닌가 하는 느낌을 완전히 면할 수 없다. 달리 말해서 전통과 근대성의 갈등은 '진보'나 '발전'을 뜻하는 서양화·근대화와 자기 상실간의 갈등이다. 극성스럽게 서양화를 추진하고 그런 작업에 성공하면 할수록 우리는 우리가 우리 자신으로 사는 것이 아니라 어느덧 서양을 흉내내는 데 뛰어난 '멍키' 즉 가짜로 변한 것이 아닌가 하는 정신적 갈등을 느끼게 됐다는 말이다. 그리고 바로 이런 맥락에서 세계적으로는 포스트 모더니즘의 이름으로 독선적·제국주의적 서양의 문화로부터 해방하여 문화의 다원주의가 제창되고, 한국의 차원에서는 '전통 문화'에 대한 재인식·재발굴·재연구·재평가의 운동이 얼마 전부터 일고 있는 현상을 설명할 수 있고, 그러한 현상은 당연하며 높이 평가할 수 있다.

또한 둘째, 동양·한국인이 느끼는 전통과 근대성의 갈등은 더 깊은 반성으로 나타난다. 지금까지 맹목적으로 진보라고만 믿었던 서양적 문화의 어떤 결함에 대한 의식과 아울러 근대화의 과정에서 우리가 서양인들의 생각에 맞추어 후진적으로만 생각했던 우리 고유의 일부 전통의 가치에 대한 재발견에서 맹목적으로 추종해왔던 서양적 세계관에 대한 비판·반발이 나타난다. 근대성의 구현의 하나인 과학적 세계관의 실용성과 근대성의 구현인 평등주의·개인주의·공리주의 등의 서양 전통의 가치가 중요하더라도 그러한 세계관이나 가치관이 내포하는 여러 가지 서양적 인간관과 그것으로 파생하는 여러 가지 가치관과 생활 양식이 과연 우리에게 바람직한 것인가 하는 의문이 제기되고 있다. 근대화가 동반하는 서양 문화의 많은 측면들에 대한 반성이 생겨난다. 근대화가 산업화를 의미하고, 산업 사회가 냉혹한 이기주의적 욕망을 조장하여 메마른 인간 관계를 강요하고, 과학 기술의 발달에 의한 경제적 풍요가 다시는 회복할 수 없는 환경 오염을 뜻한다면, 이러한 사회와 이러한 환경의 근본적 원인인 근대화 즉 근대 서양 문화·문명은 근본적으로 비판될 수 있고, 그와 동시에 동양·한국의 오랜 전통 속에 담겨있는 세계관이나 가치관, 인간 관계나 삶에 대한 가치관의 내용 및 그 가치와 중요성은 재평가가 되어야 마땅하다. 요컨대 오래 전부터 서양화를 원했고 따라서 경제적으로는 산업화와 정치 사회적으로는 자유민주주의를 지향하고 그러한 사회를 세우는 데 어느 정도 성공한 이 마당에, 한국인은 어느덧 주차장이 된 모든 도로, 모든 시가지에서, 인간 관계가 삭막한 경쟁 관계로 변한 거리나 시장이나 직장에서, 어디를 가도 쓰레기로 더렵혀진 산이나 어디를 봐도 폐수로 오염되어 썩어가는 강이나 냇가에서, 우리가 성취했다고 자부하는 산업화 즉 서양화의 깊은 의미에 대한 반성을 면할 수 없고, 그러한 서양 문명의 가치에 대한 회의가 쉽게 머리를 떠나지 않는다.

위와 같은 두 가지 맥락에서 언뜻 낼 수 있는 결론은 전통과 근대성의 피할 수 없는 갈등이며, 근대성을 '보편적 이성'의 표현으로 볼 때 전통과 근대성의 갈등은 전통과 이성의 갈등이며, 이러한 갈등은 우리에게 양자 택일의 선택을 강요하는 듯싶다. 그러나 바로 이러한 지점에서 우리들은 근대화의 깊은 다른 측면의 의미를 생각하게 된다. 근대화가 여러 측면에서 우리의 여러 문화 전통의 포기를 의미하고, 문화 전통의 포기가 주체성, 자기 정체성의 상실을 의미한다면 근대화의 부정적 의미는 한없이 크다. 경제적 성장과 아울러 특히 지난 20여 년 전부터 한국학에 대한 관심은 다양한 측면에서 생각해왔던 우리 고유의 전통에 대한 재평가의 필요가 의식되어가고 있음을 말해주는 현상으로 볼 수 있다. 바로 이러한 맥락에서 어느 정도 급속도의 근대화를 성공적으로 성취한 한국은 오랫동안 낡은 것, 후진적인 것으로만 생각되었던 우리 고유의 전통에 새삼 관심을 돌리고 그것을 발굴하여 재평가하려는 민족적 욕구가 설명된다. 이러한 사실은 얼마 전까지만 해도 '낡은', '후진적'인 것으로만 생각되었던 굿·탈춤·판소리·사물놀이 같은 민속 문화 양식에 대해 특히 70년대 이래 한국인들이 보인 깊은 관심과 애정의 형태로 입증됐다.

그렇다면 우리는 지금까지 우리가 추진해온 '근대화'에 대해 어떤 평가를 낼 수 있으며, 앞으로 어떤 입장을 취해야 하는가? 전통과 근대화의 관계를 위와 같이 분석할 때 근대화에 대한 세 가지 서로 다른 선택이 우리에게 열려 있다. 첫째, 근대화를 거부하고 전통의 복귀의 길을 택할 수 있고, 아니면 둘째, 우리의 전통을 부정하고 근대화를 적극적으로 추진하는 길이 있으며, 셋째, 전통과 근대화의 새로운 형태의 조화를 찾는 길의 선택이다.

근대성의 본질은 이성에의 신뢰에 있다. 전통과 근대성의 관계를 흔히 전통과 이성의 갈등의 문제로 동일시하는 이유가 여기에 있고, 근대성과 포스트모더니즘의 대치는 보편적 이성과 문화적으로 개별적인 이성의 대립이라는 이유도 역시 여기에 있다. 이런 점으로 보아 전통과 근대성의 관계에 대한 위의 세 가지 선택의 길 가운데 어떤 것을 택해야 하는가에 대한 결정은 곧 전통과 이성의 갈등 관계를 어떻게 해석하느냐에 달려 있다.

2 전통과 이성의 역학적 관계

생존하려면 알아야 한다. 앎은 힘이다. 어떤 신념의 진과 위, 어떤 행동의 옳음과 그름을 구분해야 하는 모든 판단에는 무엇인가의 기준·근거가 전제되어 있다. 서양의 정신사적 맥락에서 볼 때 결정적 변화를 나타내는 '근대'는 신념이나 행동의 판단 기준이 초월적 존재로서 신의 계시나 오랫동안 관습으로 내려온 전통으로부터 세속적이거나 자율적 존재로서의 각 인간의 이성으로 바뀐 시기를 지칭하고 '근대성'은 신이나 전통의 자리에 대신 들어선 인간 이성의 권위와 이러한 권위에 대한 신뢰를 뜻한다.

일반적으로 '이성'은 인간의 의식 속에서 다른 측면·기능·속성과 완전히 분리되어 존재하는 특수한 존재를 지칭한다. 따라서 이성은 선험적이며, 또한 모든 인간에게 공통된 보편성을 띠고 있다. 진리는 언제나 보편적이다. 그러한 진리는 오직 보편적인, 따라서 선험적일 수밖에 없는 이성에 의해서만 인지될 수 있다. 그렇다면 오직 이성만이 인지적 기능을 갖고 있다. 이성만이 참과 거짓, 옳은 것과 그른 것의 차이를 판단할 수 있는 지적 권위를 가졌다는 것이다. 세계에 대한 객관적 지식은 오직 이러한 이성에 의해서만 가능하다.

이러한 지적 권위를 갖는 이성이 모든 인간의 의식 속에서 언제 어디서고 한결같이 발견할 수 있는 인식적 기능을 하는 특수한 존재인 데 반해서 이성과 똑같이 어떤 판단의 규범·근거로 동원되는 전통은 각 인간의 의식 속에 존재하는 어떤 객관적 존재·기능과는 달리 한 인간 공동체의 오랜 실천적·역사적 경험을 통해서 생겨난 일종의 사회적 관습이다. 나나 너의 개인적 의식 속에 그 이유가 확실하지 않지만 나는 몇백 년 동안 우리 선조들이 믿고 살아왔던 불교 혹은 기독교의 세계관에 비추어 그것을 규범삼아 나의 주변에 생기는 현상을 이해하고, 나의 도덕적 혹은 미학적 판단을 내리고, 다른 이들의 지적·도덕적 혹은 미학적 판단의 진/위, 선/악 혹은 미/추를 가려낸다. 그러나 여러 판단의 규범적 기능을 하는 전통은 개인적이 아니라 사회성을 띠고 있지만 그것은 필연적으로 개별적·특수적이다. 왜냐하면 모든 공동체는 시간적으로나 공간적으로 언제나 서로 다르며, 따라서 그것들의 신념의 체계·규범으로서의 관습·전통도 필연적으로 서로 다를 수밖에 없고 그것에 따라 판단되는 진/위 혹은 선/악 혹은 미/추의 결정도 상대적일 수밖에 없다. 그것의 보편성으로 이성의 권위가 그만큼 크다면, 그것의 상대성·문화적 제한성으로 전통의 권위는 그만큼 열악할 수밖에 없다. 바로 이런 사실을 근거로 어성은 전통의 후진성을 지적하고 자신의 상대적 우월성을 주장했고, 근대적·이성적 사회로서의 서양과 전통적·전이성적 사회로서의 동양으로 구별했고, 나아가 이러한 사고의 연장선상에서 서양 문화의 우월성과 동양 문화의 후진성을 구별했다. 각기 이성과 전통, 그리고 그것들간의 관계에 대한 위와 같은 인식은 특히 서양에서 근대 이후 근대성의 신봉자뿐만 아니라 일반인들의 흔들리지 않는 일반적 신념이었다.

그러나 이러한 사실들은 그것만으로써 그러한 신념이 옳다는 것을 자동적으로 증명하는 증거는 되지 못한다. 이성은 인간의 의식의 한 기능을 지칭한다. 이성의 근본적 기능은 무엇인가에 대한 판단의 근거로 존재하는 데 있다. 일반적으로 이성은 시간과 공간에 얽매이지 않아 자율적이며, 시간과 공간을 초월하여 적용될 수 있는 보편적인 것으로 전제되고 있다. 이런 전제를 받아들일 때 이성이 제시하는, 오직 이성이 제시하는 판단 근거만이 권위를 갖는다는 주장이 서고, 그에 따라 이성은 자신의 주장을 획일적으로 모든 이에게 독단적으로 강요하고 자신과 다른 모든 입장을 제거하려는 전체주의적 성격을 내포하고 있다. 계몽주의자들에 의한 이른바 '근대성 프로그램'이 서구 문화의 독선적 제국주의의 성격을 띠고 비서구 문화에 군림하게 됐던 이유도 바로 여기에 있다.

그러나 위와 같이 규정된 이성이란 실제로 존재하지 않는 픽션에 지나지 않는다. 이성은 인간의 의식 속에서 의식의 여러 기능과 완전히 구별되어 자율적으로 존재하는 특수한 존재가 아니라 여러 가지 다른 것들로 분리할 수 없는 총체적 의식의 한 측면에 불과하다. 따라서 '보편적 이성 일반'이라는 것은 생각할 수 없다. 모든 이성은 언제나 누군가의 구체적 개인의 의식이다. 각 개인의 이성은 그의 심리적·생물학적·역사적·사회적 및 문화적 조건에 따라 어딘가 조금은 서로 다를 수밖에 없기 때문이다. 이성이 보편적인 권위를 갖지 못한다는 사실은 비과학적 영역의 판단은 물론 자연과학 그리고 더 나아가서는 가장 엄격한 인식 대상으로서의 수학적 진리에 관해서도 때로는 두 수학자가 한 수학적 사실·이론을 놓고 똑같이 이성에 호소하는데도 불구하고 서로 양립할 수 없는 두 가지 다른 판단과 주장을 하는 현상으로 입증된다.

시간과 공간을 초월하여 자율적으로 존재한다는 이성은 사실인즉 여러 가지 조건에 의해 규정지어지고 있으며, 절대적으로 투명하다는 이성은 사실인즉 여러 가지 여건에 의해 가려지고, 보편적으로 통할 수 있다는 이성은 사실인즉 시간과 장소, 역사와 문화에 따라 특수하다는 사실이 최근 엄격한 철학의 차원에서는 '해체주의적' 분석에 의해서, 그리고 보다 일반적으로는 이른바 '포스트모더니즘'에 의해서 입증되거나 아니면 강력히 주장되고 있다. 포스트모던적 입장에서 볼 때 판단의 규범·권위로서의 이성은 한 문화, 한 공동체, 한 분야 등에 공통될 수 없고 서로 다르다. 그러므로 판단의 기준·권위도 수없이 다양하다는 것이다. 근대성의 프로그램을 비판하고 그것의 타당성을 근본적으로 부정하는 포스트모더니스트들과는 달리 '근대성의 프로그램'을 옹호하는 하버마스조차도 '합리성'을 한 개인의 이성에서가 아니라 한 사회 공동체에서 도출할 수 있는 '합의'로 정의함으로써 이성이 역사·문화·사회적 조건에 따라 달라질 수 있음을 암시한다. 모든 인간은 그의 주어진 여건을 반성적으로 비판할 수 있다는 점에서 초월적이지만, 인간의 사고·관찰은 실질적으로는 어떤 특수한 자신의 시간적 및 공간적, 역사적 및 문화적인 특수한 관점을 완전히 초월할 수 없고 반드시 그러한 입장에서만 가능하지, 시간과 공간이라는 특정한 지점을 초월한 보편적 지점 즉 아무 지점도 아닌 공백 지점에서는 불가능하다는 것이다. 그렇다면 이성은 고정된 투명한 존재가 아니라 유동적이고, 따라서 '편견적'이라 할 만큼 특정한 관점일 수밖에 없다.

인지적 판단 근거로서의 이성과 전통은 서로 대립하는 것으로 생각되어왔고, 이성적 근거가 투명하고 보편적인 데 반해 전통적 근거는 불투명하고 특수적인 것으로 여겨왔다. 그러나 위에서 본 대로 이성의 보편성 및 투명성이 허구적이고 유동적이라면, 이성과 전통의 대립은 물론 구별조차 흐려진다. 전통은 한 형태의 지적·윤리적·기술적·의식적 판단의 법전이다. 그러나 같은 법전의 기능을 하면서도 이성이 모든 개개인의 의식 속에서 발견할 수 있는 것인 데 반해, 전통은 한 공동체가 과거로부터 유산으로 이어받은 관습의 성격을 갖는다. 달리 말해서 이성의 권위가 개인의 의식에 바탕을 두고 따라서 그만큼 투명한 데 반해, 전통의 권위는 사회적 관습에 근거하기 때문에 그만큼 불투명하다. 그러나 그러한 전통은 우연적으로 발생한 것이 아니라 한 공동체의 각기 구성원들의 다양한 의견들이 복잡한 과정과 절차를 거쳐 걸러낸 사회적 공감·합의로 성립 형성된 것이다. 앞서 본 대로 이성이란 것이 특별히 다른 어떤 형이상학적 세계에 존재하는 것이 아니고, 특수한 지역, 특수한 때, 특수한 사회 여건에서, 특수한 문화를 가질 수밖에 없는 인간 집단에서 도출된 판단·가치 기준이라면, 이성과 전통은 서로 정확히 구별할 수 있는 별개의 존재·실체가 아니라 동일한 존재·실체의 양면으로 볼 수 있다. 이성은 전통의 비판적 측면이며, 전통은 사회적 실천 속에 정착한 이성의 측면이다. 이성적이 아닌 전통이 있을 수 없는 것과 마찬가지로 전통적이 아닌 이성은 존재하지 못한다. 이성이란 곧 살아 있는 전통이며, 살아 있는 전통이란 곧 이성을 뜻한다. 일반적으로 생각하고 있는 것과는 달리 한편으로 전통이 다양한 것과 마찬가지로 이성도 다양한가 하면, 다른 한편으로는 이성이 보편성을 주장하고 있는 것과 마찬가지로 전통도 나름대로의 보편성을 주장한다. 참다운 이성은 곧 한 전통의 개방적 반성력에 지나지 않으며, 참다운 전통은 이성 즉 개방적 반성력으로 자신과는 다른 전통에 신축력 있게 대처할 때만 그 의미를 갖는다. 개별적인 것일 수밖에 없는 전통이 필연적으로 다양할 수밖에 없는 것과 마찬가지로, 이성은 하나만이 아니라 다양할 수밖에 없다. 이성은 하나의 특수한 전통에 뿌리박았을 때만 살아 있고 그렇지 않을 경우 공허한 독재자로 변신하게 되며, 전통은 반성적 사고에 의해 스스로를 부단히 재창조하지 않는 한 생명을 잃고 화석으로 변한다. 이와 같이 볼 때 이성과 전통의 관계는 두 가지 서로 양립할 수 없는 존재나 힘의 대립·갈등이 아니라 한 지역적 이성과 다른 지역적 이성간의 차이와 갈등으로 볼 수 있고 하나의 전통과 또 다른 전통의 만남과 충돌로 서술할 수 있다. 그렇다면 전통과 이성의 갈등의 해결은 그 어느 것을 선택하느냐에 있지 않다. 그것은 한 전통이 다른 이색적 전통과 만났을 때 그것을 자신이 의도하는 변신과 개혁을 위해 비판적으로 수용함으로써만 가능하며, 자신의 보편성을 고집하던 이성이 다른 이성과 부딪쳤을 때, 보편성을 자처했던 이성이란 존재는 하나의 특수한 전통이었음을 의식하고 다른 전통 즉 다른 이성에 비추어 자신의 전통·이성에 대한 한계를 의식하여 그에 따라 다른 이성으로부터 새로운 것을 배우는 자세를 취함으로써만 풀릴 수 있다. 이성과 전통은 각기 독립해 존재하는 것이 아니라 서로 떼어 생각할 수 없는 역학적 관계에 의해 역동적으로 얽혀 있다.

  전통의 개별성은 이성의 보편성의 한계를 뜻하며, 이성의 보편성은 전통의 권위에 지나지 않는다. 개별적일 수밖에 없는 전통은 이성적 보편성을 갖고, 거꾸로 보편적인 이성은 개별적 측면을 지니고 있다. 이성과 전통의 만남은 전통과 전통의 만남이며, 이성이란 이러한 전통의 만남에 의해서 생기는 새로운 형태의 전통의 계기이며 그 결과이다. 어떠한 전통·이성도 자신의 절대적 보편성을 주장할 수 없고 따라서 절대적 권위를 고집할 수 없다. 한국의 맥락에서 문제된 전통과 근대성의 관계에 대한 이해와 이런 관계가 제기하는 문제 해결의 열쇠는 다 같이 전통과 이성의 관계에 대한 바로 위와 같은 일반적 분석에 비추어서만 가능하다.

3. 한국 전통과 세계 문화

17~18세기 유럽에서 전통과 근대성의 관계는 문화적 유산으로 물려받은 관습적 사고와 각 인간이 갖고 있는 선천적 능력인 이성적 사고간의 관계였다. 그것은 근대화 이전의 서양의 전통과 그 전통 내에서의 자기 비판적 정신에 의한 새로운 서양적 전통의 형성 관계였다. 이렇게 형성된 지 3세기가 지난 오늘날 '근대성'으로 서술할 수 있는 특정한 지역에서의 특정한 전통은 지구상 다른 어느 곳에서도 볼 수 없는 유일한 그리고 보편적인 '서양 전통'으로 자리를 굳혔다. 요컨대 서양의 전통과 근대성의 갈등은 새로운 근대적 즉 합리적 사고가 전통으로 정착됨으로 풀렸고, 이러한 해결이 '발전·진보'였다는 인식은 의심되지 않기에 이르렀다. 그리고 이러한 서양 전통은 오늘날 지구 전체의 모든 문화를 지배하기에 이르렀다. 현재 우리가 경험하고 있는 전세계에 걸친 근대화·산업화·세계화·지구촌화는 근대적 서양 전통에 의한 전세계의 획일적 지배화의 현상을 말해준다.

이런 맥락에서 한국에서 전통과 근대성의 문제는 서양을 제외한 모든 지역에서의 경우와 꼭 마찬가지로 자기 전통 즉 한국적 전통 안의 갈등과 새로운 전통의 창조에 있지 않고 서양 전통의 수입·침입에 따른 한국 전통과 서양 전통과의 대립·갈등에 있다. 한국의 '근대화'가 서양화를 의미하고, 한국의 서양화가 한국 문화 전통의 서양적 전통화라면, 한국의 근대화는 한국 고유의 전통의 포기를 뜻한다. 한 민족 혹은 집단의 전통이 그 민족 혹은 집단의 개성·정체성을 말해주는 것이라면, 서양 전통에 의한 우리 전통의 대치는 우리 정체성의 죽음과 다를 바가 없고, 서양화한 한국은 한국이 아니라 '서양의 멍키'에 지나지 않는 것으로 봐야 한다. 한글이나 한문보다는 영어를 더 열심히 배우고, 공자나 퇴계보다는 플라톤이나 칸트를 더 알아야 하고, 판소리보다는 베토벤의 음악을 더 잘 알고자 하며, 바지저고리보다는 양복이나 스커트를 입어야 하며, 콩나물국에 만 밥보다는 스테이크를 선호하게 된 우리는 얼굴만 한국인이지 속내용은 서양인으로 변신한 것 같은 의식을 하지 않을 수 없게 됐다. 적지 않은 우리들은 불공을 드리거나 제사를 지내기보다는 기독교 신자로서 유태인의 역사와 예수의 얘기를 배우고 교회에서 찬송가를 불러야 개명·개화한 것으로 되어 있다. 한시를 암송하거나 서원에서 한문을 한가롭게 배우는 것보다는 서양에서 들어온 양학 즉 수학·과학·기술을 배워 공장을 짓고, 사회를 개혁해 물질적으로 윤택하고 정신적으로 자유롭고, 사회적으로 평등한 것이 절대적으로 더 중요하게 됐다.

 이러한 서양화는 서양인에 의해 강요된 것은 아니다. 전혀 남인 서양의 전통에 눈을 뜬 우리는 자진하여 그러한 근대화를 원했고 추진해왔으며, 현재 큰 성과를 거두었다. 우리가 그러한 것을 스스로 그리고 절실히 바랐다는 것이다. 이런 맥락에서 서양 밖의 모든 세계는 대부분의 경우 서양의 합리적 사고 및 과학 기술의 위력에 경외와 아울러 압도감을 느끼고, 대부분의 경우 서로 앞다투어 서양 문명의 도입 및 모방에 지나지 않는 '근대화'를 늦게나마 적극적으로 그리고 재빠르게 추진하거나 혹은 망설이며 서툴게 부분적으로 수용해왔다. 일본의 경우가 전자의 예라면 인도를 비롯한 많은 아랍 국가나 아프리카의 여러 국가를 후자의 예로 들 수 있다. 이런 맥락에서 볼 때 서양과 처음 접한 이래 지난 약 한 세기에 걸친 한국의 근대화는 일본보다는 반 세기 이상 뒤늦었지만 그밖의 많은 아시아 아프리카의 비서양 문화권에 비해서는 비교적 성공한 것으로 볼 수 있다. 이러한 사실은 20년 이래 그 구체적 징조로 나타난 산업화의 성공, 경제적 생활의 놀라운 향상, 사회적 평등화 및 정치적 민주화의 발전에서 볼 수 있다.

앞서 말했듯이 우리는 전통과 근대성간의 갈등, 즉 서구 전통의 수입과 우리의 고유한 전통의 포기 사이에서 갈등은 물론 거북함을 느낄 이유가 없다. 그럼에도 불구하고 바로 서구화를 깊게 추진하고 이미 크게 서구화된 현시점에서 우리는 그 어느 때보다도 어딘가 더 거북스러움을 느낀다. 이러한 사실은 서양화 즉 서양 전통에 의한 우리 고유한 전통의 대치가 곧 우리 자신의 정체성의 상실 내지는 포기를 의미하는 것으로 의식되기 때문이다.

그러나 전통과 근대성 즉 전통과 이성의 관계에 관해 위에서 본 분석이 옳고, 따라서 그것들은 갈등·대립적이 아니라 역동적 관계로서 얽혀 있음을 인정한다면, 또한 이성을 기존 질서 즉 전통의 자기반성과 개혁의 능력으로 보고, 전통을 개혁된 이성의 지속된 안전 상태로 본다면, 나아가 현재 우리가 물려받은 우리 고유의 한국적 전통이 우리 자신의 자율적 선택에 의해 결정한 것이었음을 의식한다면, 우리는 우리가 이룩한 서양화한 우리의 새로운 전통을 세우게 된 데 대해서 거북하게 의식할 필요는 전혀 없다. 어제와는 사뭇 다름에도 불구하고, 오늘날 서양물이 든 우리의 전통 역시 우리의 전통이기 때문이다.

이러한 결론은 모든 전통의 가치가 다 같이 등가적으로 측정될 수 없다는 것과, 근대성 즉 합리적·과학적 서양 전통이 적어도 다른 전통에 비추어 효율적인 면에서 더 월등하다는 사실을 함의한다. 충격·혼란 그리고 반발을 느끼지 않을 수 없을 만큼 원래 이질적인 서양 문화·문명을 비서양권의 문화가 약간의 약하고 혹은 강한 저항의 예를 제외하고는 거의 모두 현재까지도 혈안이 되어 산업화·근대화를 추진한다는 사실이 서양 문명·전통의 우월성을 실증해준다고 볼 수 있다.

전통과 근대성의 관계와 한국의 전통과 근대화, 즉 서양화의 관계에 대한 위와 같은 검토는 지금까지 우리가 추진해온 서양화, 즉 생산 수단의 산업화, 경제 제일주의, 도덕 및 그밖의 분야의 가치의 서양화, 정치적 민주화 등에 대해서 전적으로 긍정적인 판단을 내리도록 유도한 것 같다. 즉 현시점에서 한국 고유의 전통에 대한 회고적 향수와 아울러 서양화 즉 서양 문명의 전적인 수입에 대한 새삼스러운 반성과 회의는 전혀 무의미한 듯싶다.

그럼에도 불구하고 좀더 따지고 보면, 전통과 근대성, 한국의 전통과 한국 문화의 서양화에 대한 분석과 검토가 반드시 서양화·근대화를 무조건 긍정해야 하고, 그에 따라 사라지고 폐기되어가는 우리의 고유한 전통에 대해 재고를 한다는 것이 시간 낭비라는 결론을 내지는 않는다. 우리의 근대 즉 서양화는 그 어느 때보다도 오늘날 더욱 깊은 반성·분석·검토·재평가를 필요로 한다. 17~18세기부터 굳어진 근대 이후의 서양 전통 즉 모더니티는 그 자신이 확신해왔던 것과는 달리 절대적인 차원에서 '보편적'이 아니며, 따라서 서양적 관점은 모든 면에서 다른 관점들에 비해 우월한 권위를 갖지 않으며, 따라서 자신의 관점을 모든 이들에게 강요할 권리가 없다. 또한 최근까지 대부분이 생각하고 있었던 것과는 달리 일괄적으로 다른 전통보다 모든 면에서 우월하지 않다. 따라서 단순히 맹목적 자존심에서가 아니라 객관적 판단에 근거해서 무조건의 서양화는 마땅히 비판되고, 지금까지 우리 스스로가 비하하여 폐기했던 우리의 오랜 전통이 내포하고 있는 가치를 다시금 재발견하고 평가해야 한다.

서양 근대 문명의 힘은 과학 기술에 근거하고, 그러한 과학 기술은 자연 현상을 설명하고 이해하며 활용함에 있어 그 어느 기술보다도 효율적이다. 이러한 과학 기술의 효율성은 그런 기술의 기초가 되는 과학적 자연관의 보편성에 있다. 이러한 과학 기술로 인류는 물질적으로 그만큼 풍요해졌다. 서양의 합리적 사고는 이러한 과학적 기술과 아울러 인간의 자율성·존엄성에 대한 이념과 아울러 정치·사회적 자유주의를 동반했다. 이러한 이념들에 의해 지구상의 많은 인구는 물질적 억압에서만이 아니라, 도덕적 및 정치적 억압으로부터 해방되었다.

이런 이유에서 근대성 즉 과학적 자연관, 자본주의적 사고는 자기 권위의 절대성에 대해 독선적이 되었고 그에 따라 근대성에 맞지 않는 모든 전통을 억압하고 때로는 폭력적으로 파괴하는 결과를 필연적으로 낳게 되었다. 그러나 근대성 즉 근대 서양 전통의 이러한 보편성과 절대적 권위가 얼마나 독선적이었던 것인가는 60년대 이후 서양 문명의 한복판에서 일기 시작하여 이제는 세계 전체의 각계각층으로 퍼져 있는 이른바 포스트모더니즘의 수많은 항의 데모로서 표현되고 있다. 이러한 역사적 사실은 한국의 서양 전통의 무조건적 모방 즉 근대화에 대한 반성·비판의 근거를 제공하고 정당화한다.

근대성에 대한 반성·비판은 근대성의 핵심이 되는 이성의 제한성이다. 근대성이 주장하는 이성은 어디까지나 도구적·기술적 이성으로서 어떤 목적을 위해서 보편적으로 사용할 수 있는 도구를 결정해주지만, 그러한 도구 사용에 전제되는 목적·가치의 결정·선택에 대해서는 전혀 무력하다. 도구적 이성의 가장 두드러진 표현은 과학적 지식과 기술로 나타난다. 과학적 지식과 과학적 기술은 인간이 정한 어떤 목적을 달성하는 데 비과학적 지식과 비과학적 방법에 비추어 한없이 효율적이다. 오늘날 인류가 자연에 대해 행사하고 있는 힘이나 향유하는 물질적 풍요는 다 같이 과학적 지식과 기술에 근거한다. 그러나 이러한 과학 기술은 잘못된 목적 즉 악으로 표현할 수 있는 가치 실현을 위해 똑같이 유효하게 사용될 수 있다. 바로 여기에 놀라운 도구적 힘을 발휘하는 과학 기술의 한계가 있고 도구적 이성의 맹점이 드러난다. 과학 기술 즉 도구적 이성의 이러한 논리적 한계는 전세계적으로 과학적 사고의 적용으로 이루어진 산업화의 결과, 대도시의 교통 지옥, 환경 오염 및 생태계의 파괴가 인류만이 아니라 지구 전체의 생명을 크게 위협한다는 사실로 드러난다.

근대성이 그렇게도 자부하는 이성에 대한 비판은 그것의 도구성에서 지적되지만, 그것이 주장하는 보편성에서 더 근본적으로 드러났다. 이성의 보편성은 어디까지나 허구이며, 이성이 주장하는 보편성이란 국한된 보편성이고, 따라서 이성이 곧 보편적 사고를 뜻한다 해도 그러한 사고의 보편성은 절대적인 것이 아니라 상대적이며, 단 하나만의 즉 일원적 존재가 아니라 다원적이다. 요컨대 이성은 단수적이 아니라 복수적이다. 60년대 이래 세계에 큰 사상적 파도를 일으키고 있는 이른바 포스트모더니즘이란 이성에 대한 바로 위와 같은 비판을 뜻한다. 포스트모더니즘은 모든 차원에서 보편적인 인식·입장이 있을 수 없고, 근대성 즉 근대적 합리주의에 내포된 이른바 이성의 절대적 보편성과 그에 따른 절대적 이성의 권위는 하나의 큰 허구·거짓 즉 꾸며낸 이야기에 불과하다고 주장한다. 똑같은 사물이나 현상에 대해서도 어떤 전통에 서 있는가에 따라, 그리고 그 전통 안에서 어떤 입장에 서 있느냐에 따라, 무한히 다양할 수 있다는 것이다. 과학 지식은 근대주의자 즉 과학주의자들이 생각하고 있는 것과는 달리 자연 현상의 유일한 객관적 표상이 아니라 도구적으로 지금까지 가장 편리하고 유용한 서술 관점에 지나지 않으며, 따라서 비과학적 신념, 비서구적 신념, 서양과 이질적 문화나 사회도 다 같이 나름대로 존중되어야 한다는 것이다.

그렇다면 우리는 근대화 즉 우리가 지금까지 전력하여 추진해온 서양화를 어떻게 재평가하며, 날로 첨단화되는 기술에 의해 모든 행동과 사건이 지구촌이라는 이름으로 날로 더 세계화될 미래에 어떠한 선택을 해야 하는가?

싫건 좋건 한국은 '지구촌' 속에서 살아남기 위해 전통의 포기를 뜻하는 근대화 즉 서양화를 계속 추진해야 한다. 객관적 사실은 근대적 정신 즉 서양 문화의 산물인 과학의 지적 가치와 과학 기술의 실천적 혜택을 조금이라도 과소 평가할 수 없다. 과학적 사고와 기술은 인간을 지적으로, 물질적으로 그리고 정치·사회적으로 해방시켜주는 데 결정적인 역할을 하고 있다는 사실에 눈을 가릴 수 없기 때문이다. 이러한 근대화는 한국의 고유한 전통을 포기함을 의미하고 남의 전통 즉 남의 사고 방식, 남의 가치관, 남의 기술, 요컨대 남의 삶의 방식을 수입·학습·모방함을 뜻한다. 이런 점에서 우리의 근대화·서양화는 우리들에게 심리적으로 자존심에 상처를 내고 모욕감을 준다. 그럼에도 불구하고 우리가 정말 자주적이고 정말 이성적이라면, 근대화가 우리의 자율적이고도 냉정한 판단에 따라 그러한 서양·근대적 신념·사고·가치·기술·생활 방식이 참되고, 옳고, 효율적이어서 우리가 바라는 삶을 풍요하게 해줄 수 있다는 결론이 나오는 한, 우리는 마땅히 서양화·근대화를 주저말고 적극적으로 더 가속화해야 한다. 날이 갈수록 세계가 하나의 지구촌으로 더욱 변해가는 앞날에 근대화는 피할 수 없을 뿐 아니라 절대적으로 필요하다. 사실 우리는 오래 전부터 항상 남의 전통을 수입했다. 우리의 정신적 전통의 뼈와 살인 불교나 유교적 세계관은 원래 인도나 중국에서 수입한 것이며, 우리의 전통 복장, 음식, 주택 구조, 사회 체제도 알고 보면 오랜 역사의 시련을 거쳐 외국에서 들여온 요소가 허다하다. 우리의 전통이 중국의 전통에서 크게 영향을 받았듯이 현재 일본 전통의 밑바닥에 한국의 많은 전통이 깔려 있다는 것은 누구나 잘 알고 있는 바다. 지난 2~3백 년 동안 동양이 서양으로부터 절대적 영향을 일방적으로 받아왔다면, 오늘날은 동양적 문화가 서양 문화에 미치고 있는 문화적 영향이 차츰 가시화되고 있다. 문화는 고정된 화석이 아니라 살아 성장하고 부단히 변모한다. 보다 새롭고 우수한 남의 문화를 개방적으로 수용하여 그것을 자신의 문화에 접목하여 자양으로 삼을 때만 비로소 그 전통은 살아남고 보다 보편적 권위를 얻을 수 있다.

 그러나 한 전통에 의한 다른 전통의 수입과 흡수, 한국의 근대화 즉 서양화는 결코 맹목적이어서는 안 된다. 서양 문화의 장점에 눈떠서 그것을 수입·모방·발전하는 데 성공한 우리는 현재 서양 문화의 한계, 근대화의 맹점을 조금씩 의식하게 되었다. 그렇다면 우리의 근대화 즉 서양화는 선택적이어야 한다. 현재 개방의 거센 물결을 타고 닥치는 근대화·서양화·미국화와 함께 들어오는 저속한 문화는 물론, 우리의 냉철한 생각에 비추어 잘못됐거나 맞지 않는 윤리관, 미학적 감수성, 인생관은 선택 과정에서 조심스럽고도 철저하게 제거되어야 한다. 이러한 선택적 서양화는 우리의 오랜 전통 즉 우리가 오래 전부터 지니고 살아왔던 세계관, 도덕적·미학적 가치관을 일괄적으로 낡은 것으로서 폐기할 것이 아니라 바로 그 속에서 서양적 전통에서 찾을 수 없거나 서양의 것보다 뛰어난 보배를 가려내고 보존하며 더욱 키워가야 함을 의미한다.

 전통과 근대성의 관계 및 서양의 문화에 대한 위와 같은 해석과 평가를 바탕으로 우리의 근대화는 단순한 서양화일 수 없고 보편적인 차원에서 정말 '근대화'이어야 하고, 우리의 고유한 전통은 박물관 속에서 화석으로 고정된 것이 아니라 구체적 생활 속에 시대에 맞게 주체적으로 살아 있는 것이어야 한다. 필요에 따라 과감히 남의 전통을 선택적으로 수용하는 이성과 용기와 아울러 그러면서도 자신의 전통에 긍지를 갖고 남의 전통을 바로 그곳에 접목하는 자존심과 지혜가 있어야 한다. 이러한 근대화를 통해서 우리는 비로소 자랑스러운 세계적 한국 문화, 떳떳한 세계적 한국인으로서 살아가게 될 것이다.

  보편적 이성으로 점검되지 않은 전통이 신기한 고물에 지나지 않는 것과 마찬가지로 개별적 전통에 뿌리박을 수 없는 이성은 공허한 구호에 지나지 않는다. 넓은 세계 속의 인간으로보다는 좁은 한국인만을 고집할 때 자랑스러운 한국인이 될 수 없는 것과 마찬가지로, '한국'이라는 이름도 주소도 없는 추상적 세계인은 공허한 관념에 불과하다. 전통과 근대성의 문제가 전통과 이성의 문제라면 그것은 전통의 개성과 이성의 보편성 가운데 그 어느 하나를 선택하는 문제가 아니라, 서로 완전히 떼어서 생각할 수 없는 두 개의 가치를 보다 바람직한 문화를 창조하고 보다 바람직한 인간으로서 살기 위해 그것들의 역동적 관계를 어떻게 조화시키느냐는 문제이다. 그러기 위해서 우리는 세계사 속의 우리를 보다 높은 차원에서 우리 스스로를 바라보는 지적 및 정서적 성숙성이 필요하다. 이제 우리는 한편으로는 우리가 추진한 근대화의 참된 의미를 여러 각도에서 냉정히 반성·분석하고, 다른 한편으로는 이런 오늘의 상황에서 가끔 생기는 과거 우리 전통에 대한 향수와 가끔 충동적으로 튀어나오는 민족적 감정을 조용히 정리할 여유를 가질 때가 되었다. 한 가지 중요한 것은 보다 인간다운 사회에서 보다 질 높은 문화를 창조하여 보다 고귀한 인간으로서의 한국인이 되고자 하는 이상을 부단히 추구하고, 확인하고 간직해가는 일이다.

                              〈1992년, 『오늘의 한국 지성, 그 흐름을 읽는다』〉

합의로서의 합리성
―하버마스 비판 이론의 경우

　하버마스는 그의 철학이 마르크스적 비판 이론의 전통을 계승하고 있다는 점만으로도 주목할 만한 철학자로서 부상된다. 모든 철학이 세계를 이해하는 데 그치고, 특히 분석철학이 개념의 해명을 일삼는 데 멈추고 있을 때, 비판 이론은 왜곡된 세계관으로서의 우리들의 이념을 고발하고 잘못된 이념으로부터 우리를 깨어나게 하여 세계를 바꾸려 한다. 어느 누구보다도 가장 체계적인 비평 이론을 세우고 있는 하버마스는 그만큼 독창적이고 그만큼 더 중요하다.
　현재 하버마스는 모국인 독일에서 가다머와 맞서 가장 중요한 철학자로서 자신의 위치를 굳혀놓았을 뿐만 아니라, 세계적으로 가장 주목할 만한 철학자 중의 한 사람으로서 자리잡아가고 있다. 그 이유는 그가 단순히 이념 비판에 관심을 갖고 있기 때문만이 아니다. 하버마스의 중요성은 현재 이른바 포스트모더니즘이니 혹은 디컨스트럭션, 즉 탈구조주의(脫構造主義)니 혹은 더 일반적으로 말해서 상대주의니 하는 말로 서술되는 철학적 입장을 배경으로 해서 이해된다.

이와 같은 현대 철학의 큰 흐름은 인식론적 관점에서 볼 때 극히 회의주의가 아니면 극히 상대주의적이다. 즉 보편타당한 객관적 진리를 확신할 수 없게 되었다는 말이 된다. 어떤 믿음이나 주장에 대한 절대적이고 유일한 근거를 댈 수 없는 반면에 그것을 뒷받침하는 이유는 다양할 수 있으며 흔히 서로 갈등한다는 말이다.

이런 상황에서 하버마스는 보편적이고 따라서 객관적 인식의 가능성을 믿는다. 그의 비판 이론은 이념 비판과 계몽을 위한 이론의 차원을 넘어 보편적 합리성에 대한 이론이다. 그는 시대나 장소를 떠나서 그리고 어떤 특수한 영역을 초월하여 보편적으로 적용될 수 있는 합리성의 기준을 제공하려 한다. 그리하여 그는 철학적 회의주의 혹은 상대주의에 도전한다. 이런 점에서 하버마스는 어떤 특수한 철학적 문제를 초월하여 그냥 철학적 차원에서 보편적인 중요성을 갖는다.

무엇을 믿든, 무슨 행동을 결정하든 혹은 무엇을 평가하든 우리들이 하는 이와 같은 일들이 맹목적이거나 독단적이 아닌 이상 우리들은 언제나 어떤 이유를 찾는다. 인과적인 법칙에 따라 외부의 힘에 필연적으로 그리고 물리적으로 결정되지 않는다는 전제하에서만 인간의 행동은 물리 현상이나 동물의 행태와도 구별된다. 즉 인간의 모든 행동은 어떤 원인에 의해서가 아니라 어떤 이유에 의해서만 이해된다. 그러나 문제는 과연 어떤 것이 가장 좋은 이유일 것인가에 있다. 즉 문제는 어떻게 합리성을 결정할 수 있는가에 있다. 실제로 우리가 우리들의 결정을 뒷받침하기 위해서 대는 이유는 다양하다. 내가 어떤 사물 현상을 믿는 이유는 나의 지각적(知覺的) 경험이다. 내가 어떤 행동을 선택한 이유는 그 행동이 나의 특정한 목적 달성에 가장 효과적이라는 데 있다. 내가 어떤 것을 좋게 평가하는 이유는 그것이 나의 어떤 특수한 필요성 혹은 욕망을 객관적으로 잘 충족시켜주는 데 있다. 엄격한 유교 문화권에서 사는 내가 부모에게 거의 무조건 복종해야 하는 이유는 그러한 범절이 깊이 뿌리박고 있는 하나의 전통이라는 데 있다. 따위들.

그러나 위와 같은 몇 가지 경우 어째서 각기 '지각적 경험'·'효율성'·'욕망 충족'이라는 서로 다른 것들이 똑같이 각기 행위의 특수한 '이유'로서 수용되는가의 문제가 제기된다. 이와 같은 이른바 이유들이 분명히 서로 각기 다른 이상 그것들은 그것들 자체로서 다 똑같이 이유가 될 수는 없다. 그것들은 그 자체로서 이유가 아니라 이유라는 개념의 각기 다른 사례에 불과할 뿐인 것 같다. 그러므로 위와 같이 서로 다른 것들이 각기 다른 경우에 이유의 사례가 되는 이유, 즉 이유의 이유를 또한 물어야 한다. 다시 말해서 이유로 불리는 사례를 들어보이는 작업에 앞서 '이유'라고 불리는 개념을 밝혀야 한다. 이유라는 것은 오랜 경험에 바탕을 두어 이루어진 합의라고 일단 분석할 수 있을 것 같다. 지각적 경험이 어떤 사물 현상을 믿는 이유가 되는 이유는 오랫동안의 경험을 통해서 지각에 근거한 믿음이 진리임을 여러 사람들이 다 같이 합의하기에 이르렀기 때문이다. 효율성이 어떤 행위를 선택하는 이유로 생각되게 된 이유는 모든 사람들이 오랜 경험을 통해서 효율성을 행위 선택의 가장 기본적 근거로 다 같이 합의하게 됐기 때문이다. 욕망의 충족을 평가의 이유로 생각하게 된 이유는 모든 사람들이 오랜 경험을 통해서 그런 기준에 따라 사물 현상을 평가하는 데 의견을 같이하게 됐기 때문이다. 유교 문화권에서 부모에 대한 거의 맹목적인 복종의 이유가 그 문화권의 전통에 있다고 믿게 된 이유는 역시 오랜 경험을 거치면서 그 문화권내에 사는 사람들이 그와 같은 생각이 옳다고 뜻을 같이하게 됐기 때문이다. 합리성을 이유에 근거한 생각이나 행동으로 규정하고 이유에 대한 이와 같은 정의를 합의로 본다면, 합리성이란 합의에 근거한 믿음이거나 행동을 뜻한다. 합리성에 대한 하버마스의 사색은 그의 비판 이론에서 중요한 부분을 차지할 뿐만 아니라 그 이론의 기초를 이룬다. 비판 이론의 궁극적 목적은 왜곡됐다고 전제되는 이념으로부터 인간을 각성시키고 해방시켜주는 데 있다. 이런 목적 달성을 위해서 하버마스는 근거가 필요했고, 그러한 필요성에서 합리성에 대한 새로운 정의를 고안했다. 그는 합리성에 대한 정의를 내릴 수 있다고 확신한다. 그는 합리성을 합의에서 찾는다.

하버마스의 합리성에 대한 정의는 합리성 일반에 대한 정의라기보다는 특수한 합리성에 대한 정의인 것같이 보인다. 하버마스 자신도 그와 같이 생각하고 있었던 것 같다. 합리성의 문제는 인식의 문제이다. 인식은 맹목적이 아니라 반드시 어떤 근거를 요청한다. 내가 무엇을 알았다고 했을 때 나는 나의 믿음이 진리임을 전제한다. 그리고 나는 내가 그 무엇을 진리라고 믿는 근거가 있음을 전제한다. 합리성은 이러한 근거를 의미한다. 그러므로 합리성의 문제는 인식에 있어서의 정당성의 문제로 바뀐다.

하버마스는, 모든 인식은 순수한 지적인 활동이 아니라 어떤 관심(*interest*)과 뗄 수 없다고 주장한다. 관심은 우리들의 필요나 욕망과 떼어서 이해될 수 없다. 그렇다면 인식은 인간의 이해 관계와 뗄 수 없이 얽혀 있다는 것이다. 우리가 무엇을 알고자 한다면 그것은 그 앎이 우리들의 삶과 관련됐기 때문이다. 하버마스에 의하면 모든 사람은 세 가지 서로 다른 앎에 대한 관계를 갖게 마련이다. 첫째 기술적 관심(*technical interest*)이며, 둘째 실천적 관심(*practical interest*)이고, 셋째 해방적 관심(*emancipatory interest*)이다. 이와 같은 세 가지 관심은 인간에게 어쩔 수 없는 세 가지 필요성에서 생긴다. 첫째, 우리는 자연을 정복하고 이용할 필요가 있다. 이런 필요를 충족시키기 위해서 자연현상을 파악하고 그것을 이용할 수 있는 기술을 배워야 한다. 둘째,

사회적인 동물인 동시에 언어적인 동물인 인간은 나 아닌 다른 사람들과 대화를 통해 서로 이해할 필요성을 느낀다. 이러한 필요를 충족시키려면 대화를 위해 불가결한 언어의 의미를 파악할 줄 알아야 한다. 셋째, 인간은 흔히 왜곡되어 있는 자기 자신의 믿음이나 가치를 파악하고 그러한 상황에 눈을 뜨고 그러한 상황으로부터 해방되어 참다운 자유를 찾고 스스로 진실하게 살아야 할 필요가 있다. 이러한 필요를 충족시키기 위해서 부단한 반성적 활동을 통해서 참다운 자기 자신을 발견하고 자기가 정말 무엇을 추구해야 하며 정말 어떻게 살 것인가의 규범을 밝혀 내야 한다. 이와 같이 인간은, 과학 또는 기술적 앎과 실천적 앎과 해방적 앎을 필요로 한다. 모든 앎은 정당성, 즉 앎의 근거를 마련해야 한다. 그러나 언뜻 보아 정당성, 즉 어떤 앎과 주장하는 이유 혹은 근거는 앎의 성질에 따라 달라지는 듯하다. 내가 어떤 과학적이거나 기술적 앎을 수용하는 이유는 구체적인 지각·실험으로써 어떤 사물 현상을 예측할 수 있거나 효율적으로 응용할 수 있는 어떤 물건을 만들어낼 수 있는 데 있다. 그러나 내가 남들의 담론(談論)을 옳게 이해하는가 아닌가는 똑같은 방식으로 결정할 수 없으며 남의 담론을 옳게 이해하고 남들과 제대로 의사가 상통했다는 이유는 어떤 현상의 예측이거나 효율적 응용과는 일치하지 않는다. 그것은 대화를 위해 사용되는 언어의 의미를 옳게 이해함에 있다. 그리고 가령 내가 믿고 있는 세계관이나 가치관이 옳은가 아닌가 혹은 내가 무엇으로부터 해방되어 무엇을 추구하며 살 것인가를 결정하는 근거, 즉 이유는 사물 현상의 예측이거나 효과적 이용도 아니며, 언어의 올바른 이해도 아니다. 그래서 이른바 해방적 필요에 전제되는 '해방적 앎'의 근거 혹은 정당성은 전혀 다른 곳에서 찾아야 한다. 다시 말해서 어떤 앎의 정당성, 즉 어떤 것을 믿는 이유는 그 앎의 종류에 따라 달라진다. 서로 다른 종류의 앎에 있어서 앎의 합리성은 각기 다르다는 것이다.

하버마스는 위의 세 가지 종류의 앎 가운데서, 첫번 두 가지 종류의 앎의 합리성에 대한 문제는 보지 않고 오로지 세번째의 경우에서만 합리성의 문제를 보는 듯하다. 합의로서의 합리성은 오로지 '해방적 앎'을 결정하는 척도가 된다고 하버마스는 생각했다. 다시 말해서 해방적 앎은 '합의'에 의해서만 합리적이고 따라서 정당화될 수 있다는 것이다. 이와는 달리 '과학 기술적 앎'의 합리성은 오랜 지각적 경험에서만 찾을 수 있다. 그러나 좀 반성해보면 과학 기술적 앎의 경우에도 궁극적으로 합리성은 합의에서만 찾을 수 있는 것 같다. 사물 현상에 대한 인식이나 과학 기술적 인식의 경우에도, 경우에 따라 서로 상반되는 주장이 있을 수 있다. 똑같이 본다고는 하지만 두 사람은 똑같은 것을 서로 달리 지각하고 똑같은 실험을 서로 달리 해석하는 경우가 흔히 있다. 그러나 똑같은 것이 동시에 A이며 비(非)A일 수는 없다. 따라서 어떤 지각이나 실험이 A라고 주장될 수 있는 근거는 A라는 경험 자체일 수 없다. 만약 어떤 지각 대상을 A라고 믿는 근거는 여러 A를 지각하는 여러 사람들이 다 같이 그것을 A로서 보는 합의에서만 찾을 수 있다. 만약 이러한 합의가 없었더라면 나 자신이 어떤 대상을 A라고 지각해도 나의 지각적 앎은 정당화될 수 없다. 어떤 지각적 앎의 근거, 즉 정당성이 지각적 경험에 있다고 생각된다면 그 이유는 모든 사람들이 지각적 경험에 대해서는 일반적으로 이견을 갖지 않고 암암리에 이미 합의하고 있기 때문일 것이다. 그렇다면 하버마스가 생각했던 것과는 달리 합의는 특수한 앎에만 해당되지 않고 모든 종류의 앎에 해당되는 근거, 즉 합리성이 될 것이다. 다만 문제는 앎의 종류, 즉 앎의 대상의 성질에 따라 앎의 합리성이 되는 '합의'가 쉽게 이루어지거나 그렇지 않다는 데 있을 뿐이다. 그러므로 하버마스의 '합의'는 특수한 합리성의 정의가 아니라 합리성 일반의 정의로 봐야 한다.

　하버마스가 주장하는 합의로서의 합리성은 두 가지 점에서 주의를 끌기에 더욱 중요하다. 첫째, 하버마스의 합리성에 대한 정의는 현재 합리성에 대한 일반적 견해와 다르다는 점이다. 특수한 인식 분야의 특수한 합리성에 대한 정의는 있을 수 있지만 합리성 일반을 정확히 규정할 수 없다는 것이 대부분의 현재 철학자들의 견해이다. 여기에 현대 인식론의 문제 그리고 철학 일반의 문제가 있다.

　이른바 최근 말하는 포스트모더니즘은 합리성에 관한 바로 이와 같은 철학적 견해를 대변해준다. 포스트모더니즘은 보편적 이성의 존재, 따라서 보편적으로 적용될 수 있는 합리성의 존재를 전제로 한 운동으로서의 모더니즘을 부정한다. 그 대신 포스트모더니즘은 합리성의 다양성과 역사성을 강조한다. 합리성은 인류가 보편적으로 소유하고 있는 어떤 선험적인 존재로서의 이성을 부정하고, 그런 이성에 입각한 합리성을 인정하지 않는다. 합리성은 추상적 이성에서 발견되지 않고 전통이나 한 문화적 또는 인식 분야별로 전제되는 패러다임, 즉 범례에서만 찾아볼 수 있다는 것이다. 이러한 철학적인 큰 흐름 속에서 하버마스는 보편적 합리성의 존재를 전제하는 모더니즘의 전통을 이어 그 전통을 새롭게 뒷받침하려 한다. 합의로서의 합리성이라는 하버마스의 개념은 그의 이와 같은 철학적 기획을 뒷받침하기 위해 세워진 이론이다.

　하버마스의 합의로서의 합리성의 두번째 중요성은 그의 이론의 독창성에 있다. 이 점은 모더니즘이나 그 이전의 철학에서 전제되어 있고 또한 막연하나마 일반 사람들이 상식적으로 믿어왔던 합리성과 대조될 때 쉽게 납득된다. 위와 같은 전통적 관점에 따르면 합리성은 보편적으로 인간이 갖고 있다고 전제되는 투명한 인식의 기능으로서의 이성의 빛과 일치하는 것, 즉 이성의 빛에 따른 믿음이나 행동을 의미했다. 그러나 합리성의 위와 같은 정의는 너무나 추상적이고 막연하다. 도대체 이성 혹은 이성의 빛이 구체적으로 무엇을 지칭하는지를 알 길이 없다. 그렇기 때문에 똑같이 이성의 빛에 근거한다면서도 서로 상반되는 인식과 주장이 나오게 되고, 그와 같은 경우에 어떻게 그러한 갈등을 풀어야 합리성이 있게 되는지 전혀 막막한 상황에서 빠져나갈 길이 없다. 이러한 상황에서 하버마스의 합의로서의 합리성은 보다 구체적인 정의가 된다. 원칙적으로 볼 때 우리는 구체적으로 무엇이, 어떤 견해가 합리성을 갖고 있는지를 알 수 있다. 다시 말해서 합리성의 기준이 구체적으로 제시될 수 있다. 이러한 점에서 하버마스의 합리성에 대한 이론이 중요함은 명백해진다.

그러나 문제는 과연 그의 이론이 정말 옳으냐에 있다. 그렇다면 하버마스의 합의로서의 합리성은 구체적으로 어떻게 설명될 수 있는가? 어떻게 해서 합의가 곧바로 합리성이 될 수 있는가?

하버마스에 의하면, 나 자신의 인식이나 행동의 옳고 그릇됨의 근거는 나 자신의 신념이나 내 인식 대상 자체에 비추어 결정될 수 없다. 왜냐하면 나 자신의 신념은 극히 주관적일 수도 있고, 내가 근거로 삼고자 하는 인식 대상은 나의 착각에 바탕을 두고 있을지도 모르기 때문이다. 내 인식의 옳고 그름의 근거는 내가 살고 있는 공동체의 구성원들에 의해 이룩하게 된 합의에서 찾을 수 있다. 다시 말해서 내가 믿고 있는 것이 이미 사회적으로 합의된 믿음과 일치한다면 나의 믿음은 옳다는 것이다. 또다시 뒤집어 설명하자면 이미 사회에서 이루어진 합의만이 내가 무엇을 진리라고 믿을 근거, 즉 합리성을 갖는다는 것이다.

만약 이와 같은 입장이 하버마스의 합리성에 대한 이론의 전부라면 여기서 문제점을 쉽사리 발견할 수 있다. 한 사회에서 아니 인류 공동체에서 단 한 사람의 예외도 없이 어떤 합의가 성립됐더라도 그 합의는 강제로 만들어질 수도 있고 또는 무지에 바탕을 둔 것일 수도 있다. 스탈린이나 김일성의 정치 체제하에서 모든 사람들이 공산주의가 가장 옳은 체제라는 합의를 갖게 됐다 해도 그것이 정말 공산주의가 가장 옳은 사회 체제라는 정당성은 될 수 없다. 갈릴레오 이전의 모든 사람들이 자율적으로 천동설이 옳다는 합의에 이르게 됐더라도 그 합의는 천동설이 옳다고 믿는 합리성이 되지 않는다. 왜냐하면 그 합의는 무지에 근거하고 있기 때문이다.

물론 하버마스는 이러한 초보적인 문제를 잘 알고 있다. 하버마스의 합의로서의 합리성이 주목을 끄는 이유는 그가 위와 같은 문제를 극복할 수 있는 합의에 대한 이론을 제안했기 때문이다. 하버마스가 말하는 합의는 그냥 합의가 아니라 특정한 조건과 특정한 방법으로 도달된 합의를 말한다. 그는 이런 합의의 조건으로 '담론의 이상적 상황(*ideal speech condition*)'을 들고 있는데, 그것은 모든 사람들이 진실한 태도로 자유롭게, 모든 사람들이 평등한 상황에서 자신들의 의견을 표명하고 그 의견을 남들과 아무 외부적 구속 없이 나눌 수 있는 상황을 지칭한다. 이러한 이상적 상황에서 대화자들 사이에서 오랫동안의 대화를 통하여 공동적으로 짜낸 합의만이 무엇을 믿을 수 있고, 무엇이 옳거나 그르다는 근거가 된다는 것이다. 다시 말해서 위와 같은 조건에서 위와 같은 절차에 따라 마련된 합의는 무엇이 옳고 무엇이 잘못이라고 판단하는 합리성의 기능을 한다는 것이다. 오직 이와 같은 합의만이 가장 근본적인 합리성의 원칙이 된다는 말이다.

하버마스의 합리성을 위와 같이 해석해도 아직 문제는 남아 있다. 모든 사람들간의 평등, 그 사람들의 진실한 태도, 그리고 그들의 자유가 전제되어야 하는데 문제는 어떻게 실제로 모든 사람들이 평등하며, 진실한 태도를 갖고 있으며, 정말 자유로운 조건 속에 놓여 있느냐를 결정하는 데 있다. 만일 이런 문제가 선행적으로 해결되지 않는 한, 한 공동체내에서 성취된 합의가 정말 합리성으로 수용될 수 있는지 아닌지를 결정해야 한다면 그 결정의 합리성이 문제가 되는데, 하버마스의 합리성 이론에 의하면 그것은 역시 이상적 조건하에서 얻어진 합의에 존중되어야 한다. 이와 같은 논리는 분명 순환 논리의 오류를 벗어나지 못한다. 왜냐하면 문제는 한 합의의 합리성의 문제로 되돌아가기 때문이다. 합의의 '이상적 조건'인 자유·진실성·평등성의 개념이 분명하다는 것을 인정하더라도 과연 그러한 조건이 실제로 가능한가가 또한 문제이다. 만약 가능하지 않다면 그러한 상황에서 얻어진 합의를 찾을 수 있다 해도 그 합의는 우리가 무엇을 믿고 판단하는 합리성으로서의 기능을 담당하지 못할 것이다. 만일 현실적으로는 이상적 합의의 조건이 절대로 불가능하다면 그런 상황에서는 어떤 믿음이나 결정이 합리적이냐 아니냐의 문제는 제기될 수 없을 것이다. 그러나 이러한 결론은 어떠한 상황에서도 합리성이 요청되는 우리들의 구체적인 믿음과 결단을 전혀 설명하지 못한다.

위와 같은 문제들을 덮어두고 모든 사람들이 이른바 '담론의 이상적 상황'에서 대화를 나누고 어떤 문제에 관한 합의를 찾고자 노력한다고 가정하자. 그럼에도 불구하고 대화에 참여하는 사람들이 서로 다른 생각을 주장하여 끝까지 아무런 합의에 도달할 수 없는 상황은 얼마든지 상상할 수 있다. 그렇다면 이러한 상황에서는 나의 구체적인 믿음이나 결단은 결코 합리적일 수 없고 따라서 맹목적이어야만 한다. 그러나 이런 결론은 우리들의 구체적인 경험에 대치된다. 어떤 상황에서 성공하든 못하든 우리는 항상 합리성을 요청하고 어떤 믿음과 결론은 다른 믿음과 결론보다 합리적으로 생각된다.

위와 같은 몇 가지 사실들은 합의로서 합리성이 갖고 있는 문제들을 보여준다. 즉, 합의를 합리성의 기준으로 사용할 수 없다는 말이다. 이런 문제들 말고도 하버마스의 합의로서의 합리성에 관한 정의는 더 근본적으로 비판될 수 있을 것 같다. 합의는 나 혼자만이 아닌 다른 사람들을 전제하고 상호성을 전제하지만 그것은 어디까지나 주관성에만 관계되어 있다. 즉, 합의는 어디까지나 상호 주관성을 뜻할 뿐이다. 그러나 레셔(N. Rescher)가 하버마스를 비평하면서 말했듯이 "객관성이 합리성에 본질적으로 중요하지만 합의성은 합리성에게 본질적인 중요성을 갖지 않는다. 사람들이 무엇을 생각하는가에 달려 있지만 객관성은 무엇을 마땅히 생각하여야 하는 데 달려 있다. 그리고 그것들 두 가지, 즉 합의성과 객관성은 오로지 이상적인 경우에만 일치한다."[1)

객관성을 합리성의 본질로 봄으로써 레셔는 합리성과 인식 대상을 결부시켜 객관성을 진리라는 개념과 동일한 것으로 보는 것 같다. 그러나 문제는 어떤 인식이 객관성을 드러내며 진리로서 주장될 수 있느냐의 문제가 생긴다. 즉, 무엇이 객관적이라는 레셔의 주장의 합리성을 입증하는 문제가 생긴다. 왜냐하면 어떤 대상을 놓고 그것은 서로 상반되는 객관성으로 주장될 수 있기 때문이다. 따라서 우리가 무엇을 믿고 결단을 함에 있어서 그 합리성은 우리들의 주관 밖에 독립해서 존재하는 대상 자체의 객관성에서는 찾을 수 없다.

위와 같은 사실을 고찰할 때 많은 문제와 결함을 갖고 있음에도 불구하고 하버마스의 합의라는 개념은 우리들의 믿음이나 결단의 마지막 합리성이 된다. 이러한 사실은 어떤 대상에 대한 공동적 인식을 선택하는 데 있어서 더욱 분명히 드러난다. 가령 어떤 대상을 놓고 그것이 A냐 아니면 B냐를 공동으로 결정해야 할 때 가장 합리적이라고 불릴 수 있는 결정은 합의할 수 있는 결정일 수밖에 없다. 공동적으로 위와 같은 결정된 합의를 보지 못했다면 그것은 어떤 것이

---

1) Nicholas Rescher, *Rationality*, Oxford Clarendon Press, 1988, p.134.

가장 합리적인가를 아직도 발견하지 못했다는 사실을 나타낼 뿐이다. 그러한 사실은 합의가 합리성의 기준이 되지 않는다는 것을 반증하는 것은 결코 아니다. 무엇을 믿거나 무엇을 결정하는 마지막 합리성이 합의일 수 있다는 주장에 대뜸 반증을 들 수 있을지 모른다. 가령 어느 사회에서 어떤 문제에 대한 합의가 이루어졌다고 가정하자. 갈릴레오 이전의 사회에서 천동설과 기독교적 우주관은 가장 포괄적인 사회적 합의의 예가 된다. 그럼에도 불구하고 갈릴레오라는 한 특정한 사람이 위와 같은 설명이나 시각을 부정하고 나왔다는 것은 기존하는 합의가 합리성이 없음을 의미한다. 그렇다고 갈릴레오는 기존의 이론을 맹목적으로 아무 이유 없이 부정한 것은 아니다. 그는 자기대로 자기 주장에 대한 합리성을 기존의 합의 밖에서 찾았을 뿐이다. 오늘날 기존하는 합의를 부정한 갈릴레오의 이론이 옳다고 확신하게 되고 그 확신에 어떤 근거, 즉 합리성이 있다는 것이 전제되었다면 기존의 합의는 그냥 그대로 합리성의 기준이 될 수 없음을 증명한다고 생각된다.

그러나 이러한 결론은 좀 조급하다. 갈릴레오가 기존의 합의와는 전혀 다른 입장에서 자신의 이론의 합리성을 주장했을 때 모든 사람들이 갈릴레오의 새로운 이론을 수용하지 않았다면 갈릴레오의 이론은 아직도 잘못된 것으로 취급되었을 것이며, 갈릴레오가 그의 이론을 뒷받침한다고 믿었던 합리성은 정말 합리성으로서 사회에 수용되지 않았을 것이다. 오늘날 갈릴레오의 이론이 옳고 그가 자신의 이론을 뒷받침한 여러 가지 근거를 합리성으로 모두가 수용하게 된 것은 단적으로 말해서 그 이유야 어쨌든간에 모든 사람들이 갈릴레오의 이론이 옳다는 합의, 그 이전의 합의와는 상충되는 것이긴 하나 역시 합의될 수밖에 없는 합의를 갖기에 이르기 때문이다.

합리성은 인식 즉 앎과 관계된다. 앎은 반드시 어떤 사물 현상, 사건·사실 또는 객관적 존재를 전제하지만 그것은 그러한 앎의 대상 자체를 지칭하기에 앞서 우선 그런 대상에 대한 인식 주체의 의식 상태를 지칭한다. 그리고 인식 대상 자체는 합리적인 것도 아니며 비합리적인 것도 아니다. 오로지 인식 대상에 대한 우리들의 의식 상태, 즉 믿음만이 합리적이며 비합리적일 수 있다. 그러므로 우리들의 인식 대상에 대한 믿음의 합리성이나 비합리성은 인식 대상 자체와 비교해서 결정될 수 없고 오로지 어떤 기존하는 인식 대상에 대한 다른 믿음과 비추어서만 결정될 수 있다. 여기서 다른 기존의 인식이란 어떤 특정한 사람의 인식이 아니라 공동체적 인식, 즉 한 사회에서 성립된 합의일 수밖에 없다. 합리성은 개인의 확신이 아니라 필연적으로 사회 공동체적, 상호 주체적으로 마련된 공적인 것이다. 요컨대 합리성은 사회에서 마련된 사회적 합의라는 결론이 나온다.

이와 같이 볼 때 합리성은 진리와 혼돈되어서는 안 된다. 앎을 합리성 있는 믿음이라고 전제할 때, 앎은 반드시 진리를 나타내지 않는다. 다시 말해서 진리가 아닌, 거짓인 앎의 개념이 의미를 가질 수 있다. 오늘날 모든 사람들은 천동설이 거짓임을 알고 있다. 그러나 갈릴레오 이전에 살던 사람들은 그 당시 모든 사람들이 믿고 있었던 견해에 따라 천동설을 믿었고 그들의 믿음은 그 당시에는 그것대로 합리적이었으며, 따라서 그들은 천동설이 옳다는 것을 '알고 있었다'고 말할 수밖에 없다.

생존하기 위해서는 알아야 한다. 보다 보람 있게 살기 위해서는 보다 잘 알아야 한다. 잘 알기 위해서는 합리성이 요구된다. 그러나 합리성은 진리를 보장하지 않는다. 우리의 앎의 궁극적 목적은 진리이다. 그렇지만 그것은 발견될 수 없는 앎의 이상에 그친다. 그러므로 우리가 마지막으로 의존할 수 있는 것은 합리성뿐이다. 하버마스는, 합리성은 궁극적으로 합의에 있음을 보여준다. 그의 합의로서의 합리성에 대한 이론은 아직도 풀어야 할 많은 문제를 남기고 있다. 그러면서도 그의 이론은 인식과 진리와 합리성의 관계를 보다 투명하게 밝혀주고, 무엇을 믿을 것이며 어떻게 결단을 내려야 하는가의 문제와 부딪치게 되는 우리에게 그런 문제 해결의 커다란 테두리를 제공하고 가장 의존할 수 있는 안내의 역할을 담당한다.

⟨1991년, 『사회비평』⟩

제2부 예술적 상황

예술과 과학
- '하이테크 아트'는 정말 예술인가?
생태학과 예술적 상상력
21세기 한국문화의 선택
외국 문학의 수용(受容)과 수용(受用)

예술과 과학
— '하이테크 아트'는 정말 예술인가?

 한국과학진흥재단이 '과학과 예술'이란 같은 주제를 걸고 금년 세 번째로 이 자리가 입증해주는 큰 세미나를 마련했다는 사실은 과학과 예술간의 상호 관계가 21세기의 문턱에 선 오늘날 새삼 중요한 문제로 의식됐음을 말해준다. 예술과 과학의 관계에 대한 문제에는 세 가지 측면이 있다. 첫째, 날로 발전하는 과학 지식과 과학 기술을 어떻게 예술의 향상을 위해서 유용하게 사용할 수 있는가의 기술적 문제이며, 둘째, 보기에 상반되거나 아니면 이질적인 과학과 예술을 어떻게 문화적으로 조화시키느냐의 사회학적 문제가 따르고, 셋째, 앞의 두 문제를 따지기 이전에 예술과 과학이 도대체 개념적으로 양립하고 상호 관계를 맺을 수 있는가의 문제의 논리적 즉 철학적 측면이 있다. 고도의 과학 기술이 사용된 이른바 '하이테크 아트'의 출현으로 각별히 문제삼게 된 것은 예술의 본질 혹은 개념 자체이다. 예술의 개념에 혼란이 생겼고, 그러한 혼란은 철학적 반성과 해명을 통한 정리를 필요로 하게 됐다.

주최측의 관심과 의도는 예술과 과학의 관계에 대한 기술적 및 사회학적 측면에 있는 것으로 추측되지만 그러한 문제 접근은 철학적 측면에 대한 문제의 해결을 전제한다. 그러므로 후자에 대한 대답이 선행해야 한다. 예술과 과학의 관계가 제기하는 가장 핵심적·철학적 문제는 '예술'이라는 개념 자체이다.

여기서 나는 첫째, 어떻게 해서 예술의 개념이 예술과 과학의 관계에 의해서 새롭게 철학적 문제로 제기되는가를 살피고, 둘째, 예술과 미의 관계에 관한 검토를 근거로 예술성과 심미성을 동일시하는 널리 퍼진 예술관을 비판적으로 검토하고, 셋째, 예술에 대한 새로운 관점을 제안한 끝에, 결론적으로 위와 같은 예술의 개념적 이해에 비추어 예술과 과학 일반간의 관계를 어떻게 풀어야 하며, 더 나아가 각별히 '하이테크 아트'를 어떻게 대할 것인가를 검토하기로 한다.

1. 예술과 과학의 철학적 문제

1) 예술과 과학의 관계가 제시하는 문제의 철학적 성격은 이 두 가지 문화 현상간의 관계가 백남준이 제작한 텔레비전 세트로 된 비디오 아트로 상징되는 다양한 이른바 하이테크 아트의 등장과 더불어 비로소 제기됐다는 사실에서 그 실마리를 찾을 수 있다. 그러나 과학과 과학 기술을 넓은 의미로 해석할 때 예술과 과학의 관계는 그것들이 존재했을 때부터 언제나 그리고 어디서나 있어왔던 것이지, 전자공학으로 대표되는 오늘의 하이테크의 생산에서 비롯된 것이 아니다.

'과학' 즉 '앎'이라는 말은 흔히 지식과 기술을 함께 뜻한다. 이 두 가지 뜻에서 과학과 예술은 그것들이 존재하기 시작할 때부터 뗄 수 없는 상호 관계 즉 상호 영향이 있었다는 것을 예술사와 과학사를 잠깐이라도 반성해보면 대뜸 알 수 있다. 먼저 과학이 예술에 준 영향을 생각할 수 있다. 기술적 앎과 생산품으로서의 과학은 예술과 떠날 수 없는 관계를 갖는다. 예술은 반드시 어떤 표현 매체와 도구 없이는 존재할 수 없기 때문이다. 가장 원초적 그림의 하나인 라스코 동굴의 그림들은 그런 것을 그릴 수 있는 물감을 만드는 기술을 떠나서는 존재할 수 없었으며, 고도의 과학 기술을 요하는 악기들이 없었던들 오늘날 즐길 수 있는 교향악은 불가능했을 것이다. 영화 예술은 과학적 기술이 없었던들 그것의 존재조차 상상할 수 없다. 피카소, 스미스 같은 예술가들의 대형 철제 조각품은 원초적인 수준에서 과학 기술 없이는 불가능했으며, 칼더의 「모빌」이라 불리는 조각품들은 그의 엔지니어로서의 배경이나 과학 기술에 의한 생산품을 떠나서는 존재할 수 없었으며, 백남준의 비디오 예술품들은 비디오라는 과학 기술에 전적으로 의존하고 있다. 이러한 비디오 아트, 컴퓨터 아트, 설치 아트 등의 이른바 하이테크 아트들의 탄생은 과학 기술이 예술에 미치는 가장 최신의 예다.

과학은 기술로서만이 아니라 그냥 지식으로서도 예술에 영향을 미쳐왔다. 르네상스의 그림에서 처음으로 사용된 원근법은 그 당시의 망원경의 발명과 더불어 발견된 원근법의 과학적 이론을 전제하며, 졸라가 예술에서의 이른바 '자연주의'를 제창하며 과학자가 실험하듯 '실험소설'을 썼던 것은 당시의 세계관을 지배하기 시작했던 과학적 사상 때문이다. 달리, 클레, 미로 그리고 샤갈 등의 미술 작품들은 프로이트의 정신분석학에서 결정적 영감을 받았음에 틀림없다.

예술과 과학의 관계는 일방적이지 않다. 과학이 예술에 영향을 미치는 것과 마찬가지로 예술이 과학에 미치는 영향의 경우도 들 수 있다. J. 베른이나 H. G. 웰스의 공상적 과학소설이 당시의 과학 지식에 영감을 얻은 것임은 의심할 바 없지만 오늘 현실화된 수많은 인공 위성의 발사나 한때 미국에서 추진되었던 '스타워즈 프로젝트'는 위와 같은 소설가들의 예술적 상상력에 적지 않은 영향을 받았음에 틀림없다. 과학적 지식과 기술이 실증적인 것에 바탕을 두고 있다지만, 그러한 것들의 발전은 예술가에 못지않은 상상력을 반드시 전제한다. 예술과 과학의 깊은 관계는 다빈치가 뛰어난 과학자·엔지니어이면서도 위대한 화가였던 사실에서 두드러지게 드러난다.

2) 예술과 과학의 관계가 제기하는 철학적 문제의 성격은 예술과 과학 사이에 위와 같은 인과적 관계가 언제나 있어왔음에도 불구하고 그것들간의 관계에 대한 반성과 문제는 하이테크 아트가 출현하게 된 오늘에서야 제기된 사실에 주목하고 그런 점을 분석함으로써 보다 잘 밝혀질 수 있다.

가령 주로 텔레비젼 세트로 구성된 백(白)씨류의 이른바 하이테크 아트를 미술관이나 그밖의 전시장이나 책을 통해서 처음 접하는 일반인이나 철학자들은 당혹한 충격을 피할 수 없다. 우선 예술은 아름다움과 뗄 수 없다는 것이 어느 경우에도 부정할 수 없는 일반적 관념이다. 아무리 포스트모더니즘적인 현대 전위예술의 풍토에서 미학적 정서를 길러온 사람일지라도 하이테크 아트는 심미적으로 저항감을 일으킨다. 이런 정서적 차원을 떠나서 텔레비젼 세트라는 과학 기술 제품에 하이테크 아트라는 명목을 부여한 것으로는 그런 물건들이 예술로서 불리는 사실이 쉽게 납득되지 않는다. 하이테크 아트는 개념적 혼돈을 야기한다는 말이다.

여기서 우리가 이른바 하이테크 아트를 문제시하는 이유는 최근에 나타난 다양한 하이테크 아트가 예술 작품에 대한 기존의 관념과 언뜻 맞지 않기 때문이다. 하이테크 아트는 문자 그대로 첨단 과학과 예술의 밀접한 공생·접목 및 통합의 구체적 예가 된다. 앞서 보았듯이 예술과 과학은 과거에도 언제나 서로 인과적 관계가 있었으며 두 분야가 공존하며 통할 수 있었다. 하이테크 아트가 나타나기 전까지 당시 전위적 예술이었던 초현실주의 예술, 큐비즘, 추상화, 칼더의「모빌」조각들이 그때마다 적지 않은 충격을 주었던 것은 사실이나, 예술과 과학의 관계에 대한 철학적 문제는 물론 기술적이거나 사회적인 문제로도 의식되지 않았다.

그 이유는 이런 종류의 전위 예술 작품들이 우리가 다 같이 오랫동안 갖고 있었던 예술에 대한 관념과 날카롭게 배치되지 않게 보였던 데 있다. 그러나 하이테크 아트는 우리가 알고 있는 예술의 범주 속에 묶어놓기에는 너무나 배치되는 것으로 보이게 된 것이다. 왜냐하면 암암리에 갖고 있던 일반적 관념으로나 플라톤 이래 오래 내려오고 있는 예술과 과학에 대한 각각의 지배적 이론에 의하면 각기 그것들은 서로 상충하는 것으로 생각되기 때문이다.

하이테크 아트에서 받는 정서적 충격과 개념적 혼돈을 일단 겪고 냉정한 정신을 되찾았을 때 우리는 서로 다른 두 가지 태도를 취하고 행동을 할 수 있다. 첫째, 이른바 하이테크 아트가 우리들이 이미 오래 전부터 굳게 믿고 있는 예술에 대한 관념에 상충되는 한에서 하이테크 아트를 예술이 아니라고 처음부터 문제삼지 않을 수 있다. 그러나 예술 작품은 우리들의 주관적 결정에 달려 있지 않다. 이제 백씨류의 하이테크 아트라는 텔레비전 세트가 미술 전람회나 미술관에 전시되고 예술 비평가들의 화제가 되며 적지 않은 사람들한테 예술로서 평가받고 있기 때문이다.

이러한 사실을 인정한다고 해서 우리들이 갖고 있는 종래의 예술관을 포기하고 하이테크 아트를 예술로서 꼭 수용해야 한다는 말은 아니다. 비록 얼마 전부터 일부 '예술가' 혹은 '예술비평가'라는 이들이 하이테크 아트를 예술이라 불러도 그러한 입장은 잘못된 유행으로 보고, 따라서 하이테크 아트를 예술이 아니라고 끝까지 거부할 수 있다. 설사 결론적으로 위와 같은 입장을 취하게 되더라도, 하이테크 아트의 출현은 '예술이 무엇이냐?'라는 문제를 새삼 제기하고 '예술'이라는 개념을 재검토할 것을 요구한다. 예술의 개념이 정확히 정리되지 않은 상황에서 예술과 과학의 관계에 대해 논의한다는 것은 무의미하다.

2. 예술과 미

예술이란 무엇인가? 이에 대한 대답은 예술을 과학과 대조하고 비교함으로써 보다 쉽게 얻어질 듯싶다. 오랫동안의 흔들릴 수 없는 일반인의 상식적 신념의 하나는 예술과 과학이 상보적으로 공존할 수 있기는커녕 서로 배치된다는 것이다. 텔레비전 세트는 분명히 고도의 과학 기술을 상징한다. 그러나 우리는 과학이 예술과 배타적 관계에 있으며, 따라서 과학의 발달과 과학적 세계관의 도입은 그만큼 예술가를 소외시키고 예술의 가치를 축소시키거나 아니면 파괴한다고 오랫동안 믿어왔다. 과학적 세계관과 과학 기술은 예술이 추구하는 자연과 인간의 신비와 그 아름다움을 망친다고 확신했기 때문이다.

예술과 과학의 위와 같은 상식적이며 보편적 신념은 적지 않은 낭만주의적 시인 및 그밖의 예술가들에게 과학에 대한 거센 거부감과 맹렬한 반발 그리고 저주와 20세기 영미 철학을 지배해온 논리 실증주의 철학적 이론으로 굳어진다. 한편으로 낭만적 시인들은 과학이 예술에 이바지할 수 있기는커녕 그것들은 서로 상충되고 더 나아가서는 예술이 추구하는 '미'를 파괴한다는 것을 의심치 않았다. 또한 그렇게 확신했기 때문에 과학을 저주했다. 왜냐하면 예술이 추구하는 '미'가 과학에 의해서 부정되거나 파괴된다고 믿었기 때문이다.

그것은 첫째, 전통적으로 각기 예술과 미의 개념이 흔히 혼돈되어 온 데 있다. 예술은 미 즉 아름다운 것과 흔히 동일시되어 예술 작품은 곧 아름다운 것으로 생각하는 수가 많다.

그러나 이런 생각이 틀렸다는 것은 쉽게 알 수 있다. '미'라는 말이 무엇인가의 감각적 속성을 지칭한다는 것을 막연히 알고 있더라도 도대체 그 속성이 어떤 것인가를 결정하기는 거의 불가능하다. 똑같은 물건이나 현상 또는 감각체도 그것을 보는 사람에 따라 아름답게 보이는가 하면 그와는 정반대로 느껴지는 경우가 허다하기 때문이다. 그렇다면 어떤 것이 예술이냐 아니냐는 것은 '아름다움'의 척도로 규정할 수 없다. 백보를 양보하여 이런 문제 없이 '미'가 무엇인가를 객관적으로 규정할 수 있고 또한 사실 많은 예술 작품이 '아름답다'고 말할 수 있더라도 그러한 미가 예술 작품의 본질적 속성은 아니다. 걸작이라고 공인된 예술 작품들, 특히 20세기 이후의 작품들 가운데 적지 않은 것들은 통상적 의미로 볼 때 결코 아름답지 않다. 그것들은 오히려 '추하거나' 혹은 '끔찍하게' 보일 때가 많다. 그런가 하면 우리를 황홀케 할 만큼 '아름다움'에는 틀림없지만 허다한 자연 현상이나 공산품들은 분명히 예술 작품에 소속되지 않는다. 자연은 물론 인공품 가운데에 우리들의 미적 감각을 즐겁게 해주는 것은 얼마든지 많다. 이러한 사실들은 예술과 '미'가 동일한 것일 수 없음을 분명히 보여주는 예이다.

예술과 과학이 상충된다고 믿어졌던 둘째 이유로 '미'가 흔히 자연적인 것, 막연한 것, 신비로운 것과 깊이 관계되는 반면 지적인 것, 논리적인 것, 기계적인 것과 배치된다는 생각을 들 수 있다. 그래서 자연, 특히 신기하고 묘한 자연은 흔히 예술적 표현의 대상이 되어왔다. 특히 낭만주의 예술에서 더욱 그러했다. 아울러 기계적인 것, 정확한 것은 미적 속성과 배치되는 것으로 여겨져 왔다. 특히 동양에서 그러했다. 예술가들의 생활이 무규칙적이거나 무질서하고, 그들의 성격이 흔히 기이한 것도 미 그리고 예술에 대한 위와 같은 생각 때문인 것으로 볼 수 있다.

그러나 서양의 전통적 그림의 중요한 주제는 자연이 아니라 인물이었고, 17세기 프랑스의 정원은 기하학적 질서 속에서 미를 찾을 수 있었다. 브라크나 피카소 그리고 F. 레저 등의 이른바 큐비즘 예술 작품은 기하학적 구성과 그들 류의 그림에는 기계 같은 과학 기술적 제품이 심심찮게 등장한다. 그러면서도 그것들은 위대한 작품으로 '아름다운' 것으로 흔히 묘사된다.

예술과 과학을 대립적으로 생각하게 된 마지막 셋째 이유는, 예술과 과학의 각기 기능을 잘못 이해했던 데 있다. 과학의 기능이 철학적 기능과 마찬가지로 인식적인 데 반해 예술의 기능은 정서적이라는 것이다. 과학의 목적이 모든 경험 대상을 객관적으로 표상하는 데 있는 데 반해서 예술의 기능은 인간의 감정을 주관적으로 표현함에 있다는 것이다. 이러한 생각은 이미 플라톤의 예술관에서 형이상학적 전제로 되어 있고, 20세기 영미 철학의 방향을 결정지어주었던 논리 실증주의에 의해서 철학적 분석의 뒷받침을 받는다. 플라톤이 자신이 구상한 유토피아 '공화국'에서 시인들을 추방하려 했던 이유가 여기 있었으며, 논리 실증주의적 분석철학자들이 예술철학에 거의 무관심했거나, 비록 관심을 갖는 경우일지라도 이른바 '예술과 관련된 개념 분석'이라는 메타-담론에 그치고 예술에 있어서의 규범 등의 추구를 포기했던 이유도 바로 여기에 있다.

그러나 오늘날 플라톤의 형이상학을 그대로 믿는 이는 없으며 논리 실증주의적 예술 및 과학의 각기 기능에 대한 이론의 밑바닥에 깔려 있는 철학적 전제 즉 서술적 언어와 표현적 언어의 엄격한 구별, 즉 언어의 인식적 의미와 정감적 의미의 투명한 구분을 아직까지도 문자 그대로 추종하는 철학자는 이제 거의 찾아볼 수 없다.
　이러한 사실은 지금까지 깊고 널리 퍼져 있는 생각이었음에도 불구하고 예술과 과학의 관계가 배타적이 아니라 공존과 보완일 수 있음을 시사한다.

3. 패러다임으로서 예술 작품

　1) 아무한테도 그것이 예술 작품이 아니라는 의심을 전혀 받지 않을 제품뿐만 아니라 자연적 물건 내지 행동이나 현상들도 있을 수 있다. 그러나 똑같은 것을 앞에 놓고 어떤 이는 그것을 '예술'로 분류하는가 하면, 다른 이는 그렇게 하기를 거절하는 경우가 있다. 이런 일은 문화를 달리하는 사람들간에, 똑같은 문화 안에서도 교육의 배경을 달리하는 이들간에, 같은 정도의 교육적 배경을 갖고도 시대를 달리하는 사람들간에, 그리고 때로는 같은 한 사람한테도 똑같은 제품이나 물건이나 사건이나 현상이 어떤 관점에 따라 예술처럼 생각되고 그렇지 않은 것처럼 생각될 때가 있다. 이것은 다음과 같은 사실을 말해준다. 즉 어떤 것이 예술 작품이냐 아니냐는 것은 그것이 관찰 즉 지각될 수 있는 물리적 속성에 의해서가 아니고 육안으로 볼 수 없는 그것의 역사적·사회적 배경과 그것의 존재 과정과 아울러 그것을 관찰 내지 지각하는 이의 이론적 배경 즉 관념 체계에 의해서 상대적으로 결정된다는 사실이다. 지각이 의식에 기계적으로 반영된 감각 대상이 아니라 이미 이론 적제적이라면 사물이나 사건의 분류는 더욱 이론·이념 적제적이라고 말할 수 있다.
　어떤 것을 예술 작품으로 보느냐 그렇지 않느냐가 문화적·역사적·개인적 그리고 이념적으로 결정된다는 말은 예술의 정의가 관점에 따라 상대적임을 뜻한다. 그러나 이러한 상대성은 모든 관점이 다

같이 평등하게 옳다는 말은 아니다. 여러 관점들의 밑바닥에는 똑같은 더 근본적 관점이 깔려 있을 수 있다. 그렇지 않다면 그 중 오직 한 관점만이 옳고 다른 관점이 잘못될 수도 있다. 앞서 봤듯이 예술을 '미'로 규정하는 관점이 오랫동안 보편적으로 수용되고 있었더라도 그러한 관점은 잘못이었다. 우리의 의도는 아직도 가장 적절하고 보편적인 유일한 관점 즉 예술에 대한 객관적 정의를 내려보자는 데 있다.

예술과 미의 구별을 지각으로만 구별할 수 없는 이상 우리가 바랄 수 있는 예술의 정의는 실제적 즉 물리적인 것이 아니라 기능적인 것일 수밖에 없다. 어떤 돌조각이 신성한 것인가 아닌가는 그냥 봐서 구별되지 않는다. 보기에 똑같은 두 개의 돌조각 가운데 하나는 부처님의 기능을 하는가 하면 다른 돌조각은 그냥 하나의 여느 돌조각일 뿐이다. 같은 논리로 어떤 것이 '예술품'이라면 그 이유는 그것이 '예술로서의' 기능을 한다고 전제하기 때문일 것이다.

2) 한 사물이나 현상 혹은 사건은 어떤 특정한 기능을 그 속에 내재적으로 즉 본질적·실재적으로 가질 수 있다. 독물(毒物)은 독을 주는 물리적 기능을 그 자체 속에 갖고 있다. 그러나 어떤 것의 기능은 내재적인 것이 아니라 사람 혹은 제도나 약속에 의해서 외부로부터 부여되기도 한다. 두 개의 막대를 엮을 때 생기는 십자가는 군불 때는 데 사용될 수도 있지만 그것이 예수의 수난, 더 나아가서 기독교를 상징하는 성스러운 기능을 한다면 그러한 기능은 어떤 체제내에서 부여된 기능이다. 마찬가지로 칫솔은 가려운 등을 긁거나 구두를 닦는 데 적절히 사용될 수 있지만, 그것은 그것을 제작하고 판매한 사람들의 의도에 의해서 '이 닦는' 기능이 부여되어 있다.

눈으로는 구별될 수 없는 경우에도 어떤 것이 예술로서 다른 것과 구별되고 있다면, 그러한 구별은 예술이 가졌다고 전제된 어떤 기능 때문일 것이다. 그러한 기능을 지각적 대상으로서의 예술품 속에서 내재적으로 찾을 수 없다면, 그러한 기능은 문화적 제도에 의해서 사회적으로 부여된 것임에 틀림없다. 칫솔이라는 물건에 '이 닦는' 기능이 제작자에 의해서 부여됐듯이 '예술'이라는 물건에는 '예술적' 기능이 부여된 것으로 볼 수 있다. 뒤집어 말해서 예술이란 문화적으로 '예술적'이라고 부를 수 있는 특수한 기능이 부여된 모든 것을 지칭한다. 문화는 일종의 제도이다. 따라서 예술 작품은 제도적 물건이다. 이와 같이 볼 때 다른 것들로부터 예술 작품을 구별할 수 있다는 것은 예술이란 제도를 안다는 말이며, 예술이라는 제도적 작품을 안다는 것은 '예술적' 기능이 무엇을 뜻하는가에 대한 앎을 의미한다.

3) 예술적 기능 즉 예술이라고 불리는 것들에 부여된 고유한 기능은 과학에 부여된 기능과 비교 혹은 대조함으로써 보다 잘 도출된다. 대체로 플라톤에서 논리 실증주의자들에 이르기까지 과학과 예술의 차이는 이성과 감정, 인식적 기능과 표현적 기능, 서술적 객관성과 표현적 주관성의 차이로 줄곧 이해되어왔다. 이런 관점에 근거해서 플라톤은 자신의 이상적 사회인 '공화국'에서 시인들을 추방해야 한다고 믿었던 것이며, 논리 실증주의자들은 이른바 메타-언어 분석을 근거로 그 진위를 논할 수 있는 언어 즉 명제와 논리적으로 진위가 거론될 수 없는 감정 언어 즉 사이비 명제를 구별하고, 과학이 전자와 같은 명제에 비유될 수 있는 반면, 예술은 후자와 같은 사이비 명제에 비유된다고 보았다.

예술과 과학의 관계를 이렇게 볼 때 그것들의 관계는 상충되며 따라서 공존할 수 없다. 과학이 예술에 침입하면 그만큼 예술은 그것의 예술성을 잃게 되며, 역으로 예술적 요소가 과학에 첨부될 때 과학의 과학성은 그만큼 상실된다는 결론이 나온다. 과학적 사고 방식, 자연 현상의 과학적 설명 및 산업 혁명으로 구체화되기 시작한 과학 기술의 위력에 낭만주의적 시인과 그밖의 예술가들이 크게 반발한 이유도 예술과 과학의 차이에 대한 바로 위와 같은 생각에 근거를 둔다.

그러나 예술과 과학의 차이에 대한 위와 같은 전통적 생각은 이런 전통에 못지않게 꾸준히 내려오고 있는 또 하나의 전통적 생각과 충돌한다. 후자의 전통에 따르면 예술은 단순히 감정을 배설하는 기능을 맡기는커녕, 과학처럼, 아니 과학 이상의 지적 기능을 맡는다. 예술가들 일반, 특히 낭만주의적 예술가들의 대부분은 과학자는 물론 철학자조차 도달할 수 없는 물리 현상의 본질을 파악하고 있는 자들이며, 따라서 예술은 과학이 미칠 수 없는 진리, 보통 언어로 기술할 수 없는 진리를 표상해준다는 것이다. 요컨대 예술의 근본적 기능은 과학적 기능처럼 인지적인 것이라는 말이다.

예술의 인지적 기능을 낭만적 시인들처럼 과장해서 신비화하지는 않더라도 예술의 의도가 단순히 감정의 배설에 있지 않고 중요한 의미에서 인지적 기능을 맡고 있으며, 예술가의 근본적 의도는 그것을 어떤 매체로 표현하든 어떤 종류인가의 진리와 관계된다는 것만은 부정할 수 없는 사실이다. 이러한 사실은 예술가 스스로의 말을 직접 듣지 않더라도 그의 일기나 그밖의 기록에 나타난 것들을 읽거나 혹은 예술가들의 창작 과정을 관찰하고 분석해보면 충분히 납득할 것이다. 이러한 사실을 인정한다면 예술은 과학과 배타적 관계를 갖고 있지 않고 과학과는 다르지만 역시 과학과 마찬가지로 어떤 종류인가의 진리를 추구하는 작업이며 예술 작품은 바로 그러한 노력의 결실임을 인정해야 한다. 이런 의미에서 예술이 과학과 나란히 일종의 인식 체계라고 고독하게 그러나 꾸준히 주장해온 N. 굿맨[1]은 옳다. 논리 실증주의자들에 의해서 오랫동안 철학적 관심을 잃었던 예술이 지난 몇십 년 이래 다시금 중요한 철학적 관심을 끌게 된 주요한 이유도 굿맨의 이론에 크게 힘입은 것으로 추측된다.

굿맨식의 이론을 따라 예술이 과학과 똑같은 의미에서 인지적이라면 그러한 두 인지 양식간의 우열을 결정하는 문제가 생긴다. 그럴 경우 예술적 인지 양식은 과학적 인지 양식에 비추어 원시적이라는 대답이 나올 수 있다. 사실 적지 않은 사람들은 막연하나마 그러한 생각을 하는 것으로 추측된다. 그렇다면 과학은 예술을 완전히 대치하게 될 것이다. 언뜻 보기에 오늘날 예술이 차지하는 문화적 비중은 과학이 차지하는 중요성에 비해 상대적으로 크게 축소되고 있는 현실이다. 그럼에도 불구하고 예술적 활동은 어느 곳에서나 아직도 왕성하다. 하이테크 아트의 출현은 예술이 과학과 상충하거나 경쟁함이 없이 공존은 물론 과학과 더불어 과학을 바탕으로 더욱 활발할 수 있음을 입증한다.

이처럼 예술이 과학과 갈등 없는 또 하나의 인지 양식으로 존재할 수 있는 이유는, 예술가 일반 특히 낭만적 시인과 음악가 또는 화가들이 흔히 믿어왔듯이, 예술가들은 과학자들의 능력으로는 볼 수도 표상할 수도 없는 진리를 발견하고 표상할 수 있다는 데 있다. 그러나 약간만이라도 반성해보면 어떤 의미에서 하나의 서정시나 하나의 허구인 소설이나, 피카소의 그림이나 뒤샹의 「샘물」이란 제목이 붙은 하나의 변기나 스트라빈스키의 「봄의 의식」이란 음악이, 도대체 무엇에 대해서 무슨 진리 즉 정보를 제공해준다고 봐야 하는가의 문제가 생긴다. 진리라고 생각되는 우리의 지식은 우리들의 행동을 결정하는 가장 결정적 근거의 하나이다. 그러나 과연 어떤 의미에서 예술 작품이 우리들의 구체적 행동의 근거가 될 수 있는지는 전혀 알 수 없다.

---

1) 참고 : Nelson Goodman, *Ways of Worldmaking*(Hackett Publishing Co., 1978) 및 Nelson Goodman, *Of Mind and Other Matters*(Harvard Univ. Press, 1984).

따라서 예술이 일종의 인지 양식이라 해도 예술적 인지는 과학적 인지의 경우와 그 의미가 전혀 다를 수밖에 없다. 이와 같이 볼 때 이미 필자가 오래 전부터 여러 차례 주장했던 것처럼 예술적 인지 기능을 과학적 인지 기능과 동일한 지평에서 보는 굿맨의 예술적 기능에 대한 견해는 다소 수정되어야 한다.

지각을 비롯한 모든 인식은 반드시 어떤 종류인가의 틀 혹은 모델에 비유할 수 있고, '범례'라는 말로 번역할 수 있는 '패러다임(paradigm)'이라는 것을 전제한다. 여기서 말하는 패러다임은 칸트가 말하는 선험적 오성의 범주에 비유할 수도 있고, 이른바 '개념적 도식(conceptual scheme)'으로도 볼 수 있고, 경우에 따라 '이론' 혹은 '이념' 혹은 '세계관'을 의미할 수도 있다. 따라서 이런 뜻으로의 패러다임이 달라짐에 따라 똑같은 인식 대상은 달리 보일 것이다. 지식 또는 진리는 원래 보편적이며 객관적이란 의미를 내재하고 있는 이상 어떠한 경우에도 달라질 수 없는 지각과 신념만이 지식이요 진리일 수 있다. 그러나 이러한 인식은 모든 사람이 같은 패러다임을 가졌을 때만 가능하다. 이른바 과학적 지식이 가장 설득력을 갖는 이유는 그것이 모두가, 하버마스의 합리성의 이론에 따르자면, '합의에 의해' 공동적으로 수용하고 있는 패러다임에 근거하고 있기 때문이다.

지각 또는 진리가 패러다임 의존적이라면, 혁명적으로 새로운 지각 또는 진리는 새로운 패러다임을 채택함으로써만 가능하다. 이러한 사실은 순수한 과학적 지식 내부에서도 일어난다는 것을 T. 쿤은 이미 오래 전에 '정상 과학'과 '비정상 과학'을 구별함으로써 설득력 있게 주장했다. 하나의 인식적 패러다임은 그러한 인식 공동체의 구성원들에 의해서 전체적으로 수용될 때 비로소 '정상적'인 것으로 되고 그전까지는 '비정상적'으로 남아 있을 수밖에 없다. 또한 모든 지식 또는 진리는 그것의 패러다임이 '정상적'인 것으로 전제됐을 때에야 비로소 그 의미를 갖는다. 달리 말해서 한 인식의 패러다임이 '비정상적'인 경우 그러한 패러다임 하에서는 지식 또는 진리라는 말은 전혀 의미를 가질 수 없다.

예술적 의도는 언제나 새로운 지각적 또는 그 밖의 인지적 패러다임을 창조해내는 데 있으며, 모든 예술 작품은 각기 그 하나하나가 한결같이 새로운 인지적 패러다임이 되고자 한다. 따라서 예술이 보이는 것은 객관적 사물 현상에 대한 진리의 표상 즉 서술에 있지 않고 그러한 것을 새롭게 볼 수 있는 새로운 틀·관점·테두리로서 제안된 즉 잠정적, '비정상적' 패러다임 자체에 불과하다. 이와 같이 볼 때 예술은 지식 또는 진리 발견 등의 인지적 기능과 뗄 수 없는 관계를 맺고 있지만, 그것은 과학적 인지적 기능과는 전혀 달라서 사물 현상에 대한 정보 즉 지식을 제공하지 못한다. 예술이 보이는 세계는 과학이 보이는 객관적 사실로서의 세계가 아니라 하나의 '가설적' 혹은 '잠정적으로 생각해볼 수 있는' 허구적 존재이거나 세계이다. 이러한 예술적 기능을 통해서 우리는 낡은 패러다임을 반성해보고 그것의 적절성을 재평가하고, 그것이 억압적으로 의식됐을 경우 그것으로부터 우리 자신을 해방하면서 사물 현상과 세계에 대한 새로운 진리를 부단히 발견할 수 있다. 이런 점에서 예술은 인간의 삶에 있어서 가장 근본적으로 혁명적이며 해방적 기능을 담당하고 그런 의미에서 자유라는 형태로 표현되는 인간의 초월성을 가장 잘 구현한다.[2]

여기서 결론을 간추려 맺어보자. 우리의 초점적 문제는 예술과 과

---

2) 필자는 이 문제에 대해 오래 전부터 여러 차례 여러 기회에 걸쳐 책, 『예술철학』(문학과지성사, 1983) ; 논문, "The Function of Fiction," in *Philosophy and Phenomenological Research*(Providnece, R.I., March 1982) ; "The Modality of Artwork", in *Contemporary Philosophy*(Boulder, Oct. 1986) ;「철학적 허구와 문학적 진실 : 텍스트 양상론」,『외국문학』(1993년 가을호) 등에서 예술 작품의 새로운 정의와 예술 작품과 비예술적 사물들과 분류에 대해 보다 구체적 예를 들어 언급했다.

학의 관계, 더 구체적으로 말하자면, 소위 하이테크 아트를 어떻게 봐야 하는가에 있다. 예술은 미적 감각의 충족과 뗄 수 없지만 예술적인 것과 미적인 것을 혼돈해서는 안 된다. 예술도 과학과 마찬가지로 인식적인 기능을 갖고 있다. 그러나 과학과는 달리 예술의 인지적 기능은 언제나 간접적이다. 과학이 새로운 정보를 제공한다면, 예술은 과학이 보다 새로운 정보를 제공할 수 있는 새로운 틀 즉 새로운 인식적 패러다임을 제안한다.

그렇다면 하이테크 아트는 정말 예술 작품인가? 이에 대한 대답은 예술사 및 예술계를 떠나서 찾을 수 없다. 그냥 눈으로 보든가 귀로 들어서 텔레비전 세트나 컴퓨터 혹은 그밖의 첨단 기술적 공산품이 예술 작품이다 아니다를 결정할 수 없다는 말이다. 첨단 공산품만 아니라 어떠한 물건도 마찬가지다. 백남준의 예술이라고 불리는 텔레비전 세트는 전자 상가에 진열된 텔레비전 세트와 눈으로 보아 전혀 다를 바 없고, 뒤샹의 유명한 예술 작품으로 알려진「샘물」이라는 변기는 건축 자재 상점이나 모든 화장실에 붙어 있는 변기와 전혀 구별되지 않는다. 그럼에도 불구하고 그 중 하나는 예술 작품이고 다른 것은 그렇지 않은 이유는 그것이 새로운 하나의 지각적, 더 일반적으로 말해서 인식적 패러다임으로 의도된 것이냐 아니냐에 달려 있으며 아울러 제작자의 의도와 상관없이 우리가 그와 같이 그것을 볼 수 있느냐 아니냐에 달려 있다.

어떤 것이 그 제작자의 의도와 관람자·감상자의 관점에 의해 결정된다 해서 누구나 무엇이고 마음대로 예술로 보고 따라서 그것을 예술 작품으로 만들 수 있다는 것은 아니다. 그러한 가능성과 권위는 여기서 설명하기에는 너무나 복잡한 절차가 요구되지만, 그것은 G. 딕키와 A. 단토가 주장하고 설명했듯이, 한 문화권내에 존재하는 일종의 불문율로서의 '제도(institution)'의 테두리 안에서만 이해되고 가

능하다[3]

하이테크 아트는 예술인가? 아직도 전문가를 포함한 많은 사람들은 그것을 예술로 부르기를 거절할 것이다. 예술사를 통해서 혁명적인 표현 양식이 나올 때마다 그러한 반응은 언제나 볼 수 있었다. 그러나 예술로서 거절당한 것들은 어느덧 중요한 예술 작품으로 남게 되곤 해왔다. 아직 확실치는 않지만 어쩌면 하이테크 아트의 운명도 같은 과정을 밟게 되는 것이 아닌가 싶다.

어떤 것을 '예술'로 분류한다고 해서 그것이 예술 작품으로서 가치가 있다는 말은 결코 아니다. 어떤 사물을 분류하는 문제와 그것을 평가하는 문제는 전혀 다르다. 예술품 아닌 수많은 자연 현상·사물·물건·공산품 들이 그것대로의 가치만이 아니라 미적 가치를 갖지만 그것들은 예술에 소속되지 않으며, 역으로 허다하게 많은 '예술 작품'들은 예술 본래의 인지적 가치는커녕 미적 가치도 전혀 없는 '쓰레기'일 수도 있다. 하이테크 아트라는 물건 혹은 해프닝을 놓고도 똑같은 얘기가 오갈 수 있다.

〈1993년, 『철학전후』〉

---

[3] 참고 : George Dickie, *Art and Aesthetics* : An Institutional Analysis(Cornell Univ. Press, 1974) 및 Arthur Dando, *The Transfiguration of the Commonplace*(Harvard Univ. Press, 1981).

생태학과 예술적 상상력

1. 생태계와 탈인간중심주의

　강과 바닷물이 썩고 도시와 마을의 공기가 탁하다. 썩은 물 속에 사는 물고기들과 짐승들이 병들어가고 그런 짐승들을 식탁에 올려놓는 사람들도 이상한 병에 걸려 쓰러진다. 탁한 공기를 마실 수밖에 없는 도시인들의 신체는 기형적 현상을 나타내기 시작했다. 머지않아 태양의 자외선을 막아주는 오존의 기층에 큰 구멍이 나면 인류는 생명의 위협을 받게 되며, 태양의 열이 가해져서 남북극의 빙산이 녹게 되면 많은 부분의 지구가 물에 침몰되리라는 것이다.
　이와 같은 종류의 자연 환경의 해로운 현상은 인간이 자신의 욕구만을 추구하는 과정에서 나타났다. 이러한 해로움을 공해라고 부르고 환경 오염이라고 일컫는다. 공해는 모든 존재의 생태학적 관계를 입증해주는 좋은, 그러나 부정적 예가 된다. 생태학적 입장에서 볼 때 모든 개별적 존재는 사실상 서로 끊을 수 없이 밀접한 관계의 고리에 의해서 연결되어 있다. 따라서 한 존재의 변화는 다른 모든 존재에 대해서 직접 또는 간접적으로 연쇄적 영향을 미치고 변화를 일으킨다. 이러한 관계는 특히 인간을 포함한 생물의 영역에서 더욱 두드러지게 나타난다. 우리는 서로 다른 모든 생물들의 종들을 비롯해서 모든 사물들도 각기 영원히 개별적인 원자와 같은 독립된 존재로 생각해왔다. 그러나 생태학은 개별적으로 보이는 모든 것들이 궁극적으로 '하나'임을 주장한다. 현재 전세계가 실감하기 시작한 공해의 문제는 생태학적 자연관, 그것이 함의하는 생태학적 형이상학이 옳음을 구체적으로 증명해준다.

우리가 체험하고 있는 공해는 생태학적 자연관·생태학적 형이상학의 정당성을 의미할 뿐 아니라, 불행히도 자연의 생태학적 질서가 파괴되고 있음을 뜻한다. 싫건 좋건 우리는 생태학적 자연관을 수용해야 한다. 왜냐하면 이 자연관이야말로 진리이기 때문이다. 생태학적 질서의 파괴를 막아야 한다. 왜냐하면 이러한 파괴는 생태학적 고리 속에 얽혀 있는 한 생명체로서의 인간 자신의 멸종, 아니면 엄청난 재난을 직접 의미하기 때문이다.

사실 오늘날 세계 어느 곳에서나 공해 문제를 절실히 느끼고 있으며 긴급한 해결의 필요성도 안고 있다. 그 이유, 아니, 원인은 공해가 인류의 존속, 아니면 복지를 근본적이며 지구 전체적으로 위협함을 의식하게 됐기 때문이다. 한마디로 인류가 공해의 문제에 주의를 갖고 따라서 은연중에 생태학적 자연관을 받아들이고 있는 이유는 근본적으로 인간의 이기심에 있다. 그러나 이러한 태도를 갖는 한에서 인간은 아직도 인간중심주의적이다. 인간중심적이란 말은 반(反)생태학적이라는 말에 지나지 않는다.

공해의 문제 해결이 다급하지만 그 이유가 인간의 존속, 아니면 복지에만 있다면 그것은 잘못이다. 그런 생각은 근본적인 모순을 내포한다. 왜냐하면 공해가 인간을 위협함을 인정한다는 사실이 인간이 크나큰 하나의 자연 체계의 일부임을 전제함에도 불구하고, 오로지 인간의 이익을 위해서, 즉 인간중심적인 이유에서 공해를 해결하려는 입장은 인간이 어느 차원에서는 자연의 연쇄적 관계에서 빠져 있는 특별한 존재로 보는 반생태학적 자연관을 토대로 하기 때문이다.

나의 입장에서 볼 때 나 개인의 생명은 둘도 없이 중요하다. 그러나 내 개인적 생명보다는 종으로서의 인류의 생명은 더 중요하다. 사실 내 한 개인의 삶은 인간의 존속을 위해 있는 하나의 제약된 존재라고 볼 수 있다. 인류와 그밖의 모든 생명체의 관계도 똑같은 각도에서 설명될 수 있다. 인간에게 종으로서의 인류의 존속이 귀중함은 틀림없다. 그러나 인류는 다른 허다한 생물의 종들의 하나에 불과하고, 생태학적 관점에서 볼 때 인류의 존재는 무한한 수의 고리 가운데 단지 하나의 고리에 불과하다. 자연의 생태계의 존속은 인류의 존속보다 더 근본적이며 더 귀중하다. 그러므로 공해의 문제를 해결하고 자연의 생태학적 위기를 극복해야 하는 이유는 인간중심주의적 관점을 넘어 생태학적 관점에서 제시되어야 한다. 이러한 관점은 편의상 인간중심주의와 대조해서 생태중심주의라고 부를 수 있다.

2 생태학과 과학

인류뿐만 아니라 지구상의 모든 동물, 아니 모든 생명체를 위협하는 생태계 파괴의 결정적 원인은 다름 아닌 인간이다. 보다 더 구체적으로 말해서 자연을 대하는 인간의 시각과 관계된다.

자연에 대한 인간의 시각, 다시 말해서 자연의 인간에 대한 인식적이며 서술적 접근은 여기서 우리의 편의상 서로 잠정적으로 상반되는 두 가지 시각으로 나누어 고찰할 수 있다. 그 시각을 각기 과학적 그리고 예술적이라 부를 수 있다. 오늘날 직면한 공해와 그에 기인된 생태계의 파괴 위험은 과학적 시각과 밀접한 관계가 있다.

눈으로 볼 수 있는 공해의 직접적 원인은 물질적 소비욕을 충족시키기 위한 자연의 무분별하고 무제한적인 이른바 개발에서 찾을 수 있다. 자연의 개발은 과학적 기술의 발달을 바탕으로 하며, 과학적 기술의 가능성은 지식으로서의 과학을 떠나서는 이해되지 않는다. 따라서 공해의 근원적 원인은 과학적 지식의 발달에서 찾아야 한다.

지식으로서의 과학은 자연 현상의 한 표상 방식을 뜻한다. 과학은 혼돈스러운 자연 현상을 철저히 추상적 언어인 수학적 방식으로 기술될 수 있는 법칙으로 일반화시켜 표상하려 한다. 이런 법칙에 의해서 개별적인 구체적 현상이 '설명'되며, 그때에 그 법칙은 '이론'의 기능을 한다. 그리고 이러한 이론은 사물 현상에 관해 '예측'을 가능케 하고, 그런 예측에 근거해서 자연 현상은 인간의 의도에 따라 크게 조작될 수 있다.

이와 같은 과학적 지식에 비추어 기술이 개발되고 기술의 힘을 빌어 인간은 자신의 계획·의도 혹은 욕망에 따라 자연을 오로지 인간 욕망의 충족을 위한 도구로서 굴복시키고 이용한다.

이와 같이 발달되었고 나날이 급속도로 발달을 더하고 있는 과학 기술은, 물리적으로는 오히려 빈약한 인간에게 스스로도 믿어지지 않을 만큼의 힘을 갖게 하였고, 과학 기술에 의한 자연에 대한 인간의 힘은 그 한계가 보이지 않게 커가고 있다. 과학 기술의 힘으로 자연이 개발되어 인류는 스스로도 믿을 수 없을 만큼의 물질적 풍요를 누리게 되었다. 그만큼 인류는 많은 고통을 극복해서 즐거움을 더 가질 수 있게 되었으며, 생물학적으로 생명을 훨씬 연장시켜 평균적으로 장수를 누리게 되었다.

과학적 지식이 인류의 욕망을 가장 잘 충족시킨다는 점에서 과학은 성공적인 세계관이라 해도 마땅하다. 그리고 그것이 성공적인 한에서 과학이 수식으로 표상하는 자연이 자연에 대한 가장 객관적 표상이며, 따라서 자연의 본질을 보여준다고 말할 수 있게 되었다. 신화적·종교적 혹은 문학·예술적으로 표상된 자연과는 달리 과학이 믿고 있는 자연, 과학에서 말하는 자연만이 진리라고 믿게 되었다.

그러나 과학적 지식 그리고 그에 뿌리를 둔 과학에 의존된 인간의 물질적 풍요와 복지 따위의 이러한, 과학의 성공은 오늘날 공해와 공해 때문에 생긴 생태계의 파괴라는 대가를 치르게 했다. 그래서 과학이 어쩌면 역설적으로 인류에게 불행뿐만 아니라 멸망까지도 초래할 가능성을 갖고 있음을 이제 누구나 잘 알게 되었다.

이러한 것이 사실이라면 과학자들은 물론 과학의 경이적 성공에 압도된 대부분의 사람들이 믿고 있는 것과는 달리, 과학이 이야기하고 보여준 자연은 사실인즉 자연의 본질이 아닐지도 모르겠다는 의심이 생긴다. 자연에 대한 과학적 견해가 가능한 관점이라고 양보하더라도 그것은 결코 유일한 그리고 완전한 진리가 아니기 쉽다는 생각이 들게 된다.

과학적 지식의 객관성을 부정하지 않더라도 과학적 진리는 구체적인 자연에 대한 한 가지 기술 형태 이상으로는 볼 수 없다. 그것이 틀린 기술이 아니더라도 과학적 기술 그리고 그 기술의 진리는 인간이 자연을 통제하고 조작하기에 가장 유능한 그러나 다양한 아니 무한한 수로 가능한 기술 방식의 한 가지 방식에 불과하다고밖엔 달리 생각할 수 없다. 아인슈타인의 $E=MC^2$이라는 수식이 물리 현상에 대한 총체적이고 가장 일반적인 과학적 기술을 대변한다면 그것이 가장 포괄적인 자연의 물리 현상에 대한 과학적인 진리일 테지만, 그 간단하고 극히 추상적인 수식이 우리가 구체적으로 지각을 통해서 체험하는 물리 현상을 표상해준다고 어떻게 단언할 수 있겠는가?

우편요금
수취인 후납부담

발송유효기간
1996.4.2~1997.4.1

서울마포우체국승인
제564호

도서 **당대**
출판

서울시 마포구 서교동 362-11 4층
TEL : 323-1316~7 / FAX : 323-1317

| 1 | 2 | 1 | - | 2 | 1 | 0 |

받는 사람

독 자 엽 서

보내는 사람

당신의 독자회원으로 모시고자 합니다

도서출판 인대에서는 독자 여러분께 감사드립니다. 당대에서는 보다 새롭고 알찬 기획과 편집으로 여러분께 다가가기 위해 다양한 의견을 보고자 합니다. 작은 이야기라도 소중히 하여 좋은 책을 만드는 데 정성을 다할 것입니다. 아울러 독자회원이 되시면 분기별로 당대에서 발행되는 책들에 대한 소식과 제반 간행물을 보내 드리겠습니다.

- **구입하신 책** :

- **구입하신 곳** :
  예) 있는 _____ 서점

- **이 책을 구입하신 이유**
  · 광고를 보고 [신문명 :][잡지명 :]
  · 신간안내를 보고 [신문, 잡지, 기타]
  · 소개 및 권유로
  · 서점에서 눈에 띄어서

- **독자회원번호** :
- **생년월일** :
- **구독하시는 신문·잡지명** [　　　　　] [남·여]
- **올해의 감명깊은 책을 꼽는다면** [　　　　　　　　]

- **당대에서 펴낸 책 꽂고 계신 것이 있다면?**

- **당대의 책들을 읽고나서 소감이 있다면?**

- **앞으로 펴냈으면 하는 책이 있다면?**

- **성명** :
- **직업** :   학생(학교   학년)
- **관심분야** [인문·사회과학·자연과학·문학]

과학이 보여주는 자연은 결코 구체적인 자연 그 자체가 아니라 필연적으로 과학적 시각에서 지성에 의해 수학과 논리라는 극히 추상화된 언어의 개념적 틀에 의해서 인위적으로 가려내진 자연의 한 측면에 불과하다.

자연에 대한 기술이 철저하게 지적으로만 이해될 수 있는 추상적 개념에 의존하는 한에서 과학은 자연에 대해 대립적이다. 왜냐하면 그것은 인식 주체로서의 인간의 지성이 자연과 결코 융합될 수 없는 완전히 별개의 존재임을 전제하기 때문이다. 이러한 과학적 인식에 전제된 인간관은 인간의 특수성을 절대시하는 나머지 인간중심주의적이 되기 쉽다. 사실 공해 그리고 생태학적 문제는 과학적 지식, 과학적 기술의 발달로서만은 설명되지 않는다. 그것은 원칙적으로 과학적 세계관에 내포된 일종의 인간중심주의에 기인한다.

물론 완전하지는 않지만 자연 현상을 그 나름대로 설명해주는 과학적 지식이 있고, 또 그런 지식에 의존해서 과학적 기술이 개발되어 자연을 인간 마음대로 개발하고 이용할 수 있게 되었더라도, 인간이 자신의 모든 욕망을 충족시키려는 노력이 과도하지 않았더라면 인간은 현재 볼 수 있는 관계와는 다른 자연과의 관계를 맺고 있을 것이다. 오늘날 공해 문제에 부닥치고 생태계 파괴를 초래하게 된 것은 인간이 자연을 자기 자신의 욕망 충족을 위한 도구로서만 취급하여, 자연과의 조화와 공존에 대한 배려 없이 맹목적으로 개발이라는 구실하에 폭력을 가했기 때문이다.

여기서 우리는 공해와 생태계의 파괴를 근본적으로는 자연에 대한 인간중심주의적인 세계관과 그러한 인간의 자연에 대한 과학적 태도, 과학적 지식과 과학적 기술에 돌리고 있음에 틀림없다. 그러나 그것이 곧 과학적 태도, 과학적 지식, 과학적 기술 자체를 무조건 규탄함을 뜻하지 않는다. 과학이 인간의 복지를 위해 이룩한 공헌을 한 번이라도 전적으로 부정하는 사람이 있다면 그는 누구보다 편협적이며 객관적 사실을 왜곡하려는 사람으로서 정직하지 못한 자이다. 문제는 과학이 이룩한 성취에 눈이 어두워 오로지 과학적 태도만이 옳고, 오로지 과학적 지식만이 진리이고, 오로지 인간만이 중요하다는 근본적으로 그릇된 생각을 갖고, 현재도 그런 입장을 쉽사리 버리지 못하는 데 있다. 자연에 대한 과학적 태도는 타당한 것이지만 그것은 다른 가능한 태도들 가운데의 한 가지 태도에 불과하다. 과학적 지식은 자연 현상에 대한 진리, 즉 서술을 밝혀주긴 하지만 그것은 오로지 다른 가능한 자연에 대한 진리, 즉 서술 가운데의 하나에 불과하다.

그렇다면 자연에 대한 다른 태도는 어떤 것일 수 있으며, 자연에 대한 다른 종류의 진리는 어떻게 서술될 수 있는가? 만약 공해, 그리고 생태계의 파괴가 인간의 자연에 대한 한 가지 태도, 그리고 인간이 발견한 자연에 대한 한 종류의 진리와 관계가 있다면, 공해, 그리고 생태학적 문제의 해결을 위해서는 과학적 태도와는 다른 태도를 취함으로써 풀릴 수 있고, 과학적 진리와는 다른 진리를 발견함으로써만 그 문제를 해결할 가능성이 찾아질 것이다. 생태학적 문제의 원인이 과학과 뗄 수 없는 관계를 갖고 있다면 자연에 대한 다른 태도, 자연의 진리에 대한 다른 해석을 제공할 수 있는 것은 예술에서만 찾을 수 있을 것이다.

3. 생태학과 예술

지식으로서의 과학이 일종의 표상이듯이 작품으로서의 예술은 과학적 표상과 구별되고 대립되는 또 다른 형태의 표상이다. 이와 같은 표상으로서의 예술의 밑바닥에는 생태학적 자연관, 아니 생태학적이라고 호칭할 수 있는 인간의 태도와 인식론과 형이상학이 깔려 있다.

이와 같은 시점에서 볼 때 오늘날 인류, 더 나아가 지구상의 생태계의 파괴는 특히 지난 200년간에 걸쳐 과학적 세계관이 '예술적 세계관'을 완전히 지배한 데서 기인했다고도 해석된다.

이와 같이 볼 때 생태학적 자연관을 예술적이라 부를 수 있는 동시에 거꾸로 예술적 표상을 '생태학적'이라 이름지을 수 있다. 그렇다면 우리가 체험하고 있는 문제는 과학적 세계관을 완전히 버리고 그곳에 예술 속에 내포된 자연관을 대치함으로써가 아니라도 적어도 예술적 자연관을 그것에 적절한 만큼 인간의 세계관·자연관 속에 회복시켜주어야 한다.

그렇다면 어떤 관점에서 생태학적 자연관이 '예술적'이며, 예술적 표상이 '생태학적'일 수 있는가?

첫째, 생태학적 관점에서 볼 때 적어도 지구상의 모든 생물체, 그리고 더 나아가 모든 현상은 유기체뿐만 아니라 생물체에까지도 비교될 수 있는 단 하나의 체계를 형성하고 있다. 따라서 자연의 모든 현상, 특히 생물체들은 그 커다란 체계 속에서만 비로소 이해되고 의미가 부여될 수 있다.

그러나 과학적 인식은 자연의 모든 현상이 독립된 원자나 한 기계의 부분품처럼 기계적으로 떼어 분석해서 파악됨으로써만 가능하다. 자연 현상에 대한 분석적 접근이 현대의 경이롭고 또 경이로울 만큼의 과학적 지식을 가능케 했다. 과학적 지식의 위대한 성취를 보고 과학은 오로지 과학적 지식만이 참다운 뜻에서의 지식이라고까지 차츰 믿게 되었다.

이러한 자연에 대한 과학적 표상은 이른바 예술적 표상과 대립된다. 어떤 관점에 따르면 예술도 한 형태의 지식이다. 예술도 과학과는 다르지만 그것대로의 진리를 찾아준다는 것이다. 예술적 진리는 단순히 과학적 진리와 다른 진리에 그치지 않고 보다 더 깊고 참된 진리를 나타낸다는 주장도 있다. 예술의 인식적 기능에 대한 이와 같은 높은 평가는 많은 예술가들, 특히 로맨티시즘을 주장하는 예술가들에 의해서 자명한 것으로 믿어졌고 많은 일반 사람들도 막연하게나마 그와 비슷한 생각을 해왔던 것으로 짐작된다.

예술은 과학과 비교되고 대립될 수 있는 지식의 형태로 볼 수 있는가 아닌가의 문제가 있다. 그러나 이런 문제에 대한 대답은 뒤에 미루어 검토하기로 한다고 해도 표상으로서의 예술의 근원적 성질에서 볼 때, 예술은 생태학적이다. 어떤 대상을 예술적 표상의 시각에서 접근할 때 그 접근의 수단은 이성 혹은 지성에만 의존하는 개념의 틀에 의해서가 아니라 그것에 앞서 감각, 더 구체적으로 말해서 감각 지각에 의존한다. 한마디로 말해서 예술적 표상은 희랍어의 어원적 뜻에서의 미학적(aesthetic), 즉 감성적이다.

어떤 대상에 대한 인식을 할 수 있는 인간이 선천적으로 갖고 있는 두 가지 기능이 있다면 그것은 한편으로 직관과 관념적으로 추상적 사고를 가능케 하는 이성과 또 다른 한편으로는 구체적으로 사물 현상과 접촉할 수 있는 감성이 있다. 이성은 사물의 일반성 다시 말해서 추상을 도출하여 투명하고 분명한 차원에서만 파악하고자 한다. 반면 감성은 사물의 구체적 개별성에 초점을 두고 그 사물을 구체적이며 개별적으로 파악하려 한다. 이러한 결과로 감성에 의한 사물에 대한 인식은 보편성 즉 한 가지 뜻에서의 객관성을 갖추지 못하고 혼탁한 상태를 완전히 극복할 수 없게 마련이다.

그럼에도 불구하고 모든 자연 현상은 언제나 필연적으로 개별적이고 구체적으로만 존재한다. 지적으로 만족할 만한 설명을 얻기 위해서, 그리고 인간에 필요한 어떤 실천적 필요성을 충족시키기 위해서, 사물 현상의 구체성을 무시하고 오로지 일반성을 찾아 그것을 파악하는 작업으로서의 이른바 과학적 표상이 인간에게 반드시 요구된다.

그럼에도 불구하고 우리는 과학적 표상의 성질과 잠재적으로 갖고 있는 실천적 기능을 주저하지 않고 인정하면서 과학적 표상은 사물 현상을 있는 그대로, 그 사물 현상을 가장 구체적이고 개별적 상태로 표상해주지 못함을 또한 명확히 알고 있다. 인간은 사물 현상에 관해 있는 그대로의 진리를 파악하고 그것을 있는 그대로 표상하고 싶은 지적 요청에서 벗어날 수 없다. 그와 같은 욕구를 충족시키려는 욕구는 예술적 표상에서 나타나고, 예술적 표현은 사물 현상에 대해 이성, 다시 말해서 지적 접근으로서가 아니라 감각적 즉 미학적 즉 감성적 접근에 의해서만 가능하다. 이성 혹은 지성이 순전히 관념적 어떤 기능을 지칭한다면 감성 혹은 미학적 시각은 살아 있는 육체적 기능을 지칭한다. 따라서 과학이 비육체적인 관념에 의한 인식이라면, 예술은 육체적 즉 몸에 의한 인식이라고 말할 수 있다.

지성 대신 감성에 의존해서 어떤 대상을 '미학적', 즉 감성적으로 인지하고 표상하려는 예술은 자연 현상에 대한 생태학적 관점과 마찬가지로, 존재하는 것은 언제나 구체적이어서 궁극적으로는 분석될 수 없으며 개별적이어서 추상적일 수밖에 없는 개념으로는 파악될 수 없음을 전제한다.

둘째, 생태학적 입장에서 볼 때 모든 존재, 특히 생물학적 존재들은 절대적 지배와 복종 그리고 우월성과 열등성을 가려낼 수 없는 관계를 갖고 있다. 모든 것들은 오로지 하나의 커다란 고리로 매어져 각기 자신의 특수한 곳에서 특수한 때에 특수한 역할을 함으로써 생태학적으로 하나의 전체적 조화를 위한 기능을 담당할 뿐이다. 우주 전체, 아니면 생물 전체는 개별적 삶에 이바지하는 동시에 모든 개별적 생물체들은 한 유기적 체계로서의 생태계의 전체적 조화에 이바지한다.

전체와 부분간의 똑같은 관계가 예술 작품의 이상에서 발견된다.

예술은 사실상 전체와 부분간의 하나로서의 작품과 그것을 구성하는 개별적 요소와의 다양하고 새로운 관계를 찾는 작업이라고 볼 수 있다. 어떤 매개나 형식을 갖춘 것이든간에 모든 예술 작품은 독자적이면서 자율적인 하나의 전체, 하나의 유기적 체계가 되고자 하며 또한 그렇게 존재함을 자처한다. 하나의 예술 작품에 있어서 그것들을 구성하는 모든 요소들은 작품 전체로부터 떼어 독립된 것으로서는 그 의미가 파악되지 않는다. 모든 부분, 모든 요소들은 단 하나의 유기적 의미를 갖고 있는 작품 전체의 구성 요소로서 그 속에 통합됨으로써만 그 기능이 나타난다. 바꿔 말해서 하나의 예술 작품에 있어서 전체는 언제나 그 구성 부분에 선행된다. 어떤 작품을 예술 작품으로 대한다는 것은 그것을 전체적 관점에서 접근할 때만 의미가 있다는 말에 지나지 않는다. 다시 말해서 생태학적 자연관이 자연을 여러 구성 부분으로 완전히 분리시켜서는 이해될 수 없는 하나의 통일된 전체, 하나의 유기적 질서로 보듯이 예술 작품에 대한 예술적 관점에서 볼 때 작품을 구성하고 있는 모든 요소, 모든 구성 부분들은 서로 뗄 수 없는 하나의 질서를 이룬다. 그래서 사물에 대한 과학적 태도와 비전이 분석적이라면 생태학이나 예술적 사물에 대한 태도와 관점은 종합적이라고 말할 수 있다.

공해와 생태계 파괴의 원인이 우리가 자연 현상 특히 생물계 현상들을 과학적 관점에서만 분석적으로 보는 데 있다면, 즉 생태학적으로 보지 못하는 데 있다면, 공해나 생태계 파괴의 열쇠는 무엇보다도 생물 현상뿐만 아니라 자연 현상과 모든 사물들을 생태학적으로 보는 데서 우선 찾아야 할 것이다. 그런데 생태학적 관점이나 태도는 예술 작품의 창작과 감상의 활동에서 나타난다. 그렇다면 우리 모두가 생태학적인 시야를 의식하고 그것을 채택하도록 하는 작업에 있어서 예술의 기능은 결정적인 무게를 갖는다.

셋째, 예술이 지향하는 목적의 관점에서 볼 때 그것은 또 한번 생태학적이다. 생태학적 입장에 설 때 인간과 자연은 분리되지 않는다. 인간은 자연의 일부로서 존재할 뿐, 자연 속에서 그밖의 존재를 지배하고 활용하는 자연의 중심도 아니며 주인도 아니다. 인간은 자연과 떨어질 수 없다.

근본적으로 지향하는 것은 자연과 인간, 인간의 의식과 그 대상이 서로 분리될 수 없는 화해적 하나임을 확인함에 있다. 이런 점에서 예술적 의도는 모든 존재에 대한 생태학적 비전을 반영한다.

예술은 무엇보다도 먼저 한 형태의 표상이다. 언어를 떠난 표상이 생각될 수 없는 이상 예술은 일종의 표상이었다. 그래서 예술은 작품이라는 의미체의 생산에서 비로소 구체적으로 확인된다.

표상은 그 대상을 포착하는 데 그 목적이 있다. 다시 말해서 모든 대상은 그 대상을 있는 그대로 파악하고자 한다. 그래서 모든 표상언어는 그 대상과 일치되기를 동경한다. 그러나 모든 표상 언어와 그 대상, 바꿔 말해서 인식자의 의식과 그 인식 대상은 논리적으로 결코 일치할 수 없다. 한 인식 대상은 그것이 의식의 대상으로 가능할 때에만, 즉 언어적 표상의 대상으로서만 파악되었을 때 인식 대상의 의미를 가질 수 있다. 따라서 모든 인식, 모든 인식적 표상의 전제 조건은 의식과 그 대상, 표상적 언어와 그 대상의 분리를 논리적으로 전제한다.

과학적 표상이 이러한 사실을 적극적으로 인정하고 있는 데 반해서 예술 작품의 형태로 구체화되는 예술적 표상에는 이런 논리적 조건을 극복하려는 의도가 내재해 있다. 예술 작품의 이와 같은 의도가 완전히 절대적으로 실현될 수 없음은 자명하다. 왜냐하면 표상적 언어와 그 대상의 논리적 분리, 인식적 의식과 그 인식 대상과의 존재학적 구별이 모든 표상과 모든 의식의 전제 조건이기 때문이다. 예술

작품의 형태로 나타나는 예술적 인식과 표상이 인식적이며 표상적인 한 예술도 예외일 수는 없다. 그럼에도 불구하고 의식과 그 대상, 표상적 언어와 그 대상 그리고 인간과 자연이 궁극적으로 분리될 수 없다는 사실, 인식과 표상의 과정에서 개념화되기 이전의 구체적 인식 대상, 표상 대상을 표상코자 하는 지적 의욕 따위를 포기할 수는 없다. 예술적 표상 즉 예술 작품은 논리적으로 보아 결코 완전히 성공할 수 없음에도 불구하고 바로 그러한 인간의 억제할 수 없는 충동을 나타낸다. 이와 같이 볼 때 예술적 표상은 인간과 자연간의 의식과 그 대상간의 실현 불가능한 생태학적 꿈의 나타냄이라고 해석할 수 있다.

넷째, 마지막으로 예술은 앞서 고찰한 세 가지 이유와는 퍽 다른 이유에서 생태학적이다. 그 이유는 모든 예술 작품이 허구적이라는 데 있다. 한 통일된 표상, 즉 언명(言命)으로서의 예술 작품은 그것이 표상하는 구체적인 대상을 갖고 있지 않다는 말이다. 뒤집어 말한다면 예술 작품으로서의 표상 언어는 사실인즉 그것이 지칭하는 것처럼 보이는 대상을 갖고 있지 않다. 한마디로 예술적 표상은 그 구조상, 그리고 그 기능상 이미 기존하는 현재의 사실이나 기존했던 과거의 사실을 이야기하거나 표상하지 못하고 또한 하지도 않는다. 예술적 언어는 문자 그대로 서술적 기능을 하지 않고 따라서 인식적 의미를 갖지 못한다. 예술 작품은 진리를 직접 보여주지 않으므로 정보적이 아니라는 말이다.

예술은 우리에게 무엇인가를 표상하고 무엇인가에 대해서 말한다. 그러나 예술이 보여주는 세계, 예술이 표상하는 것들은 실제로 존재하는 것이 아니라 오로지 가능한 세계, 가능한 사실에 불과하다. 따라서 예술의 세계와 사실 혹은 현상은 상상력에 의해 만들어졌다고 말하면 가장 적절하다. 어째서 예술과 상상력이 필연적으로 밀접한 관계가 있느냐를 여기서 알 수 있다.

　우리들이 대체로 믿고 있는 바와는 달리, 그리고 많은 예술가 자신들이 확신하고 있는 것과는 거꾸로 예술은 그 성격상 인식적인 정보 역할을 가질 수 없다. 왜냐하면 예술의 세계는 오로지 상상의 세계이기 때문이다. 그것도 기존하는 세계가 아니다. 사실상 예술은 이미 존재한 상상의 세계, 상상의 사물들을 표상하지 않고 그러한 세계, 그러한 현상들을 제작, 즉 만들어낼 뿐이다.

　상상의 세계의 의미를 분석해보면 아직 존재하지 않은 세계의 의미를 드러낸다. 어떠한 세계고 언어 없이는 생각도 상상도 할 수 없다면 여태까지 없었던 세계를 상상할 경우 새로운 언어, 아직 존재하지 않았던 언어를 발명해야 할 것이다. 이와 같이 사고나 상상, 세계나 존재 그리고 언어는 서로 뗄 수 없이 얽혀 있다. 그 중 한 가지를 떠나서 다른 것을 알지도, 생각지도 못한다. 그러나 새로운 언어를 만들어낸다는 것은 여태까지 발견할 수 있는 것들과는 다른 언어, 예를 들어 '에스페란토'와 같은 말을 처음부터 만들어낸다는 말은 아니다. 그것은 다만 기존하는 범주를 깨뜨리고 기존하는 관점·개념·견해·비전·가치 들을 검토, 때로는 비판, 그리고 어떤 때는 부정하여 새로운 개념, 새로운 관점, 새로운 비전을 제시하는 작업을 의미한다. 가능한 새로운 상상의 세계, 현상·관계·사건들을 만들어낸다는 것은 기존의 세계를 언제나 비판적으로 보고 그것과는 다른 세계의 가능성을 찾는다는 의미를 갖는다. 이와 같이 해서 예술은 그 성질상 필연적으로 모든 차원에서 반체제적이고 긍정적으로는 혁명적일 수밖에 없다. 그래서 사실주의 예술이라는 개념은 내재적으로 모순된 개념이다.

　이와 같은 예술의 기능은 생태학적이다. 우리가 알고 있다고 믿고 있는 세계나 현상 등은 한결같이 언어에 묶여 있다. 그것은 모든 인식·표상이 언어와 떨어질 수 없는 관계를 갖고 언어를 통해서만 가능하기 때문이다. 그러나 언어를 통해 나타나는 세계나 현상은 필연적으로 관념화되고 일반화되어 언어에 의한 인식·표상 이전의 세계나 현상과는 필연적으로 다를 수밖에 없다. 생태학적으로 볼 때 세계나 모든 현상은 언어에 의해 개념화된 대로와 달리 아무것도 서로 완전히 그리고 투명하게 분리할 수 없다. 예술이 뜻하고자 하는 바는 비록 그 자신이 하나의 표상이긴 하지만, 그렇게 표상됨으로써 개념화되기 이전의 구체적이고 아무것도 서로 구분할 수 없는 세계와 현상을 인식하고 표상하고자 한다는 점에 생태학적 자연관을 전제로 한다. 어떻게 보자면 예술 작품이란 과학적·분석적·인간중심적 세계관을 부단히 부정하면서 그것을 극복하는 방법의 구체적인 예로도 볼 수 있다. 예술은 또한 자연으로부터 스스로 소외된 인간이 자연과의 화해와 조화를 되찾으려는 영원한 꿈의 표현이라고도 얘기할 수 있다.

공해와 생태계의 파괴가 오늘날 인류, 다시 말해서 산업사회가 당면한 극히 어려운 문제라면 그것은 어쩌면 과학의 기계적 사고력에 무디어진 미학적 감수성을 회복하고, 예술적 세계관을 되살리지 않고는 문제의 궁극적 해결은 불가능하다. 왜냐하면, 공해나 생태학적으로 당면한 문제는 인간이 생태학적 세계관을 갖지 못하는 데 있는데, 생태학적 세계관은 곧 예술 속에 담겨 있는 세계관이며, 자연에 대한 생태학적 태도는 곧 예술을 낳게 하는 태도에 지나지 않기 때문이다.

4. 과학과 예술의 관계

생태학적 문제를 근본적으로 해결하기 위해서 예술적 감수성과 예술적 자연관, 예술적 세계관이 필요하다고 우리가 주장하는 근거는 예술적 세계관이 곧 생태학적 세계관이라는 논리에 근거한다.
 그러나 이러한 입장은 과학적 지식이 보여주는 자연이나 과학적 기술의 유지나 계속적인 개발을 무조건 거부함을 의미하지 않는다. 언뜻 보기와는 달리, 그리고 과학자 자신이나 그밖의 대부분의 사람들이 공통적으로 믿고 있는 바와는 달리 과학과 예술은 사실상 대립되지 않는다. 이 두 가지 분야를 대립시켜 보는 이유는 과학적 지식의 성격에 대한 그릇된 소박한 믿음에 근거를 두기 때문이다. 이러한 믿음에 의하면 과학적 지식 더 정확히 말해서 과학적 지식만이 자연을 가장 객관적이고 근본적으로 표상해주는 진리이다. 그러나 과학이 보여주는 자연, 과학이 표상하는 존재는 구체적으로 존재하는 자연 그 자체, 존재 그 자체가 아니다. 과학은 사실상 사물 현상에 대한 형이상학적인 본질적 문제에 대해서 겸허하게 입을 다문다. 그러므로 과학적 지식은 가장 좋은 의미에서 자연 자체, 존재 자체의 한 측면을 보여줄 뿐이다. 그리고 우리가 그러한 과학적 자연에 대한 지식을 존중하는 이유는 그것이 형이상학적인 측면에서 자연과 존재 일반에 대한 진리를 발굴해주어서가 아니라 그러한 지식이 인간의 욕망을 충족시키는 데에 가장 유용한 도구로서 가장 효율적으로 이용할 수 있는 것으로 보이기 때문이다. 과학적 지식은 도구적인 의미만을 갖고 있다.
 반대로 생태학적인 예술적 자연과 존재 일반에 관한 믿음은 좁은 의미에서의 '지식'이 아니라 과학적으로는 증명할 수 없는 하나의 총괄적 비전에 지나지 않는다. 과학적 지식과 예술적 비전은 똑같은 자연, 똑같은 존재 일반에 대한 상반되는 신념이나 주장이 아니라, 서로 다른 측면에서 본 관점, 서로 다른 각도에서 접근된 서술에 불과하다. 그러므로 과학과 예술, 즉 과학적 지식과 예술적 비전은 반드시 갈등 관계에 있지 않고 공존할 수 있다. 다만 중요한 문제는 과학적 지식이 자연이나 존재 일반에 대한 궁극적이며 결정적인 유일한 진리가 아님을 깨닫는 데 있다.

과학은 한 형태의 자연에 대한 지식이라는 사실 그 자체로서만도 한없이 귀중하고, 과학적 기술이 인류에게 가져온 지금까지의 혜택은 이성적인 사람에게는 아무리 해도 부정될 수 없다. 앞으로도 보다 많고 보다 정확한 과학 지식과 보다 고도로 개발된 과학적 기술이 필요하다. 그러나 문제의 핵심은 생태학적, 즉 예술적 자연관, 존재 일반에 대한 넓고 새로운 시각, 포괄적인 맥락에서 과학적 지식과 기술의 의미에 눈을 뜨고 그러한 지식과 기술을 활용함에 있다. 그렇지 않고 오늘날과 같은 추세로 그러한 지식과 기술이 인간의, 인간만의 당장의 욕망을 위해서 인간중심적으로 개발하고 이용한다면, 그 효과가 당장에는 인간에게 만족스럽다 해도 머지않아 자연의 파괴뿐만 아니라, 인간적 삶의 파괴, 그리고 궁극적으로는 인간 자신의 멸망을 초래하고 말 것이다. 한마디로 우리에게 지금 필요한 것은 과학적 비전과 과학적 기술의 의미를 보다 포괄적인 관점에 서 있는 생태학적, 즉 예술적 비전의 맥락에서 이해하는 작업이다. 이러한 작업을 과학의 예술화라고 불러도 적절할 것 같다.

이와 같이 볼 때 예술이 차지했던 역할이 인간 생활에 있어 적지 않았지만, 오늘날 예술의 중요성은 더 절실하고 결정적이다. 흔히 생각해왔던 바와는 달리, 예술의 기능은 장식적이 아니다. 예술의 기능은 형이상학적이며, 사회적이며 정치적 의미를 갖고 있다.

공해, 자연 환경의 파괴 그리고 생태학적 문제 따위의 지구의 엄청난 병을 치료하는 처방으로서 예술적 감수성, 예술적 세계관 그리고 예술 작품의 제작을 제시하는 바다. 그러나 이러한 나의 입장은 오늘날 실제로 예술의 기능이 옳게 인식되어 있다는 말도 아니며, 예술이 옳게 그러한 기능을 하고 있다는 뜻도 아니다.

불행히도 속일 수 없는 상황은 오히려 그 반대인 성싶다. 오늘날 예술 작품은 투자의 대상으로, 재산 축적의 수단으로 상품화되어가고 있다. 예술 작품은 그밖의 모든 상품들과 마찬가지로 매매의 대상으로 변했다. 예술의 상품화에는 예술적 가치의 장식적 평가가 깔려 있다. 예술의 기능이 장식적으로 이해되고 그렇게 취급되고 있다.

이런 상황에서 예술가 자신들도 스스로를 상업 문화 앞에 굴복하여 그러한 물결에서 헤어나지 못하고 수동적으로 끌려가고 있다는 인상이다. 이러한 사실은 예술적 세계관이 과학적 세계관에 흡수되고 있음을 의미한다.

그러나 앞서 보았듯이 오히려 과학적 세계관은 예술적 세계관의 맥락에서만 옳게 이해될 수 있다. 예술의 본질적 기능은 기존하는 체제, 기존하는 가치, 기존하는 세계관을 추종하며 그것들에 자신을 적응시키는 데 결코 있지 않다. 오히려 정반대다. 예술의 근원적 기능은 기존하는 체제, 기존하는 가치, 기존하는 세계관을 항상 평가하고 비판하고 의식적으로 파괴하면서 보다 구체적인 사실에 바탕을 둔 체제·가치관·세계관을 제시하는 데 있다. 그래서 예술의 본질적 기능은 저항적이며, 부정적이다. 예술을 두고 흔히 창조적이라 얘기하지만, 창조적이란 바로 예술의 이와 같은 기능을 두고 말함에 지나지 않는다. 그리고 이러한 창조적 기능은 예술에서 발휘되는 끝없고 참신한 인간의 상상력에 뿌리를 박고 있다.

생태학적 문제는 인류 생존의 문제이며, 궁극적으로 지구상의 모든 생명체의 존속의 문제와 직결된다. 인간의 생명이 귀중하고 모든 생명 자체가 더 이상 생각할 수 없는 궁극적 가치라면 우리는 이 문제의 해결을 위해서 머뭇거릴 수 없다. 예술적 세계관이 생태학적 문제의 열쇠라면 우리는 예술적 기능을 이해하고 그것의 결정적 중요성을 인정해야 한다. 예술적 기능의 발휘가 이렇게도 중요하다면, 그러한 기능을 직업적으로 맡고 있는 예술가들은 예술의 본래의 기능을 새삼 의식하고 그 기능을 충분히 맡기 위해서는 과학적 세계관, 기존의 모든 체제, 가치관 등에 종속되어 추종하고 싶은 유혹을 깨뜨리고 언제나 저항적 자세를 가져야 하며 언제나 신선한 시각을 버리지 말아야 한다.

〈1991년, 『현대 예술비평』〉

21세기 한국문화의 선택

 정치, 경제, 이념, 그리고 과학기술의 세계적 격변의 와중에서 우리 사회의 각계각층에서는 21세기 한국의 위상에 대한 의식과 고찰의 바람이 불고 있다. 그 징조가 '신한국'이라는 한 정치적 슬로건과 아울러 최근 들어 언론이나 학계에서 여러 가지 세미나, 보도, 출판물 등으로 두드러지게 나타나고 있다. 세계 전체가 변하고 있다면 지난 몇십년 한국은 어느 나라보다 격심한 변화를 겪으면서 그것을 어느 정도 잘 넘겨 왔다고 해도 과언은 아니다. 그러나 지금까지 경험했던 것보다 더 격렬한 것임에는 틀림없다하더라도 그것이 쉽게 예측할 수 없는 이상 그 변화에 대한 태도와 준비가 더욱 절실히 요청된다. 우리는 어디로 어떻게 되는 것이며 무엇을 어떻게 해야 할 것인가? 이런 물음을 나는 문화적 측면에서 검토해보고자 한다. 21세기 한국문화에 어떤 전망이 서며 우리는 그것이 어떤 것이기를 바라야 하는가?
 이에 대한 대답은 적어도 두 가지 점에서 각별히 어렵다. 첫째의 어려움은 '문화'의 개념이 너무나 애매모호하고 다양하게 사용되고 있다는 데 있다. 위와 같은 질문을 던질 때 문화라는 말이 정확히 어떤 뜻으로 사용됐는지 명확치 않다. 둘째의 난점은 이 문제에 대한 대답이 현재의 객관적 서술이나 미래에 대한 상황의 단순한 예측이 아니라 당위성에 대한 것이어야 한다는 점에 있다. 객관적 사실의 서술만도 쉬운 일이 아니다. 아직 존재하지 않는 미래의 사실을 예측하는 작업은 더욱 어렵다. 하물며 우리가 바라는 미래상의 당위성을 뒷받침한다는 작업의 어려움은 더 말할 것도 없다. 그러므로 나는 우선 던진 문제의 문맥에서 '문화'라는 말이 어떤 의미를 갖는가를 밝히고, 그것을 바탕으로 우리가 앞으로 지향해야 할 문화를 고찰해 보겠다.

1. 문화란 무엇인가?

1) 문화는 전략이 아니라 목적이다.

최근 '한국문화'에 대한 의식이 짙고 넓게 퍼져감에 따라 그리고 '새문화'에 대한 논의가 확산됨에 따라 '전통'에 대한 의식과 아울러 한국문화의 특징에 대한 논의가 활발해지고 있다. 한국문화의 특징 아니 '본질'은 흔히 일본문화 그리고 서양문화와 대조되어 서술되고 설명되고 있다. 동양문화의 비획일적 사고방식이 서양문화의 획일적 사고방식과 대조되며 '한(恨)', '정(情)' 등의 이른바 한국적 문화요소들이 'X', 'Y' 등의 일본적 심성과 구별된다. 한편으로는 동양문화가 서양문화보다, 또 다른 한편으로 한국문화가 일본문화보다, 즉 동양적 기질과 정신이 서양적 기질과 정신보다, 그리고 일본적 기질과 정신보다 한국적 기질과 정신이 보다 월등하며, 따라서 우리는 우리의 이와 같은 전통적 민족 기질과 정신을 더욱 살려가는 문화를 키워나가야 한다는 21세기 한국 문화론이 흔히 눈에 띄고 귀에 들린다.

한국 전통문화의 성격 또는 본질에 대한 위와 같은 견해가 옳고 우리의 전통문화는 21세기에도 더욱 지켜져야 할지도 모른다. 그러나 어째서 전통문화를 그대로 지켜야 하느냐에 대한 이유를 좀 생각해 보면 거기에는 전략적 동기와 이유가 있다. 전통문화가 중요한 것은 그 밑에 깔려 있는 정신으로 살아갈 때 우리는 일본과 서양의 여러 경쟁 국가와의 싸움에서 승리할 수 있다는 것이다. 이런 시각에서 볼 때 문화는 일종의 도구로 나타나고 문화의 가치는 다만 도구적 가치로 끝난다.

그러나 문화는 어떤 목적을 실현시키기 위한 도구적 기능만을 갖지 않는다. 문화는 그 자체가 하나의 내재적 가치내용이다. 문화는 한 민족 또는 인간집단이 갖고 있는 가치 체계이며, 그 가치 체계는 그 사회의 인생관을 총체적으로 나타낸다. 한 민족의 문화는 그 민족이 무엇을 위해 어떻게 살겠다는 태도와 삶의 양식을 표현해준다. 그것은 그 민족이 어떤 인간으로 살고 싶으냐에 대한 물음에 응하는 대답이다. 따라서 21세기 한국문화는 어떤 것이어야 하는 문제는 어떠한 전술을 쓰면 21세기에 다른 민족 또는 문화권과의 싸움에서 승리를 거둘 수 있는가의 문제가 아니라, 급변하는 삶의 환경에 처하게 될 21세기에 우리 한국인은 어떤 인간으로 무슨 가치를 위하여 어떻게 살아야 하는가에 대한 문제이다. 문제는 생물학적 즉 물리적 승리를 무조건 쟁취하는 데만 있지 않다. 우리의 참다운 문화적 문제는 남들만이 아니라 우리 스스로가 존경할 수 있는 인간으로서 그리고 떳떳한 민족으로서 성장하자는 데 있다.

문화는 단순한 수단이 아니라 그 자체가 목적이다. 다른 경우와 마찬가지로 문화에 있어서도 목적과 수단을 뒤바꿔서는 안 된다. 주체성은 개인적으로나 사회적으로 존엄성의 근본적 근거이다. 우리는 어떤 일이 있더라도 우리의 주체성을 잃어서는 안 된다. 그러나 그것은 단순히 이질성 또는 특이성만을 의미하지 않는다. 그러므로 한 문화적 전통은 단순히 특이하다는 이유로 한 사회 또는 민족의 주체성일 수 없다. 한 문화의 주체성은 그것이 보편적 의미를 갖고 보편적으로 존중될 수 있는 가치로서 인정될 때 비로소 확고해진다. 한 전통은 어떤 특수한 지역과 역사 속에 동결됐을 때 한 사회 또는 민족의 살아 있는 주체적 역할을 담당할 수 없다. 전통이라는 문화적 특수성이 전통으로 살아 남기 위해서는 그것은 항상 다른 전통에 열려 있으면서 인류 전체에서 언제나 귀중하다고 생각되는 보편성과 상통하는 것이어야 한다.

2) 문화의 가장 포괄적 의미는 인간의 정신적 속성의 표현이다.

너무나도 다양하게 사용되어 혼돈스럽지만 '문화'의 가장 일반적인 뜻은 '자연'의 개념과 대치될 때 가장 잘 드러난다. 자연과 대치되는 존재는 절대신을 제외하고는 인간밖에 없다. 인간은 동물로서 자연의 일부이기도 하지만 그것은 자연에 완전히 흡수될 수 없는 특수한 속성을 갖고 있기 때문이다. 이성이 바로 그러한 속성이다. 인간을 이성적 동물이라 부르는 이유가 여기에 있다. 이성은 사고력을 말한다. 그의 사고력으로 인간은 물질적 필연성에서 스스로를 해방해서 자율적 동물로 변신하고 자신의 자유적 의지에 따른 선택에 의해 주어진 여건에 수동적으로 흡수되지 않고 그것을 자료 삼아 자연과 다른 새로운 정신적 질서 즉 의미의 세계를 새롭게 창조한다. 문화란 이러한 정신적 기능, 활동 및 결과의 총칭에 지나지 않는다. 경제적·정치적·사회적·지적·예술적·기술적 활동, 체계, 기구 그리고 그런 것들의 산물도 다 같이 문화의 범주에 속한다. 이런 의미에서 인간은 예외없이 문화적이다. 또한 이런 의미에서 '음식문화', '스포츠 문화', '정치 문화' 등의 용어에서 나타나듯 아무데고 마구 난발해서

붙여진 '문화'라는 말이 사용될 수 있는 이유가 이해된다.

문화를 이미 주어진 조건에 적응하는 어떤 주체자의 활동, 그 주체자에 의해서 제작된 새로운 질서라고 규정할 때 문화는 '작위적' (artificial)이란 뜻을 갖는다. 나무가지에 매달린 정교하고 아름다운 새 둥우리는 인간이 지은 웬만한 초가집보다 더 정교하게 새들이 만든 '작위적' 산물이며 일종의 질서를 이룬다. 그럼에도 불구하고 초가집이 문화에 속하는 데 반해 새둥우리가 그렇지 않은 까닭은 전자가 인간 아닌 동물에 의해 만들어졌다는 데 있다. 오직 인간과 관계된 것만이 문화적이라는 말이다. 그래서 문화는 인간의 모든 사회적 신념과 행동의 양상을 총체적으로 지칭하게 된다. 위와 같은 포괄적 의미로만 규정할 때 '문화인'이라는 개념은 무의미하다. 왜냐하면 그것은 토톨러지 즉 동어반복에 지나지 않기 때문이다. '한국문화'라는 개념도 의미를 잃는다. 왜냐하면 문화는 그저 '인간적'이란 의미만을 갖기 때문이다. 만약 '한국문화' 또는 '고대희랍문화' 등의 개념들이 의미를 갖는다면 문화라는 말은 인간의 객관적 보편성을 지칭하지 않고 인간들간에 달리 나타날 수 있는 주관적 특수성을 의미해야만 한다. 그런데 우리의 문제는 '한국문화'의 문제이다.

3) 문화는 인간적 구현의 개별적 다른 양식을 뜻한다.

'한국문화'라는 말이 의미를 가지려면 한국문화와 구별되는 다른 문화의 가능성이 전제되어야 한다. 즉 문화의 보편적 뜻이 인간적인 것을 가리킨다고 해도 그러한 인간적인 것은 시대와 지역, 인종과 사회에 따라 달라질 수 있음이 전제되어야 한다. 문화가 어떤 구체적 여건 속에서 나타나는 인간적 구현에 지나지 않지만 구체적으로 나타나는 문화는 사람, 사회, 시대 그리고 환경에 따라 사뭇 다르다. 인간은 동물의 경우와는 달리 똑같은 조건, 대상 또는 환경에 대해서도 그의 성격, 욕망 그리고 가치관에 따라 각자 다른 반응을 일으키며 똑같은 욕망을 충족시키는 수단과 방법도 각기 달리 할 수 있기 때문이다. 따라서 구체적 문화현상은 언제나 특수성을 지니며 그래서 문화는 필연적으로 다양하다. 문화의 다양성은 동물적 구현이 획일적인 데 반해서 인간의 구현 양상은 특수하고 개별적이다. 왜냐하면 인간은 자연현상과는 달리 자율적 동물 즉 자신의 주관에 따라 주어진 환경에 각기 다른 양상으로 반응할 수 있기 때문이다. 흔히 사용되는 '문화'라는 말은 바로 위와 같은 좁은 뜻을 가지며, 이런 의미에서 '한국문화'와 '일본문화'가, '동양문화'와 '서양문화', '고대문화'와 '현대문화' 등의 개념이 비로소 의미를 갖는다.

4) 문화는 한 사회집단 고유의 인생관이다.

문화의 다양성과 특수성은 인간이 다른 동물과 달리 자율적인 동물로서 그의 행동은 주관적 선택에 의해 결정되기 때문이다. 이런 선택은 여러 분야에서 선택자의 가치관을 반영한다. 한 인간 또는 한 사회공동체의 가치관은 그들의 가치판단에서 나타난다. 가치판단은 흔히 다르다. 똑같은 행동이나 태도가 한 사람 또는 한 사회 그리고 시대에 따라 옳다거나 또는 그릇되다로 서로 상반되게 평가될 수 있다. 똑같은 형태나 색깔이 한 사람 또는 한 공동체 그리고 시대에 따라 아름답거나 추하다로 서로 상이하게 느껴질 수 있다. 그러므로 문화의 다양성을 결정하는 인간의 주관성은 그 인간이 갖고 있는 가치관의 반영에 지나지 않으며, 어떤 특정한 시대에 있어서 한 민족 또는 한 집단의 문화는 그 시대 민족 또는 그 집단이 갖고 있는 가치관의 반영에 지나지 않는다. '한국문화'는 한국인의 여러 가치관이 구현된 가시적 또는 비가시적 현상의 총칭에 불과하며, 고대희랍 문화는 그 시대 희랍인들의 독특한 가치관이 담겨 있는 것들의 총칭에 지나지 않는다.
 한 사회공동체의 문화가 그 집단의 가치관을 반영한다면, 그 가치관은 그 집단이 갖고 있는 이상적 삶의 비전을 반영한다. 여기서 삶의 비전이란 흔히 말하는 인생관을 뜻한다. 인생관은 삶에 대한 궁극적 태도에 지나지 않으며 그것은 '삶에 있어서 어떤 것들이 가장 중요하며 어떻게 사는 삶이 가장 귀중한가?' 라는 물음에 대답을 결정한다. 동물로서 인간에게 다 같이 보편적으로 중요한 공통된 것들이 무엇이며 따라서 그런 것을 얻기 위해서 어떻게 해야 할 것인가의 물음에 공통적 대답이 있음에는 틀림없지만, 자율적 동물로서 한 인간 또는 인간 집단이 가장 중요하다고 믿는 것은 한 사람 또는 한 인간집단에 따라 동일하지 않다. 모든 사람 또는 모든 인간집단은 서로 다른 인생관을 가질 수 있고, 실제로 사람, 사회 그리고 시대마다 각기 다른 인생관을 보여준다. 문화가 인생관의 구현이요, 한 인생관에 담겨 있는 한 인간 또는 한 사회의 가치관과 삶에 대한 태도가 다양한 예술작품과 취미생활에서 가장 잘 나타나는데 그 이유는 예술이나 취미 생활이 인간의 주관성을 가장 잘 표현해주는 감수성의 구현이기 때문이다. 이런 사실에서 볼 때 보다 좁은 의미에서 문화는 흔히 예술적 활동이나 작품으로 지칭되는 까닭이 선명해진다. 문화를 다양하고 가변적일 수 있는 인생관의 표현으로 보았을 때 그때야 비로소 한국문화에 대한 서술과 평가가 가능하며 앞으로 한국문화에 대한 전망과 지향에 대한 고찰이 있게 된다.

2. 문화의 가치는 상대적인가?

 우리의 목적은 '21세기 한국이 지향해야 할 문화가 어떤 것이 되어야 한다고 생각되는가' 라는 물음에 대한 대답을 찾는 데 있다. 어느 사회고 막연하나마 반드시 어떤 문화 즉 인생관을 갖고 있다. 그러나 외재적 이유에서든 또는 내재적 이유에서든 그러한 인생관이 흔들리거나 혼동을 일으키는 경우가 생긴다. 한 사회의 지배적 인생관의 동요는 그 사회의 이른바 문화적 위기를 초래한다. 이러한 상황에서 그 사회의 문화적 성격에 대한 반성이 필연적으로 나타난다. 왜냐하면 개인이나 사회나 각기 자기 나름대로 삶의 방향을 결정하지 않고서는 생존이 지속될 수 없기 때문이다. 한국문화에 대한 문제가 새삼스럽게 제기된다는 사실은 지금까지 한국사회를 뒷받침하고 있던 가치관 즉 인생관이 흔들리고 현재 서로 갈등하는 가치관 즉 인생관이 혼란을 일으키고 있으며, 앞으로 가야 할 방향감각이 잡히지 않고 있음을 함의한다.

그렇다면 21세기 한국문화는 어떤 것인가 하는 문제는 다양할 수 있는 문화 가운데서 어떤 문화를 선택해야 하는가의 문제이며, 어떤 문화를 선택하는가의 문제는 결국 다양하게 존재하는 인생관 가운데서 어떤 것을 선택하느냐의 문제이다. 이런 문제에 대한 대답은 첫째, '모든 가치관 즉 인생관은 우열을 가릴 수 없이 완전히 상대적인 것만은 아니라는 것'과, 둘째, '모든 선택에는 다 같이 궁극적인 근거가 결해 있다 해도 그것들은 다 똑같이 우발적 행위가 아님'이 전제된다.

1) 문화의 모든 가치는 다 같이 상대적이지는 않다.

객관적 자연 현상에 대한 인식적 명제들의 가치평가는 보편적인 공감을 쉽게 얻을 수 있는 이유를 댈 수 있다. 그러나 도전적 인간과 온순한 인간의 우월을 가릴 절대적으로 객관적인 근거를 찾기란 쉽지 않다. 피카소의 『게르니카』가 윤충섭의 『들소』보다, 『돈키호테』가 『심청전』보다, 그리고 한국의 궁전음악이 서양의 교향악보다 더 깊고 높은 예술적 가치를 지니고 있음을 측정해줄 절대적으로 객관적인 척도는 존재하지 않는다. 한국식 복장이 일본식 복장보다 우월하고 중국 요리가 불란서 요리보다 뛰어났음을 객관적으로 증명해 줄 절대적 근거는 없다. 비록 절대 다수의 한국인이 한국의 유교적 문화를 프랑스의 기독교적 문화보다 선호한다 해도 그 자체는 전자가 후자보다 뛰어나다는 절대적 근거는 되지 않는다. 그러므로 모든 가치 판단은 주관성을 극복할 수 없고 따라서 상대적이라는 결론이 쉽게 내려질 수 있다.

하지만 절대적 기준이 없다는 것은 가치평가의 기준은 전혀 없다는 말도 아니며 모든 가치가 한결같이 똑같은 비중을 갖는다는 말도 아니다. 『게르니카』와 『들소』, 『돈키호테』와 『심청전』, 그리고 한국 궁전음악과 서양 심포니의 예술적 우월은 서로 주의 깊고 세심히 다각도로 검토할 때 어느 정도 서로 수긍할 수 있는 이유를 댈 수 있다. 서로 다른 신념의 체계 또는 음식, 의복, 관습 등에서 나타나는 생활양식이 똑같이 좋다고는 말할 수는 없다. 여러 가지 객관적 여건을 감안해 볼 때 어떤 것이 다른 것보다 더 적절하고 바람직하다는 평가가 어느 정도 가능하다. 그러므로 서로 다른 문화의 우월성이 비교될 수 있다면 문화는 우연적 채택이 아니라 의도적 선택의 대상이 된다.

2) 선택은 비합리적 도박이 아니다.

삶은 부단한 선택적 활동을 의미한다. 대부분의 경우 선택은 합리성을 갖추고 있다. 하나의 선택은 그것이 선택자의 행위의 목적과 그 목적을 실현할 수 있는 객관적 여건의 일관성이 있게 될 때 합리적이다. 따라서 선택은 목적에 대한 분명한 의식과 선택의 객관적 여건에 대한 선택자의 지식이 전제된다. 그러나 때로는 궁극적으로 양자택일이라는 선택의 피할 수 없는 상황에 놓인다. 이때 선택은 직관 또는 본능에 의존할 수밖에 없다. 합리적 행동을 선택자의 목적에 대한 명확한 의식과 그 목적을 실현할 수 있는 객관적 여건들에 대한 지식에 바탕을 둔 공리적 결정으로 규정할 때 직관이나 본능에 의존한 궁극적 선택은 분명히 비합리적이다.

비합리적인 행동을 객관적 사실을 전혀 무시한 맹목적이며 우발적인 행위라고 규정하고 그러한 뜻에서 도박적이라고 규정한다면, 직관과 본능에 의존한 궁극적 선택은 파스칼이 생각했던 것과는 달리 완전히 도박적이 아니며 따라서 완전히 비합리적이 아니다. 본능이나 직관이 과학적으로 입증할 수 있는 지식과 엄격히 구별되어야 하겠지만 그것들은 일종의 인식이다. 파스칼이 선택의 도박성을 주장하면서도 '기하학적 정신'과는 전혀 다른 '섬세한 정신'이 존재함을 주장했을 때 그는 본능이나 직관이 우발적 감정의 표현이 아니라 과학적으로나 논리적으로 이해할 수 없는 그 나름대로의 객관성을 갖고 있는 인식 기능임을 말한 것이다. 모든 결정적 선택이 그밖의 선택 즉 도구적 선택의 경우와 달리 불확실한 근본적 이유는 그러한 선택이 본질적으로 불확실해서가 아니라 다만 인간 인식의 한계와 선택자의 실존적 시간이 제한된 데 있다.

가치의 상대성과 선택의 비합리성에 대한 위와 같은 일반적 고찰과 결론을 전제했을 때 비로소 문화에 대한 가치평가와 선택의 문제에 관한 고찰과 토론이 의미를 갖는다. 한국 문화에 대한 진단, 평가, 전망 그리고 지향에 관한 고찰과 토론도 예외일 수 없다.

3. 21세기 한국문화를 어떻게 선택해야 할 것인가?

한 삶 또는 한 민족의 문화는 그 삶 또는 그 민족의 삶에 대한 가장 총괄적 가치관을 나타낸다. 한국문화는 무엇이며 앞으로 어떤 문화가 바람직한가라는 물음은 한국인의 삶에 대해 어떤 태도를 갖고 있으며, 앞으로 어떤 인간으로서 살기를 원하는가의 물음에 불과하다. 한 사회의 문화전통이란 과거로부터 현재로 이어지면서 내려온, 그리고 지켜진 가치관 즉 인생관에 지나지 않으며 그 사회가 모색하는, 앞으로 그 사회가 가져야 한다고 믿는 가치관과 인생관에 지나지 않는다.

지금 21세기 한국문화가 새삼스럽게 문제로 제기된다는 사실은 한국문화를 반성하게 됐다는 말이며 더 나아가서는 어떤 이유에서든가 한국의 전통문화가 흔들리고 있음을 말해주고, 전통문화의 동요는 한국인이 믿어오던 가치관 또는 인생관에 변화가 생기기 시작하고 있음을 함의한다. 한 인간이나 한 사회에서 가치관 또는 인생관의 혼란이나 또는 상실은 그 사회가 주체성의 위기를 경험하고 있거나 아니면 숫제 주체성의 상실과 다를 바 없다. 한 사회가 자신의 문화를 반성하게 된다는 것은 그것이 자신의 주체성을 새삼스럽게 의식하고 그것을 찾고 있다는 징조이다. 주체성에 대한 자의식과 탐색은 그러한 주체자의 자존심이 없이는 생기지 않는다. 한국이 지금 자신의 문화에 대해 크게 의식하고 그것의 독자성을 찾기에 이르렀다면 그것은 그만큼 한국이 자신의 주체성과 자존심을 새삼스럽게 똑똑히 의식하고 있기 때문인 것으로 해석해야 한다. 그렇다면 우리는 어떠한 한국문화를 갖고 싶은가? 우리는 과연 어떤 인간으로서 어떻게 살아야 하는가? 우리의 주체성을 어디서 찾을 수 있는가?

1) 한국문화의 주체성은 전통문화의 복고적 고수에 있지 않다.

35년 간의 일본 식민지의 문화적 모욕과 빈곤 그리고 6·25 전쟁이 남긴 정치 및 경제적 폐허에서 한국인은 지난 40년 동안 경제 및 정치적 차원에서 스스로 놀랄 만한 발전을 이루었다. 이제 한국인은 잃어버린 민족적 자주성을 회복하게 됐고 그만큼 자존심을 되찾게 됐다. 이런 발전과 아울러 '우리 것'에 대한 의식이 부풀어왔고 혼탁한 역사에 묻혀 있었던 '전통문화'의 재발굴과 이것을 지켜나가려는 운동이 범국민적으로 일어나고 있다. 그것은, 우리의 주체성은 우리민족의 '원형'에서 찾아야 하는데, 전통문화가 그 원형을 보존하고 있다고 전제하기 때문이다.

일제에 의한 식민지화가 시작함과 때를 같이해서 이른바 한국의 근대화는 시작되었고, 이러한 근대화 과정에서는 때로는 자의적으로 때로는 타의적으로 우리는 전통문화를 비판하거나 버리고 이국문화 특히 서양문화를 모방하기에 바빴다. 그러나 그것은 동시에 문화적 자주성의 상실을 의미했다. 경제적으로나 정치적으로 다소 자주성을 찾게 된 현재에도 우리의 정신적 즉 문화적 주체성은 더욱 혼돈 상태에 있다. 경제, 정치적 자주성은 현대화를 의미하고, 현대화는 산업화를 의미하며, 또한 산업화는 주로 서양화를 의미하고, 서양화는 서양문화에 의한 우리 전통문화의 대치 아니면 소홀을 의미하기 때문이다. 이러한 현상은 교통, 정보, 기술, 상업의 급속도한 발달의 결과로 세계는 하나의 '지구촌' 화되고 이런 과정은 앞으로도 날로 가속화될 추세이다.

이런 마당에서 우리의 주체에 대한 자각은 더욱 확실해야 하며 따라서 전통에 대한 의식과 반성이 커가고 전통의 재발굴에 대한 의욕과 노력은 당연한 것이다. 전통이야말로 우리의 정신적 토양이며 동시에 뿌리이기 때문이다. 그러나 과연 전통문화의 재발굴이 곧 우리의 문화적 자주성을 마련해줄 수 있는가? 과연 우리의 전통문화가 그냥 그대로 곧 다가오는 21세기에 우리가 지향해야 할 문화이어야 하는가? 우리는 과거 우리가 가지고 있던 양식대로 살아가야 하며 그렇게 살아갈 수 있는가?

한 민족의 전통은 그 민족이 어떤 삶의 여건에 적응하면서 가치관 또는 인생관에 따라 오랫동안 지켜 왔던 삶의 양식이다. 그러나 그의 삶의 조건은 영원히 고정된 것이 아니며 그의 가치관 또는 인생관이 바뀌어서는 안 될 이유는 없다. 그러므로 한 민족의 문화전통은 고물처럼 무덤 속에서 영원한 형태로 남아 있는 화석이 아니다. 만일 전통이 화석과 같은 것이라면 그것은 오로지 역사적 의미만을 갖는다. 중요한 전통은 살아 있는 전통이다. 그것은 변하는 생활조건에 적절히 적응하며 새로운 경험과 반성에 비추어 지속적으로 재검토된 인생관을 통해 창조적 변신을 거듭하는 사회적 삶의 양식이다. 만일 한 전통이 이러한 생명력을 잃을 경우 그 전통은 역사의 한낱 화석으로 남게 될 뿐이다.

그러므로 21세기 우리의 문화적 모델을 선택하는 데 있어서 우리의 전통에 뿌리를 박아야 하지만 그러한 전통이 있는 그대로 바로 모델이 되어서는 안 된다. 전통을 강조하는 의미에서 한국민이 '원형'이라는 개념을 자주 쓰고 그 원형이 마치 생물학적으로 고정됨을 암시하지만 엄격히 말해서 한 민족의 원형이란 존재하지 않는다. 우리는 최근 '우리 것'이라는 말을 하고 그것을 무조건 높이 평가하려는 정신적 풍토를 이루고 있지만 그러한 태도가 지나칠 때 우리는 당당한 우리의 자주성을 찾기에 앞서 종적으로는 역사 속에 동결하고 횡적으로는 세계로부터 고립되어 인류의 발전적 흐름 속에서 뒤떨어져 남게 될 것이다. 우리의 문화전통이 아무리 중요하더라도 그것은 다른 전통을 알고 배움으로써 거듭 반성되고 비판되어야 한다.

2) 서양문화를 모방해야 하는가?

날로 축소된 세계에서 우리는 우리와 다른 여러 문화와 접촉하게 됐다. 이른바 선진산업사회의 강력한 경제적, 정치적 영향을 탄 그곳

문화의 바람과 물결이 우리 사회에 휩쓸려 들어오고 있다. 그렇다면 우리 자신도 선진국에 참여하기 위해서 수입된 문화를 대대로 모방하고 우리의 전통문화가 낡았다는 판단 아래 우리의 전통문화를 외국문화로 대치해야 한다는 주장이 나올 수 있다.

이러한 결론은 성급하다. 전통에 대한 반성과 비판은 그것의 전적인 부정과 포기를 의미하며, 이른바 선진국 문화의 수입 모방을 뜻하지는 않는다. 전통에 대한 반성과 비판이 뜻하는 것은 살아남아 진정한 의미를 갖기 위해서는 과거의 전통이 화석화되어서는 안 된다는 말이며 참다운 개성과 주체성을 갖춘 문화는 그것이 보편적인 가치를 갖고 모든 인류에 의해 공감될 수 있는 것이라야 한다. 그렇기 위해서 우리의 전통은 그것의 지역성을 넘어 세계로 열리고 그것의 지역적 역사성을 넘어 미래로 개방되어야 한다. 우리는 우리의 지혜로운 판단에 따라 과거의 전통에만 집착하지 말고 '우리'의 테두리를 넘어 다른 문화 특히 선진국의 문화로부터 과감히 배우는 아량과 객관성을 가져야 한다.

4. 우리가 지향해야 할 문화는 품위 있는 것이라야 한다.

심한 상업주의, 날로 증가하는 인간 간의 복잡한 관계, 급속도의 전산화, 그에 따른 생활 템포의 가속화는 현대문화를 날로 표피적으로 만들고 있다. 모든 가치가 일회용적으로 교환되고 소비된다. 모든 것이 빨리 상품적으로 생산되고 같은 속도로 소비된다. 오늘날 모든 가치는 상품적 즉 소비적 가치 외에는 아무것도 남아 있지 않은 것 같다. 도대체 이런 도구적 가치가 무엇을 위한 것인지 알 수 없게 됐다. 이런 것이 세계적 추세라면 그 물결에 휩쓸리고 있는 한국의 사정도 별로 다를 것이 없다. 그것이 서양으로부터 들어온 것이기 때문에 그러한 사조는 한국에서 더욱 표피적으로 나타나는 듯싶다. 이런 문화 현상은 전자, 비디오 등의 문화 기구와 더불어 나타나고 어떤 류의 이른바 잘못 해석된 포스트모더니즘의 탈을 쓴 경박성과 천박성에서 나타난다.

 문화가 한 사회의 가치관의 총체적 현상에 지나지 않는 이상 그리고 가치판단의 궁극적 객관성이 존재하지 않는 이상 문화의 가치는 상대적이다. 따라서 어떤 문화이든 간에 그것의 가치를 객관적으로 비교하고 평가할 수 없다. 그러므로 현재 우리 사회에 퍼져가는 외래적 문화에 대한 나의 부정적 반응과 평가는 확고부동한 객관적 근거를 갖지 않고 오직 나의 주관적 기호와 태도를 반영할 뿐이다. 그러한 태도와 판단을 통해서 나는 세계에 대한 나의 태도, 삶과 사물에 대한 나의 가치관 즉 나의 인생관을 선언하고 있는 것이며, 가능하면 나와 뿌리를 같이하는 한국민족, 더 나아가서 모든 인류가 나와 같은 가치관과 인생관을 갖고 살아가기를 간접적으로 바라는 것이다.

 1) 문화의 표피화에 저항해야 한다.
 천박하다고 판단되는 오늘의 상업주의 물질주의적 문화를 대신할 수 있는 것으로 적어도 우리 한국인은 한국의 전통문화를 생각할 수 있다. 그러나 전통문화의 재발굴은 그것의 단순한 복구를 의미하지 않으며 실제로 그럴 수도 없다. 왜냐하면 문화는 변하지 않는 화석이 아니라 항상 변화하는 환경 속에서 주체적 판단에 의한 인간집단의 역동적 적응이기 때문이다. 따라서 살아 있는 즉 의미가 있는 문화는 변하는 삶의 여건 속에서 항상 주체적으로 새롭게 변신하고 창조되어야 한다. 불교, 유교 그리고 기독교가 밖에서 들어옴에 따라 우리의 인생관은 변해왔다. 근대화와 더불어 우리의 세계관과 가치관은 사뭇 달라졌다. 그러므로 우리가 지향할 한국문화는 전통문화의 단순한 복구일 수 없고 그래서는 안 된다. 그것은 전통에 뿌리박은 창조이어야 한다. 전통적 가치, 전통적 세계관 및 인생관은 부단히 극복되고 보다 바람직한 문화 즉 인생관을 세워가며 마련되어야 한다. 우리의 문화는 전통에 뿌리박고 자주적이어야 하되 동시에 폐쇄적이 아니라 밖으로 열려 있어야 한다. 그렇다면 우리가 지향해야 할 인생관은 어떤 성격을 가져야 하는가.

2) 한국문화의 고유한 가치는 보편적 가치와 상충되어서는 안 된다.

우리의 문화는 우리의 역사, 환경에 뿌리를 박고 따라서 그 표현양식이 다른 역사와 다른 환경에 뿌리박고 있는 문화와 다르기는 하되 그 가치는 한국인에게만 의미가 있는 것이 아니라 모든 인류에게 보편적으로 귀중하다고 생각되는 것임을 근본적인 원칙으로 해야 한다. 한 문화의 주체성은 단순히 그것이 특이하다는 데만 있지 않다. 그것의 진정한 의미는 그것이 지향하는 가치가 인간의 보편적 이상과 상통할 때 비로소 나타난다. 겉으로 보기에는 서로 이질적 문화가 다 같이 귀중하다고 판단될 수 있는 이유는 그것들이 인류의 보편적 이상을 다른 방법에 의해서 또는 다른 차원에서 추구하고 실현하고 있다고 전제되기 때문이다. 한 특수한 문화전통이 그것의 가치를 지속적으로 유지하고 빛을 내려면 그것은 보편적 가치에 비추어 그것의 어떤 부분에 대한 취사선택과 과정을 거듭하며 변신해야 한다. 그렇지 못할 경우 한 문화전통은 잘 해야 역사 박물관의 유물로만 남는다.

3) 현재 한국문화의 성격과 전망

그렇다면 21세기 한국문화는 어떤 것이어야 하는 문제는 첫째 인간적 삶의 이상이 무엇인가를 결정하는 문제이며, 둘째 21세기 한국의 경제, 정치, 사회 및 생태학적 여건이 어떤 것인가를 먼저 예측하는 문제가 된다. 첫째 문제에 대한 결정적 대답은 인류의 영원한 숙제로 남을 것이다. 서로 갈등하는 종교가 있어 왔고 서로 상충하는 형이상학적 체계가 동서를 막론하고 시대를 초월해서 존재해왔다는 사실이 이 문제의 어려움을 반영한다. 둘째의 문제는 한 개인은 물론 어떠한 공동체도 갖출 수 없었던 천문학적으로 방대하고 복잡한 지식과 논리적 사고력 없이는 만족한 대답을 댈 수 없다는 데 있다. 이런 어려움을 누구보다도 명백하게 의식하면서도 극히 개인적인 기호의 표현이 아니면 주관적 의견에 불과할 수밖에 없는 희망을 대답으로 대신해 다음과 같이 막연하나마 요약해보고 싶다.

첫째 21세기 한국문화가 도덕적으로나 지적으로 보다 성숙하고 깊이가 있게 되고 미학적으로나 기질적으로 보다 세련되고 품위 있게 됐으면 한다. 한편, 예의범절을 강조해왔지만 보다 근본적인 의미에서 우리가 도덕적인 민족인가가 더러 생각되고 학문을 존중한다지만 우리가 지적으로 인류의 지적 역사에 두드러진 공헌을 했던가 하는 회의가 생긴다. 또 다른 한편, 청자와 같은 작품에서 나타난 우리의 예술적 감수성과 선비사상에서 볼 수 있는 한국인의 기질은 귀한 품위를 풍기지만 다른 여러 측면에서 볼 때 우리의 감성적 세련도와 기질적 품위도는 반드시 이상적이라고 자부할 수 없는 것 같다.

둘째 21세기를 거쳐 세계는 더욱 좁고 따라서 문화간의 교류는 더욱 커질 것이며 어쩌면 문화들간의 특색을 잃은 하나의 단조로운 지구적 문화가 생길 가능성이 크다. 21세기는 동양의 세기가 되기 쉽다. 문화의 단일화는 지금까지와는 정반대로 서양의 동양화에 의해서 이루어진다고 생각될 것이다. 그러나 세계의 지구촌화 그리고 그에 따른 문화의 단일화 작업은 과학기술의 발달에 기인한다. 과학이 서양문화의 소산이라면 21세기의 세계문화의 핵심은 서양적이다. 지구촌은 서양화를 의미한다. 싫건 좋건 현재의 한국문화는 이미 크게 서양화되고 있다. 그렇다고 무조건 서양적 또는 그밖의 외래문화를 맹목적으로 모방하자는 것은 아니다. 외래문화가 우리에게 없는 장점을 갖고 있다 해도 그것은 결코 완전할 수 없다. 문제는 그것을 주체적으로 즉 선택적으로 우리 전통에 흡수하면서 다른 문화에서 발견할 수 없는 보편성을 지닌 문화적 가치를 창조하는 데 있다. 남의 것이라고 해서 무조건 좋다고 할 수 없는 것과 똑같이 내것이라고 해서 무조건 좋고 무조건 귀하지는 않다.

4) 나의 주관적 선택

21세기에 들어서면서 우리는 우리가 갖고 있는 여러 전통을 더욱 분명히 발굴하고 그것들 가운데 어떤 전통을 보존하고 어떤 부분을 버려야 하는 부단한 선택의 절박한 문화에 부닥치지 않을 수 없다. 왜냐하면 우리의 문화는 우리의 전통이라는 뿌리를 떠나서는 그것의 주체성을 말할 수 없지만 바로 그와 동시에 다른 문화에 문을 열고 그것으로부터 새로운 자양을 부단히 흡수하지 않고서는 고갈되고 말 것이기 때문이다. 여기에 부단한 취사선택의 문제가 생긴다. 그러한 선택은 이상적 인간으로서 우리의 사회에 대한 비전에 달려 있다. 즉 그것은 우리가 어떤 종류의 사람들과 어떻게 살기를 원하는가에 달려 있다. 즉 우리의 인생관에 달려 있다. 그러나 어떤 인생관 즉 어떤 인간이 되기를 지향하는가는 아무도 우리를 대신해서 결정하지 못한다. 문화가 인간으로서의 삶의 양식을 의미하고 한 사회의 삶의 양식과 그 사회 구성원의 삶에 대한 가치관을 반영하는 것이라면 우리가 갖게 될 21세기 문화는 결국 우리가 자유롭게 선택한 가치가 무엇이며, 우리가 그것을 실천할 지혜와 실천적 의지를 얼만큼이나 갖게 되느냐에 달려 있다. 모든 선택은 주관성을 완전히 떠날 수 없다. 문화는 선택의 대상이다. 따라서 21세기 한국 문화를 선택해야 한다면 그 선택도 주관성을 피할 수 없다.

내 개인에 의해서 한국문화가 선택되는 것은 물론 아니다. 그러나 나는 그러한 사회공동체의 선택에 참여해야만 한다. 그러나 나의 참여는 오로지 나의 개인적 선택을 통해서만 이루어질 수 있다. 나의 선택이 사회적 선택으로 수용된다는 보장은 없어도 나는 모든 한국인이 나와 같은 선택을 해주기 바란다.

첫째, 표피적이 아니라 정신적 깊이를 갖춘 것이었으면 한다. 표피적이란 경박함을 의미하고 정신적 깊이는 지적 도덕적 성숙성을 의미한다. 둘째, 저속하지 않고 품위를 갖추어야 한다. 저속함이란 가치에 대한 무감각을 의미하고 세련됨이란 승화된 감수성을 말한다. 그러므로 셋째, 넓은 의미에서 통속적이란 뜻으로 민중적이기보다는 승화됐다는 뜻으로 귀족적이어야 한다. 21세기 한국문화가 물질적으로 충족하면서도 정신적으로 명상적이고, 생동적이면서도 조용하고, 명랑하면서도 의젓하고, 뜨거우면서도 냉철하고 점잖으며, 신선하면서도 무게와 깊이가 있고, 강하면서도 우아한 방향으로 발전되기를 희망한다.

〈1994년, 『우리 시대의 얼굴』〉

외국 문학의 수용(受容)과 수용(受用)

1. 외국문학이 왜 문제되는가

계간지 『외국문학』이 걸고 나온 특집 주제 '외국문학의 수용과 비판'에 대해서 어떤 입장을 취하려면 왜 그런 주제가 문제되는가를 우선 밝혀야 한다.

『외국문학』이 외국문학을 소개하면서도 이런 문제를 제기하게 되는 이유는 자신의 작업의 의의에 대해 석연치 않은, 어쩌면 서로 양립할 수 없는 견해 때문으로 짐작된다. 한편으로는 외국문학이 중요하게 확신되고 또 다른 한편으로는 외국문학이 한국문학, 더 나아가서 한국문화에 부정적인 효과를 가져올지도 모른다는 것이다. 문제는 외국문학의 소개나 연구나 이해가 우리에게 과연 필요한가 아닌가, 필요하다면 어느 정도 그러한가의 문제로 바뀐다.

외국문학을 둘러싼 이와 같은 문제는 국산품과 외제품의 일반적 관계의 일환으로서 봐야 한다. 국산품과 외제품의 관계는 어떤 입장에서 얼마만큼 외제품을 선택하여 수용해야 하는가의 문제이며, 이런 문제에 대한 대답은 우리들이 놓여 있는 객관적 여건 아래서 우리들의 삶을 어떻게 바라보느냐에 달려 있다.

어느 때 어떠한 상황에 있건 모든 사람은 물질적 풍요와 정신적 자주성을 보편적으로 바란다는 전제에는 틀림이 없다. 물질적 가치를 증진시킨다고 믿기 때문에 모택동(毛澤東)의 중국은 서양의 과학적 지식과 기술을 적극적으로 수용했으며, 그와 동시에 정신적 자주성을 잃지 않기 위해서 서양 예술을 규탄하고 엄격히 금지했다. 우리도 비록 우리를 지배했던 일본인에 의해서 발명된 것일지언정 일본의 첨단기술을 하루 속히 배우고자 하며, 그밖의 외국에서 생산된 기계, 원료를 수입하는 데 주저하지 않는 동시에 정치적 이유 때문에 일본영화나 북한출판물이나 공산서적을 오랫동안 엄금해왔다.

이와 같은 사실에서 볼 수 있듯이 그것이 물질적이든 지적이든 또는 예술적이든 간에 외국산을 취사선택함에 있어서, 우리는 경제적 관점에서 또는 문화적 관점에서 결정한다. 전자의 관점은 물질적 풍요에의 욕망에 근거하고 후자의 관점은 정신적 자주성에 대한 욕구에 바탕을 둔다. 즉 후자의 관점은 정신적 자주성을 찾으려는 우리의 또 하나의 욕구에 기인한다. 똑같은 '외국' 것이라 해도 그 외국산이 어떤 종류이냐에 따라 때로는 경제적 관점에서 검토되고, 때로는 문화적 입장에서 평가되기도 하며 때로는 그 두 가지 관점이 갈등을 일으키는 때도 있다.

그렇다면 외국문학이란 어떤 산물인가? 그것의 수입이라는 뜻으로 외국문학 수용이 문제되고 비평되어야 한다면 그것은 어떤 관점에서 고찰되고 결정되어야 하는가?

외국문학을 정확히 규정하기는 쉽지 않다. 우선 외국어로 쓰여진 평론을 포함한 문학작품을 외국문학으로 규정할 수 있을 것같다. 그러나 이러한 규정은 만족스럽지 않다. 같은 영어로 씌어졌더라도 영국의 관점에서 볼 때 미국, 남아프리카, 인도 등의 문학은 역시 외국문학이다. 그렇다면 자기의 민족에 속하지 않는 저자에 의해서 쓰여진 문학작품이 외국문학으로 정의될 수 있는가? 수많은 작가가 국적을 바꾼 이민으로서뿐만 아니라 그냥 체류하는 외국인으로서 또는 불어로 영어로 또는 프랑스에서 또는 미국에서 작품을 썼다. 그러나 이러한 작품들이 프랑스문학 또는 미국문학이 아니라고 주장하기는 쉽지 않다. 한국문화의 입장에서 볼 때 한 문학작품의 주제가 한국인이나, 한국에 관한 것이 아니면 자동적으로 외국문학이 될 것인가? 물론 그렇지 않다. 한국 문학작품 가운데도 한국이나 한국인에 관한 얘기가 주제로 되지 않은 것이 있을 수 있으며, 일본문학 가운데도 오로지 한국이나 한국인에 관한 소설이 있을 수 있다.

이런 어려운 점이 있긴 하나 우리는 논지의 편의상 외국에서 그곳에서 사용하는 말로 쓰여진 문학작품을 외국문학으로 규정할 수 있을 것 같다.

이러한 외국문학이라는 생산품은 다른 생산품과 그 존재적 양식이 다르다. 문학작품도 반드시 언어라는 가시적 매개를 통해서만 존재할 수 있기 때문에 다른 생산품과 같지만 그것은 어디까지나 비가시적 '의미'를 전달하는 기능을 갖고 있다. 한 문학작품의 특수성은 그것의 가시적 매체에 의해서 결정되지 않고 오로지 그 매체를 통해 전달하려는 '의미'의 내용에 의해서만 규정된다. 이와 같이 문학작품은 어디까지나 정신적 생산품으로서 존재하며 그밖의 모든 공산품과는 근본적으로 그 성질이 다르다. 따라서 문학작품도 상품성을 갖고 있긴 하나 그 상품성은 다른 생산품의 상품성과는 근본적으로 다르다. 정신적 생산품으로서 문학작품은 다른 생산품과는 달리 소모되어 없어질 수 없다. 비록 한 문학작품이 책방에서 매진되었다 하더라도

'책'으로서가 아니라 '문학'으로서 그 작품은 결코 소멸되지 않는다. 문학작품은 그것이 읽히든 않든, 즉 수용되어 소비되든 말든 전혀 상관 없이 그 내용이 변함 없이 동일한 것으로 남아 있다. 다시 말해서 문학작품의 가치는 '공급과 수요'라는 경제적 원칙에 지배되지 않는다. 그러므로 한 문학작품의 문학적 가치평가, 그리고 외국문학을 수용하느냐 않느냐의 결정은 경제적 관점에서 고찰될 수 없고 문화적 입장에서만 결정되어야 할 것이다. 그러므로 우리가 이 자리에서 '외국문학의 수용' 문제를 검토하고 우려하게 되는 이유는 경제적 이유에서가 아니라 오로지 문화적 이유에서일 수밖에 없다.

'문화'는 다양한 뜻을 갖는다. 그러나 그것은 한 공동체가 막연하게나마 갖고 있는 '세계관'으로 볼 수 있었다. 여기서 '세계관'은 사물현상에 대한 인식체계와 그러한 인식체계에 수반되는 삶에 대한 태도를 포함한다. 이런 뜻에서 세계관은 삶의 양식이라는 일종의 구체적 질서를 갖춘다. 문화는 한 사회 공동체가 갖고 있는 삶의 질서라고 규정할 수 있다. 그러므로 한 사회의 문화는 그 사회의 주체성을 의미할 수도 있다.

문학이라는 활동과 인간의 삶과는 깊이 관계되며, 문학작품은 그 어떠한 문화적 현상보다도 한 인간, 한 사회의 세계관을 가장 포괄적으로 표현해준다. 한 사회의, 한 문화권의 문학작품은 그 사회의 세계관, 그 사회의 삶에 대한 태도, 그 사회의 정신적 질서의 가장 효율적 표현으로 볼 수 있다. 그러므로 외국문학을 이질적 세계관, 이질적 문화의 가장 종합적이고 효율적 표현으로 볼 수 있다.

외국문학에 관한 우리의 문제는 이런 이질적 세계관을 어떻게 대해야 하는가의 문제에 지나지 않는다. 문학 아닌 외국제 일반 상품에 대한 결정은 경제적 입장에서 쉽게 그것의 개방 또는 모방이 결정된다. 외국 농산물이 개방될 때 우리의 농업은 파괴될 것이며 따라서 경제적 측면에서 현재뿐만 아니라 장차 극히 곤란한 상황에 빠지게 될 것이기 때문에 '우리는 정치적 차원에서 가능한 한 시장을 개방하지 말아야 할 것이다. 선진 외국의 과학적 지식과 기술이 한국의 경제적 발전을 위한 절대적 조건으로 판단되는 현재에서 우리는 그것이 아무리 낯선 성질의 것이라도 가능하면 조속히 적극적으로 수입해야 할 것이다. 아무리 외국에서 생산되는 것이지만 우리의 경제를 위해서는 많은 원료를 수입하고 소비해야 한다.

그러나 외국문학 작품에 대한 우리의 태도의 결정은 그리 단순하지 않다. 외국 문학작품이 우리와는 이질적인 또는 반대되는 세계관의 표현이라면, 그것을 이해하고 배우고 우리 것으로 수용한다는 것은 우리의 고유한 세계관에 혼란을 가져올 뿐만 아니라 나아가서는 우리 것을 버리고 외국 것으로 대치한다는 의미를 띨 수 있다. 따라서 그것은 우리의 주체성을 포기하고 우리의 독자적 개성의 상실을 뜻한다. 외국문학의 완전한 수용은 한 고유한 문화로서 또한 한 고유한 세계로서 자아상실을 의미한다. 자율적 주체성의 확보, 즉 확실한 자아의 확인은 모든 인간에게 물질적 충족과 더불어 가장 필요한 삶의 여건이다. 자율적 주체성의 확보는 개인의 차원에 있어서나 한 문화적 공동체의 차원에 있어서 경제적 안정과 풍요 이상으로 중요하다. 왜냐하면 그러한 주체성이야말로 한 인간을 인간답게 만들어 주는 근본적인 요소이기 때문이다.

외국문학에 대해 우리가 때로 깊이 생각하게 되는 이유는 우리와는 이질적인 세계관을 대표해주는 외국문학이 우리 고유의 정신적 질서를 흔들어 놓거나 아니면 더 나아가서 그것을 파괴하여 우리를 정신적으로 다른 정신적 세계에 종속시킬지 모른다는 의구심 때문이다. 이러한 문제는 원칙적으로 모든 국가, 모든 사회, 모든 문화권에서 다 같이 제기될 수 있다.

그러나 경제적으로나 정치적으로뿐만 아니라 문화적으로 강력한 국가에서는 이러한 문제가 각별하게 제기되지 않는다. 그 이유는 문화적으로 완전히 개방되었더라도 세력이 약한 외국의 문화, 이질적 세계관은 자국의 문화, 자국의 세계관에 별로 영향을 끼치지 않기 때문이다. 이와 반면 여러 가지 차원에서 약하다고 전제되는 국가나 문화권에서는 이른바 선진국의 세계관이 거의 물리적인 법칙을 따르듯 결정적 영향을 미치고 자칫하면 원래의 세계관을 흐리게 하고, 흔들어 놓고, 파괴하고 마침내는 대치하는 경향을 띠게 된다. 이런 과정을 통해 약소국은 이른바 군사적, 경제적 지배와는 다른, 그리고 그러한 지배보다도 더 근본적 성격을 띠는 문화적 지배를 당할 위협을 갖는다.
　일반적으로 말해서 동양의 문화, 더 나아가서 비서구의 모든 문화권은 지난 약 200년에 걸쳐 정치·경제적인 차원에서뿐만 아니라 더 근본적으로 문화적으로, 즉 정신적으로 서양의 지배적 세력에 밀려왔고, 현재도 그러한 과정은 계속되고 있다. 정치, 군사, 경제적으로는 물론 문화적으로 같은 동양권에 있으면서도 중국과 일본에 비해 약한 위치에 있는 우리는 서양적 문화세력에 더욱 쉽게 영향을 받고 지배될 가능성을 내포하고 있다. 그렇기 때문에 경제적이며 정치적일 뿐만 아니라 문화적으로, 즉 정신적으로 미국이나 구라파는 물론 이웃 일본으로부터도 강력한 바람을 타고 있는 현실에 놓여 있다. 우리가 전통적으로 믿어왔던 우리의 도덕적, 미학적, 그리고 그밖의 가치관이 우리의 것과는 다른, 그리고 우리가 수용할 수 없는 외국의 가치관에 심히 해를 받고 있음을 의식하는 경우가 많다. 우리의 정신적 질서가 병들고 파괴되고 소멸할지도 모른다는 위협을 느낀다.
　외국문학을 둘러싼 우리의 문제는 위와 같은 사실을 의식한 데서 나온다. 문학작품이 세계관을 가장 총체적으로 전달하는 매체라면, 그리고 우리와 강대국의 문화적 관계가 위와 같은 상황에 처해 있다면 우리는 외국문학을 어떻게 대해야 할 것인가? 우리의 문화적 자주성을 지키고 키워나가며, 우리 고유의 개성 있는 문학작품의 창조가 중요하다면 우리는 외국문학을 어떻게 수용해야 할 것인가? 외국문학에 대해서 우리는 어떤 자세를 갖출 수 있으며 어떤 입장을 취해야 할 것인가?

이런 물음에 대해 크게 두 가지 입장이 가능하다. 우리는 첫째, 폐쇄적 태도를 취할 수 있고, 둘째, 그와 정반대로 개방적 입장에 설 수 있다. 전자의 입장에서 외국문학을 거부하고 외국문학의 도입을 금지해야 한다고 주장될 수 있으며, 후자의 입장에서 외국문학은 수용될 수 있을 뿐만 아니라 수용되어야 한다는 논지를 펼 수 있다. 그렇다면 어떤 입장이 타당한가?

2 폐쇄적 태도

외국문학에 대한 폐쇄적 태도를 취하는 근거는 첫째 정치적, 둘째 도덕적(이념적), 셋째 민족주의적, 그리고 넷째 문학적일 수 있다.

1) 정치적 근거

모든 사회는 정치적 질서를 전제로 한다. 그리고 모든 정치적 질서는 막연하게나마 어떤 특정 세계관을 전제하고 그것에 의해서 정당화된다. 한 국가의 특정 정권의 권력을 정당화하는 세계관이 외국문학에 나타난 이질적 세계관에 의해서 비판되고 부정될 수 있다. 그렇다면 그 정권의 입장에서 볼 때 외국문학은 정치적 공해이며 독이며 근본적 위협의 형태를 띤다. 철저한 이슬람교에 의해서 정당화된 어떤 정권이 그것과 배치되는 기독교에 의해서 부정된다면, 기독교사상을 반영하는 기독교적 문학은 위협이 아닐 수 없다. 유물론적 이념에 바탕을 둔 어떤 정권에서는 종교를 옹호하는 문학작품은 역시 위협이 아닐 수 없다. 따라서 북한은 말할 것도 없고 모든 공산문화 정권자들은 이른바 서구의 부르주아적 자유주의, 자본주의 사회를 표방하는 모든 자유세계의 문학은 반동적인 것으로서 마땅히 거부해야 했다. 똑같은 이유에서 얼마 전까지만 해도 남한에서는 이른바 좌경적 사상을 담은 문학작품이 불온하다는 이유로 엄격히 금지되었다. 진시황이나 히틀러가 많은 서적을 태웠던 이유도 다를 바가 없으며, 이란의 호메이니가 최근 소설 『악마의 시』를 엄금하고 이 저자의 암살을 종용한 까닭도 마찬가지다.

  정치적 이유, 그것도 기존 정권의 유지를 위해서 그 정권을 지배하는 자들의 자리를 위협한다는 이유는 외국문학을 폐쇄하는 충분한 근거가 될 수 없다. 만일 이런 정치적 이유가 타당하다면, 폐쇄되고 거부되어야 할 문학은 외국문학뿐만 아니라 그런 정권 아래서 생산되는 문학도 종류에 따라 금지되어야 할 것이다. 정치적 이유만으로 문학작품이 평가되고 경우에 따라 금지될 수 있다는 생각에는 문학이 정치적으로 종속되어 마땅하다는 견해가 전제되어 있다.

  그러나 문학은 정치에 종속될 수 없다. 문학의 근본적 기능은 오히려 어떤 정치의 정당성, 그 정치가 전제하는 세계관을 검토하고 비판하며, 언제나 보다 바람직한 세계관을 마련해보는 작업을 하는 데에 있다. 한 정권의 이념이 문학이 벌이는 비판을 그대로 수용하라는 말도 아니며 반드시 그럴 필요도 없다. 그러나 한 정권은 그러한 비판에 일단 귀를 기울이고 그런 비판을 거울삼아 스스로를 수정하는 기회로 삼을 수 있다.

  정치적 입장에서 외국문학이 폐쇄되어서는 안 된다는 말은 외국문학을 무조건 수용한다는 뜻이 아니다. 만일 한 민족이 지적으로 성숙했다면 정부가 외국문학을 개방하더라도 모든 독자가 그 문학이 내포하는 세계관을 줏대없이 따르지는 않을 것이다. 외국문학뿐 아니라 한 정권의 이념을 비판하는 자기 나라의 문학을 금지하는 이념적으로 폐쇄된 국가가 타국민들뿐만 아니라 자국민들에게 얼마나 위험한 존재이며, 나아가서는 자신의 정권 자체까지도 파멸을 가져온다는 것은 역사를 통해서 여러 차례 입증되는 사실이다.

2) 도덕적 근거

외국문학은 한 사회의 도덕적 관점에서 배척될 수 있다. 외국문학이 부당한 정권을 정당화하는 데 장애가 되기는커녕 오히려 도움이 될 수 있다. 따라서 그 정권의 권력자의 입장에서 볼 때에 외국문학은 폐쇄는커녕 장려되어야 한다. 그러나 한 사회를 지배하는 권력자들의 이해관계의 관점을 떠나 사회 전체의 관점에서 볼 때 바로 그러한 외국문학이 도덕적으로 보아 폐쇄되어야 한다는 주장이 나올 수 있다.

특히 전형적 자본주의 사회인 미국은 도덕적으로 타락했다고 진단하며, 그런 도덕적 가치를 자극하고 반영하는 서구의 현대문학은 배척되어야 한다는 주장이 나올 수 있다.

문학의 기능과 가치를 도덕적 관점에서만 판단하고 그런 관점에서만 대응하려는 태도는 우리 나라에서 오랫동안 활기있게 논의되고 영향을 미쳤던 민중문학, 참여문학 등의 개념과 문학에 있어서 리얼리즘에 관한 여러 주장들에서도 구체적으로 반영됐다. 문학은 어떤 특정한 도덕적 가치의 현실화를 위해서 봉사해야 하며 어떤 특정한 관점은 사회적 현실이라는 것이다. 위와 같은 도덕적 혹은 현실에 대한 판단에 일치하지 않는 입장과 관점은 도덕적으로 그릇되고 인식론적으로 잘못됐다는 주장이다.

그러나 어떤 도덕적 입장만이 옳고 어떤 현실에 대한 인식적 판단만이 옳다는 주장은 극히 독단적이다. 아무리 내가 그리고 우리가 확신하는 도덕적 가치와 현실에 대한 판단을 갖고 있다 해도 그것의 절대적 객관성을 보장할 수 없기 때문에 문학, 그리고 예술 일반의 존재 이유가 비로소 생긴다. 문학, 그리고 더 일반적으로 예술의 본래의 기능은 기존하는 우리들의 모든 확신을 반성하도록 재검토하게 하는 데 있다.

그렇기 때문에 예술 그리고 특히 문학 예술은 근본적으로 비판적이며, 개혁적이다. 모든 독단적 태도를 부정하는 데서 비로소 문학의 참다운 존재 이유가 이해된다. 만일 우리의 도덕적 또는 현실에 관한 인식적 판단이 절대적 객관성을 갖고 따라서 절대적 권위를 갖는다면 문학, 그리고 그밖의 예술은 존재하지 않았을 것이다. 한 문학작품의 가치, 그 문학작품이 우리에게 주는 감동은 그것이 우리들에게 삶과 현실을 보다 새롭게 보는 눈을 제공하는 데서 찾을 수 있다. 문학작품을 포함한 모든 개개의 예술작품은 각기 언제나 그것 고유의 새로운 문제를 제기하고 새로운 시각을 제공하려는 보편적 충동의 산물이다. 이런 의미에서 모든 예술은 반권위주의적이며, 반교조주의적이며 필연적으로 반독단적이며, 반전체주의적이다.

모든 문학이 삶과 도덕적 가치를 포함한 모든 문제에 관해서 신선한 시각을 제공하고 따라서 그만큼 우리를 개명시켜 줄 수 있는 기능을 한다면, 우리와는 다른 문화권에서 착상된 외국문학은 그만큼 더 신선한 시각을 마련해주고 우리를 그만큼 더 개명시켜 줄 수 있는 가능성을 갖는다. 따라서 우리가 현재 믿고 있는 도덕적 가치에 비추어 외국문학을 거부하거나 배척할 수는 없다.

문학이, 그리고 특히 외국문학이 제시하는 새로운 시각을 이해한다는 것은 그 시각에 맞추어 우리가 이미 갖고 있는 시각을 버리라는 말이 아니다. 아무리 다른 새로운 관점이나 입장을 잘 이해하고 그것에 익숙한 후에도 우리는 우리의 객관적 판단에 따라 우리가 본래 갖고 있던 도덕적 가치를 재확인하고, 그것과는 다른 도덕적 가치를 거부할 수 있다는 것이다. 그러나 우리가 정말로 도덕적으로 옳은 삶을 살기 위해서 우리가 미처 생각해보지 못한 관점에서 우리의 믿음을 다시 한번 비판적으로 볼 수 있다면 우리는 그만큼 더 우리의 도덕적 삶을 확고히 할 수 있다.

도덕적으로 우리의 확신과 다른 인생관을 갖는다는 이유에서 외국문학을 배척할 수 없는 또 하나의 이유가 있다. 만약 그것이 이유가 된다면 많은 우리 자신의 문학작품도 똑같이 규탄되고 판매 금지되어야 할 것이다. 우리 자신의 문학작품 가운데에 도덕적으로 그릇되다고 판단되는 작품이 있는 것과 같이 외국문학 가운데는 우리의 도덕관과 똑같은 도덕적 입장에 서 있는 것이 얼마든지 있을 수 있다.

3) 민족주의적 근거

이번에는 민족문학적 입장에서 외국문학이 폐쇄되어야 한다고 주장될 수 있다. 이런 주장은 민족으로서 한 공동체가 공동으로 가져야 할 가장 기본적 가치는 민족주의라는 입장을 전제한다. 여기서 민족주의라는 개념은 한 민족으로서 사회 공동체는 그것이 전통적으로 갖고 있는 특수한 삶의 방식을 지키고, 그 공동체의 복지가 가장 중요한 가치이어야 한다는 주장으로 풀이될 수 있다.

민족주의를 이런 관점에서 볼 때 우리 민족의 전통을 승화하고 확장하며, 우리 민족의 소원에 이바지하는 문학작품은 그만큼 높이 평가되어야 하며, 그와 반대되는 문학작품은 상대적으로 그만큼 더 거부되거나 규탄되어야 할 것이다. 문학을 평가하는 위와 같은 입장의 극단적 예는 염상섭의 소설 『만세전』을 논평하는 어떤 비평가의 글에서 찾아볼 수 있다. 그에 의하면 이 소설이 문학적으로는 뛰어나지만 마지막에 가서 주인공의 애국심이 확고하지 않기 때문에 나쁘게 평가되어야 한다는 것이다.

민족주의적 관점에서 외국문학에 거부감을 느끼고 때로는 외국문학을 폐쇄해야 한다는 생각이 들게 되는 것은 외국문학이 외국문화권에서 타민족에 의해 제작되었으므로, 그것은 필연적으로 그 사회, 그 민족의 세계관, 전통, 이해를 떠날 수 없으며, 그런 것들은 내 민족, 내 사회, 내 민족의 이해와 완전히 다를 뿐 아니라 흔히 상충될 수밖에 없음을 알고 있기 때문이다.

만일 위와 같은 의미에서 민족주의 문학이 주장된다면 한 민족과 그밖의 민족의 전통이 다를 수밖에 없고, 이해 관계가 일치하기는커녕 거의 필연적으로 상충될 수밖에 없는 이상, 한 민족의 입장에서 높이 평가되는 문학작품은 다른 민족에 의해서는 반드시 부정적인 평가를 받아야 할 것이다. 그렇다면 한 문학작품은 최소 한도에서나마 보편적인 평가를 받지 못하게 될 것이다. 그렇다면 문학의 일반적 의미는 물론 세계문학이라는 개념도 의미를 잃게 될 것이다. 그러나 우리의 문화권과는 전혀 다른 문화권의 예술, 우리와는 전혀 상관 없었던 민족이 창조한 문학작품, 우리와 항상 적대관계에 있는 나라에서 제작된 문학작품이 때로는 우리의 것 못지않게, 아니 우리의 것 이상으로 우리를 감동시킬 수 있고, 높이 평가될 수 있다.

외국문학이 민족주의적 입장에서 거부되어야 한다는 입장은 문학의 기능이 오직 애국에 있음을 전제한다. 물론 문학작품을 통해서 뜨거운 애국심이 표현되어 한 민족을 모두 감동시킬 수 있고, 한 민족의 복지와 번영을 위해서 크게 공헌할 수 있다. 그러나 이러한 문학의 효과가 곧바로 문학의 본래의 기능은 아니다. 한 시점에서 한 민족이 볼 때 그 민족에 의해서 창조된 한 문학작품이 비애국적 사상을 갖고 있는 작품일 경우에도 그 한 시점에서의 그 민족의 시각을 떠나 세계적, 보다 보편적 차원에서 볼 때 위대한 문학작품으로 평가될 수 있다. 문학은 단순히 어떤 개별적 민족의 애국심을 위해서 존재하지 않는다. 애국심은 문학을 통해서뿐만 아니라 다른 여러 가지 방법으로 표현될 수 있다. 한 국가내에서 가장 애국적 문학작품이 반드시 그 국가 내의 다른 문학작품보다 그만큼 자동적으로 더 가치있는 작품이 될 수 없다.

4) 문학적 근거

외국문학에 대한 폐쇄적 태도를 취하는 위에서 본 세 가지, 즉 정치적, 도덕적, 그리고 민족주의적 근거는 한결같이 비문학적 근거이다. 이들의 입장은 다 같이 문학작품의 가치가 문학과는 다른 것들의 가치기준에 따라 결정됨을 전제한다. 여기서 외국문학을 폐쇄해야 한다는 주장의 근거를 문학 자체의 관점에서 찾으려는 입장을 살펴보자.

외국의 문학적 주제나 문학적 기교상의 실험이 우리가 생각하는 문학적 주제나 표현방법과 규범에 맞지 않는다든가 생소하다는 판단이 내려질 수 있다. 따라서 초현실주의의 문학, 프루스트의 문학, 조이스의 문학 또는 누보로망 등의 문학적 실험이 거부되고 오스카 와일드의 문학 또는 로렌스의 문학이 다루는 주제가 규탄될 수 있다.

어떤 문학관, 어떤 문학비평이론이 우리가 생각해보지 못했던 것이거나 우리에게 익숙치 못하고 난해한 외국산이기 때문에 배척될 수도 있다. 이런 관점에서 초현실주의, 뉴크리티시즘, 구조주의, 해체주의 등의 문학적 이론이 거부될 수 있다. 최근 KBS에서 포스트모더니즘을 장시간 퍽 명료하게 소개한 끝에 과연 포스트모더니즘이 우리의 실정에 맞는가라는 의심으로 끝낸 리포터의 발상도 똑같은 맥락에서 풀이된다.
  그러나 문학적 주제는 그것이 문학적으로 참신하고 개발적이냐 아니냐에 의해서 결정되고 그것이 우리에게도 흥미로우냐 아니냐에 의해서 결정될 것이지 우리가 지금까지 다루고 있던 주제와는 다르다는 이유로 배척될 수는 없다. 문학은 물론 예술의 근본적 기능은 언제나 참신한 문제를 참신하게 생각케 하는 데 있음을 잊어서는 안된다. 문학은 이미 알고 있는 주제 또는 생각을 이미 사용되고 있는 방법에 의해서만 반복적으로 표현해주는 데 그 존재의 의미가 있지 않다. 문학적 주제는 그것이 외제냐 아니면 국산품이냐에 의해서 평가될 수 없다.
  비록 외국에서 나타났다 해도 어떤 문학이론, 문학적 스타일, 또는 문학연구 방법론은 그것이 문학적 발전을 위해서 도움이 되느냐 아니냐, 그것이 옳으냐 아니냐에 의해서 평가될 것인지 그것이 우리의 문학적 상황에 맞느냐 아니냐, 우리의 지적 수준에 적합한가 아닌가에 의해서 대응될 수 있는 성질의 것이 아니다. 예를 들어 포스트모더니즘을 무엇으로 정의하든 간에 그것은 진리에 대한 일종의 상대주의적 입장이다. 그러므로 포스트모더니즘은 그것이 주장하는 상대주의가 옳으냐 아니냐에 의해서 평가되어야 한다. 포스트모더니즘을 하나의 예술적 운동이라는 입장에서 대할 때에도 그것이 우리에게 맞느냐 아니냐를 따지기에 앞서 그러한 예술운동이 우리들의 예술을 위해 도움이 될 수 있느냐 아니냐에 의해 비판되고 대응되어야 할 것이다.
  외국문학을 폐쇄할 어떠한 근거도 튼튼치 않다. 사실 외국문학에 큰 반발과 거부감을 느끼는 어떠한 사람도 외국문학을 전적으로 폐쇄해야 한다고 주장하는 사람은 아무도 없을 것이다. 그 이유가 오늘날 구체적 관계의 현실이 그러한 폐쇄를 불가능하게 만들고 있다는 점에 있지 않고 어떤 외국문학작품, 어떤 외국산 문학이론, 어떤 외국의 문학작품의 경향은 우리의 기호에 맞고 우리의 믿음과 일치하고 우리의 문학적 발전을 위해서 도움이 된다고 생각되기 때문이다.

외국문학은 폐쇄될 수도 없고 폐쇄돼서도 안 된다. 우리는 외국문학을 개방해야 한다고 믿는다. 그렇다면 외국문학은 어떻게 개방되며, 또한 되어야 하는가?

3. 개방적 태도

우리는 우리의 경제적 이익을 위해서 외국시장이 개방되기를 바라고 우리의 능력대로 우리의 상품을 마음대로 팔기를 원한다. 상대적으로 미국은 농산물 시장을, 일본은 자동차 시장을 우리에게 개방하기를 원한다. 각 국가는 자신의 이해 관계를 계산한 끝에 선택적으로 어떤 시장은 개방하고 그밖의 시장은 폐쇄한다. 여러 가지 객관적 고려 끝에 우리의 현시점에서 우리는 가능하면 어떤 종류의 외국상품에 대해서는 시장을 폐쇄해야 한다고 믿는다. 그러나 외국문학에 대해서는 그밖의 다른 지적 생산품과 아울러 시장을 개방해야 한다고 믿는다.

시장이 개방됐다고 해서 외국상품이 자동적으로 수입되지 않는다. 우리는 외국에서 어떤 상품이 수입되기를 바라지만 외국에서는 그런 요청에 응하지 않는 경우가 적지 않다. 첨단기술이 그런 경우의 좋은 예가 된다.

문학작품이라는 지적 생산품의 경우 시장을 개방했다고 해서 자동적으로 들어오지도 않으며, 외국에서 그것을 절실히 바라지도 않고 금하지도 않는다. 문학작품의 경우 다른 종류의 생산품과는 달리 경제적인 의미가 거의 전무하기 때문이다. 한 국가에서 다른 국가에 자신의 문학작품을 수출한다면 그것은 오로지 문화적인 차원에서만 의미를 갖기 때문이다. 오늘날 모든 시장 원리는 일반적으로, 아니 거의 전적으로 경제적 차원에 의해 지배된다.

문제는 우리의 판단과 결단에 달려 있다. 문제는 우리에게 외국문학의 수입, 즉 수용이 필요한가 아닌가에 달려 있다. 이런 물음에 대한 답변은 '수용'이라는 말의 서로 다른 의미에서 달려 있다. 국어사전은 '수용'이라는 말을 한자로 '受容', '收容', '收用'이라는 서로 다른 뜻으로 구별한다. 그렇다면 각기 그 뜻은 무엇이며, 만약 '수용'된다면 어떤 뜻으로 어떻게 '수용'되어야 하는가?

1) 외국문학의 '수용(收容)'

국어사전에 따르면 수용은 한자로 '수용'이라고 쓰고 '일정한 곳에 거두어 둔다'라는 의미를 갖는다. 외국문학은 이런 의미에서 수용될 수 있고 또 수용되어야 한다고 믿는다.

'수용'이란 뜻에서 외국문학의 수용은 외국문학작품, 평론, 이론서의 번역이나 단순한 소개 또는 오로지 학문적 대상으로서 연구대상이 될 수 있다. 이런 뜻에서 외국문학의 수용은 예외는 있겠지만 대학의 여러 외국어 문학과에서 이루어지는 작업이다.

이러한 뜻의 외국문학의 수용은 원칙적으로 그런 문학에 대한 평가나 그런 문학에 의한 영향이나 그런 문학의 추종이나 모방을 전혀 의미하지 않는다.

이런 뜻에서 외국문학의 수용이 있을 수 있다면 그것은 그런 문학이 우선 순수하게 지적인 차원에서 흥미 있다고 생각되거나 아니면 그 문학의 연구를 통해서 외국의 문화에 대한 지식을 축적하고 경우에 따라 순전히 문학의 차원에서뿐만 아니더라도 문학 외로 국가적인 이익이 될 수 있다고 판단되기 때문이다.

우리 나라 대학에서 외국문학과가 중요한 비중을 차지하고 있는 이유는 외국문학의 이해와 소개와 연구가 국가적인 차원에서 필요하다고 느끼기 때문이다. 이른바 선진국에서 이른바 후진국의 문학이 상대적으로 극히 적은 비중을 차지하고 있는 이유는 이런 나라에서는 후진국에 대한 지식이 순전히 지적으로나 정치적으로나 경제적으로 중요하지 않다고 판단되기 때문이다.

불행하게도 그 원인이 어디에 있건 우리는 아직도 여러모로 이른바 선진국에서 지적으로나 기술적으로 배울 것이 많다. 장차 그들과 여러 차원에서 경쟁하기 위해서라도 그들을 알 필요가 있고 그런 경우를 위해서 준비해야 한다.

문학의 경우도 예외는 아니다. 우리는 아직도 자체적으로 세계적 안목에 흥미를 줄 수 있는 문학적인 새로운 양식도, 주제도, 이론도 발명하지 못했다. 비록 감정적인 거부감을 느끼면서도 순전히 지적인 차원에서 우리가 흥미를 느끼는 것은 아직도 외국산이다. 이런 관점에서만도 외국문학에 전혀 눈을 감거나 감정적으로 그것을 폐쇄하기보다는 일단은 그것을 알아야 한다. 요컨대 비단 이른바 선진국이라는 서구문학뿐만 아니라 가능하면 모든 외국문학은 마땅히 '收容'되어야 한다.

2) 외국문학의 '수용(受容)'

수용은 '받아들인다'의 뜻으로 쓰이고 그 말은 '수용(受容)'이란 한자로 옮겨질 수 있다. 이런 뜻으로 외국문학을 수용한다 함은 외국에서 생기는 새로운 문학의 주제나 형식 또는 여러가지 새로운 이론들에 흥미를 갖고 이해하며 소개하는 것에 머물지 않고 그것들을 따라 모방하고 그것들의 주장을 맹목적으로 주장함을 뜻한다.

이러한 뜻의 '수용'적 현상은 작가나 외국문학 전문가나 비평가에 의해서 다 같이 이루어질 수 있다. 불행한 사실이기는 하지만 이러한 현상은 정도의 차이는 있지만 특히 우리 나라에 일본 유학생을 통해서 서양문학이 소개되면서부터 오늘날까지 계속되고 있다는 사실을 부정할 수 없다.

오늘날 우리가 쓰고 있는 소설, 시, 희곡 등의 장르 자체는 우리 고유의 형식이 아니라 서양적 개념이며 서양적 양식이다. '민족문학'을 주장하고 '외국문학'에 저항하는 주장의 이론적 근거 자체도 이미 서양적인 이론에 거의 의존하고 있다. 서양문학이 소개되면서부터 오늘에 이르기까지 문학비평적인 중요한 논쟁도 거의 예외없이 서양적 이론을 둘러싼 것이다. 서양적 문학의 주제나 형식, 서양에서 주장된 문학이론이 우리 나라에 소개되며 어느 정도 수용되면서 그 성질을 달리하고 그 의미가 달리 해석되기는 했지만 서양문학이 소개된 이후부터 이른바 '우리의 문학'은 순수하게 우리 것이 아니라 서양적 영향을 결정적으로 받아왔다. 서양이라는 외국의 문화에 전혀 물들지 않고 오로지 고대 한국의 전통에 따른 문학작품, 문학평론, 문학이론은 이미 존재하지 않는다.

한마디로 우리의 현대 문학을 놓고 볼 때 외국문학은 그것이 우리에게 관찰과 이해와 평가의 대상물로서 소개됐다는 차원을 넘어 그것을 어느 정도 따라가고 어느 정도 모방했다는 의미에서 싫든 좋든 외국문학은 우리에 의해서 수용됐음을 부인할 사람은 없다. 오늘날 외국문학의 영향을 전혀 받지 않는 '우리 문학'은 얘기되지 않는 상황에 있다. 한마디로 싫든 좋든 외국문학은 우리 문학의 전통의 큰 일부로서 우리문학 속에 살아 있다.

서양이라는 외국의 결정적 영향은 비단 문학에만 그치지 않는다. 오늘날 우리가 말하는 절대 대부분의 학문, 기술, 정치적 또는 철학적 사상도 우리의 오랜 전통적인 것과는 전혀 다른 서양적인 것이다. 순수하게 우리의 것이라고 부를 수 있는 학문이나 이념이나, 사고방식이나 기술은 그것이 존재한다고 해서 우리 문화 속에서 극히 지엽적인 것으로 밀려나게 되었다. 우리는 이미 어느 정도 서양적으로 되고 말았다.

문화는 외국문학을 맹목적으로, 그냥 수동적으로 받아들이느냐 아니냐에 있고, 그렇지 않다면 어떻게 어떤 자세로 어떤 점들을 받아들이고 그것대로 따라가며, 또는 어떤 것을 받아들여 우리 틀로 변형하고 어떤 것들을 거부하느냐에 있다. 여기서 우리는 세번째 뜻의 '수용'의 의미를 생각해야 한다.

3) 외국문학의 '수용(受用)'

국어사전에 의하면 수용은 '收容', '受容'이라는 뜻 외에 '收用'과 '受用'이라는 뜻도 있다. '收用'은 '거두어들이어 씀, 또는 공익을 위해 국가의 명령으로 특정물의 권리나 소유권을 강제 징수하여 국가나 제삼자의 소유권으로 옮겨 처분'의 뜻을 갖고 '受用'이라는 말은 '용도에 따라 씀'이라는 의미를 갖는다 한다. 그렇다면 '受用'이라는 개념 속에는 '收用'이라는 개념이 내포된다. 나는 여기서 외국문학은 '受用'될 수 있으며 그렇게 되어야 한다고 믿는다.

우리의 현실은 경제적으로나 정치적으로나 문화적인 차원에서만도 외국, 특히 이른바 선진국이라는 외국을 알 필요가 있다. 그 외국이 우리보다 앞섰다든가 외국의 문화가 우리 것보다 우수하다고 해서가 아니고 오로지 우리들의 발전과 이익을 위해서 외국에 대한 지식, 외국문화의 성질을 알 필요가 있다. 한 국가의 문학이 그 국가를 완전히 나타내지는 않더라도 문학은 그 국가의 상황, 특히 문화적 상황을 그 어떠한 것보다도 가장 포괄적으로 표현해주는 현상이다. 따라서 문학 자체가 아닌 다른 관점에서만이라도 외국문학에 대한 이해와 연구는 극히 유용하게 사용될 수 있다.

　다른 관점을 떠나서 오직 문학이란 입장에서도 마찬가지다. 우리가 문학의 질을 높여야 한다면, 남들의 문학을 통해서 우리가 미처 생각하지 못한 새로운 것을 배울 가능성이 적지 않다. 문학이 삶에 대한 가장 종합적 표현이며, 다양한 사고의 시험장이라면, 우리와 다른 상황에서 사는 사람들이 혹시 우리가 미처 몰랐던 것을 생각하고 있을지 모르기 때문이다. 우리와 다른 사람들의 생각, 우리가 미처 보지 못한 것을 남들의 문학 속에서 발견함으로써 우리의 사고와 안목은 그만큼 더 넓어질 수 있다. 우리와 다른 문학을 통해서 우리는 우리 자신이 어쩌면 미처 의식하지 못했던 우리의 문제, 우리의 잘못을 깨달을 수 있다.

　외국문학은 우리의 문학적 주체의 시야를 넓혀 상상력을 풍부히 해줄 수 있다는 점에서뿐만 아니라 문학적 기교나 양식에 있어서도 마찬가지다. 사실 문학적 상상력의 표현은 문학적 표현양식과 뗄 수 없는 관계에 있다. 새로운 상상력, 새로운 시야는 오로지 그것에 적절한 새로운 양식에 의해서만 표현될 수 있고, 새로운 양식에 따라 새로운 상상력이 발견될 수 있다.

　이런 논리는 창작으로서 문학에만 적용되지 않는다. 넓은 뜻에서 문학은 평론, 문학이론까지를 포함한다. 새로운 평론방법에 의해서 똑같은 작품이 새롭게 조명될 수 있고, 새로운 문학이론에 의해서 문학작품 일반에 대한 새로운 이해가 가능하다. 우리에게 생소한 비평의 방법론, 우리가 미처 생각지 못했던 문학이론을 접하고 이해함으로써 우리의 문학평론, 우리의 문학 일반에 대한 이해의 폭은 넓어질 수 있고 우리의 문학에 대한 지식은 그만큼 깊어질 수 있다.

　싫건 좋건, 우리가 그것을 부정하려고 하든 않든, 현명하게든 아니든, 지난 약 반세기 동안에 걸쳐서 모든 면에서와 마찬가지로 우리는 외국문학을 수용해왔다. 이런 현상은 지금도 지속되고 있다. 여기서 외국문학이란 서구문학을 의미한다. 많은 외국문학 가운데서 각별히 영, 불, 독, 미국문학만을 수용해온 이유는 이 나라들이 정치, 경제적으로 강력했다는 사실과 아울러 그들의 문학작품이나 이론의 수준이 높고 그들로부터 배울 것이 많다고 판단됐기 때문이다. 만일 정치적으로나 경제적으로 후진된 어떤 아프리카의 한 국가에서 객관적으로 보아 문학적으로 뛰어난 작품이나 지적으로 높은 수준의 새로운 이론이 있었더라면 그러한 것도 어느 정도 수용되었을 것이다.

우리가 서구문학을 엄청나게 수용하고 있는 데 반해서 서구에서는 우리 문학을 거의 수용하고 있지 않다. 우리가 서구에 관심을 갖고 있는 만큼 서구는 우리에게 관심을 갖지 않는다. 정치적 또는 경제적인 면에서는 조금 사정이 다르나 문화적인 면에서는 더욱 그러하다. 어떤 이유에서든 간에 그들의 안목에서 볼 때 우리는, 우리의 문학은 중요한 자리를 차지하고 있지 않다.

이러한 사정의 이유는 한국문화, 한국문학이 서구에 소개되지 않았기 때문일 수도 있다. 그러나 보다 근본적인 이유는 적어도 그들의 눈에 우리들의 문학작품이나 문학이론이 별로 크게 흥미를 끌 만하지 않다고 보였다는 데 있다. 그들이 우리의 문학작품을 모두 읽고, 우리의 문학적 논쟁을 파악했다고 해도 그들이 우리 문학에 대한 관심과 연구가 반드시 확대되고 심각해지리라는 보장은 없다. 이러한 사실은, 우리가 아직도 셰익스피어에 해당할 만한 작가를 낳지 못하고, 우리의 문학비평이나 문학이론가들은 아직도 보편적으로 흥미를 끌 만큼 참신하고 설득력 있고 흥미로운 이론을 세워보지 못했음을 암시한다. 시나 소설 또는 희곡과 같은 문학작품은 혹시 제외될지 모르나 적어도 비평의 방법이나 심도나, 문학이론의 측면에서 볼 때 오늘날까지 우리는 아직도 남들이 봐서는커녕 우리 자신이 객관적으로 보아도 재미있고 신선하고 설득력 있는 것을 창조하지 못했다 함은 과장 아닌 고백이다.

그리하여 우리는 외국문학을 수용(受用)해왔었고 아직도 그러한 상황에서 벗어나지 못하고 있다. 우리가 외국문학을 일방적으로 수용한다는 사실이 우리들의 자존심을 깎는다. 이런 수용의 과정에서 우리는 문화적, 정신적, 문학적 자주성을 상실할지도 모른다는 위협을 느낀다. 따라서 외국문학의 수용에 대한 반성과 비판이 생기고 극단적인 경우에는 외국문학에 대한 폐쇄적 태도가 유도될 수 있다. 그러나 냉혹하게 생각하면 우리는 어쩔 수 없이 외국문학을 수용하고 있고 또 앞으로 우리 자신이 독특하면서 위대한 문학작품과 문학이론을 많이 창조하게 될 때까지 계속 수용하게 될 것이다. 소극적으로 수용할 뿐만 아니라 우리는 우리의 문학시장을 세계적으로 개방하고 계속 외국문학을 적극적으로 수용해야 할 것이다. 우리 문학의 풍요를 위해서, 우리 자신의 이익을 위해서라도 외국문학의 수용은 필요하다.

문학의 수용은 일반 상품이나 기술의 수용과는 다르다. 다른 상품이나 기술이 수용될 때 그것은 원래 수입한 대로 소비된다. 그러나 외국문학의 수용은 그것이 수입되어 읽히는 과정을 의미하지 않는다. 그것은 외국문학에 나타난 문학적 주제, 문학적 기술, 문학을 보는 시각을 배우고 소화시켜 그것을 우리 작품 속에, 우리의 비평방법에 이용하는 작업이다.

비록 외국문학이 번역이 되어 직접 읽히고 감상되는 경우에 있어서도 그것은 다른 상품이 소비되는 경우와 다르다. 왜냐하면 비평문학이나 문학이론의 경우는 또 다르겠지만 창작문학작품의 경우에는 그것이 번역되어 읽히는 한 이미 원래의 작품과는 다른 형태의 문학작품으로 소비되고 있기 때문이다. 왜냐하면 창작문학작품에 있어서 한 문학작품의 의미와 가치는 그 작품이 사용하는 언어와 절대로 분리될 수 없는 밀접한 관계를 갖고 있기 때문이다.

외국문학작품이 수용될 때 그것이 필연적으로 변형된다는 사실은 그 문학을 수용하는 주체의 중요성을 드러내어 보인다. 외국문학 전부는 물론, 특정한 외국문학을 수용하는 경우 그 특정한 외국문학을 전부 수용한다는 것은 실질적으로 불가능할 뿐만 아니라 이론적으로도 불가능하다. 외국문학의 수용을 일종의 문학적 소화(消化)에 비교할 수 있다고 전제할 때, 모든 소화(消化)는 소화하는 자의 필요와 능력에 의해서 선택적으로 이루어지게 마련이기 때문이다. 그렇다면 우리는 어떠한 태도로, 어떠한 방법에 의해서 외국문학을 수용할 수 있으며, 외국문학을 어떻게 수용하는가의 문제가 수용자(受用者)로서의 우리의 주체성에 결정적으로 의존되어 있다면 우리는 어떤 주체성을 갖고 외국문학을 '受用'할 것인가?

4. 외국문학 수용의 자세

문학작품은 체험의 표현이다. 그리고 모든 체험은 언제나 개별적인 주체자의 구체적 경험일 수밖에 없다. 따라서 어떤 문학작품도 다른 문학작품과 동일할 수 없는 경험의 유일한 형태의 표현이다. 그럼에도 불구하고 모든 문학작품은 그 작가 자신의 극히 개인적 체험의 고백으로 끝나지 않고 그의 친구, 그의 이웃, 그 문화권의 모든 사람, 나아가서는 모든 인간에 공감되기를 지향한다. 『리어왕』이 유일한 인간 셰익스피어의 체험의 표현이고 『죄와 벌』이 유일한 인간 도스토예프스키라는 개인의 체험의 기록이긴 하지만 그것은 시간과 국경을 초월해서 거의 모든 인류에게 보편적으로 감동을 일으킬 수 있고, 따라서 그만큼 그 작품들은 위대한 것으로 평가될 수 있다. 그러나 그와 동시에 아무리 보편적 가치를 지니고 있는 체험이나 문학적 표현이라고 해도 그 체험은 반드시 특수한 개인의 특수한 언어에 의해서만 구현된다. 그렇기 때문에 어떠한 문학작품도 완전히 동일한 것은 없다.

한 민족의 문학과 다른 민족의 문학을 구별할 수 있는 근거는 모든 문학이 다 같이 보편적 가치를 추구하면서 모든 인류에 보편적으로 호소하고, 그것이 민족 또는 문학권이라는 일종의 특수한 집단적 주체성에 의해서 서로 다른 체계를 가진 언어로 표현된다는 사실에서 찾을 수도 있다.

그러므로 국문학이 외국문학과 구별되어 존재할 수 있는 이유는 한국인만이 갖고 있는 특수한 체험이 있고, 그것이 집단적 개체로서 한국인에 의해서, 고유한 언어체계로서 한글에 의해서 제작된 문학작품이 존재함에 있다.

우리가 외국문학을 수용한다는 것은 그러한 주체적 한국인으로서, 한국의 고유한 주체적 전통에 의해서 수용됨을 의미한다. 우리는 우리의 주체적 입장, 우리의 문학적 전통, 우리의 특수한 언어를 떠나서는 외국문학을 수용할 수 없다. 외국문학을 수용할 때 그것은 우리의 주체성의 성격, 우리의 문학적 전통에 따른 우리의 능력, 가치관, 세계관에 따라 선택되고 소화될 수밖에 없다. 그러므로 외국문학을 올바로 수용할 수 있는 첫째 조건은, 우리의 주체를 확실히 의식하고 우리의 전통을 정확히 파악하는 작업이다. 이러한 수용의 조건이 갖추어지지 않고는 외국문학의 수용은 피상적인 추종이나 모방에 그치고, 따라서 그러한 수용에 의한 문학작품은 개성이 없고 진실성을 잃게 되며, 따라서 보편적 호소력도 없다.

주체성의 확립이라는 조건에 앞서 외국문학은 우선 정확하게 이해되고 소개되어야 한다. 그러하기 위해서는 외국을 대표하는 중요한 작품의 선택, 그런 작품들의 가능한 한 정확한 번역, 그리고 더 나아가서 보다 심도 있고 체계적인 학문적 연구가 선행되어야 한다. 이러한 바탕에서 비로소 한국의 독자는 외국문학을 올바르게 이해하고 배우고 그것 가운데서 선택적으로 자신의 작품세계 속에 소화시킬 수 있다.

우리가 가져야 할 외국문학에 대한 '受用'의 태도는 그냥 '受容'이 아니라 그것을 우리 것으로 우리의 문학과 문학이론에 살이 되고 피가 되도록 소화하는 문제이다. 보기에 화려하고 신선하고 맛있어 보인다고 그냥 삼켰을 때 외국문학의 수용은 우리 문학의 죽음을 의미하고, 우리의 정신적 자주성의 상실을 뜻할 뿐이다. 문학적 차원에서만 볼 때 외국문학은 그것과는 다른, 보편적 가치를 지니면서도 우리 고유한 문학작품의 창조와 우리의 독창적 비평의 시각과 우리의 독특한 문학이론의 창조에 이바지하는 한에서만 의의가 있다. 다시 말해서 순전히 문학의 시각에서 볼 때 외국문학의 수용은 우리 고유의 체험을 가장 개성적이면서도 보편성 있는 문학작품의 창작과 문학이론의 창조에 이바지할 수 있도록 이루어져야 한다.

불행히도 우리의 외국문학 수용의 현실은 만족스럽지 않다. 본격적인 외국문학에 관한 전문가가 생기고 소개작업이 시작된 역사가 짧았기 때문에 심도 있고 정확한 외국문학이 소개되지 못했음은 말할 것도 없고 현대적 의미로서 우리 문학의 역사가 짧았기 때문에 우리에게는 희미하게나마 소개된 외국문학을 우리의 것으로 소화시킬 만한 능력을 갖추지 못했던 것이다. 지난 몇십 년, 그리고 최근에 와서 사정은 달라졌지만 아무도 만족스러운 조건을 갖추었다고는 말할 수 없다.

외국에서 유행되는 여러 가지 문학적 경향이나 문학적 이론이 극히 단편적이고 시사적으로 신문지상이나 잘해야 잡지에 소개되어 바람처럼 지나가곤 했다. 외국에서 새롭고 중요하다는 문학적 문제나 기법, 이론들이 우리 작가들에 의해서 우리의 독특한 것으로 소화되거나, 우리의 독특한 입장에서 검토되고 우리의 독특한 것으로 소화되거나, 우리의 독특한 입장에서 검토되고 우리의 독특한 이론을 개발하는 데 기여했다고는 볼 수 없다. 그러므로 외국의 새로운 문학적 수법에 영향을 받아 어떤 작품들이 시도됐을 때도 그런 작품은 독창성이 있다기보다는 남의 것의 모방이라는 인상을 남겨왔다. 국내에서 문학이론에 대한 논쟁의 초점은 언제나 외국산 이론이 차지해왔으면서도, 그것은 우리 문학의 맥락, 우리의 문학적 이론에 주체적으로 조명되어 우리의 문학적 이론의 살과 피로 되었다기보다는, 처음부터 끝까지 '남의 것'으로, '남의' 토론이라는 차원을 과히 넘지 못했다.

이런 불만스러운 상황에서 주체성을 강조하는 '민족문학'의 개념이 생기는 것은 당연하다. 그러나 주체를 찾아야 함은 절대적으로 필요하긴 해도 '민족문학'이 우리가 외국문학에서 우리에게 없는 새롭고 중요한 것을 찾고 그것을 우리 문학작품이나 이론 속에 수용하려는 노력은 물론, 그런 문학을 그냥 연구하고 이해하려는 작업까지 배척하려는 입장을 의미한다면 '민족문학'에도 문제는 있다. 우리 문학과 외국문학의 관계가 지금까지도 바람직하지 않은 상황에 있다면 그 책임은 외국문학 자체의 성격에도 있지 않고, 외국문학의 연구와 소개 자체에도 있지 않다. 그것의 유일하고 근본적 책임자는 우리 자신이며, 우리들의 주체성, 우리들의 소화능력에 있다.

문학의 기능은 이미 갖고 있는 신념을 설득하는 데 있지 않다. 만일 신념만이 중요하다면 그것을 지키고 실천하면 그만이지 그것을 구태여 문학작품으로 표현할 필요가 없다. 문학은 그러한 신념을 부단히 반성하고 검토하는 신념의 도장이다. 문학은 이미 존재하는 현실을 재현하는 데에 그 기능이 있지 않다. 현실이 확실한 것이라면 그것을 새삼 문학이라는 허상에 반사시킬 필요가 없다. 문학은 현실의 복사가 아니라 정말 무엇이 현실인가를 탐구하는 작업이다.

외국문학이 우리 문학과 구별될 수 있는 근본적 근거는 그것이 우리의 것과 다른 신념의 도장이며 우리와는 다른 현실에 대한 시각이며, 우리의 문학적 표현방식과는 다른 표현방식이라는 데 있다. 그래서 외국문학은 우리의 신념을 반성하고 우리의 현실을 탐구하고 우리의 문학적 작업을 하는 데 참고가 되고 경우에 따라 도움이 될 수 있다.

외국문학의 문제는 그것의 수용이 아니라 그것을 어떻게 주체적으로 소화시키느냐에 있다. 우리의 근본적인 문제는 우리가 보다 독창적이고 세계성을 띨 수 있는 우리의 문학작품을 창작하는 데 있으며 외국의 어떤 문학이론보다도 더 설득력 있고 참신한 우리의 이론을 만들어내는 데 있다.

외국문학의 '수용'은 맹목적 추종이 아니라 개방을 의미해야 하며, 외국문학의 '비판'은 배척이 아니라 우리 문학의 주체성을 뜻해야 한다. 그리고 우리 문학의 발전이라는 점에서만 우리는 아직도 외국문학에서 배울 게 많다.

〈1994년, 『우리 시대의 얼굴』〉

제3부 과학과 인간

과학기술, 그 적응과 도전
-20세기 말의 과학적 상황과 전망
21세기 문화 : 전망과 희망
-생태학적 문화를 위한 제안
과학과 이데올로기
과학도 인간이 하는 것이다
-김호길 : 그의 인간과 사상

과학기술, 그 적응과 도전
— 20세기 말의 과학적 상황과 전망

1. 과학기술 세계

　과거에는 똑같은 역사적 시점에서도 지구상의 모든 사회가 다 같이 똑같은 생활 여건을 갖지 못했다. 500년 전 서양과 동양은 서로 상관없이 다른 세계관과 정치, 경제 그리고 기술적 여건 아래 있었다. 100년 전까지만 해도 이른바 문명화한 사회와 원시적 사회의 삶의 여건과 양식은 서로 전혀 달랐다. 지구상에는 서로 이질적 사회가 수많이 존재했다. 여러 '세계'가 있었던 것이다. 그러나 고도로 발달된 정보 시대인 오늘날에는 세계 어느 사회이건 그밖의 세계와 완전히 독립해서 존속할 수 없게 되었다. 한 곳에서 일어나는 사건이 순식간에 전세계로 전달되고 한 곳에서 택해진 하나의 정치적 행위가 지구의 모든 사람들에게 간접적으로 영향을 미치게 마련이다. 일부 산업 사회에서만 원인을 찾을 수 있었던 공해는 이미 지구 전체의 문제로 변했다. 싫든 좋든 이제 세계는 하나다.

한 사회의 사상과 철학은 그 사회가 놓여 있는 특수한 여건에 대한 그 사회에 사는 사람들의 관념적 적응과 도전의 표현이다. 20세기말 하나가 된 사회로서의 세계의 사상과 철학은 이 시대의 인류가 이 시대의 세계적 삶의 여건에 적응하며 도전하는 양상에 지나지 않는다. 이러한 양상은 삶의 여건에 따라 달라질 수밖에 없다. 세계의 사상사 혹은 철학사는 시대와 지역에 따라 다양한 삶의 여건에 대한 인간의 상이한 적응과 도전의 흔적이라 볼 수 있다. 그러므로 20세기말의 사상과 철학의 모습을 묻는다는 것은 세계적인 차원에서 볼 때 인류가 처한 공통된 그러면서도 과거와는 다른 삶의 여건이 조성되어가고 있음을 전제한다.

그 새로운 구체적 여건은 무엇보다도 먼저 과학기술이다. 물론 과학기술은 과학지식을 전제한다. 오늘날 뜻하는 과학지식의 틀이 형성된 것은 물론 20세기의 새로운 현상이 아니다. 그것은 이미 16세기 코페르니쿠스, 갈릴레이에서 시작되었고 17세기 데카르트적 철학의 뒷받침을 받으면서 18세기 뉴턴에서 확고한 자리를 굳혔다. 신학적 자연관을 대체한 과학적 세계관, 그리고 과학기술은 처음으로 산업혁명을 일으켰다. 19세기 그리고 20세기에 걸쳐 과학지식과 과학기술은 지속적으로 놀라운 발전을 거두었다. 최근 40년간에 이루어진 과학기술의 발달과 그것이 사회와 개개인에게 미친 영향은 좋든 나쁘든 몇십 년 전까지는 상상조차 할 수 없었던 것이다. 컴퓨터로 상징되는 전자공학, 최근 급진전을 보이는 유전공학에 의한 인공인간이나 인공지능의 가능성은 과학지식의 신빙성과 과학기술의 경이로우면서도 가공할 힘을 입증한다.

부단히 변천한 인류의 정치, 사회, 문화 그리고 역사적 원인을 종교 혹은 철학적 사상에서 찾을 수 있을지도 모른다. 아니면 마르크스식으로 경제적 여건과 계급 투쟁에서 발견할 수 있을지 모르나, 어쩌면 고대로부터 현재에 이르기까지 그것은 인간이 고안할 수 있었던 기술의 변화에서 보다 근본적으로 찾아질 수 있을 성싶다.

기술은 생활 조건을 바꾸고 사회적 인간 관계를 뒤집어 놓는다. 이런 삶의 여건 속에서 한 사회, 한 시대의 세계관, 자연관, 가치관 등도 마땅히 변하게 마련이다. 그렇다면 과학기술이 사상적 혹은 철학적 변천에 영향을 미칠 것임은 당연하다. 과학기술이 적어도 19세기부터 지속적으로 크게 발달되었다면 과학기술은 19세기나 20세기 전반의 사상이나 철학 사조를 설명하는 요인으로 보아야 할 것이다. 앞서 내가 전제한 바와는 달리 과학기술은 20세기 말만의 특수한 사상 혹은 철학적 동향의 원인으로 볼 수 없을 것이다.

그러나 20세기가 끝나가는 오늘날의 과학지식과 특히 그런 지식을 이용해서 고안한 과학기술은 기적에 가까운 그 엄밀성과 보급의 범지구적, 아니 우주적 보편성에서 볼 때, 몇백 년 동안 같은 원칙에 의한 과학지식이요 과학기술이기는 하지만 질적으로 다르다고 보아 무방하다.

19세기 그리고 20세기에 놀랄 만한 새로운 과학적 이론이 특히 물리학에서 두드러지게 발전됐지만 그런 이론에 바탕을 둔, 오늘날 볼 수 있는 바와 같은 각 분야에서의 새로운 발전들은 물론 기술 개발도 이루어지지 않았고 기술 상업화도 볼 수 없었다. 따라서 19세기도 니체나 키에르케고르 같은 철학자들이나 많은 작가들에 의해서 과학적 이론이 함의하는 기계적 세계관에 맹렬한 반발을 일으켰지만 과학기술의 개발과 그 상품적 실용화는 오늘의 사정과는 전혀 달리 일반 생활에 직접적으로 느껴지지 않았다. 그러나 현재 과학기술의 위력은 나날이 고도화하는 전자공학을 비롯한 여러 분야의 기술 개발, 중동전쟁에서 입증된 무기의 힘, 우주개발은 물론 그런 기술에 의한 물질적 풍요 등에서 구체적으로 나타났다. 지구 어느 곳의 그 누구도 이같은 과학기술의 직접적 혹은 간접적 영향을 벗어날 수 없게 되었다.
 과학기술은 각 개인의 생활 양식이나 사회에 단순한 영향을 미치는 데에 그치지 않아 보인다. 세계의 역사가 바로 그러한 기술에 의해 지배되는 느낌이다. 사회주의 체제의 놀라운 붕괴의 원인까지도 정치적 이념 그 자체에 있다기보다는 궁극적으로 과학기술과 관계된다고 믿어진다. 사회주의 국가들의 붕괴는 구체적으로, 자본주의 국가와 과학기술 및 과학기술의 상품화를 둘러싼 경쟁에서 패배했음을 의미할 뿐이다. 지난 약 반 세기에 걸쳐 거의 절대적이었던 서양의 지배력이 쇠퇴하고 그와 비례해서 동양은 물론 제3국의 국제적 비중이 높아지게 된 원인도 또한 과학기술에서 찾을 수 있다. 일본이 오늘날 경제적 그리고 그와 병행해서 정치적으로도 강대국이 될 수 있었던 원인은 과학기술의 신속한 도입과 개발, 그리고 그런 기술의 성공적 상품화밖에는 찾을 수 없다. 누가 뭐라 해도 오늘날의 세계가 과학의 틀에 갇혀서 과학기술에 지배되고 있다는 사실에 눈감을 수 없다. 유일한 객관적 진리는 과학적 진리인 것 같고 가장 신뢰할 만한 세계관 또한 과학적 세계관인 것같이 보이게 되었다.

2. 과학적 세계관의 의미

 과학적 세계관은 20세기 말의 특수한 몇 가지 결과를 필연적으로 함의하고 있음이 드러났다.
 첫번째 결과는 인간중심주의적 세계관이다. 과학적 세계관은 결정론적 형이상학을 전제한다. 결정론에 따르면 모든 자연 현상은 정확한 기계와 같이 엄격한 인과법칙에 의해서 움직이는 물리 현상에 불과하다.
 인간 외의 모든 현상이 인과법칙에 의해 지배된다 해도 인간만은 자연과는 달리 특수한 존재로서 인과법칙의 지배를 받지 않는 예외적 존재라고 오랫동안 확신해왔다. 동물까지를 포함해서 이 세상에 존재하는 모든 존재들의 동작이 기계의 원리에 의해서 설명된다고 확신했던 17세기 철학자 데카르트도 인간만은 그러한 기계와는 전혀 별도의 존재라고 주장했다. 인간이 그밖의 존재와 다른 이유는 그것이 정신적 존재, 즉 이성을 가진 존재이기 때문이라는 것이다. 과학적 지식을 신봉하는 오늘날 대부분의 사람도 아직까지는 인간을 일종의 기계로 보기를 거부하면서 인간은 그의 속성인 이성 때문에 전혀 별개의 존재라고 믿고 있고, 그렇게 믿고자 애쓴다.

이러한 우리들의 태도는 인간으로서의 우리가 언제나 물질은 물론 인간 외의 동물보다 우수한, 따라서 존엄한 존재라는 긍지를 버리지 못한 데에서 기인한다고 짐작된다.

그러나 우리들의 바램과는 달리, 최근의 고도로 발달된 과학적 전문지식의 증진과 기술 개발은 인간도 다른 동물들과는 물론 사물들과도 근본적으로 다를 바가 없다는 것을 구체적으로 입증하는 것같이 보인다. 인지공학이 성공해서 인간과 같은 아니 그 이상의 '사고력'을 갖고 있는 로보트를 만들고, 또 유전공학의 발달로 인간을 복제해낼 수 있다면 인간은 동물 아니 더 나아가서는 물건과 다르다는 근거 역시 무너질 것같다. 인간을 그밖의 모든 현상들로부터 구별하는 특수한 속성이 의식, 그리고 의식의 활동으로서의 사고력에 있다지만, 그것이 뇌세포의 작동으로 설명되고, 뇌세포의 작동이 미립자 물리학에 의해서 인과적으로 설명될 수 있다면 물질적인 것, 육체적인 것과는 전혀 다른 속성으로 믿어 왔던 의식 현상이나 사고 능력도 하나의 기계적 작용으로 볼 수밖에 없을 것 같다. 비록 그 기계가 상상할 수 없을 만큼 복잡한 것이라 해도 원칙적으로는 역시 틀림없을 것이다.

이와 같이 오늘날 우리가 알고 있는 과학지식과 우리가 목격하고 있는 과학기술은 인류가 오래도록 버리지 못했던 인간중심주의를 포기하지 않을 수 없게 만든다. 어떤 문화, 어떤 국가가 세계 문화 그리고 인간 사회의 중심이 될 수 없는 것과 똑같이, 인간은 자연과 떨어져서 그것을 지배하기 위해 생긴 존재, 자연의 소유자, 자연의 주인이 아니라 다만 자연의 한 측면, 자연의 일부에 지나지 않게 되었다. 인간 자신은 자신이 발견한 과학적 지식과 자신이 발명한 과학적 기술에 의해 역설적으로 자신의 자존심 그리고 자신의 특권을 완전히 묵살해야 하는 인간관, 그리고 세계관을 강요받게 되었다. 16세기에 지동설이 지구중심적 우주관을 포기하고 태양중심적 우주관을 도입했듯이 20세기 말 우리는 인간중심 문화의 세계관을 버리고 '생태중심 문화'라고 부를 수 있는 자연중심적 세계관을 가질 수밖에 없게 된 것같다.

둘째, 오늘의 과학지식과 과학기술은 상대주의적 인식론을 확립시킨다. 인식 상대주의는 새로운 현상이 아니다. 그것은 이미 고대 그리스 프로타고라스에 의해서 주장되었고, 19세기에 니체 같은 철학자들에 의해 역설되었다. 그러나 상대주의가 오늘날과 같이 널리 수용되지는 않았다. 이런 사실은 지난 1970년경부터 서구라파의 학계에 충격을 준 이른바 '해체주의'에서나 혹은 지난 1980년초부터 세계적으로 널리 예술, 문학, 그리고 철학계에서 논의되며 번지고 있는 이른바 '포스트모더니즘'의 사상적 흐름에서 구체적으로 나타났다.

인식론적 상대주의는 우리들의 사물 현상에 대한 신념, 때로는 '진리'라고 불리는 사물 현상에 대한 우리들의 관념에 보편적인 객관성이 있음을 부정한다. 어떤 사물에 대한 인간의 신념은 시대와 장소, 그리고 어떤 특수한 상황에서 인식자가 무엇을 원하느냐에 따라 달라질 수밖에 없다는 것이다.

상대주의는 '절대주의'라고 부를 수 있는 플라톤적 혹은 데카르트적 인식론의 크나큰 철학적 주류의 그늘에 파묻혀 있었긴 하지만 언제나 존재하고 있었다. 칸트에서 이미 일종의 상대주의를 발견한다. 19세기의 이른바 역사주의 그리고 니체나 키에르케고르의 철학은 상대주의의 강력한 세력을 입증한다. 그럼에도 불구하고 이러한 상대주의는 크게 반발을 일으키고 부정되었다. 늦어도 20세기 전반기까지 서로 상반되지만 경쟁적인 두 철학 사조를 뚜렷하게 이룬 이른바 현상학과 분석철학은 19세기적 상대주의에 대한 반발로서 그 철학사적 의미를 굳힌다. 각기 구라파와 미국을 대표했던 현상주의와 분석철학은 비록 방법과 근거에서 서로 완전히 대립되지만 철학이 절대적으로 객관적이며 보편적인 사물 현상에 대한 진리를 밝힐 수 있다는 확신을 갖는 점에서 전혀 다를 바 없다. 이 두 철학은 1960년대 말까지만 해도 흔들릴 수 없는 결정적인 철학적 주류를 지탱했었다.

모든 철학적 작업의 시도 자체가 은근히 그러했듯이, 현상학과 분석철학은 인간에게서만 발견될 수 있는 특수한 지적 속성으로서의 이성의 존재를 전제하고 그것을 확신있게 믿는다. 선험적 자아를 전제해야만 하는 현상학자나 논리적 분석을 강조하는 분석철학자는 그가 아무리 부정하더라도 그는 이성이라는 속성의 비물질성을 논리적으로 전제한다. 따라서 그들은 필연적으로 유물론자일 수 없으며 형이상학적 이원론자이다. 그러므로 그들은 아직도 일종의 인간중심주의를 벗어나지 못하고 유물론자와 기계적 세계관도 완전히 수용하지 못한다.

그러나 과학이 보여주는 인간이 옳다면 인간도 하나의 자연적 기계에 불과하고, 인간의 특수한 속성으로 생각되어온 '이성'도 인간이라는 기계의 한 측면, 아니면 그런 기계 작동의 한 현상에 불과하다고 할 수밖에 없다는 결론이 나온다. 어떤 의미에서 자연의 현상 밖에서 자연 현상을 관찰하여 자연을 마치 거울과 같이 지식의 형태로 반영해

준다고 믿어졌던 이성이 사실인즉 자연 현상의 일부 형태에 불과하다면, 그렇게 이루어진 지식은 보편적이며 객관적인 것일 수 없다. 지식이라는, 한 개인의 신념 혹은 한 사회가 갖게 되는 신념은, 그 개인 혹은 그 사회의 물리적 반영에 지나지 않는다. 따라서 어떠한 신념도 개인 내지 사회 혹은 그 시대와 특수한 사건인 이상 구체적 상황과 뗄 수 없는 인과적 관계를 맺게 될 터이다. 모든 현상이 구체적으로 즉 개별적으로밖엔 존재할 수 없는 이상, 그런 존재를 반영하는 이른바 사물 현상에 대한 신념은 상대적일 수밖에 없다. 지구상의 수많은 현상 가운데서 인간이라는 중심적 존재가 없어진 것과 똑같이, 수많은 인간의 수많은 신념들의 주체로 이성이라는 존재가 없어진 상황에서는 각기 신념들은 오로지 상대적인 의미만을 띤다. 한마디로 객관적이고 보편적이며 누구에게나 투명한 진리는 그런 진리를 나타내는 신념의 형성 조건과 과정의 성격상 불가능하다는 것이다.

이런 생각은 이미 니체에서 발견되지만 최근 데리다의 해체주의나 푸코 (M. Foucault)의 탈구조주의 혹은 이른바 리오타르 (J. F. Lyotard)의 포스트모더니즘이나 롤티의 네오프래그머티즘에서 보다 적극적으로 이론적 전개를 보았고 모든 지적 분야에서 광범위하게 영향력을 미치게 되었다. 이런 인식론적 상대주의는 원천적으로 현대 과학과 과학기술이 가져온 이념적 결과라고 설명될 수 있겠고 동시에 그러한 상황에 대한 관념적 반응이라고도 풀이될 수 있다.

과학과 과학기술의 세번째 결과를 생각할 수 있다. 그것은 가치의 증발, 즉 가치 허무주의이다. 과학적 세계관과 과학적 기술이 전제하거나 함의하는 세계는 가치가 존재할 수 있는 자리를 마련하지 않는다. 과거에는 물론 오늘날에도 과학기술자를 포함해서 모든 사람들은 여러 가지 가치를 말하고 믿는다. 그러나 과학적 세계관이 과학기술의 입장에서 보면 이른바 모든 가치는 그 자체로서는 아무 의미, 아무 가치도 없는 기계적 물리 현상으로 환원되고 만다. 이런 관점에서 볼 때 가치를 가리키는 낱말이나 명제들은 원칙적으로 엄격한 수식으로 표상될 수 있는 물리학적 미립자들의 또다른 표상 양식에 불과하다.

존재하는 것은 그 자체로서 볼 때 가치 있는 것과 동일하지 않다. 존재에 대한 서술은 그 존재에 대한 평가와 다르다. 철학이 보여주는 것은 존재하는 것에 그치고 과학기술이 증명해주는 것은 오로지 어떤 존재하는 현상의 작동일 뿐이다. 과학과 과학기술적 안목에서는 가치가 보이지 않는다. 그것들은 사물 현상에 대한 평가에 관해서는 완전히 입을 다문다. 가치 즉 좋고 나쁨은 존재하는 것을 지칭하는 개념이 아니다. 따라서 객관적 의미를 갖지 못한다. 물론 우리들은 구체적인 삶에 있어서 부단히 사물 현상을 평가하지 않을 수 없으며 서로 갈등하는 가치 판단을 풀지 않으면 안 될 상황에 놓인다. 그러나 어떠한 가치도 객관성이 없다면, 어떠한 가치 판단도 그리고 어떠한 가치 간의 갈등도 이성적으로 해결할 수 없다. 과학적 세계관은 가치의 존재를 허용하지 않지만, 구체적인 인간의 생활 차원에서는 아무도 가치 판단을 도피할 수 없다. 그러나 그 판단의 기준이 없는 상황에서 가치의 무정부 상태를 모면할 길이 없다.

전체주의 정치 체제와 민주주의 정치 체제, 그리고 사회주의 경제 체제와 자본주의 경제 체제는 정치 사회적 차원에서의 가치 평가를 뜻한다. 19세기 그리고 20세기에 걸쳐 이 상반되는 두 가치관은 서로 객관적 근거가 있음을 은연중 전제하고 있었다. 그럼에도 불구하고 이 두 가치관이 양립하여 갈등하고 있다면 그런 갈등의 해결은 오직 물리적 방법밖에 없을 것이고 갈등의 원인은 인과적 설명에서만 찾을 수 있을 것이다.

만약 어떤 가치에도 객관성이 없다면, 아니 가치란 도대체 처음부터 존재하지 않는다면, 도덕적 선악의 판단이나 그런 판단들 간의 갈등도 아무 의미 없는 현상으로만 보아야 할 것이다.

사회학자 다니엘 벨(D. Bell)이 오늘의 시대를 '이데올로기의 종말'로서 특징지으려 했던 것도 사회·정치적 가치의 무정부 상태를 가리켜 말한 것으로 이해된다. 오늘날 매킨타이어(A. MacIntyre), 또는 윌리엄스(B. Williams)와 같은 이들에 의해서 주장되는 도덕적 상대주의도 어떻게 보면 과학적 세계관과 과학기술이 함의하는 가치관에 관한 결과로 볼 수 있다. 도덕 상대주의의 밑바닥을 들여다보면 도덕적 가치는 존재하지만 그 가치가 그저 상대적일 뿐이라는 주장이 깔려있다. 이런 주장은 도덕적 가치의 무정부주의 더 나아가서는 허무주의로 바뀐다. 도덕적 가치는 존재하지 않는다는 것이다. 우리가 도덕적 가치라고 부르는 것은 사회적 관계를 떠날 수 없는 인간이 그러한 관계를 조정하기 위해서 만든 규범에 불과하다는 것이다.

가치 상대주의 더 나아가서 가치 허무주의는 소극적으로는 오늘날 모든 사회에서 관찰할 수 있는 '도덕적 부패'와 한 사회에 방향을 줄 수 있는 '이데올로기의 종말' 현상으로 나타나고, 적극적으로는 윤리적 가치를 철학적 문제에서 제외했던 미국에서의 분석철학자들 간에 지난 10여 년 전부터 두드러지게 활발해진 윤리학에의 관심에서 나타난다. 이런 가치관의 관점에서 볼 때 유일한 가치라고 불리는 것은 본능적인 욕망 충족으로 해석될 수밖에 없다. 사실 오늘날 지배적인 인간 행동의 원리는 대체로 극도의 개인적 이기주의와 물질주의라고 생각된다. 이러한 가치관은 모든 것이 산업, 상품, 무역 등의 관점에서 계획되고 실천되며 작동되고 평가된다는 사실로 나타난다.

네번째, 마지막으로 볼 수 있는 과학적 세계관, 과학기술의 결과는 공해, 환경 오염, 지구 생태계의 파괴이다. 오늘과 같은 과학적 지식이 없었더라면, 전인류 아니 지구상의 모든 생물들이 생태계의 파괴로

인한 생존의 위협은 받지 않았을 것이다. 만일 인간의 가치관이 당장의 생물학적 욕망 즉 물질적, 본능적 욕구에 크게 지배되지 않았더라면, 비록 과학적 지식을 가지고 과학적 기술을 갖추었더라도 세계는 상업주의에 휘말리지 않았을 것이며, 따라서 지구의 생태계는 파괴의 위험에 직면하게 되지는 않았을 것이다.

지금까지 본 20세기 말에 있어서의 과학적 세계관과 과학기술의 네 가지 결과를 보다 요약해서 두 가지로 말할 수 있다. 그 하나는 사상적 또는 철학적 허무주의이며, 또 다른 하나는 인간의 생물학적 또는 물리적 파멸의 가능성이다. 한편으로 과학적 세계관은 인간이 추구하는 모든 가치가 사실상 무의미하며, 더 나아가서는 개인으로나 종(種)으로서나 인간의 삶도 궁극적으로 존엄성은 고사하고 어떤 종류의 가치도 있을 수 없음을 보여준다. 다른 한편으로 과학적 세계관 그리고 과학적 기술은 원래 인간의 복지를 위한 것이었으나, 원래의 목적을 맹목적으로 추구하는 과정에서 결과적으로 각 개인의 복지는 커녕 종으로서 인간의 생존까지도 위협하게 됨을 의식하게 해줬다.

그리하여 가치의 증발이 의미하는 허무주의와 생태계 파괴로 인한 생물학적 인간 생명의 위험에 대한 의식이 20세기 말의 철학적 및 사상적 특징인 성싶다. 엄격한 과학적 관점에서 볼 때 이러한 특징 자체도 완전히 기계적 자연, 더 나아가서는 우주의 한 측면에 불과한 것으로 설명될 것이다. 이러한 의식을 갖는 인간도 역시 똑같은 단 하나의 우주적 기계의 한 측면으로 보아야 한다. 이러한 기계적 우주의 한 일부인 인간이란 부분품이, 행동은 말할 것도 없고, 어떤 의도를 갖고 무엇인가를 원하고 계획한다는 것은 이해될 수 없다.

그렇지만 주어진 어떠한 환경에서 무슨 일을 자의적으로 할 수 없다고 해도 인간은 적어도 무엇인가를 바라고 머리속으로는 계획도 한다. 이러한 행위, 이러한 소원, 이러한 계획 역시 우주적 기계의 한 기능적 측면의 현상인 것으로 과학적 세계관 즉 기계적 자연관과 일관성 있게 주장되어도 좋다. 그 설명이 옳든 틀리든 간에 어느 때 어디서나 마찬가지로 인간은 주어진 여건에 그냥 순응하는 것만으로는 만족할 수 없어서 무엇인가를 바라고 그것을 현실화하기 위해서 무엇인가를 계획하고 행동에 임할 수 있다고 스스로 생각한다.

3. 과학기술에 대한 도전

20세기 말의 인간은 어느 때 어느 곳에서의 인간과 마찬가지로 과학적 세계관이 내포한 허무주의를 그냥 수용할 수만은 없고, 종으로서의 자신과 아울러 더 나아가서는 모든 생물의 죽음을 바라만 보고 기다릴 수는 없다. 이렇게 전제할 때 20세기 말 현재의 사상적 또는 철학적 상황뿐만 아니라 20세기말부터 21세기에 걸친 몇십 년 간의 사상적 및 철학적 전망에 관해서도 우리는 자유로운 추리 혹은 추측을 할 수밖에 없다.

첫째, 과학적 세계관에 대한 새로운 철학적 조명이 있을 수밖에 없을 것 같다. 그 이유를 어디서 찾든지, 그 원인이 과학적 세계관이 전제하는 우주의 기계적 작동의 한 현상이든지 아니든지 간에, 인간은 그냥 있는 것만으로는 만족하지 않는다. 자신의 존재뿐 아니라 모든 현상의 존재 '의미'를 찾지 않고는 못 견딘다. 그러한 '의미'의 존재와 양립할 수 없다면, 인간은 자신의 과학적 세계관을 재해석해서 '의미'의 존재와 양립할 수 있는 것이 되도록 조정하려 할 것이다.

과학적 세계관과 '의미'의 존재가 양립할 수 있으려면 과학적 세계관을 그냥 그대로 포기하거나 부정하지 않더라도, 그 세계관이 자연 현상의 궁극적 표상이 될 수 없고 오로지 한 측면에서의 서술에 불과하다고 볼 수 있어야 한다. 즉 자연 현상, 더 일반적으로 하이데거식으로 표현해서 '존재'는 과학적 언어로서 완전히 표상될 수 없다고 전제되어야 한다.

사실 존재 자체는 논리적으로 보아 그것을 표상해주는 언어와 결코 동일할 수 없다. 언어를 통해서 즉 개념으로서만 사물 현상이 인식되고 표상될 수 있음이 사실이라면, 과학적 표상이 존재를 완전히 표상할 수 없다는 것은 논리적으로 자명하다. 존재가 그냥 그대로 개념화될 수 없다면 개념의 의미는 근본적으로 불투명하고 구체적인 존재를 표상한다기보다 오히려 왜곡시킨다고 주장될 수 있다. 존재가 비록 그것이 언어의 필연적 이유 때문에 완전히 즉 구체적으로 존재하는 바 그대로 표상될 수 없지만, 하이데거의 주장대로 시적 언어, 더 일반적으로 예술 언어가 존재를 그나마 가장 가깝고 따라서 충실히 표상해줄 수 있다는 주장이 있을 수 있다.

따라서 시적 혹은 '미학적' 세계관이나 자연관, 더 일반적으로 말해서 시적 혹은 미학적 존재론이 모색되고, 과학이 전제하는 유물론이나 데카르트식 이원론도 아닌, 보다 포괄적인 형이상학을 마련하려는 노력이 있게 될 것이다. 이런 형이상학을 마련하려는 노력이 있게 될 것이다. 이런 형이상학을 통해서 궁극적으로는 존재와 가치, 물질과 정신이 서로 분리될 수 없는 일원론적 형이상학, 무엇이라고 개념화할 수 없는 단 하나의 존재를 전제하는 노장적(老莊的) 도교 사상에 암시된 존재론이 추구될 것이다.

그렇다면 투명한 인식을 추구하는 현상학이나 정확한 논리적 엄격성을 주장하는 분석철학은 그 고전적 형태로서는 다 같이 세력을 잃게 될 것이고 보다 문학적 표현을 닮아가는 철학적 스타일이 생겨날 성싶다. 그리고 철학적 관심 대상은 인식으로서의 과학이기보다는 가치의 문제와 뗄 수 없는 윤리학, 정치, 사회, 그리고 특히 예술이 될 것이다.

이러한 분야와 아울러 종교, 문화, 인간학이 철학적 반성의 중요한 분야가 될 것이다. 아무튼 이런 철학적 모색을 통해서 새로운 가치, 삶의 의미는 물론, 존재 일반의 의미가 모색되고 추구되며 제시될 듯하다.

둘째, 과학적 세계관이 내포한 의미의 부재가 인간의 내적 혹은 정신적 불안의 원인이라면, 과학적 기술에 의한 무제한한 산업 개발의 결과로 나타난 생태계 파괴는 보다 직접적으로 즉 피부로 느낄 수 있을 만큼 인간의 생물학적 존속을 위협한다. 누가 뭐라 해도 생물학적 생사의 문제는 지적 혹은 정신적 불안이나 갈망에 선행한다. 그런 불안은 정말 물리적이어서 보다 절실한 해결책을 요청한다.

20세기 말 인간은 싫든 좋든 이런 위협에 더욱 각성되고 그런 문제를 더욱 절실히 의식하게 될 것이다. 20세기 말을 지나, 21세기에 접어들면서 자신의 생리학적 존속만을 위해서라도 인간은 생태학적 문제의 해결을 모색하고 어떻게 해서라도 해결해야 할 것이다.

오늘날 인간이 직면하고 있는 생태계 파괴의 위험이 과학기술을 이용한 이른바 '자연의 개발'에 근거한다는 점에서 무계획적이고 무제한적인 과학기술의 개발과 무절제한 자연의 개발에 대한 반성이 보다 진지하고 절실하게 이루어져야 한다. 과학기술에 의한 무제한 자연 개발이 제동을 모르는 인간의 물질적 욕구와 직접 관계되는 이상, 오늘날 인간이 추구하는 가치에 대해서 보다 체계적이고 근본적인 철학적 반성도 이루어져야 한다.

인간이 추구하는 가치에 대한 반성은 인간이 가장 인간답게 살아야 할 자세를 전제한다. 그리고 이러한 자세에 대한 올바른 판단은 인간 생존의 객관적 여건에 대한 올바른 과학적 파악을 전제한다.

각 개인은 생물학적으로 독립된 개별적 단위를 이룬다. 그러나 인간으로서의 동물은 반드시 어떤 사회 속에서만 발견된다. 그는 사회적 관계를 떠나서는 존재할 수 없다. 사회적으로 그는 그밖의 모든 사회 구성원과 뗄 수 없이 연결되어 있다. 생태학은 인간이 딴 사람들과 사회적으로 연결되어 있을 뿐만 아니라, 인간 외의 모든 동물, 더 나아가서는 모든 자연 현상과 뗄 수 없이 유기적 관계를 맺고 있음을 주장한다. 오랫동안 모든 인류가 의심치 않고 믿어 왔던 것과는 달리, 특히 서양의 종교가 분명히 전제하고 있는 바와는 달리, 인간은 자연 위에 군림하여 자연을 소유하고 지배하고 그것을 그저 도구로서만 이용할 수 있는 권리가 부여된 자연의 소유자도 주인도 아니다.

21세기에는 인간과 자연 그리고 그 관계에 대한 새로운 철학적 반성이 굳어질 것이다. 그 결과는 인간중심주의로부터의 탈피를 의미하고 생태학적 입장에서 나타나는 자연중심주의적 세계관을 정착시키게 될 것이다. 니체가 '신은 죽었다'라고 했을 때 그는 신중심적인 신학적 세계관을 부정했던 것이다. 그러나 이 명제가 바로 인간중심적 입장의 포기를 의미하지는 않는다. 인간중심주의적 사고의 포기는 푸코가 '인간의 소멸'이라고 했을 때 비로소 보다 분명하게 나타났다.

인간이 자연의 일부에 불과하다는 생태학적 자연중심적 세계관은 인간이 동물과 똑같고, 따라서 내 자식 역시 송아지나 강아지와 똑같이 귀중함만을 의미하지는 않는다. 그렇다고 인간이 육식은 물론 초식도 해서는 아니 된다는 뜻을 지니는 것은 아니다. 그것이 강조하는 것은 인간이 다른 동물과 자연 환경에 배려를 갖고 그런 것들과 조화를 이루어 공존공생해야 한다는 말에 지나지 않는다. 인간 외의 모든 자연 현상이 인간의 욕망을 충족시키기 위한 도구에 지나지 않는다는 생각을 버려야 함을 강조할 뿐이다. 인간을 포함한 모든 동물, 모든 현상이 상호 간에 뗄 수 없는 유기적 관계를 갖고 있음을 주장할 뿐이다.

탈인간중심주의로 나타날 생태학적 자연관은 국가나 민족간의 정치 경제적 관계에 대한 사고방식 그리고 역사와 문화를 보는 사고방식에 반영될 것이며, 한 국가 내에서 지역간의 관계와 한 지역 안에서 개인들간의 관계에 대한 사고방식에 파급적으로 반영될 것이며, 또 그렇게 되어야만 할 것이다. 지난 2, 3백 년 동안 정치, 경제, 문화 그리고 사상적 면에서 세계가 서양중심적이었긴 하지만, 이제 서양은 세계의 절대적 중심체이기를 그치고 있으며, 앞으로는 서양과 동양 그리고 그밖의 민족적, 경제적 또는 정치적 판도가 지배와 피지배의 관계이기보다는 균형적 관계로 바뀌어 가게 될 것이다. 그것들 간의 관계는 명령자와 피명령자의 대립과 갈등의 관계가 아니라 타협과 조절의 관계를 찾게 될 것이다. 한 국가나 사회 내에서 개인과 개인의 인간관계는 경쟁, 투쟁 혹은 승부의 관계가 아니라, 협동과 합의의 관계로 변하게 될 것이다. 모든 욕망이나 계획 그리고 행동의 결정은 개인주의적 관점에서보다는 언제나 공동체의 관점에 의해 판단되고 평가되며 결정되는 도덕적 규범이 고안될 것이다.

언뜻 보아 위와 같이, 앞으로의 사상적 큰 추세에 대한 예측은 현재 우리가 목격하고 체험하는 사실과 판이하게 다른 것 같다. 사회주의 국가들의 붕괴와 각 지역에서의 정치적, 인종적 및 문화적인 격렬한 갈등 그리고 날로 심해가는 경제적 경쟁, 그에 따른 부의 불공평한 분배는 세계가 하나로 통일되기는커녕 극단적 분열과 갈등의 길로 흘러감을 입증하는 것 같다. 각 사회 혹은 민족 혹은 국가 내에서조차 집단적 이해의 갈등이 물리적인 폭력으로 자주 나타난다. 같은 지역내에서도 모든 사람들은 보다 물질적인 가치에 지배되고 노골적인 이기주의적 윤리의 법칙을 따라가는 듯하다.

그러나 이와 같은 눈앞의 상황은 바람직한 새로운 세계와 가치관에 꼭 역행하는 현상임을 의미하기보다, 과거의 세계관 내지 과거의 가치관이 붕괴하고 '생태학적'이라고 부를 수 있는 자연관과 가치관이 모색되는 과정에서 나타난 과도기적 현상으로 풀이될 수 있다. 과거의 세계관이나 가치관의 재평가와 청산 그리고 새로운 세계관과 가치관의 정립의 필요성은 과학지식이 보여준 자연을 보다 본질적으로 이해하기 위해 마땅히 마련되어야 하며, 과학기술이 초래한 오늘의 생존을 위협하는 여건을 극복하기 위해서는 새로운 가치관이 필연적으로 요청된다.

한 시대의 사상과 철학은 마르크스가 주장했듯이, 그 시대의 산물임에는 틀림없다. 그것들은 한 시대의 여러 가지 인간의 생존 조건을 반영하는 거울이다. 그러나 바로 그 사상, 그 철학은 그 시대의 수동적인 아니 기계적인 반영에 그치지만은 않는다. 철학 혹은 사상은 새로운 세계관, 새로운 가치를 모색하고 창조하면서 주어진 그 시대를 우리가 자율적으로 선택한 방향으로 능동적으로 이끌어가는 조종적 동력이다. 사상과 철학은 한 시대의 물리적 혹은 사회적 조건의 수동적 반사적 현상만이 아니라 그 조건에의 능동적 도전 방식이기도 하다.

과학적 세계관과 과학기술이 가져온 물질주의적 가치관이 20세기 말 현재의 사상적 및 철학적 상황이라 해도 거기서 전망될 수 있고 꼭 그렇게 되어야만 하는 새로운 사상과 철학은 '미학적' 혹은 '생태학적'이라고 호칭될 수 있는 성질의 것이 될 것이다.

과학적 기술에의 도전은 지금까지 인류가 겪었던 여러 가지 중요한 도전들 가운데 어느 것보다도 더 중요하다. 다시 말해서 20세기 말 인류는 우리가 의식하든 않든, 그 어느 때보다 더 근본적인 전환기에 놓여 있다. 왜냐하면 우리가 이 전환기에 어떻게 도전해 가느냐에 따라, 인류는 보다 의미 있는 삶을 살 수도 있고 아니면 멸종하게 될 수도 있다는 사실이 더욱 절박해지고 있음이 확실하기 때문이다.

〈1993년, 『과학철학이란 무엇인가』〉

21세기의 문화 : 전망과 희망
— 생태학적 문화를 위한 제안

1. 머리말

정치, 경제, 기술, 사회, 이념 예술 및 그밖의 여러 차원에서 서술될 수 있는 삶의 양식을 문화라는 개념으로 총칭할 수 있다면, 20세기 마지막 종착점에 다다른 현재 인류의 문화는 엄청난 변화의 소용돌이 속에 빠져 있다. 반 세기는커녕 사반 세기 전만 하더라도 정확히 오늘과 같은 세계가 오리라는 것을 예측한 이는 거의 없었던 만큼, 이런 변화는 우리를 더욱 당혹스러운 혼돈과 불안에 빠뜨린다. 이러한 진단은 어느 때, 어느 사회보다도 오늘의 한국에 더욱 잘 해당된다. 혼돈과 불안을 의식하면 할수록 우리는 방향감각을 되찾아 미지의 앞날이 야기시키는 불안으로부터 해방되는 올바른 행동의 선택을 절실히 필요로 한다.

21세기 그리고 그 다음 세기의 문화는 어떤 것일까? 이 물음은 다음과 같은 두 물음으로 바뀔 수 있다. 과거와 비교할 때 21세기의 인간은 현재 우리가 알고 있는 생활양식과 어떻게 다른 것을 갖게 될 것이며, 그러한 21세기에 우리는 어떻게 살아가야 마땅한가의 문제이다. 첫째 문제는 예측 즉 전망의 문제요, 둘째 문제는 의지, 즉 희망의 문제이다. 예측・전망이라는 점에서 첫째 문제는 인식・서술적 성격을 띠고, 의지・희망이라는 점에서 둘째 문제는 윤리・선택적 성격을 갖는다. 과거에는 이른바 종교적 '예언자'들이 그리고 현대에는 '과학적'이고자 하는 이른바 미래학자들이 아직 존재하지 않는 상황과 사건에 대한 예언과 전망을 자주 해왔고, 종교・정치・사회적 이데올로그, 즉 사상가들은 미래사회에 대한 어떤 희망을 표시하고 그러한 사회 건설을 위해 늘 논쟁해왔다. 그러나 나는 앞날을 미리 확인할 수 있는 예언자나 사회과학자도 아니며, 어떤 의미로서든 어떤 신념을 갖고 있는 이데올로그도 못된다. '문화'라는 현상의 특수성을 의식할 때, 앞으로 생긴 문화현상을 예언・예측하기가 어렵다는 것이 더욱 확실해지기 때문이다.

'자연'을 하나의 질서로 볼 수 있다면 '문화'도 또 하나의 질서로 간주할 수 있다. 그러나 자연질서와 문화질서는 그 성격이 전혀 다르다. 물론 이 두 가지 질서의 구별은 형이상학적 문제가 되고, 그에 대한 대답은 결코 쉽게 해결되지 않는다.[1] 그러나 여기서 우리는 편의상 그러한 질서를 다음과 같이 구별해도 무방할 것이다. 자연질서가 인간의 관점이나 소망과 전혀 상관없이 객관적으로 존재하고 시간과 공간을 초월한 보편성을 띠고 있다면, 문화질서는 인간의 의지에 의

---

1) Ynhui Park, "Nature and Culture in *Contemporary Philosophy*", (Boulder : January 1985) 참조 이 논문에서 필자는 자연과 문화, 즉 자연의 질서와 문화의 질서가 형이상학적으로, 즉 존재의 차원에서 각기 그것들의 본질이 엄격하게 구별될 수 없다고 주장한다. 그럼에도 불구하고 인식론적 차원, 즉 담론/의미의 차원에서 사물현상을 서술하는 데 가장 유용한 개념적 구별이라고 논한다. 그리고 그러한 개념적 구별은 필요에 따라 정해지는 독단적 결단이라고 덧붙인다.

해 제작된 주관적 산물이고 시대와 지역에 따라 다를 수밖에 없는 특수성을 지니고 있다. 똑같은 질서이면서도 자연과 문화의 위와 같은 차이를 명백히 하기 위해서 전자의 질서를 자연법칙으로 부르고 후자의 질서를 문화체계, 즉 체제로 구별해서 부를 수 있을 것 같다. 자연과학이 증명해주듯 이 자연현상의 미래에 대한 예언과 예측은 가능하지만, 인문·사회과학에서 나타나듯이 문화현상에 대한 과학적 예측, 즉 확실한 예측은 불가능하다. 그럼에도 불구하고 역시 사회과학이 보여주듯이 여러 객관적 상황에 비추어 볼 때 문화현상에 대한 예측·추측도 어느 정도까지는 가능하며, 더 나아가 앞으로 어떤 문화가 보다 바람직한가에 대한 생각과 제안도 가능하다.

그러나 여기서 우리의 물음에 대한 대답은 또 하나의 장애에 부딪친다. 21세기의 문화라 할 때 우리는 '한국' 문화 혹은 '동양' 문화 등 특수한 지역문화를 의미하지 않고, '세계' 문화, 즉 세계의 모든 사회를 공통적으로 특징지울 수 있는 한 시대의 보편적인 문화를 뜻한다. 그러나 앞서 말했듯이 문화는 시대와 지역에 따라 다르고, 한 시대의 한 지역 안에서도 단체의 성질이나 활동의 성질에 따라 사뭇 다르다. 한국문화는 독일이나 프랑스문화는 물론 중국이나 일본문화와도 다르고, 오늘의 한국문화는 고려나 조선 시대는 물론 반 세기 전과도 동일하지 않으며, 서울과 부산의 문화가 같지 않고, 교수층의 문화와 사업가들의 문화도 큰 차이를 보인다. 전 지구가 하나의 지구촌으로 변한 오늘날에도 지역에 따라 문화는 엄청난 차이를 보이고 있다. 문화의 이러한 특수성이나 다양성이나 가변성은, 문화 일반은 물론 가령 21세기라는 특정한 시대의 '세계문화'라는 개념도 공허함을 보여준다.

이러한 사실에도 불구하고 세계를 움직이는 역사의 조류는 하나의 주류(主流)와 여러 지류(支流)로 구분할 수 있다. 세계의 역사는 시대적으로 어떤 큰 일반적 특징에 따라 서술될 수 있다. 인류 역사는 공시적(synchronic)으로 볼 때 수없이 다양하지만, 통시적(diachronic)으로 볼 때 시대에 따라 다른 시대와 구별될 수 있는 어떤 일반적 특징을 드러낸다. 석기시대의 인류의 문화는 중세문화와 사뭇 다르고, 산업혁명 이전의 세계와 20세기 말 현재 세계의 일반적 문화양상은 상상을 떠날 만큼 달라졌다. 이러한 사실에 비추어 볼 때 21세기의 세계문화의 특징에 대한 물음과 검토는 충분한 근거를 갖는다.

그러므로 여기서 나는 이런 작업을 위해 첫째, 문화의 패러다임·유형을 분류하고 서술하고 분석하며, 둘째, 기존의 문화적 패러다임에 비추어 21세기 문화를 전망해보며, 셋째, 여러가지 객관적 조건을 감안할 때 우리가 지향하고 창조해야 할 새로운 문화적 패러다임을 제안해보기로 한다.

2. 세계사의 문화적 분류

한 시대의 세계문화의 특징은 다른 시대의 세계문화의 특징에 비추어 비교될 때 비로소 그 의미가 이해될 수 있다. 문화를 자연과 인간의 역동적 관계의 표현이라고 규정한다면, 문화의 유형은 그러한 관계의 차이로 서술된다. 그러나 그러한 관계의 서술은 관심의 초점에 따라 여러 시각으로 달라질 수 있다. 왜냐하면 자연과 인간의 역동적 관계를 나타내는 문화는 추상적 존재를 지칭하지는 않는다. 그것은 반드시 경제, 정치, 기술, 예술, 사회·도덕적 규범, 종교·철학적 이념, 관습, 전통 등 구체적 형태로 표현된다. 그러므로 문화의 유형은 위와 같은 각기 다른 측면으로 다 같이 기술될 수 있다. 그 중에서도 역사에 결정적 영향을 미쳤고 역사를 바꿔 놓을 수 있었던 것은 역시 기술, 특히 과학기술이다. 따라서 한 시대의 문화와 다른 시대의 문화의 차이도 바로 과학기술의 수준이라는 잣대로 측정될 수 있다. 21세기의 문화적 성격에 대한 전망이나 희망도 과학기술의 변화와 발달이라는 시각에서 가장 적절히 이루어질 수 있다.

과학이라는 측면에서만 보더라도 인류의 역사는 필요에 따라 여러 가지 종류로 분류될 수 있을 것이다. 그러나 여기서 우리가 펴고자 하는 논지의 편의를 위해서 인류문화를 '전통(traditional)' 문화와 '현대(modern)' 문화로 구분할 수 있다. 우리는 편의상 이 두 가지 종류의 문화를 각기 '과학기술 발달 이전의(prescientific)의 문화' 와 '과학기술 발달 이후의(scientific) 문화' 로 부르기로 한다. 세계사는 문화사적으로 전통문화와 현대문화, 즉 과학기술 이전의 문화와 그 이후의 문화로 구별된다. 이러한 문화사적 구별은 서구 역사의 맥락에서 볼 때 대충 근대(Modernity) 이전과 그 이후의 사회에 해당되고 동양사의 맥락에서 볼 때 19세기 이전의 동양과 그 이후의 동양에 해당된다. 그렇다면 각기 '전통적' 이라는 개념과 '현대' 라는 개념을 분석함으로써만 전통문화와 과학기술문화의 본질과 차이가 밝혀질 수 있고, 역으로 '과학기술 이전' 이라는 개념과 '과학기술 이후' 의 개념을 통해서 '전통문화' 와 '현대문화' 의 특징이 모두 조명될 수 있을 것이다.

1) 전통문화
① 규범으로서의 전통
헤겔은 합리적 사회를 전통적 사회와 구별했고, 베버는 '서양적' 이성과 '전통적' 이성을 구별했다. 헤겔이나 베버에게 '전통적' 이란 말은 지역적 개념으로 서구와 대조된 동양을 지칭한다. 그리고 한편 '전통적' 이란 말은 시간적 개념으로도 사용되어, 서구라는 특수한 문화권 내에서도 대체로 르네상스의 합리적·휴머니즘적 전통이 정착되기 이전의 시대를 지칭한다. 여기서 이처럼 서로 다른 범주로서 다

같이 사용됨에도 불구하고 '전통적'이란 개념은 두 경우 다 같이 어떤 공통점을 갖고 있다. 그 말의 구체적 의미는 '전과학적'이란 뜻을 내포하고 있다. 르네상스 이전의 서양 사회는 동양 사회가 그러했듯이 전과학적이었다는 점에서 역시 '전통적'이란 개념은 두 경우 다 같이 어떤 공통점을 갖고 있다. 그 말의 구체적 의미는 '전(前)과학적'이란 뜻을 내포하고 있다. 르네상스 이전의 서양 사회는 동양 사회가 그러했듯이 전과학적이었다는 점에서 역시 '전통적'이었다.

'전통'은 한 사회 안에서 그 구성원의 오랜 시간에 걸친 경험을 통해 전해 온 모든 종류의 형식화된 구체적 관습을 지칭한다. 도덕적 문제에 대한 선/악 판단, 객관적 사실에 대한 진/위 판단, 행위에 대한 적절/비적절성 결정 등은 반드시 어떤 규범을 전제한다. 모든 사회의 일상적 생활에 있어서 인간적 삶에는 여러가지 규범이 반드시 전제된다. 그러나 규범은 오랫동안의 경험을 통해서 거의 자연적으로 구성된다. 전통은 바로 이러한 종류의 규범을 지칭하며, 과거 오랫동안 거의 모든 사회에서 그 사회에 필요한 여러 가지 규범적 기능을 맡았다. 첨단 과학기술을 자랑하는 오늘날 이른바 선진사회에서도 일상생활의 많은 경우 결정적으로 중요한 규범적 역할을 하는 것은 역시 전통이다. 칸트가 분명히 밝혀주었듯이 행위, 판단, 인식 등 모든 의식적(conscious-intentional) 행동과 경험은 반드시 선험적 조건, 즉 패러다임을 전제한다. 그렇기 때문에 모든 사회는 다양한 전통을 갖게 됐고, 그러한 전통은 각각 그 사회에 필요한 패러다임, 즉 규범으로서 기능을 해왔다. 한마디로 전통사회란 모든 문제의 해결에 있어서 전통을 규범으로 삼고 있는 사회를 뜻하며, 전통문화란 그러한 전통을 지적·종교적·이념적·정치적·사회적·경제적, 문화·예술 등의 최종적 패러다임으로 삼는 사회에 대한 일반적 통칭이다.

② 전통·규범의 원형합리성

합리성(rationality)의 근본적 의미는 근거성・기저성(justifiability・foundationality)이며, 근거성・기저성은 규범적 기능을 의미한다. 전통의 핵심적 기능이 패러다임, 즉 규범적이라는 점에서 전통은 필연적으로 이성적(rational)이어야 한다. 그럼에도 불구하고 전통적 합리성은 원형-합리적(protorational)인 것으로 머물러 있을 뿐 아직도 진정한 의미로서 '그냥 합리성'(rationality pure and simple)에는 미처 이르지 못한다. 근거성・기저성으로서 '합리성'이라는 개념은 그 자체 내에 '보편성'의 개념을 함의한다. 규범으로서 한 전통이 진정한 의미로 합리성을 갖추고 있다면, 그 전통은 시간과 공간을 초월해서 모든 경우에 적용되고 모든 인간의 지성에 한결같이 납득될 수 있는 것이라야 한다는 말이다.

그러나 전통은 필연적으로 개별적일 수밖에 없기 때문에 반드시 어떤 특수한 사회, 어떤 특수한 시대, 그리고 어떤 특수한 분야의 전통일 뿐, '보편적 전통 일반'이란 말은 자기모순적으로 전혀 의미를 가질 수 없다. 따라서 전통에 내포된 규범의 본질적 속성은 특수성, 개별성, 단편성, 가변성 등으로 서술될 수 있다. 규범적 기능을 맡고 있다는 점에서 전통은 합리성을 내포하고 있지만 그러한 합리성은 필연적으로 지역적・시대적・문제-개별적・관점-특수적이기 때문에 시간이나 공간적으로 보편적일 수 없고 제한적이라는 것이다. 한편으로는 보편성을 떠난 합리성이 모순된 개념이고, 또 다른 한편으로는 규범으로서 전통이 합리성, 즉 보편성을 갖고 있다면 전통이라는 규범성으로서 보편성, 즉 합리성은 시간, 공간, 상황, 문제의 특수성 등에 의해 제한된 보편성, 즉 합리성일 수밖에 없다. 이렇게 어중간한, 즉 불완전한 합리성을 편의상 '원형-합리성(protorationality)' 혹은 '전(前)합리적 합리성(prerational rationality)'이라는 역설적 이름이나 혹은 '비서구적 합리성(non-western rationality)'이란 이름을 붙일 수 있다. 불

완전한 합리성, 즉 전합리성과 대조해서 완전한 합리성을 '합리적 합리성(rational rationality)'이라는 동어 반복적 이름이나 '서구적 합리성'이란 이름을 붙일 수 있다.

그렇다면 완전하게 이성적인 인간이나 사회가 실제로 있었던가? 인류 역사를 통해서 단 하나의 사회나 단 하나의 인간도 그러한 합리성을 갖춘 예는 없었다. 그러한 합리성은 오직 우리의 한 '이상(idea)'에 불과하며, 영원히 그렇게만 남아 있을 것이다. 과학적 사고가 합리성을 이상으로 하고, 그것의 보편성은 과학지식의 설득력과 과학기술의 막강한 힘으로 부정할 수 없게 됐지만, 뒤에 언급하게 될 것과 같이 그러한 보편성과 힘에도 한계는 분명히 있다. 가장 합리적이어서 보편적인 설득력을 가진 인식체계인 수학에서조차 그 합리성에 한계가 있음은 이미 괴델(Gödel)에 의해서 바로 수학적으로 증명되었음이 이미 상식이 되고 있다.

이러한 사실은 완전히 비합리적인 인간이나 사회란 과거에, 현재에 그리고 미래에도 있을 수 없다는 것을 말해 준다. 생각하는 동물인 한, 모든 인간은 정도의 차이에도 불구하고 필연적으로 합리적이며, 그러한 인간이 모여 형성된 사회는 아무리 원시적이라도 어느 정도는 반드시 합리적이다. 구체적인 인간과 구체적으로 존재하는 사회는 완전히 합리적이지도 않으며 완전히 비합리적이지도 않다는 말이다. 이런 점에서 모든 인간과 사회는 다같이 '이상에 미치지 못하는 합리적'이라는 뜻으로 '원형 합리적(protorational)'이라 할 수 있다.

그럼에도 불구하고 통시적으로 보거나 공시적으로 보거나 인간의 역사와 문화는 합리성이라는 시각에서 시대와 지역에 따라 사뭇 차이를 나타낸다. 따라서 그것들은 '합리성'이라고 부르는 잣대에 의거해서 '합리적' 시대와 그 이전, 즉 '전합리적' 시대로, '합리적' 문화와 그 이전, 즉 '전합리적' 문화로 크게 양분할 수 있으며, 편의상 후자와 전자를 다시 각기 '전통문화'와 '과학문화'로 부르기로 한다. 물론 이러한 분류에는 형이상학적으로 아무 근거도 없다. 그럼에도 불구하고 한 사회나 시대의 문화를 이해하고 앞으로의 문화를 예측함에 있어 이러한 분류는 방법적(heuristic)으로나 전략적(strategic)으로 중요하고 유용하다.

③ 전통문화의 지역적 및 역사적 예

전합리적 사회와 합리적 사회, 즉 전통문화와 과학문화를 구별하는 가장 구체적인 기준은 근대적 의미의 과학적 지식 그리고 과학기술이다. 과학지식의 보급과 과학기술의 실용적 이용이 본격적으로 시작되면서 인류의 삶의 양식, 즉 문화는 통시적으로 뚜렷한 변화를 그리고 공시적으로는 구체적 차이를 다양하게 나타낸다.

원시시대는 물론 동·서를 막론하고 고대, 중세를 거쳐 이른바 '근대'에 이르기까지 인간사회는 지적으로나 기술적으로나, 정치적으로나 사회적으로나, 문학·예술적으로나 그리고 이념적으로나, 놀라운 변화를 거듭 지속하면서 '발전'을 계속해왔다. 그렇지만 이러한 믿음, 활동, 평가 등에 전제된 규범의 역할을 맡은 것은 오랜 경험에 근거하고 있는 관습으로서 '전통'이었다. 그러한 전통은 시대와 지역에 따라 가변적이었고, 따라서 앞서 이미 말했듯이 그것의 보편성은 정도의 차이는 있지만 필연적으로 제한적이었다. 물론 이미 고대 그리스에서 탄생한 철학적 사고가 이성의 보편성을 근거로 하고 있지만, 그러한 이성의 가치가 모든 인류는 고사하고 모든 유럽인 그리고 당시의 모든 그리스인에게 보편적으로 수용되지는 않았고, 모든 인간의 활동을 규제하거나 문제의 해결을 위한 규범으로서 보편적으로 사용되지도 않았다. 달리 말해서, 근대 이전까지는 유럽에 있어서만도 사회적으로 사용되고 있던 여러 가지 종류의 기본적 규범들은 결코 보편적이 아니었다. 설사 유럽에서는 변하지 않았던 어떤 공통된 규범들, 예컨대 플라톤적 형이상학이나 기독교적 세계관이 통시적으로 존재했다고 양보해도, 그러한 규범들은, 가령 중국을 중심으로 한 극동아시아 문화권에서는 적용되지 않았다. 물리적·지역적으로 그럴 가능성조차도 없었다.

두 큰 문화권이 최소의 접촉을 갖게 된 것은 르네상스 이후이며, 의미 있는 상호간의 관계는 18세기에 들어서부터였기 때문이다. 요컨대 근대에 이르기까지는 세계 전체는 물론 유럽 사회도 모든 면에서 규제하고 지배하는 불변의 보편적 척도·규범을 갖고 있지 않았다는 말이다. 동양문화권을 두고도 똑같은 주장이 선다. 동양문화권도 지역적으로나 문화적으로 너무나 다양하며, 동양의 역사도 서양 역사 이상으로 길다. 그러므로 동양 전체를 통시적으로 통일할 수 있는 사회·문화적 규범을 찾으려는 것은 억지다. 백보를 양보하여 그런 것이 있었다 해도 그것은 서구 사회·문화에 일괄적으로 적용될 수 없었다.

근대 유럽에서 새로운 하나의 규범이 발명·조작되기 전까지는 동·서를 막론하고 그때까지 존재했던 모든 규범은 필연적으로 '역사적'이고 '지역적'이며, '상대적'이고 '단편적'이어서 보편성과 총체적 통일성을 갖추지 못했다는 것이다. 이러한 사회와 문화는 한마디로 말해서 '전통적'이었다는 것이며, 전통이 관습의 산물이라면 전통 사회·문화는 '비이성적'이라고까지 말할 수 있다. 그러나 바로 그러한 전통이 규범의 기능을 맡고, 규범이 근거의 역할을 하고, 이성이 근거의 제시, 즉 규범성을 뜻한다면, 전통은 필연적으로 일종의 '합리성'을 뜻한다. 바로 이러한 이유에서 데카르트적 합리주의에 깔려 있는 이른바 '기저주의(foundationalism)'가 붕괴된 마당에서, 그것을 극복하는 방법으로 매킨타이어가 '이성'과 '전통'의 관계에 대한 전통적 해석을 뒤집어 전통을 합리성(rationality)으로 보고 이성 자체를 하나의 전통이라고 주장하게 된 것은 결코 우연이 아니다.[2] 그럼에도 불구하고 이성이 본질적으로 보편성을 속성으로 하고 전통이 필연적으로 개별성을 의미하는 이상, 이성의 개념과 전통의 개념을 혼동해서는 안된다.

그렇다면 보편적일 수 있는 규범은 어떤 것인가? 어떤 종류의 사상·규범이 시대와 장소를 초월하여 보편적으로 적용될 수 있는가? 전통이란 지역적, 즉 보편적일 수 없는 '이성'을 비판적으로 평가할 수 있는 규범, 즉 또 하나의 상위적 이성은 없는가? 바로 그러한 이성에 의해 꾸며진 사회질서, 즉 문화는 없는가?

2) 과학기술 문화
① 과학적 실증

이러한 의미로서 '이성'을 보여 준다고 주장할 수 있는 가장 두드러진 후보는 현대적 의미에서 '과학적'이라고 부르는 사고방식이며 그러한 사고의 산물인 과학지식 및 과학기술이다. 그것은 지역적으로 유럽적, 그리고 시대적으로 근대적 창조물이다. 근대의 과학적 사고의 구체적인 실례는 코페르니쿠스, 케플러, 갈릴레이의 천문학과 뉴턴의 역학 등 과학적 학설에서 볼 수 있고, 이러한 학설들은 데카르트의 합리주의적 인식론과 기계적 세계관, 칸트의 선험주의적 인식론 그리고 20세기 초의 논리실증주의자들에 의해 지속적으로 철학적 뒷받침을 받는다. 이들 위대한 근대적 과학자들은 천체를 포함한 모든 물리현상들을 정확한 수식(數式)으로 서술하였고, 위의 철학자들은 기계론적 자연관과 유물론적 형이상학으로 자연현상의 수학적 서술, 즉 과학적 기술에 철학적 근거를 제공했다.

---

2) Alasdair MacIntyre, *After Virtue*(Indianapolis : University of Notre Dame Press, 1988) 참조.

위와 같은 천문학자나 물리학자들이 발견하고 위와 같은 철학자들에 의해 뒷받침된 과학적 신념은 전통과는 다른 의미에서 '합리적'이다. 전통의 합리성이 오랫동안 관습적으로 내려온 관례가 지니고 있는 권위를 의미한다면, 과학의 합리성은 그러한 관습, 관례의 권위와는 전혀 상관없이 각 개인의 구체적 관찰과 논리로만 이룩된 논리경험에 바탕을 둔 실증성, 즉 과학적 이론에 의해 예측된 구체적 결과이다.

② 과학의 효율성

사물·현상에 대한 과학적 서술이 형이상학적으로 진리냐, 아니냐의 문제가 제기될 수 있다. 그러나 과학은 처음부터 형이상학과의 관계를 의도적으로 단절한다. 이러한 철학적 입장의 테두리 안에서 만들어진 과학적 신념 즉 과학적 합리성에 근거한 명제들은 미신, 종교, 그리고 전통들이 갖고 있는 신념 즉 명제들에 비추어 일반적으로 보다 신뢰, 즉 의존할 수 있다는 것을 특징으로 한다. 과학적 명제의 신뢰성은 그것이 보여주는 효율성에 근거한다. 모든 신념, 즉 지식·진리는 앞을 예측하고 그 예측에 따라 우리의 삶을 보다 유익하고 효율적으로 설계하는 데 없어서는 안되는 것이다. 지식·진리가 고·금, 동·서를 막론하고 고귀한 가치로 생각되어온 결정적인 이유도 바로 여기에 있다. 과학적 지식·진리는 미신, 종교, 전통 중 그 어느 종류의 신념보다도 우리의 특정한 목적 달성을 위하여 적용하는 데 간단할 뿐만 아니라 더 신뢰할 수 있고, 더 효율적인 것이다. 서구에서는 산업혁명 이래 그리고 동양에서는 서구문명의 도입 이래 지구의 인구는 기하급수적으로 증가하고, 인류는 자연에 대해 과거 몇만 년 동안 꿈에도 생각할 수 없었던 힘을 행사하게 됐고, 스스로 믿기 어려울 만큼 물질적 풍요와 편의를 누리게 되었다. 산업혁명은 근대 과학지식의 발견과 과학기술의 발명 없이는 상상할 수 없었고, 동양을 매혹한 서구문명은 서구가 창조한 과학적 지식과 기술에 지나지 않았다.
  ③ 과학의 보편성
  과학적 신념의 실증성, 과학적 기술의 도구적 효율성은 과학이 내포하고 있는 보편성에 있다. 과학적 진/위는 시간과 장소와는 상관없이 보편적으로 누구한테도 다 같이 실증되고 결정될 수 있으며, 과학적 기술은 필요에 따라 언제 어디서나 그리고 무엇을 위해서도 보편적으로 적용될 수 있다. 달리 말해서, 과학적 진/위 혹은 과학적 적절성을 결정하는 규범은 개인의 주관이나 문화적 특징 혹은 시대나 장소의 특수성에 의해서 전혀 좌우되지 않는다. 요컨대 과학이 제공하는 규범은 보편적이다. 비록 그것이 절대적일 수 없어도, 과학적 보편성은 전통이 지니는 합리성에 비추어 무한하고 보편적인 적용성을 갖고 있다.
  과학의 보편성은 과학적인 모든 명제가 수학적으로 기술된다는 점과 논리적으로 뗄 수 없는 관계를 갖고 있다. 수학적 명제야말로 가장 객관적이며 보편적일 수 있다. 근대적인 뜻으로서 과학의 시작인 코페르니쿠스, 갈릴레이, 뉴턴 등의 자연현상에 대한 서술이 수식을 동원했다는 것은 우연이 아니다. 바로 이러한 식으로 자연현상이 서술되고 설명됐을 때, 근대적 의미로서 과학은 비로소 그 기초가 다져진 것이다. 물리적 현상만이 아니라 생물을 포함한 자연의 모든 현상들은 물론이고, 인간 그리고 인간이 이룩한 업적, 즉 사회·경제·문명·문화현상 들을 다 같이 수학적 공식으로 서술하고 설명하려는 노력은 과학의 발달과 병행해서 더욱 확대되고 개발되고 있는 것이 최근의 현실이다. 자연현상이 하나의 법칙으로서 수학적 공식으로 서술될 때만 근대적 의미의 과학은 시작된다.
  ④ 과학의 가치중립성

이러한 과학은 한편으로 유물론적 형이상학을 전제하며, 기계론적 세계관을 전제하며, 다른 한편으로 가치중립적이다. 그 기원이 인간의 욕망과 뗄 수 없고 그러한 욕망의 소산으로만 설명될 수 있는 만큼, 과학지식이나 과학기술이라는 점에서 그것들은 가치와 뗄 수 없는 관계를 갖고 있다. 그렇지만 과학은 자신이 표상하고 설명해주는 어떤 자연이나 인간이라는 현상 그리고 그밖의 어떤 것들에 대해서 가치 판단을 할 수 없다. 과학은 결코 무엇이 귀중하고 무엇이 아름다우며 무엇이 의의가 있는가에 대해서는 일언반구의 발언도 할 수가 없다. 과학지식·과학기술은 그 자체만으로 볼 때 죽음과 같이 삭막하다.

3. 전망 : 인간중심 문화

문화의 유형을 전통문화와 과학문화로 양분할 때, 지난 약 3세기에 걸친 인류 전체의 문화적 특성이 과학적 지식과 기술에 의해 서술된다는 사실은 새삼 거론할 필요도 없다. 과학적 사고와 과학적 지식과 과학적 기술에 의해서 지역간의, 국가간의 그리고 인간간의 관계는 사뭇 계속하여 달라져왔고, 인간 각자의 생활양식도 그와 병행하여 놀라운 변화를 일으켜왔다. 과학이 가져오는 인간관계와 생활의 변화는 지난 한 세기, 각별히 지난 반 세기에 걸쳐 하루가 다르게 바뀌어 왔다. 특히 지난 반 세기 전부터 첨단 과학기술은 기하급수적으로 발달해왔다. 거시적으로는 우주에 대한 지식과 개발이 추진되었고, 미시적으로는 물질과 생명의 본질에 대한 탐구와 지식으로 물리적 현상만이 아니라 모든 생명 그리고 인간까지도 조작할 수 있는 상황에 이르고 있다. 전자공학 및 생명공학이 선두에서 과학적 지식과 발전을 이끌어가고 있다. 이같은 과학기술의 발달은 인간 생활의 물리적 환경만이 아닌 경제적·정치적·이념적 상황에도 엄청난 변화를 가져왔다. 개인적·사회적·국제적 관계는 상상을 넘을 만큼의 변화를 일으키고 있다. 과학기술의 발달의 심도와 그 실용화의 폭은 우리의 상상을 넘을 만큼 놀랍게 크다. 과거와 다른 오늘의 정치, 경제, 생활양식 그리고 더 일반적으로 말해서 가장 일반적인 뜻으로서 문화의 특징은 과학적 사고와 현대 과학기술을 들지 않고는 전혀 설명될 수 없다. 현대 문화는 과학문화라는 것이며, 그러한 현대문화는 약 3세기 전 근대문화의 연장선상에 있다는 것이다. 거시적으로 볼 때 현대문화가 근대문화와 다른 점이 있다면, 그것은 현대의 과학문화가 근대의 과학문화보다 더 화려해졌다는 데 있다.

그렇다면 21세기 이후의 문화는 어떤 것일까? 그것은 과학문화와 질적으로 다른 것이겠는가? 우리는 앞으로 어떤 가치를 추구하며 어떤 양식을 갖추어 살게 될 것인가?

1) 전자정보문화

과학기술 발달과 생활양식의 변화는 앞으로 더 급속히 지속될 것이다. 과학문화는 인간에게 물질적 풍요는 물론 정신적 품위도 가져다 주었다. 인류는 필요한 물질들을 그 어느 때보다도 더 생산하고 필요에 따라 소비하게 되었다. 아직도 수많은 지역에서 인간이 기아로 인해 대대적으로 죽어 가고, 아직도 풍요한 사회 내의 어떤 계층은 심한 궁핍에 허덕이고 있지만, 전체적으로 보아 더 많은 지역에서 더 많은 인류가 과거에 비추어 상대적으로 더 엄청나게 물질적 풍요를 누리고 있는 것만은 속일 수 없다. 지구는 지구촌으로 변하여 수많은 사람들이 수없이 많은 곳으로 수없이 자주 이동하며 관광하고 문자 그대로 지구인으로 살게 됐다. 과학에 의한 의학의 발달로 인류의 평균 생존 연령은 놀랍게 길어졌다. 물질적 풍요 및 평균 생존 연령의 연장으로 세계 전체적 관점에서 볼 때 지구상의 인구는 폭발적으로 증가했다. 전세계와 모든 인간은 전산망으로 이미 연결되어 컴퓨터의 키만 누르면 어느 때, 어느 곳에서 서로 통신하고 영상을 통해 마주보며 대화를 나눌 수 있게 되었다. 물질적 풍요와 기술적 편이를 가져온 과학문화는 그와 더불어 정신적 만족도 가져왔다. 많은 국가들은 다른 국가들의 제국주의적 지배의 멍에를 떨쳐 버릴 수 있었고, 많은 국민들은 그들을 억압했던 전제적 지배와 계급적 속박으로부터 해방되어 정치적 및 사회적 자유를 쟁취할 수 있었다. 우리는 지금 과학기술이 성취한 믿을 수 없을 만큼 환상에 가까운 거의 이상적인 세계에 살고 있다.

상상할 수 없이 막중한 천재이변이 일어나지 않는 한 이러한 인류문화의 변화추세는 가속화될 전망이다. 이처럼 예측되는 21세기 그리고 그후의 세계는, 19세기는 물론 첨단기술을 말하는 현재 20세기 후반에 비추어 볼 때도 공상소설같은 세계에 지나지 않을 만큼 극히 이질적인 것으로 생각된다. 미래학자들은 앞으로 다가올 것으로 예측되는 이러한 세계의 이질적 삶의 양식, 즉 문화의 특색들을 '전자정보'라는 개념으로 구별한다. '전자정보시대'에는 근대 이후 현재까지의 '과학기술문화'가 그 이전의 모든 '전통문화'와 구별될 수 있듯이, '전자정보'의 개념으로 설명될 수 있는 그 문화는 '과학기술문화'와 구별된다고 할 수 있다.

그러나 '전자정보시대'로 예측되는 문화는 과학문화로 정의된 근대 이후 오늘날까지의 문화와 근본적으로 다를 바 없다는 데 주의할 필요가 있다. 그것들은 다 같이 본질적으로 동일한 과학적 사고방식과 세계관의 산물이며, 그것들간에 나타나는 가시적, 즉 물리적 차이는 질적인 것이 아니라 양적인, 즉 정도의 차이를 나타낼 뿐이라는 말이다. '전자정보' 문화는 과학문화와 구별될 수 없다. 그것은 과학문화의 한 양상에 불과하다. 그러므로 21세기에 다가올 문화를 포함한 인류의 문화는 역시 '전통문화'와 '과학문화', 즉 '원형적 이성' 문화와 '이성적 이성' 문화로 이분하고 서술할 수 있다. 그럼에도 불구하고 지금까지의 인류 역사와 그 문화적 속성은 단 한 가지로 동일한 원칙에 의해 설명될 수 있다. 인류의 역사는 자연 정복 확대의 역사에 지나지 않았다. 이런 점에서 전통문화나 과학문화 사이에는 전혀 다른 점이 없다. 그것들간에 차이가 있다면 후자가 전자에 비해 획기적으로 효율적인 방법, 즉 '과학적' 사고의 패러다임과 기술을 소유하게 됐다는 데 있다. 또한 그것은 인간에 의한 자연 정복이라는 동일한 목적·가치관, 즉 이데올로기에 뿌리박고 있다.

2) 자연 정복의 역설

자연 정복이라는 목적을 놓고 볼 때 과학은 가장 효율적인 도구였다. 인간 역사는 인간에 의한 자연 정복의 역사이며, '과학적' 세계관과 기술이 없었더라면 이러한 목적은 결코 불가능했을 것이다. 과학이 인간에게 가져온 혜택은 측량할 수 없이 크다. 그러므로 과학적 사고방식, 과학적 기술, 과학적 합리성만큼 더 귀중한 것은 쉽게 생각되지 않으며, 이상적 문화는 '과학기술문화' 즉 과학적 사고방식과 세계관이 인간의 생각과 행동과 가치의 규범적 기능을 하는 사회일 것이다. 현재 과학기술이 지구의 어느 곳, 어느 사회, 어느 국가를 막론하고 아편중독처럼 확대되고 있는 것은 너무나 자연스럽고 당연하다.

그러나 늦어도 60년대 이후의 과학 기술 문화는 자신이 미처 생각하지 못했던 역효과를 의식하지 않을 수 없게 됐다. 과학기술에 의한 자연 정복은 결코 간과될 수 없고, 이제 거의 감당할 수도 없을 만큼의 무겁고 어두운 결과를 가져왔다. 자연은 나날이 더 파괴되어 가고 있다. 브라질의 원시림까지도 개발과 발전이라는 이름 아래 급속도로 황폐화되어가고 있다. 우리의 환경은 걷잡을 수 없이 불과 20년 전까지만 해도 상상할 수 없었을 만큼 무섭게 오염되어가고 있다. 가까이는 기하급수적으로 증가하게 된 쓰레기가 우리의 주위를 덮기 시작했다. 우리 주변의 하천이 화학오물로 썩는가 하면, 지하수마저 오염되어 음료수까지 위험하게 되었다. 더 멀리는 오존층의 파괴와 그것의 지구 온실효과로 지구 전체에 천체적 이변이 생겨 지구가 몽땅 사막화되거나 홍수로 덮혀 생태계가 파괴되고, 마침내 인류 멸망의 가능성까지 예측되고 있다. 지구의 죽음이 21세기 어느 때에 오리라는 것은 아니다. 과학문화는 21세기는 물론 그후로도 지속적으로 같은 원리에 따라 지속·'발달'될 수 있고, 또한 그렇게 되기를 누구나 바란다. 그러나 이러한 과학문화가 영구히 계속될 수 없고, 되어서도 안된다는 말이다. 과학문화에 대한 위와 같은 어두운 진단에 대해 낙관적 대답이 나올 수 있다. 보다 고도한 과학기술의 개발로 자연 파괴와 환경 오염의 문제가 해결될 수 있다는 것이다. 즉 과학과 과학기술의 무제한 활용에서 생기게 될 문제는 역시 보다 나은 과학적 지식과 보다 뛰어난 과학기술의 개발로 해결될 수 있다고 주장할 수 있다. 그러나 이러한 주장은 근시안적이다. 과학은 인간 욕망의 발명물이다. 인간의 욕망은 무제한하다. 따라서 과학의 내재적 논리는 자연의 무제한 개발과 정복을 필연적으로 요청한다. 지구는 인간의 욕망에 따라 극복할 수 없는 물리적 한계를 갖고 있다. 지구의 자원에는 절대적 한계가 있다. 그뿐이 아니다. 지구를 무한대로 팽창시킬 수 없다는 데 더 근본적인 문제가 있다. 그렇다고 온 인류가 온통 쓰레기로 덮힌 황폐한 지구를 떠나 이주해서 살 수 있는 것도 아니다. 그럴 수 있는 천체는 아직 발견되지 않았다. 설사 그런 곳이 발견되더라도 그러한 곳에 이주한다는 것은 기술적일 뿐만 아니라 물리적으로 불가능하다. 백보를 양보해서 설사 그런 것이 가능하다 해도, 과연 그러한 인류의 삶이 무슨 의미를 가질 수 있겠는가? 인류는 어쩌면 오로지 이 하나뿐인 지구에서만 존재할 수 있을 것같다. 인간의 그리고 모든 생명체의 고향과 거주지와 무덤은 지구 외에는 아무데서도 찾을 수 없다. 우리는 지구를 떠날 수 없다. 지구는 곧 우리의 생명이다. 그런데 지금 지구는 환경 오염의 중병에 걸려 죽음의 위협 속에 빠져가고 있다. 지구와 함께 인류도 어쩌면 멸망의 위기에 가까이 가고 있다. 자연이 자신을 약탈해온 인류에게 참다 못해 복수를 해 온 것 같다. 어쩌면 우리는 지금 과학문화의 부메랑 효과를 목격하고 있는 듯싶다.

그러나 우리와 지구는 반드시 살아 남아야 한다. 현재 지구의 환경 오염과 생태계 파괴를 그냥 보고만 있을 수 없다는 말이다. 지구의 병은 너무 늦기 전에 꼭 고쳐야 하는 것이다.

3) 인간중심주의적 해결책의 한계

과학문화의 이러한 어두운 전망에도 불구하고 지금부터 당분간, 즉 21~22세기까지 인간은 지금까지 중독된 과학이란 마약을 끊지 못하고 과학적 틀에서 생각하고 행동하게 될 것이다. 죽어가는 지구, 즉 위협을 받고 있는 인류문화의 구원책이 아직도 과학문화의 큰 틀을 벗어나지 못한 채 구상되고 있다. 리오타르는 자신의 최근 저서에서, "이른바 발전이 생산적 효율성을 의미하고 과학은 이러한 이데올로기에 의해 지배되었으며, 그러한 과학적 이데올로기는 인간사회를 더욱 더 '비인간적(inhuman)'으로 만들어 간다"고 진단한다. 여기서 '비인간적'이라는 말은 인간 자체가 완전히 하나의 물리적 현상으로만 대상화되어 인간의 인격성, 즉 자율성이 존재하지 않게 됨을 뜻하며, 인간의 '가치'나 삶의 '의미'가 부재하게 된다는 뜻이다. 그러면서도 그는 '인간답게', 즉 자유롭게 남아 있기 위해서는 이러한 과학적 문화의 물결에 저항해야 한다고 주장한다.[3] 사실 과학적 세계관은 가치와 의미의 세계를 황량한 사막으로 만든다.

그러나 리오타르는 앞으로의 문화가 과학문화의 틀에 머물러 있을 것임을 조금도 의심치 않는다. 그가 '인간답기'를, 즉 '자율성을 지키기'를 바랄 때 그것은 앞날에 지속될 과학문화의 틀 안에 서 있다. 그러나 엄밀히 따질 때 한편으로 '인간다움'이나 '자율성'과, 다른 한편으로 과학적 세계관은 양립할 수 없다. 그렇다면 인류문화에 대한 그의 전망은 여전히 어둡고, 그 테두리 안에서 그의 처방은 너무나 소극적이고 빈약하다. 그는 고도의 과학문화가 가져오는 어두운 문제를 예측하면서도 그것을 해결하기에 필요한 새로운 문화적 모델을 제공하지 못한다.

한편 이른바 미래학자로 알려진 토플러는 새로운 형태의 21세기 문화를 예언하고 그것을 '제3의 물결'[4]이라 이름붙인다. 그러나 첫째, 그가 예측한 새로운 문화가 과학적 문화라는 점에서 근대적 문화의 연장에 불과하며, 둘째, 그는 과학적 문화를 긍정적으로만 보고 앞으로의 문화가 과학기술에 의해 더욱 지배되고 과학적으로 모든 문제가 해결되리라고 믿는 점에서, 과학문화에 대한 그의 견해는 너무 단순하고 너무 낙관적이다. 그러나 오늘날 과학기술문명의 객관적 상황을 냉정히 직시할 때, 인류의 사고와 행동, 즉 세계관에 결정적으로 혁신적 전환이 생기지 않는 한 이미 오래 전에 작동되기 시작한 과학적 세계관은 더 이상 저지할 수 없는 자체의 동력법칙에 따라 가속적 운동을 계속하고, 궁극적으로는 스스로를 파멸로 몰아 갈 것만

---

[3] Jean-François Lyotard, tr. Geoffery Bennington and Rachel Bowiby, *The Inhuman*(Standford : Standford University Press, 1991) 참조 특히 "Introduction : About the Human".

[4] 앨빈 토플러, 김태선/이귀남 옮김, 『제3의 물결』(기린원, 1992) 참조.

같이 예측된다.

 바로 이러한 사실이 우리를 우려하게 하며 과학적 사고, 이른바 과학적 합리성, 과학적 세계관에 대한 근본적 반성을 요청하며, 또한 바로 이러한 이유 때문에 우리는 21세기 그리고 그 이후의 인류문화를 객관적으로 관망한다는 입장에서 그것을 예측·전망하는 것으로만 그칠 수 없고, 그것과는 다른 희망을 걸고 어떻게 해서든지 인류와 지구를 종말의 궤도로부터 돌릴 방법과 작전을 마련해야 한다. 그러기 위해 가장 중요하고 근본적인 것은 자연과 인간의 관계에 대해 근본적으로 새로운 시각에서 희망을 걸고 철학적 반성과 고찰을 깊이 해야 하는 일이다.

4. 희망 : 생태학적 문화

 지구가 병들고 인간의 존속이 위협받고 있다. 병을 고치려면 먼저 옳은 진단이 나와야 한다. 병의 가시적 원인은 절제를 모르고 방향감각을 잃은 과학문명의 근시안적 개발과 발달이다. 그러나 과학지식이나 과학기술은 어디까지나 도구적 의미만을 갖는다. 그 자체가 자연을 파괴하고 환경을 오염시키는 것은 아니다. 따라서 과학지식이나 과학기술이 자동적으로 환경오염과 생태계의 파괴, 나아가서 지구의 병과 죽음을 의미하지는 않는다. 과학은 그것을 어떤 의도에서 어떻게 사용하느냐에 따라 현명하게 긍정적으로만 사용될 도구일 수 있다. 그런데 우리는 그 도구를 잘못 인식하여 잘못 사용해왔고, 그 동안 맹목적 욕망에 끌려 자연을 무자비하게 약탈만 해왔다.

 이러한 행위의 밑바닥에는 그런 행위를 정당화하는 이념이 깔려있다. 도구주의적 자연관, 즉 세계관과 인간중심적 가치관, 즉 인생관이 바로 그러한 이념을 구성하는 내용의 양면을 나타낸다. 과학문화가 전통문화를 대치하여 오늘의 문화를 형성했지만, 그것들은 다 같이 '인간중심주의'라고 부를 수 있는 세계관을 바탕으로 하고 있다는 데는 변함이 없다. 그러므로 과학문화의 한계가 드러나고 그것을 대치할 수 있는 문화가 있다면, 그것은 필연적으로 인간중심주의와는 다른 세계관을 전제로 해야만 한다.

1) 탈인간중심주의

지금까지의 세계의 역사와 얼마간 더 전망되는 인간의 역사가 인간에 의한 자연 정복의 역사에 지나지 않는 것으로 본다면 그러한 역사의 밑바닥에는 반드시 그것을 뒷받침하는 한결같은 세계관·인생관이 숨어 있다. 그것은 '인간중심주의(anthropocentrism)'라는 말로 가장 적절히 부를 수 있는 이념이다. 인간중심주의는, 모든 가치는 인간적 가치이며, 그런 가치를 위해서 인간 외의 모든 존재는 단순한 도구·수단에 지나지 않는다는 신념으로 정의될 수 있다.

인간의 행동이 의도적인 이상 그리고 의식적 행동이 필연적으로 어떤 정당성을 필요로 하는 이상, 자연에 대한 인간의 무제한 정복과 약탈도 그것대로의 정당성이 요구된다. 우주의 객관적·형이상학적 구조를 반영하는 것으로 전제된 인간중심주의는 인간에 의한 자연의 무제한 개발과 도구화, 즉 자연의 정복에 철학적 정당성을 부여한다. 과학에 의한 자연의 정복이 가장 효율적으로 성취되고, 서양을 대표해온 종교가 유태·기독교이며, 유태·기독교가 인간중심적 형이상학 위에 적나라하게 세워졌다는 것은 전혀 우연이 아니다. 형이상학적으로 서양종교와 전혀 다른 구조를 갖고 언뜻 보아 탈인간중심주의와 대립되는, 즉 자연중심주의(nature-centrism)적 세계관으로 볼 수 있는 힌두교, 불교 및 유교에서조차 인간중심적 신념은 완전히 청산되지 않고 있다. 힌두교와 불교에서 뗄 수 없는 윤회(karma)이론은 인간의 삶을 모든 형태의 삶 가운데 가장 귀중한 것으로 전제하고, 유교는 인간이 만물 가운데 최고로 귀함을 강조한다.

이러한 사실은 인간중심주의적 사고가 얼마만큼 뿌리 깊고 보편적인가를 알려 준다. 인간중심주의라는 철학적 신념은 자연을 정복하여 그것을 복종시켜 자신의 욕망 충족을 위해 도구적으로 사용하려는 가장 무서운 약탈적 동물인 인간에게 심리적으로 얼마나 편리한 이념적 도구의 기능을 했던가를 쉽게 이해할 수 있다. 그러한 철학은 인간의 자연 약탈을 정당화해주기 때문이다. 그러나 한 신념의 진/위는 그것이 마련하는 심리적 편리와는 전혀 상관없이 존재한다. 인간의 어떤 신념이 비록 심리적 갈등 해소에 편리한 역할을 해주는 경우라도 그러한 신념은 틀린 것일 수 있다. 인간중심주의는 인간이 자신의 행동을 정당화하기 위해 상상해낸 '이야기', 즉 픽션일 수 있다. 사실 그렇다. 인간중심주의에는 아무 객관적 근거가 없다. 철학적으로나 첨단 과학적으로도 조금만 냉정히 반성해보면 금방 납득할 수 있다.

별과 달은 개가 죽는다고 슬퍼하지 않으며, 우주는 개의 아픔이나 죽음 대신 인간의 아픔이나 죽음을 더 안타까워하지 않는다. 첨단 생명과학은 생물학적 구성요소와 그 구조의 측면에서 볼 때 개와 인간 사이, 아니 모든 생물체 사이에 근본적 차이가 전혀 없음을 설득력 있게 증명하고 있다. 인간과 동물간의 생물학적, 더 나아가서는 물리학적 차이는 과학적으로 알 수 있는 한 피상적일 뿐이라는 것이다. 만일 그것들간에 존재론적·형이상학적 차이가 없다면 그것들간의 차이는 인간이라는 동물이 그밖의 동물에 비해 지적으로 우수한 데 있고, 지적 우수성은 결국 힘의 우수성에 불과하다. 육체적으로 나약한 인간이라는 동물이 지적으로 열악한 다른 동물을 정복할 수 있었다는 말이다. 인간이라는 동물이 이처럼 다른 동물을 지배할 수 있는 지구상의 절대 폭군으로 군림하게 된 것은, 우주적·형이상학적·종교적 원리나 섭리에 의해서가 아니라, 하나의 우연한 사건·결과에 지나지 않는 것으로밖에는 달리 볼 수가 없다.
　오늘의 지구적 위기의 근원적 원인은 인간중심주의적 세계관이다. 그러나 자연은 인간의 욕망 충족을 위한 단순한 자료나 도구가 아니다. 인간중심주의에는 아무 근거도 없다. 도구주의적 자연관과 인간중심적 가치관은 새로운 세계관에 의해 대치되어야 한다. 이러한 새로운 이념체계 없이는 맹목적 과학문화가 동반하게 될 지구의 죽음, 따라서 문화의 종말이 근원적 해결 즉 구원을 받을 수 없다. 그렇다면 어떤 혁신적으로 새로운 세계관이 있을 수 있는가?

2) 생태학적 문화
　과학기술의 지속적 발명과 개발과 발전이란 명목하에 진행되는 인류에 의한 자연 정복이 이대로 계속될 때 틀림 없이 예측할 수 있는 사실은 지구의 황폐, 생태계의 파멸, 인류 종말 및 모든 생명체의 멸종이다. 병들었다는 것이 이미 확실하지만 그렇다고 다른 것으로 대치할 수 없는 단 하나의 지구는 이대로라면 멀지 않은 장래에 병에서 회복될 수 없어 사멸하게 될 것이다. 아무리 자생적 잠재력이 있더라도 날로 심해가는 환경오염을 감당하는 데는 한계가 있기 때문이다. 이러한 지구상의 생명, 어쩌면 지구에만 볼 수 있는 생명의 총체적 위기의 밑바닥에 자연 정복을 정당화하는 인간중심적 세계관이 근본적 원인으로서 깔려 있다면, 이러한 세계관을 버리지 않는 한 앞으로 인류 그리고 지구의 온 생명이 당면한 위기가 결코 극복될 수 없다는 것은 자명한 사실이다. 객관적 자연과 우리 인간 자신을 보는 인식적 패러다임과 삶의 궁극적 가치를 보는 가치관적 패러다임의 혁신적인, 쿤의 말을 빌자면, 게쉬탈트 스위치(gestalt switch), 즉 '총체적 관점, 사고의 틀의 혁명적 전환'이 필요하다. 우주 안에서 인간의 자리와 자연과 인간의 관계에 대한 인식의 전환, 즉 새로운 세계관, 인간관 및 가치관이 있어야 한다는 말이다. 우리는 그것을 '탈인간중심적 세계관'이라 호칭하고, 그러한 세계관을 바탕으로 한 문화를 '생태학적 문화'라 부르기로 한다.

① 인간과 자연의 동일성

생태학적 문화는 첫째, 자연과 인간의 동일성을 믿는다. 자연과 인간은 단일한 하나를 이룬다. 자연과 인간의 분리와 대립은 형이상학적으로 볼 때 피상적이며 인위적이다. 자연이 인간과 대립되어 생각되지만, 사실 인간은 자연 밖의 존재가 아니라 무한한 존재들의 고리로 형성된 자연의 단 하나의 고리에 불과하다.

② 인간의 형이상학적 특수성의 부정

둘째, 생태학적 문화는 자연의 관점, 즉 전체적 시각에서 볼 때 인간의 유일한 특수 가치를 인정할 수 없다. 인간이라는 고리가 기타의 존재를 정복할 수 있는 힘을 가진 것은 분명하지만, 그러한 사실이 인간이 자연의 무한한 고리 가운데 가장 귀중하다는 것은 증명하지 않는다. 오히려 그와는 정반대일지 모른다. 보기에 따라 그러한 특수한 힘을 갖고 있는 인간이라는, 즉 자연의 세포는 인간의 생명체를 파괴하는 암세포에 비교될 수도 있기 때문이다. 인간은 단 하나의 자연, 우주 전체(totality)를 구성하는 무한한 고리의 일부에 지나지 않는다. 자연이라는 하나의 존재가 그 구성부분으로 분할할 수 없음을 인정할 때, 인간의 특권을 믿는다는 것은 논리적으로 불가능하다.

앞의 두 가지 점에서 생태학적 문화는 힌두교 및 불교의 윤회설과 도교(道敎)의 철학적 자연주의와 형이상학적 맥락을 같이하며, 기독교는 물론 플라톤의 '이데아' 이론에 나타난 형이상학, 헤겔의 변증법적 '정신현상학' 그리고 가까이는 테이야르 드 샤르댕의 철학적 인간진화주의와는 상반된다. 전자의 세계관이 윤회·순환적이라면, 후자의 세계관은 목적·진화적이다. 목적론적 세계관에서 인간의 특수한 위상과 특권이 의미를 가질 수 있다면, 순환적 세계관에서는 인간의 특수한 자리나 의미가치라는 말들은 그 의미를 가질 수 없다. 그러므로 탈인간중심주의를 전제하는 세계관은 윤회·순환적 형이상학을 전제하거나 함의한다.

③ 총체적 인식론

셋째, 생태학적 문화는 인식론적으로 분석적 사고방식에 앞서 종합적 사유를 더 강조하고 중요시한다. 순환적인 모든 현상은 근본적으로는 따로 분리·구별할 수 없는 단 하나의 전체의 다양한 측면에 불과하지 독립된 개별적 존재가 아니다. 현상적 부분들은 하나의 전체 속에서만 그 의미가 파악된다. 궁극적으로 그것들은 서로 뗄 수 없다. 따라서 개별적 사물현상은 단 하나인 전체 속에서만 옳게 인식된다는 것이다. 이런 생태학적·인식론적 맥락에서 전체를 구성하는 피상적 현상들간의 우·열이나 상·하의 위계적 개념은 의미를 가질 수 없다. 그러므로 인간중심적 세계관은 불가능하다.

④ 발전·진보 개념의 재검토

넷째, 생태학적 문화는 발전·진보와 개발이란 개념의 근본적 재검토를 요구한다. 진보는 보다 많고 보다 인간에게 만족스러운 물질적 및 정신적 산물을 의미했다. 그것은 구체적으로 자연현상에 대한 지식의 증가, 그러한 지식에 근거한 사물의 생산을 뜻했으며, 보다 많은 사람에게 만족될 수 있는 사회 및 정치체제의 실현을 지칭했다. 그렇기 위해 보다 많은 욕망 충족을 위한 인류에 의한 자연 정복과 자료화, 즉 자연에 대한 약탈의 확대를 의미했고, 그러한 행위가 자연 개발이라는 이름으로 수행되었다. 그러나 발전·개발이라는 개념이 위와 같은 의미를 가질 수 있는 데는 인간중심주의가 도사리고 있고, 인간중심주의의 밑바닥에는 자연과 인간의 형이상학적 구별 및 그것들간의 적대적 견해가 깔려 있다.

그렇지만 발전·진보라는 개념을 위와 같은 뜻으로만 볼 수는 없다. 위와 같이 해석될 때 이 개념들은 자가당착에 빠지기 때문이다. 앞서 보았듯이 위와 같은 뜻으로서 발전·진보는 인간에게 결과적으로 퇴보·후퇴를 필연적으로 동반하며, 개발은 자기 자신의 파멸을 가져오게 마련이기 때문이다. 참다운 개발은 자연의 자료화에 있지 않고 자연과의 공생을 유지 내지는 회복하는 데 있으며, 참다운 발전·진보는 인간의 물질적 욕망 충족에만 있지 않고 자연·존재 일반의 일부로서 인간의 형이상학·종교적 의미를 찾고 경험하는 데만 있을 것이기 때문이다.

⑤ 탈자기중심적 가치관

다섯째, 생태학적 문화는 인간이 무제한한 물질적 욕망과 자연 정복의 의지로부터 스스로를 해방해야 한다고 주장한다. 이런 점에서 생태학적 세계관은 인간 고통의 근본 원인을 욕망에서 발견하고 인간 문제, 즉 인간 고통의 근본적 해결책을 욕망으로부터 해방하는 데 있다고 보는 불교적 인생관과 일치한다.

⑥ 화해적 태도

여섯째, 생태학적 문화는 자연에 대한 지금까지의 도전적 태도를 화해의 태도로 전환시킨다. 자연은 인간에 의한 도전과 정복의 갈등적 대상이 아니라 인간과 공존·공생적 관계라는 사실을 새삼 깨달아야 한다는 것이다. 동물들, 식물들은 물론 산이나 바다, 하늘이나 땅이 어느 것들도 다만 인간의 욕망충족을 위한 자료나 도구가 결코 아니며, 그런 것들의 존재의 의미는 단순히 인간의 무제한한 욕망 충족을 위한 도구성에만 있지 않다. 그러므로 생태학적 세계관은 모든 존재의 내재적 가치와 존엄성을 인정하고, 따라서 자연에 대한 우리의 태도가 도전적이거나 약탈적인 것이 아니라 공생적이며 화해적이어야 한다고 믿는다. 여기서 화해한다는 것은 자연적으로 살아감을 뜻한다. 노(老)·장(莊)이 그렇게도 강조하고 이 점에서 공(孔)·맹(孟)도 함께 따라가는 '도(道)'란, 다름 아니라 자연의 이치대로 살아감을 의미함에 지나지 않는다. 이런 관점에서 볼 때, 노·장이 주장하는 무위(無爲)적 행동원칙과 삶에 대한 소요(逍遙)적 태도는 2천 몇백 년 전 이미 상징적으로 보여 준 생태학적 세계관의 대표적 모델이다.

5. 맺음말

우리의 세계관이 우리의 사고, 인식 및 가치관의 양식을 다 함께 총체적으로 지칭해주는 개념이라면, 그것이 결국 한 사회나 한 시대의 문화를 결정한다. 어둡게 전망되는 21세기 및 그후의 인간중심적 첨단 과학문화와는 달리 우리가 보다 밝게 희망할 수 있고 꼭 희망해야 하는 유일한 문화는 위와 같은 의미에서 '생태학적'인 것 외에는 다른 선택의 여지가 없다. 당분간 지구와 인류 그리고 모든 생명에 대한 어두운 전망 속에서 우리가 그러한 절망에 빠져 버려서는 안된다. 우리는 새로운 의식으로 우리 자신과 자연 및 그것들의 가치를 새롭게 인식하여 강한 의지로 용기를 굽히지 않고 21~22세기를 대처해야 한다.

불행히도 이론과 실천, 이상과 현실은 꼭 일치하지 않는다. 인간중심적 세계관이 자연중심적 사고에 바탕을 둔 생태학적 세계관으로 대치되어야 한다는 것을 인식하더라도 그러한 혁신을 위한 구체적 방법과 절차가 자동적으로 보장되지는 않는다. 구체적으로 우리는 지금부터 무엇을 어떻게 보고, 생각하고 실천해야 하며, 또한 과연 할 수 있을 것인가? 인간의 생물학적으로 무한한 욕망은 얼마만큼 자제될 수 있는가? 그것이 자제될 수 있다면 발전·개발은 어느 선에서 중지되어야 하는가? 동물들을 우리와 같은 생명체로서 존중해야 한 다면 육식을 중지하고 모기나 그밖의 이른바 인간의 관점에서 '해 충'들을 잡지 말아야 하는가? 이러한 물음에 대한 정확한 대답은 결 코 쉽게 나올 수 없다.

그러나 우리는 적어도 다음과 같은 사실만은 인정해야 하고, 문제 해결의 실마리도 이러한 사실을 인정하는 감수성으로부터 찾을 수 있다. 한 가지 확실한 것은 동물의 생태계는 먹는 자와 먹히는 자간 의 치열한 생존투쟁의 순환적 고리를 이루고 있다는 사실이다. 그렇 다면 인간에게도 그 생태계적 고리의 하나로서 살아 남아야 하고 살 아 남기 위해서 다른 동물들을 먹는 것이 자연의 큰 법칙에 순응하 는 행동이라고 볼 수 있다. 여기서 자연의 지배, 약탈 그리고 개발이 어느 정도 정당화될 것이다. 그러나 확실한 사실의 또 다른 하나는 다른 생명체를 약탈함에 있어 다른 동물이 생물학적 존속을 위한 선 에서 끝나는 데 반해, 인간의 약탈행위는 그러한 목적성을 훨씬 넘어 과잉적이라는 데 있다. 인간이라는 동물만이 너무 많은 것을 차지하 고 소비하며, 너무 많이 먹고 마시고 배설하며 그리고 너무 번식하고 있다는 사실은 인간 자신도 부정할 수 없을 것이다.

〈1995년, 『문화철학』〉

과학과 이데올로기

무엇을 안다는 것과 그것을 알고도 어떻게 사느냐는 것, 진리와 그 진리에 대한 우리들의 태도, 인식과 실천, 사실과 가치, 이와 같은 것들 사이에는 뛰어넘을 수 없는 거리가 있다. 그것들은 각기 별개의 문제여서 혼동되어서는 안 된다. 위의 예들 가운데서 전자의 예가 인식의 차원에 속하고 있는 데 반해 후자의 예는 태도의 차원에 속한다. 논리실증주의자들에 의한 인식언어(cognitive language)와 감정언어(emotive language)와의 구별은 인식과 태도, 앎과 삶이 완전히 다른 논리적 차원에 있음을 명석하고 간단하게 나타내준다. 이러한 구별이야말로 논리실증주의의 가장 근본적인 전제가 되며 이 철학의 혁명적인 독창성을 이루고 있는 것이다. 이른바 분석철학은 설사 위와 같은 구별을 비판하는 경우에 있어서까지도 위와 같은 논리실증주의자들의 구별에서 그 기원을 찾을 수 있다. 앎과 삶과의 논리적 구별은 19세기 과격한 반합리주의자였던 키에르케고르가 '내게 정말 부족한 것은 내가 무엇을 알 것인가가 아니라 내가 무슨 이상을 위해 살아야 하는가를 내 마음 속에 분명하게 하는 일이다'[1]라고 말했을 때도 이미 뚜렷하게 나타난다.

앎과 삶과의 구별을 과학과 이데올로기의 구별로 바꿔 놓을 수 있다. 물론 '과학'이란 개념도 그렇거니와 '이데올로기'라는 개념은 더욱 애매하다. 그러나 여기서 과학은 사물·사건 등 모든 현상들의 진리를 발견하는 인식을 가리키는 것으로 보고, 정치 경제 체제, 종교적 믿음, 윤리적 규범, 예술 등으로 나타나는 한 사회, 한 개인의 삶에 대한 태도로 우선 볼 수 있다. 이와 같은 의미로서의 과학과 이데올로기와의 관계는, 앞서 지적한 대로 논리실증주의자들에 의해서, 키에르케고르에 의해서, 그리고 우리가 상식적으로 생각하고 있는 바와는 다르다는 주장이 이미 마르크스에 의해서 암시되었고 최근 여러 사람들에 의해서도 주장되게 되었다.

이들에 의하면 과학도, 즉 앎도 이데올로기의 요소를 갖고 있다는 것이다. 바꿔 말해서 모든 과학적 이론도 정치 체제, 윤리적 규범, 종교 등과 똑같이 한 사회, 한 개인의 삶에 대한 태도, 궁극적 가치에 대한 입장을 의미하는 이데올로기를 반영한다는 것이다. 이같은 관점은 과학적 지식 자체도 '권력에의 의지'로 본 니체에서, 그의 철학적 중요한 임무를 기성 철학 이론, 과학에 숨겨져 있는 잘못된 이데올로기를 고발하는 데 두고 있었던 마르크스에서 두드러지게 나타난다. 비슷한 주장이 최근 많은 철학가들에 의해 강조됐다. 이런 의미에서 마르쿠제(Marcuse)는 '기술적 이성이란 개념 자체는 아마도 이데올로기적인 것일 것이다. 기술의 응용뿐만 아니라 기술 자체는 자연과 인간의 지배를 뜻한다'[2]라고 말했으며, 하버마스(Habermas)는 '과학의

---

1) Sören Kierkegaard, *A Kierkegaard Anthology*, ed. Robert Bretall, N. Y., 1946, p.4.
2) Herbert Marcuse, *Negation* : *Essays in Critical Theory*, Boston, 1968, p.223.

화석화된 모델이 사회 문화 생활 세계 속으로 이전해 들어와서 후자의 반성적 이해에 객관적 힘을 미친다'[3]라고 썼다. 인간은 사회 문화라는 차원에서 과학을 이해하고 비판할 수 있어야 하는데, 거꾸로 과학적 사고 방식이 그것을 비판하는 인간의 기능을 지배하게 된다는 것이다. 같은 뜻을 촘스키(Chomsky)는 다음과 같이 표현한다. '지식인들은 과학과 기술의 위광을 즐기는 동시에 스스로 통제 메커니즘에 빠져 들어가서 사회 비평가로서의 그들의 역할을 상실하게 된다.'[4] 더 극단한 주장을 페어아벤트(Feyerabend)에서 찾아볼 수 있다. 그는 다음과 같이 주장한다. '미국 시민은 현재 자기가 좋아하는 종교를 선택할 수 있지만, 그의 자녀들의 학교에서 과학보다는 마술을 배워 달라는 요구는 아직도 용납되지 않고 있다. 국가와 교회의 분별은 있지만 국가와 과학의 분별은 있지 않다'[5] '과학은 일정 이데올로기를 이미 선택한 사람들에게만 '신화나 마술보다' 그것의 내재적인 가치를 가질 뿐이다.'[6]

이와 같이 과학과 이데올로기가 서로 떼어 놓을 수 없는 관계를 갖고 있는 이상 학문을 위한 학문, 순수한 과학이 경우에 따라 반성되고 비판되어야 할 것임은 두말할 필요도 없다. 그러나 이러한 점에 지나친 흥분을 한 나머지 과학과 이데올로기와의 관계를 잘못 이해하고 그것들을 혼동하는 경우가 없지 않다. 이러한 혼동은 과학 일반 특히 문학이라든가 역사학이라든가 혹은 사회과학의 발전은커녕, 그러한 인문과학은 물론 과학 일반의 기능이 무엇인가를 이해하는 데

---

[3] Jurgen Habermas, *Toward A Rational Society*, Boston, 1970, p.113.
[4] Noam Chomsky, "Philosophers and Public Policy," in *Philosophy and Political Action*, ed. Kai Nielsen, and Charles Parsons, Oxford, 1972, p.209.
[5] Paul Feyerabend, *Against Method*, Norfolk, 1975, p.299.
[6] Ibid., p.295.

장애를 가져올 위험이 크다. 사회과학 특히 문학에 대한 서로 상극되는 구구한 이론이 있음은 그와 같은 위험을 간접적으로 입증하는 것으로 보인다. 이 글이 뜻하는 바는 위와 같은 혼동을 가려내서 과학과 이데올로기와의 올바른 관계를 밝힘으로써 우리 학계 일반, 특히 인문 사회과학의 발전을 위해 간접적으로나마 작은 도움이 되고자 하는 데 있다. 그러려면 여기서 먼저 과학이란 개념, 특히 이데올로기라는 개념을 확실히 밝혀 둘 필요가 있다.

1. 앎으로서의 과학

과학이라 하면 흔히 한편으로 물리학·화학·생물학·공학 등을 생각케 하고 또 한편으로는 수학·논리학을 연상시킨다. 그러나 여기서 과학이라 할 때 이 개념은 전자의 예와 같은 자연과학만을 가리키지 않고, 심리학은 물론 인류학·고고학·역사학·사회학·미학 그리고 문학까지를 포함하는 넓은 의미를 가지며, 그와 동시에 수학·논리학을 제외한다. 이와 같이 볼 때 과학은 그것의 대상이 어떤 성질의 것, 어떤 종류의 것인가를 가리지 않고, 자연 현상이나 문화 사회 현상이나 심리 현상이나를 막론하고 어떤 현상을 설명하는 활동을 의미한다. 보다 좁은 의미에서 그러한 활동의 결과를 우리는 앎이라고 부르는데, 지적 활동의 결과로서의 이러한 앎을 과학이라고 부른다. 따라서 간단히 말해서 과학은 좁은 의미에서의 앎, 즉 어떤 현상 대상에 대한 지적 파악을 의미한다. 그래서 인식 대상 현상을 갖지 않는 수학이나 논리학은 과학에 속하지 않는다. 과학을 통해서 어떤 대상을 인식하는 데 반하여 수학이나 논리학에 있어서의 문제는 이해에 그친다.

어떤 사물이나 사건이란 대상에 대한 인식은 크게 두 가지로 나누어 볼 수 있다. 하나는 관찰인식(*observational knowledge*)이요, 또 하나는 이론적 인식(*theoretical knowledge*)이다. '눈은 희다' 혹은 '애기는 9개월 만에 낳는다'라는 지식이 전자에 속하며, '돌이 떨어지는 것은 인력에 의해서다' 혹은 '한 물질의 에너지는 그 물질의 양에 광도자승(光度自乘)을 승(乘)한 것과 일치한다'라는 아인슈타인의 $E=MC^2$과 같은 지식을 가리킨다. 전자의 지식은 우리들이 갖고 있는 오관의 지각 기관을 통해서 직접 관찰하고 경험을 쌓아 얻을 수 있다. 이와 달리 후자의 지식은 우리들이 직접 지각할 수 없는 어떤 자연법칙의 가정을 통해서 지각될 수 있는 현상을 설명해주는 기능을 갖고 있다. 그래서 후자를 설명적 지식(*explanatory knowledge*)이라고도 부른다.

'과학'이라 할 때 그것은 흔히 후자와 같은 지식을 가리키고, 그것을 전자와 같은 지식과 구별하여 과학적 지식이라고 구별짓는다. 그러나 여기서 과학이라 할 때 나는 이러한 구별을 넘어 두 가지 종류의 지식을 통틀어 의미하고자 한다. 따라서 과학이란 말은 앎이라는 말과 똑같은 뜻을 갖게 된다. 그렇다면 앎이란 무엇인가? 오관에 의해서 지각되는 모든 사물 현상과 그러한 현상들에 대한 모든 설명을 가지지 않고 함께 앎이라고 부를 수 있는가? 내가 눈을 보고 '눈은 검다'라고 지각했다 해서, 내가 '어린애는 여덟 달 만에 낳는다'고 믿었다 해서 그러한 나의 지각과 믿음을 앎이라고 부를 수 있겠는가? 중세기 사람들이 '비는 하나님이 슬퍼 눈물을 흘리기 때문에 온다'라고 비오는 현상을 설명한다 해서, 어떤 기독교인이 '배가 아픈 것은 일요일마다 교회에 나와 헌금을 내지도 않고 기도도 하지 않기 때문이다'라고 설명한다 해서 그러한 설명들을 앎이라고 부를 수 있겠는가? 당연히 모든 지각이, 모든 믿음이 그리고 모든 설명이 앎일 수는 없다. 내가 아무리 진지하게 '눈은 검다'고 보았다 해서 실제로 눈은 검어지지 않으며, 내가 아무리 혼자서 '어린애는 여덟 달 만에 낳는다'고 믿는다 해서 어린애는 그렇게 빨리 나오지 않는다. 내가 아무리 '배가 아픈 것은 기도를 하지 않았기 때문이다'라는 설명을 따라 새삼 기도를 한다고 배 아픈 것이 낫진 않는다. 이런 사실을 인정한다면 앎으로서의 지각이나 설명과, 그렇지 않은 지각이나 설명을 구별할 필요가 명확해진다.

  그러한 구별은 어떻게 가능한가? 이떻게 무엇으로 앎으로서의 지각·믿음 그리고 설명과, 그렇지 못한 지각·믿음 그리고 설명은 구별될 수 있는가? 여기서 '근거'라는 개념이 필요하게 된다. 지각·믿음 그리고 설명이 그것을 믿을 만한 근거, 그것이 참이라고 판단될 수 있는 근거가 있을 때 그것은 앎으로 승진하게 된다. 오관에 의해서 얻어지는 지각적 믿음이 정말 앎으로서 인정될 수 있느냐 아니냐의 근거는, 그러한 믿음을 진술하는 언어가 그 언어의 룰에 따라 적용되었느냐 아니냐에 있다. 내가 눈을 보고 '눈은 희다'라고 할 때 나는 '희다'라는 말을 옳게 사용한 것이다. 반대로 내가 같은 눈을 보고 '눈은 검다'라고 진실로 믿고 그렇게 진술했을 때 나는 '검다'라는 말을 잘못 사용하고 있는 것이다. 눈이라는 물체의 색은 '희다'라는 말로 서술하자는 것이 한국말의 룰이기 때문이다. 비록 내가 그 눈을 보고 정말 검다고 지각했다고 가정할 때, 우리가 내릴 수 있는 유일한 결론은 내가 색맹일 것이라는 사실이다. 이같이 볼 때, 앎은 한 개인의 주관적인 느낌이나 지각과는 독립해서 딴 사람들과 공동적으로 공감하고 동의되어야 한다는 사회적인 성격 즉 객관적인 성격을 그 자체에 내포하고 있다. 그렇다면 설명적 지식 즉 좁은 의미로서의 과학적 지식은 그 근거를 어디서 찾을 수 있을 것인가? 그것은 논리적 절차를 밟는 실증 테스트가 가능하고 또 맞을 때 비로소 앎으로 결정된다. '배가 아픈 것은 어떤 P라는 독이 들어갔기 때문이다'라는 설명은 실제로 어떤 사람이 그 독을 먹어 보고 사실 그 사람이 배를 아파할 때 위의 설명은 실증된다. 만약 그렇게 실증되지 않거나 혹은 논리적으로 도저히 실증될 수 없을 때 어떤 현상에 대한 하나의 설명은 앎이 될 수 없다. '배가 아픈 것은 교회에 나가 헌금도 않고 기도도 하지 않기 때문이다'라는 설명은 위와 같은 바의 테스트를 할 수 없다. 왜냐하면 하나님이 어떤 것인가를 구체적으로 밝혀낼 수 없기 때문이다. 그렇기 때문에 논리실증주의자들이 주장했듯이 종교적 설명 혹은 형이상학적 설명은 언뜻 보기와는 달리 앎이 될 수 없다. 위와 같이 앎을 분석해볼 때, 여기서 우리가 뜻하는 앎이란 입증된 주장, 근거가 있는 믿음을 의미하는 데 지나지 않는다. 그것은 더 간단히 말해서 진리를 의미한다.

앎, 즉 진리의 문제는 위와 같은 설명으로 완전히 해결되지 않는다. 진리의 문제는 논리실증주의자들이 생각하고 있는 것과는 달리 그리 간단치 않고 보다 세밀한 분석과 고찰을 요하는 복잡성을 내포하고 있다. 그것은 한 믿음이나 주장의 진위를 테스트하는 근거의 애매성에 있다. 경우에 따라 그리고 엄밀한 의미에서 어떤 테스트도 완전할 수 없고 따라서 한 믿음이나 주장을 앎과 앎 아닌 것, 진리와 위(僞)로 갈라내는 기준은 결코 절대적일 수 없다. 이런 의미에서 엄밀한 입장에선 어떤 사물이나 사건에 대한 우리들의 앎은 절대성이 결하고 항상 상대적이라는 것이다. 거꾸로 말해서 절대적인 앎은 절대로 앎이 될 수 없다. 앞서 든 과학철학사가인 페어아벤트는 물론, 더 널리 알려진 같은 과학철학사가인 쿤(Kuhn)의 입장은 바로 과학 지식의 상대성을 강조한 데에 그들의 사상의 독창성을 특징짓고 있다. 우리가 절대적인 진리로 보통 믿고 있는 뉴턴이나 아인슈타인의 이론들이 상징하는 과학 이론들은 신화 혹은 종교로 나타나는 이른바 원시적 혹은 마술적 자연 현상에 대한 설명과 근본적으로 그 질적 차이가 없다는 것이다. 한편 쿤에 의하면 지각이 우리들의 개념적 테두리 즉 패러다임에 따라 달라질 수 있는 것과 마찬가지로 객관적인 것으로 믿어 왔던 과학적 이론도 우리들이 적용하고 있는 패러다임에 따라 상대적으로 달라진다는 것이다. 한 이론에서 또 다른 이론, 예를 들어 뉴턴의 물리학 이론에서 아인슈타인의 물리학 이론의 변화는 한 패러다임에서 딴 패러다임에로의 대치를 의미할 뿐이라는 것이다. 그리고 이러한 대치는 점차적이고 누진적으로 이루어지는 것이 아니라 하나의 테두리에서 또 하나의 테두리로, 하나의 관점에서 전혀 다른 또 하나의 테두리로의 혁명을 의미하는 것이라고 주장한다. 따라서 우리들의 자연 현상에 대한 해석과 설명은 주관적이게 된다. 이와 같이 볼 때 과학적 지식은 결코 절대적인 진리가 될 수 없다는 결론이 선다.[7]

이와 같은 과학의 상대주의·주관주의에 반발하면서 셰플러(Scheffler)는 그의 저서, 『과학과 주관성』[8]에서 과학의 객관성을 옹호하려고 노력한다. 그의 논지를 간단히 요약하면 다음과 같다. 과학의 이상은 객관성이다. 객관성 없는 과학적 앎이란 자가 당착이다. 상식적인 생각과는 달리 많은 심리학적 실험을 통한 증명에 입각하거나 논리적으로 보아서도 순수한 지각, 언어 이전의 지각은 불가능하다. 언어는 이미 사람의 의식과 사물간에 중개 역할을 해서 쌀에서 모래를 골라낼 때 사용하는 키의 역할을 한다. 따라서 우리들은 사물 현상 그 자체를 있는 그대로 즉 절대적으로 파악할 수는 없다. 그러나 그러한 지각을 토대로 해서 짜여진 과학 이론은 우리가 언어의 똑같은 개념을 사용하는 한 객관적일 수 있다. 이와 같은 과학의 객관성은 과학적 지식이 사물 현상 자체를 있는 그대로 거울속에서처럼 반

---

7) cf. T. Kuhn, *The Structure of Scientific Revolution*, Chicago, 1962.
8) cf. Israel Scheffler, *Science and Subjectivity*, Indianapolis, 1967.

영함에 있지 않고, 같은 언어, 같은 개념을 통해서 공개적으로 딴 사람들과 함께 토론하고 동의를 얻을 수 있다는 데 그 근거를 갖는다. 나는 여기서 셰플러의 복잡한 이론을 분석하고 검토할 수도 없고 그럴 필요도 없다. 여기에서 강조하고자 하는 것은 자연과학 철학가들 가운데서도 과학 지식의 객관성을 두고, 주관주의 대 객관주의라는 이름으로, 관념주의(idealism) 대 사실주의(realism)라는 명목으로 치열한 논쟁이 계속되고 있다는 사실이다. 달리 말해서 이러한 논쟁은, 지식은 지식 일반의 절대성이 어렵거나 불가능하다는 사실, 비록 절대성 혹은 절대적 객관성 즉 진리를 실천하는 실제적인 어려움이 불가피하다는 사실에 주의를 끌어야 한다.

  진리의 발견 즉 앎의 이상은 위에서 본 바와 같이 가장 객관성을 갖고 있다는 자연과학에서도 완전할 수 없다. 이러한 어려움은 자연과학과는 다른 과학, 즉 생물학·심리학 그리고 인문 사회과학을 따라 점차로 더욱 심각해진다. 그 이유는 이와 같은 과학의 대상의 성격에서 그 원인을 찾을 수 있다. 생물 현상은 적어도 언뜻 보아서 무생물적 자연 물질 현상과는 달리 문자 그대로 유기적이기 때문에 기계적으로 인과 관계로써만 쉽사리 설명되지 않는다. 심리현상은 눈으로 지각될 수 없고 양적으로 측량될 수 없는 것이기 때문에 인과 관계로써 설명이 되지 않는다. 사회 현상 혹은 문학·예술 등에서 찾아볼 수 있는 문화 현상은 지각으로만 결정될 수 없는 '의미' 현상이기 때문에 자연과학의 설명적 모델을 직선적으로 적용할 수 없을 뿐만 아니라 근본적으로 다른 방법에 의해서 설명돼야 하는 듯싶다. 이와 같은 사실을 인정하고 들어갈 때 인문 사회과학에 있어서 앎이 엄격한 의미에서 가능한가 하는 문제가 나온다. 만약 이 분야에서의 어떤 현상에 대한 설명이나 이론의 객관적인 근거가 논리적으로 불가능하다면 그러한 설명이나 이론은 앎이라기보다는 일종의 신화, 일종의 시, 일종의 종교적 믿음의 형이상학적 주장과 근본적으로 다를 바가 없지 않는가? 이와 같은 지점에 이르러 우리는 과학과 이데올로기와의 관계를 더욱 절실하게 의식하게 된다.

2 이데올로기의 두 가지 뜻

 정치학 혹은 사회학 등에서 자주 쓰이게 되는 이데올로기(ideologie ; ideology)라는 말은 그 뜻이 분명치 않다. 원래 이 말은 18세기 새로운 여러 혁명적 사상이 생겼을 때, 그 사상들을 연구하는 학문이란 뜻을 갖고 있었다. 정치학·사회학 혹은 물리학과 같은 하나의 특수한 대상을 갖고 있는 학문을 가리키는 개념이었다. 그러나 막연하나마 오늘날과 같은 뜻으로 이 개념이 사용되기 시작한 것은 마르크스 이후이다. 마르크스에 의해서 이데올로기란 말이 사상사를 다루는 데에 극히 중요한 개념으로 등장했고 마르크스주의의 보급에 따라 널리 사용하게 되었다.

 마르크스의 저서에 이데올로기라는 말이 자주 나오지만 마르크스 자신도 그 말의 개념을 확실히 밝히지 않고 있다. 더욱 곤란한 문제는 마르크스 자신이 이데올로기라는 말을 일관된 뜻을 갖고 사용하지 않는 데 있다. 그럼에도 불구하고 그가 사용한 이데올로기라는 말을 그때그때의 컨텍스트 속에서 밝혀 볼 때 대체로 두 가지 서로 일치하지 않는 뜻으로 사용하고 있음을 지적할 수 있다. 첫째는 '그릇된 의식(false consciousness)'의 뜻이요, 둘째는 '여러 형태의 문화 현상으로 나타난 한 사회 한 인간의 삶에 대한 일반적이고 근본적인 태도'를 의미하는 것으로 해석할 수 있다. 그렇다면 '그릇된 의식'이란 무엇을 의미하는가? 마르크스에 의하면 한 사회의 종교·철학·윤리 등은 사실과 가치에 대한 한 사회의 인식을 나타낸다. 바꿔 말해서 한 사회의 종교·철학·윤리 등은 그 사회에 살고 있는 사람들이 우주를 어떻게 보고, 가치를 어떻게 보고 있는가를 나타내는 것에 불과하다. 그런데 이렇게 나타난 인식은 흔히 그릇되다. 다시 말해서 흔히 한 사회는 잘못된, 사실에 맞지 않는 우주관을 갖고 있으며, 사실에 맞지 않는 가치를 믿고 있다. 마르크스의 유명한 그러나 흔히 일반적으로 왜곡되어 해석되는 주장에 의하면 종교·철학·윤리 등은 이른바 인간의 아이디아의 세계를, 인간이 어떻게 우주와 가치를 보고 있는가를 가리키는 것인데, 그러한 아이디아가 흔히 한 사회의 정치 사회 체제, 특히 경제 체제에 의해서 결정된 그림자임을 의식치 못하고 그러한 아이디아를 사실처럼 객관적 사실로서 믿게 되기 쉽다는 것이다. 다른 말로 빌어 말해서 한 사회의 정치 사회 경제 체제와 그 사회의 종교 철학, 문학 예술과 같은 것을 마르크스는 각기 한 사회의 하부 구조와 상부 구조라고 부른다. 그의 학설에 의하면 후자는 전자에 의해서 결정된다는 것이다. 바꿔 말해서 상부 구조는 하부 구조의 그림자와 같은 것이다. 그런데 불행히도 우리들은 그 그림자를 사실, 정말 현실로 착각하는 경우가 많다. 헤겔의 관념주의 철학으로 대표되는 사상 체계를 마르크스가 그의 한 저서의 제목이 말하듯이 『독일의 이데올로기』[9]라 부르고 그것을 맹렬히 공격하는 이유는 헤겔의 철학이 설명하는 우주와 세계는 사실과 일치하지 않기 때문이다. 이와 같이 사실과 일치하지 않는 철학이나 종교 등을 믿는다는 것은 그것을 믿는 사회가 사실을 '잘못 의식'하고 있음을 말해 준다. '그릇된 의식'으로서의 이데올로기의 과격한 비판을 니체의 철학에서 찾을 수 있다. 그의 가장 중요한 저서인 『윤리의 계보』에서 니체는 서양을 지배한 기독교 사상과 그 사상에 기원을 둔 기독교적 윤리가치관은 사실을 왜곡한 그림자에 불과하다는 것이다. 기독교가 말하는 사실은 사실이 아니라는 것이다. 이와 같이 볼 때 니체에 의하면 기독교는 그릇된 의식을 의미한다. 이런 의미에서 니체의 철학은 마르크스에 있어서와 마찬가지로 한 사회의 이데올로기의 비평이라고 해석될 수 있다.[10] 니체에 의하면 기독교는 과학에 있어서처럼 객관적 사실을 나타내는 것이 아니라 하나의 이데올로기, 즉 사실에 대한 그릇된 의식에 불과하다는 것이다. 다른 관점에서 볼 때 니체와 마르크스는 같은 19세기 사상가임에도 불구하고 완전히 상반되지만 위와 같은 점에 그들은 똑같은 관점을 나타내고 똑같은 작업을 하고 있는 것이다. 일반적으로 마르크스에 있어서의 '이데올로기'라는 말은 위에서 설명한 바와 같은 뜻에서의 '그릇된 의식'이라는 뜻, 즉 부정적인 뜻으로 해석된다. 앞서 지적한 대로 마르크스는 이런 부정적 뜻으로서의 이데올로기, 그릇된 의식으로서의 이데올로기라는 말을 쓰고 있다.

한 사회의 종교·철학 체계, 정치 경제 체제 밑바닥에 깔려 있는 사실을 왜곡하는 '그릇된 의식'으로서의 이데올로기를 해명해내고 비판하는 비평적 작업을 '이념학(ideologistics)'으로 성립시킬 수 있는 가능성과 타당성을 필자는 다른 몇 가지 글에서 지적한 바 있다.[11] 이와 같이 볼 때 니체와 더불어 마르크스의 철학은 이념학이 된다. 이념학의 중요한 의의는 그릇된 의식, 그릇된 믿음을 비판 고발하는 데 있다. 한 사회가 갖고 있는 위와 같은 부정적 뜻으로서의 이데올로기는, 마르크스에 의하면 그것이 일부 경제적 지배계급을 정당화하기 위해 조작된 것이기 때문에 비판의 대상이 되고, 니체에 의하면 그것이 피지배 계급의 병든 인생관 또는 가치관을 나타내기 때문이

---

9) cf. Karl Marx, *The German Ideology*, N.Y. 1960.
10) 졸고, 「니체 哲學의 現代性」, 『하나만의 選擇』, 문학과지성사, 1978. cf. 「言語와 體制」, 『世界의 文學』, 1978 가을호
11) cf. 「理念學과 現代思想」, 『하나만의 選擇』, 문학과지성사, 1978.

라는 것이다. 어쨌든 위와 같은 뜻으로서의 이데올로기는 그릇된 것, 부정되어야 할 것으로 나타난다.

그러나 마르크스는 위와는 다른 뜻에서 이데올로기라는 말을 쓴 경우가 있다. 이와 같은 둘째 의미로서의 이데올로기는 한 사람, 한 사회가 선택한 삶에 대한 일반적 태도 특히 정치 경제 사회에 대한 입장을 의미한다. 공산주의 혹은 자본주의를 이데올로기라 부르는 이유는 공산주의나 자본주의가 각기 다른 삶에 대한, 사회에 대한, 또는 정치 체제에 대한 입장을 반영하기 때문이다. 정의를 강조하면서 자유를 다소 희생하는 것이 옳은 사회, 올바른 인간 생활이라고 볼 때 공산주의를 택하게 되며 다소 사회 정의를 희생하더라도 개인의 자유가 귀중하다고 믿을 때 우리는 자본주의자가 된다. 현재 이란에서 아야툴라 호메이니(Ayatullah Khomeini)로 상징되는 정치적 사회적 움직임은 분명히 이데올로기의 운동이다. 그의 입장에 의하면 진리라고 할 수 있는 이슬람교의 가치를 위해서 다른 모든 형태의 가치, 기계 문명이 가져오는 안락까지도 희생되어야 한다는 것이다. 이란에서 일어나는 운동은 종교와 밀접한 관계가 있는데 이러한 사실은 종교의 이데올로기적 차원을 충분히 나타낸다. 기독교냐, 불교냐, 이슬람교냐 할 때 우리는 이미 그것이 과학적으로 옳으냐, 그르냐를 따지길 중지한다. 이와 같은 종교간의 문제는 선택의 문제요, 선택의 문제는 우리들의 태도의 문제, 우리들의 인생에 대한 태도의 문제에 귀착한다. 이와 같이 볼 때 이데올로기는 한 개인, 한 사회의 이상을 의미하게 된다. 그래서 어떤 개인이나 사회가 자기가 믿고 있는 이념을 위해 현실과 타협하기를 거부할 때, 우리는 그러한 사람이나 사회를 이데올로기적이라고 부르게 된다. 캄보디아에서 광신적인 공산주의자인 폴 포트(Pol Pot)가 너무나도 비인간적인 정치를 했을 때, 그는 너무나도 자기의 이데올로기만을 반성하는 바 없이 믿고 있었기 때문이라고 추측할 수 있다. 말하자면 그는 그의 이데올로기를 위해서 모든 것을 희생하여 결국은 목적과 방법의 올바른 관계를 깨닫지 못하고 있었던 것이다.

이데올로기란 말을 위와 같이 해석할 때 마르크스 자신도 공산주의라는 정치 사회 체계를 주장하는 이상 하나의 이데올로기를 주장하고 있는 것이다. 위와 같은 뜻에서 볼 때, 비단 마르크스뿐만 아니라 누구나 의식적이든 아니든간에 일정한 이데올로기를 막연하나마 갖고 있으며 그럴 수밖에 없다. 왜냐하면 인간은 누구를 막론하고 살아가고 있는 이상 인생에 대한 어떤 태도·가치에 대한 어떤 선택을 내리지 않을 수 없기 때문이다. 이데올로기라는 말의 뜻을 위에서 본 바와 같이 두 가지로 해석할 때, 즉 첫째 '그릇된 의식'이란 뜻과 '인생에 대한 근본적 가치의 선택'이란 뜻으로 해석할 때, 마르크스는 첫째의 뜻으로서의 이데올로기의 비판자이며, 둘째 뜻으로서의 이데올로기를 스스로 갖고 주장하고 있는 것이다.

철학적, 혹은 보다 일반적으로 말해서 이론적인 시비가 이데올로기를 두고 많은 말썽을 일으키는 중요한 이유는 이데올로기라는 말의 개념이 시비를 일으키는 사람들간에 분명히 되어 있지 않기 때문이다. 이데올로기라는 개념을 분명히하고 날 때, 비로소 과학과 이데올로기와의 관계는 보다 확실히 토론되고 밝혀질 수 있다.

3. 과학과 이데올로기와의 관계

이데올로기라는 말의 뜻이 두 가지인 이상 과학과 이데올로기와의 관계도 두 가지 면에서 검토되야 한다. 과학과 첫째 뜻으로서의 이데올로기 즉 '그릇된 인식'이란 의미로서의 이데올로기와, 과학과 둘째 번 뜻으로서의 이데올로기 즉 '세계와 인생에 대한 근본적인 태도'

와의 관계는 똑같을 수 없다. 첫째 경우, 과학과 이데올로기와의 관계는 간단하다. 여기서 이데올로기라는 말은 틀린 앎, 혹은 근거가 없는 앎 즉 과학적이 되지 못하는 앎을 의미할 뿐이다. 따라서 이와 같은 뜻에서의 이데올로기는 과학적인 비판을 받아 과학에 의해서 수정되고 대치되면 그만이다. 이와 같이 볼 때 이데올로기의 비평은 니체나 마르크스가 다 같이 보여 주고 있는 바와 같이 일종의 인식론에 지나지 않는다. 인식에 관한 분석과 해석을 통해서 우리가 의심치 않고 사실로 믿고 있는 앎을 분석 비판함으로써 이데올로기를 참다운 앎, 참다운 인식으로 대치할 수 있다. 그런 인식은 다름아니라 과학적 인식에 불과하다. 왜냐하면 과학은 다름 아니라 옳은 인식, 근거가 있는 앎을 가리키기 때문이다. 바꿔 말해서 과학적 앎, 즉 과학이야말로 앎의 가장 좋은 유일한 패러다임(모델)이기 때문이다. 이와 같이 볼 때, 과학도 이데올로기에 의해서 결정된다든가, 과학도 일종의 이데올로기의 성격을 띠고 있다는 말은 그 의미를 완전히 잃는다. 왜냐하면 여기서 이미 말했듯이 이데올로기는 과학적인 근거가 없는 앎, 즉 받아들일 수 없는 앎을 말함에 지나지 않기 때문이다. 다시 한번 더 바꿔 말해서 여기서 이데올로기는 앎과 같이 보이지만 앎이 아닌, 과학처럼 나타나지만 과학이 아닌 것을 뜻함에 불과하기 때문이다. 그래서 이데올로기는 단순히 말해서 비과학이란 말에 불과하다. 그렇다면 과학이 이데올로기적이란 말은 과학이 비과학이란 말이 되는데 그러한 말은 자기 모순을 띠고 있어 아무 의미도 있을 수 없다. 과학과 이데올로기와의 관계가 문제되지 않는다.

 그러한 문제가 되는 것은 과학과 두번째 뜻으로서의 이데올로기 즉 과학과 우리들의 삶과 세계에 대해 선택한 근본적인 태도와의 관계에 있다. 공산주의 이데올로기를 갖고 있는 사람은 자본주의 이데올로기를 갖고 있는 사람과 한 자연 현상을 놓고 달리 해석하고 설명한단 말인가? 기독교라는 이데올로기를 갖고 있는 사람은 이슬람교나 불교를 믿는 사람들과 수학 문제에 대한 다른 진위를 내린단 말인가? 마르크스주의를 신봉하는 소련의 물리학자들은 한 물리 현상을 놓고 마르크스주의를 배척하는 미국의 과학자들과 서로 상치하는 과학적 이론을 세우게 된단 말인가? 어떤 특수한 이데올로기를 초월한 보편적인 그냥 과학은 불가능하단 말인가? 과학은 반드시 공산주의 과학, 자본주의 과학, 기독교 과학, 이슬람교 과학일 수밖에 없는가? 과학이 이데올로기에 의해서 영향을 받는다든가 혹은 한 과학적 이론은 반드시 어떤 특정한 이데올로기를 반영한다든가 하는 주장을 밀고 나가면, 위와 같은 질문에 대해서 긍정적인 결론을 내려야만 할 것이다. 그러나 여기서 내가 주장하고자 하는 점은 위와 같은 의미로서의 이데올로기와 과학은 아무런 인과 관계도 없고, 이데올로기와 과학은 마땅히 엄격한 구별을 갖고 있다는 사실이다.

언뜻 보아서 이데올로기는 과학에 영향을 미치며 따라서 과학도 이데올로기적인 요소를 지니고 있음을 증명해주는 예를 찾을 수 있을 것 같다. 예를 들어 스탈린 시대에 소련에서 리첸코(Lychenko)란 생물학자는 소련의 이데올로기에 맞추기 위해서 한 생물의 후천적인 교육이 다음 세대에 생물학적으로 유전된다는 학설을 내세워서 얼마 동안 그 학설은 소련에서 가장 옳은 학설로 행세했던 역사적 사실이 있다. 그러나 오늘날 소련내에서도 그러한 학설을 믿고 있는 사람은 하나도 없다. 그 학설은 이데올로기에 봉사하기 위해서 만들어낸 것임이 드러났다. 뉴턴이나 아인슈타인의 물리학 이론은 그것들이 어떠한 이데올로기에 구애되지 않고 그런 이데올로기를 떠나서 객관적으로 실증될 수 있기 때문에 비로소 하나의 학설로 인정될 수 있다. 말하자면 이런 학설들은 어떠한 이데올로기와도 아무런 관계를 갖고 있지 않다. 그것은 공산주의자에게나 자본주의에게나 다 같이 옳은 물리학 이론인 것이다.

  과학은 이데올로기에 의해서 결정될 수 없을 뿐만 아니라, 이데올로기에 의해서 영향을 받아서는 안 된다. 과학은 이데올로기와는 아무런 관계도 없다. 만약 과학이 어떤 특정한 이데올로기에 의해서 좌우될 때, 혹은 이데올로기적 요소를 내포하고 있을 때, 그것은 이미 과학이기를 그친다. 과학과 이데올로기는 별개의 것이다. 똑같은 이데올로기를 갖고 있는 사람이 두 개의 다른 과학적 이론을 주장할 수 있고 반대로 서로 상반되는 이데올로기를 갖고 있는 사람이 똑같은 과학적 이론을 받아들일 수 있다. 과학과 이데올로기는 서로 관계가 없는 별개의 것, 별개의 차원을 차지하고 있다.

  과학과 이데올로기와의 관계에 대한 위와 같은 부정적 결론에 반발하는 다음과 같은 두 가지 주장을 가상할 수 있다. 첫째로 어떤 특정한 과학은 물론 과학 자체도 이데올로기의 생산이라고 봐야 한다는 주장이 있을 수가 있고, 둘째는 래디컬한 주장으로서 하나의 이데올로기는 같은 사물 현상에 대해서 서로 다른 설명을 낳게 한다는 주장이 있을 수도 있다. 첫째의 주장은 대략 다음과 같은 논리를 갖고 있다. 과학적 지식을 강조하는 한 사회는, 가령 노장사상에서 찾아볼 수 있는 이데올로기와는 다른 이데올로기를 나타낸다. 즉 과학을 중시하는 자체, 따라서 과학을 권장하는 자체는 이미 이데올로기의 성격을 나타내는 것이다. 그뿐만이 아니라 어떤 분야의 어떤 종류의 과학을 강조하느냐 하는 것은 물론 과학 이전의 문제로서 이데올로기와 과학이 결코 분리될 수 없다. 이와 같이 볼때 먼저 말한 바와는 달리 과학과 이데올로기와의 관계가 밀접해 보인다. 그러나 이러한 결론은 과학이란 말의 개념을 분명히 않고 있는 데 기인된다. 여기서 '과학'이란 앎을, 더 정확히 말해서 믿을만한 근거가 있는 앎을 가리킨다. 이런 뜻에서의 앎은 그 앎의 대상과는 아무런 관계도 없다. 바뀌 말해서 과학이란 말은 앎의 대상을 가리키지 않는다. 핵물질이나 원숭이나 혹은 호르몬 자체는 앎의 대상에 불과하지 앎 자체는 아니다. 한 개인 혹은 한 사회의 이데올로기에 따라 핵물질에 대한 앎을 얻고자 하는 경우도 있고 혹은 호르몬에 관한 앎을 얻고자 하는 경우도 있을 것이다.

어떤 사물 현상을 앎으로서 대상하는 것은 이데올로기에 의해서 결정되지만, 그러한 것들에 대한 앎 자체는 이데올로기와는 아무 관계도 없다. 어느 과학자가 구더기의 생식 현상에 대해 관심을 갖고 그것을 철저히 연구하여 그 현상에 대한 설명을 했다고 가정하자. 그러나 그런 앎이 어떠한 사람에게도 아무런 실용적 가치도 없었다고 하자. 그렇다면 그러한 연구, 그러한 앎이 무용한 것, 그러한 앎을 위한 노력이 그 자신 개인의 입장에서 보거나 혹은 사회의 입장에서 보거나 그러한 노력은 완전한 낭비라고 판단될 수 있다. 그러나 만약 그의 앎이 진리라면 그것은 역시 과학임을 중지하지 않는다. 또 하나의 가정을 세워 보자. 어느 과학자가 박테리아를 연구한 결과 그것이 잘못 이용되어 모든 인류에게 크나큰 해를 끼쳤다고 하자. 그러나 그의 과학 지식이 진리라는 사실에는 전혀 다름이 없다. 이와 같은 경우 우리는 그러한 앎을 후회하고 규탄할 수 있다. 그러나 이러한 문제만은 이데올로기의 문제일 뿐, 앎 자체는 이데올로기와는 아무 관계가 없다. 한마디로 말해서 무엇을 알 것인가 하는 문제만이 이데올로기의 문제이지, 앎의 대상이 무엇이든간에 앎 자체, 그 대상에 대한 진리는 이데올로기와는 전혀 상관이 없다. 하나의 앎이 과학이란 이름을 가질 수 있으려면 그것이 어떠한 이데올로기와도 완전히 분리되어 있어야만, 완전히 독립되어 있어야만 한다. 한편으로 어떻게 보는가 어떻게 알고 있는 것과, 또 한편으로 무엇을 볼 것인가 무엇을 알 것인가 하는 문제는 서로 완전히 다른 문제임을 확실히해야 한다.

과학과 이데올로기 사이에 아무런 관계가 없다는 위의 주장, 앎은 이데올로기로부터 독립되어야 한다는 위의 논지에 대하여 아직도 반론을 제시할 수 있을 것이다. 우리는 이미 종교 혹은 마르크시즘은 언뜻 보아서 앎의 체계와 같이 보이지만 사실은 이데올로기에 속하고 있음을 제2절에서 강조했다. 그런데 예를 들어 기독교를 믿느냐 혹은 마르크스주의자가 되느냐에 따라 죽음을 보는 눈, 존재의 원천이나 목적을 해석하는 관점은 달리하게 마련이다. 기독교인은 영혼의 불멸과 내세를 알고 있는 데 반하여, 마르크스주의자는 그런 것을 부정한다. 이러한 사실은 어떤 이데올로기를 갖느냐에 따라 같은 사물 현상을 놓고도 서로 어긋나는 인식을 하게 한다는 것임을 입증하는 것같이 보인다. 따라서 과학은 이데올로기에서 완전히 독립될 수 없다는 결론이 설 것 같다. 그러나 이와 같은 결론은 종교 혹은 어떤 형이상학적 주장이 과연 엄격한 의미에서 앎일 수 있느냐 아니냐에 달려 있다. 기독교에서 말하는 '하나님', '천당'이 과연 사실인가? 힌두교인들이 믿고 있는 삶의 '윤회'가 사실인가? 마르크스주의자들이 주장하고 있는 유물론이 사실인가? 위와 같은 주장들의 진위는 실질적일 뿐만 아니라 논리적으로 결정될 수 없다. 그렇다면 그것들을 앎이라 부를 순 없다. 사실 앎과 같이 보이는 이러한 주장들은 사실상 이데올로기에 불과하다. 이러한 점을 인정할 때 앎과 이데올로기와의 인과적 관계가 있다고 주장하는 근거가 없음이 드러난다. 어떤 종교 혹은 형이상학을 갖느냐에 따라 영혼, 죽음, 혹은 존재의 궁극적 문제에 대한 관점이 달라진다는 사실과 앎과 이데올로기, 과학과 이데올로기 사이에 어떤 인과적 혹은 논리적 관계가 있다는 사실은 입증하지 못한다.

과학과 이데올로기와의 관계에 대한 위와 같은 결론은, 자연과학을 이해하고 발전시키는 데도 도움이 되겠지만, 특히 인문 사회과학의 올바른 이해와 그것의 발전을 위해서 중요한 바탕이 된다.

4. 인문사회과학의 예

자연과학이 이데올로기와 관계없다는 점에 비록 양보하더라도 인문 사회과학은 그 학문의 성질상 필연적으로 이데올로기와 떼어 버릴 수 없다는 주장이 있다. 그 이유는 인문 사회과학이 대상으로 하는 현상들은 그 자체가 그냥 대상이 아니라 이미 물질의 차원을 넘어 '의미' '가치' '태도' 등의 표현이기 때문이다. 가령 학문으로서의 문학의 대상인 문학 작품은 그것들의 의미를 밝혀내는 데 있지, 그것을 순전히 양적 측면에서 인과 관계의 설명으로 이해될 수 없으며, 마찬가지로 사회과학이 대상으로 하는 사회 현상, 예를 들어 한 공동체내에서의 대인 관계, 한 사회의 풍습·유행 등도 물리 현상과는 달리 물리학적 인과 관계로서 설명될 수 없다는 것이다. 그래서 예를 들어 막스 베버 같은 학자는 인문 사회과학의 대상은 설명(explanation)될 것이 아니라 '이해(understanding)'되어야 한다고 주장한다. 다시 말해서 그는 인문 사회과학은 자연과학과 다른 방법론을 바탕으로 해야 한다는 것이다. 근래 프랑스를 중심으로 영향을 미치고 있는 이른바 구조주의도 인문 사회과학의 새로운 방법론에 지나지 않는다. 과연 인문 사회과학은 자연과학과 다른 방법론을 가져야 한다는 주장이 옳은가 그른가의 문제는 차치하고, 서로 방법이 달라야 한다는 주장 자체는, 인문 사회과학이 한 학문으로 이데올로기와 떼어 버릴 수 없다는 주장을 내포하지 않는다.

문제는, 어떤 주장들에 의하면 적어도 인문 사회과학은 이데올로기와 떼어 생각할 수 없다는 것이다. 가까운 예를 들어 '민중문학론' '민족문학론' 또는 '인간주의 사회학'과 같은 개념이 뜻하는 바는 잘은 몰라도 위와 같은 주장을 전제로 하고 있는 것이 아닌가 싶다. 여기서 나는 위와 같은 '론(論)'이나 '학(學)'이 의도하는 바 자체의 옳고 그릇됨을 따지려 하는 바는 전혀 아니다. 나의 문제는 그것이 학문의 '방법론(方法論)'으로서 의미가 있느냐 없느냐 하는 것을 밝혀 보려는 데 있다. '민중문학' '민족문학' 혹은 '인간주의 사회학'이라는 개념들이 각기 학문으로서의 문학의 대상과 사회학의 대상을 지칭하는 말에 불과하다면 문제는 전혀 생기지 않는다. 무엇이고 학문의 대상이 될 수 있기 때문이다. 이와 같은 말은 모든 학문의 대상이 다 같이 의미가 있다는 말과는 전혀 다르다. 그러나 현재 사용되고 있는 대로의 위와 같은 개념들을 따지고 보면, 그것들은 학문의 대상을 가리키지 않고, 학문이 지향할 목적을 제시하는 것이라고 확신한다. '민중' 혹은 '민족' 문학론이 뜻하고자 하는 것은 문학은 민중 혹은 민족을 위해서 봉사해야 한다는 것이라고 믿으며, '인간주의 사회학'이 뜻하고자 하는 것은 사회학이 인간주의에 공헌할 수 있어야 한다는 것이라고 이해된다.

문학 작품은 민중이나 민족에 봉사할 수 있어야 하며, 학문으로서의 문학 즉 문학 연구도 그와 같이 되면 좋다는 사실, 그리고 한 사회학자가 사회학을 통해서 인간주의에 이바지하는 일이 극히 보람 있는 일임에 대해서 필자 자신도 완전히 동감한다. 그러나 이와 같은 주장은 하나의 이데올로기의 표현에 불과한 것으로 어떤 문학작품을 연구할 것인가, 어떤 사회 현상을 연구할 것인가를 결정짓는 데 방향을 가리켜 줄 수 있을지 모르나, 그것 자체로서는 문학작품이란 현상 혹은 사회 현상을 밝혀내고 설명하는 기능, 즉 과학으로서의 문학이나 사회학에 아무런 도움도 될 수 없는 것이다. 거꾸로 '민중' '민족' 또는 '인간주의'라는 말이 학문의 대상을 가리킨다면 '민중문학론' '민족문학론' 또는 '인간주의 사회학'이란 말들은 떳떳하고 논리 정연한 의미를 가질 수 있다. 이와 같은 의미로 해석한다면 '귀족문학' '세계문학' '자본주의 문학'론들이 다 같이 가능하고, '악마주의' 사회학, '이기주의' 사회학도 충분히 성립될 수 있다. 물론 그러한 문학론들, 그러한 사회학들이 우리들의 지적 노력의 보람을 가질 수 있느냐 하는 문제는 전혀 별도의 문제이다. 왜냐하면 후자와 같은 문제는 학문의 문제가 아니라 이데올로기의 문제에 지나지 않기 때문이다. 학문 즉 과학으로서의 문학은 첫째, 문학 현상으로서 대상, 즉 이미 기존하여 있는 문학작품들을 규정하고 둘째, 그것들을 이론적으로 설명하는 것을 목적으로 하고 있을 뿐이며, 학문, 즉 과학으로서의 사회학은 첫째, 어떤 사회 현상을 갈라 놓고 둘째, 그 현상을 이론적으로 설명함에 그 기능을 갖고 있을 뿐이다.

문학은 두말할 나위도 없고, 사회학·심리학·역사학 같은 것이 물리학이 갖고 있는 객관성·보편성을 띨 수 있는 학문으로서 성립할 수 있는가 하는 문제 자체가 있으며, 그 밖에도 그런 문제가 설사 긍정적 대답을 갖는다 해도 과연 그러한 학문, 즉 과학은 구체적으로 어떠한 방법에 의해서 이루어질 수 있는가 하는 문제가 남아 있다. 이 자리에서 그러한 문제를 구체적으로 논의할 필요는 없다. 여기서 중요한 점은 더러 학자들간에서도 착각을 하고 있는 것같이 과학과 이데올로기와의 사이에는 논리적 관계도 인과적 관계도 없다는 사실이다. 과학과 이데올로기와의 관계를 명석히 염두에 둘 때 비로소 우리는 보다 건설적인 문학이나 사회학의 발전을 기할 수 있고 그럼으로써 비로소 문학 혹은 사회의 여러 가지 현상에 대한 보다 더 투명한 이해를 얻을 수 있는 것이다. 이러한 연후에야 비로소 보다 단단한 근거를 두고 민중문학 혹은 인간주의 사회학이라는 이데올로기의 입장을 취할 수 있고 그러한 이데올로기를 위해 이바지할 수 있을 것이다.

〈1982년, 『인식과 실존』〉

과학도 인간이 하는 것이다
— 김호길 : 그의 인간과 사상

1. 첫 만남

내가 그와 처음 인사를 나눈 것은 미국에서 약 20년 전이었다. 70년대 초였다고 기억이 된다. 눈이 수북 쌓였던 어느 겨울날 저녁 나는 보스턴 교외에 사는 친구 이용식(李用植) 박사집에 놀러 갔다. 그때 워싱턴에서 왔다는 어느 과학자를 소개 받았는데 그는 나를 보자마자, "박이문 선생 오래간만입니다!"라고 하면서 퍽 반가워했다. 서울대 문리대 시절부터 잘 알고 있었다는 것이다. 학과와 학년이 다르고 단 한 번도 함께 논 적은 없었지만 당시 내가 되지도 않은 잡글을 대학신문이나 문리대학보 같은 데에 써갈기곤 했기 때문인 듯하다. 이러한 사실은 경상도 벽촌에서 온 한 물리학도가 이미 문학이나 철학 같은 데도 깊은 관심을 갖고 그러한 세계를 동경의 눈으로 바라보고 있었음을 뜻한다. 그것은 또한 김호길이라는 물리학자가 앞으로 단순히 물리학이나 과학의 세계에만 갇혀 있지 않을 것임과 또 단순히 과학자나 경영자로만 평가 되지 않을 것임을 이미 암시해준다. 아무튼 그때 나는 그의 이름은커녕 그의 얼굴조차 기억할 수 없었기 때문에 무척 당혹스러웠다. 후에 알게 된 일이지만 그는 그때 그가 깊이 관여하여 주도하고 있었던 재미 과학자협회의 사무적인 일로 뉴잉글랜드 지부를 맡고 있는 이박사의 집을 찾아왔던 것이다.

그는 얘기를 혼자 독차지했다. 그는 얘기가 많았고 거기다 옆에서 들어도 창피스러울 만큼 목소리는 컸다. 거무죽죽하고 투박한 인상이었다. 그는 마치 설교를 하듯 중국고전을 한문으로 자주 인용하며 혼자 쉬지 않고 떠들어댔다. 나는 그의 풍부한 한문지식에 조금 놀랐다. 나도 한학자이셨던 조부로부터 한문공부를 할 기회는 있었다. 그러나 나는 그러한 것이 낡아빠진 것이라고 생각해서 배우지 않았고, 조부께서도 억지로 내게 한문을 가르쳐 주시려 하지는 않으셨다. 그 당시 나는 오로지 서양공부만 하느라 여념이 없었다. 그런데 한국의 경상도 산골에서 태어난 이 원자과학자가 서양의 신식 학문 얘기나 사상 얘기와는 아무 상관없는 유학 얘기에 혼자 열을 올리며 퍼붓고 있지 않는가! 나는 이런 그를 보고 동양의 케케묵은 사고의 어두운 잠에서 깨어나지 못하고 아직도 낡은 것에 집착하고 있는 친구라는 느낌을 숨길 수가 없었다. 이어서 그는 영국에서 물리학 박사학위를 따고 미국에서 대학교수로 재직 중 오래간만에 산골 고향을 방문하러 돌아갔었을 때 있었던 얘기를 늘어놓았다. 그때 동네사람들이 '김호길 박사 금의귀향 만세'라는 큰 현수막을 들고 마을 앞에 나와 자신을 환영하던 이야기며, 그 자리에서 그가 했던 연설 얘기도 들려줬다. 그가 했던 연설 내용은 기억나지 않지만 그 말이 조리 있고 진실하며 깊이가 있고 또한 깊은 의미가 있는 당당한 것이구나 하는 느낌을 갖게 했던 것만은 아직도 생생하다. 이때 나는 조금 그를 다시 생각했다. 그가 겉보기와는 다르다는 생각을 했고, 그가 평범한 시골놈이 아니라는 판단이 섰다. 지금은 기억이 희미하지만 그가 부모님과 가족, 동네 어른들을 대한 태도며 동네 젊은이들에게 한 연설의 내용이 훌륭하고 그가 살아가는 태도, 그의 가치관은 젊은이로서, 특히 외국에서 자연과학을 공부한 사람으로서는 너무나 어른스럽고 당당하다는 생각이 내 머리 속을 스쳐갔고 혼자 떠들어대는 모습이 예의가 없어 보여도 어쩐지 꿋꿋하고 힘찬 데가 있다고 생각했다. 그러나 나는 그에게 그 이상의 관심도 없었으며 그의 이름이라도 기억하겠다는 흥미조차 갖지 않았다.

2. 두 번째 만남

그는, 큰 포부를 갖고 야심적으로 포항공대 개교를 준비할 무렵인 1986년, 그와 함께 학교를 시작했던 당시 기획처장 변종화 교수를 통해서 내게 포항공대에 와서 함께 일하자고 몇 번 요청했던 적이 있었다. 바로 그 사람이 약 20년 전 보스턴 교외의 친구집에서 만났던 '한문 잘하는 시골 출신 과학자' 김호길이었다는 것을 정확히 알게 된 것은 1987년 여름이었다. 여름방학을 이용하여 서울에 온 김에 나는 포항에 들려 '삶의 의미' 하는 제목의 교양 특강을 하며 하루를 보내게 됐다. 한 시간의 특강을 마친 후 김호길 학장은 나와 변교수를 포항 교외 해변의 어느 횟집으로 초대했다. 나를 설득하자는 속셈이었다. 무늬가 있는 반소매 와이셔츠를 입은 김학장은 퍽 건강해 보였고 생기에 가득 차 있었다. 그러나 뛰어난 물리학자라는 인상보다는 극히 한국적 관료나 어느 회사의 성공한 사장 같은 느낌을 받게 했다. 조금 후 중년의 부인이 나타났다. 피부가 희고 얼굴이 곱고 우아하다 할 만큼 세련됐다는 느낌을 준다. 그녀가 바로 김학장의 부인 권여사였다.

나로서는 이때가 그와의 두번째 만남이었다. 20년 전 눈 쌓인 보스턴 교외에서 만났을 때 받았던 그 인상에 비해 그는 훨씬 젊고 자신에 차 있어 보였다. 그는 마치 맑은 연못을 찾은 물고기와 같이 싱싱하게 생명력에 차 있었다. 그에게는 아무 꾸밈이 없었다. 그는 여러 가지 물질적으로 좋은 조건을 내걸면서 단도직입적으로 나보고 포항공대에 와 달라는 것이었다. 그러나 나는 속으로 대답했다. '나더러 이런 시골에서 썩으라는 거냐?' 이때까지만 해도 나는 김학장을 좋아하거나 존경한다는 느낌을 갖지 못했다. 나는 후에 한 학기를 포항공대에 와 있기까지 그의 이름을 김호길(金浩吉) 대신 김호길(金虎吉)로만 알고 있었을 만큼 그를 거의 모르고 있었다. '浩' 자를 '虎' 자로 믿고 있었던 것은 그의 성격이 어딘가 남성적이고 영특하며 당당하고 씩씩하다고 생각했기 때문이다. 그의 이름이 호랑이 '虎'로 쓰여지는 것이 당연하다는 생각을 자연스럽게 하고 있었던 것이다.

3. 은근한 경외심

내가 그를 좀더 잘 알게 됐다고 생각한 것은 1990년 봄학기를 포항공대에서 보내게 된 후였다. 이번에 내가 포항공대에 온 것은 나의 자청에서였다. 동경의 국제기독교대학에서 한 학기 가르치러 온 김에 한국에서 나머지 한 학기를 보내자는 속셈이었다. 김학장은 나를 선뜻 초대해 주었다. 우리는 넓은 방 큰 책상 옆에 놓여 있는 티테이블을 가운데에 두고 소파에 마주 앉아 있었다. 몇 마디 상투적 대화가 오고 갔다. 그의 또박또박하지만 경상도 사투리가 강한 큰 목소리는 상스럽다 할 만큼 너무 거칠게 느껴졌다. 그러나 거기에선 확고한 신념과 자신감에 찬 인간의 씩씩하고 믿음직한 모습을 볼 수 있었다. 그의 목소리, 그의 힘찬 사투리, 그리고 그의 박력에 찬 몸가짐은 어딘가 대화자를 압도하고 제압하는 무엇이 담겨 있었다. 우리의 화제는 사무적인 문제도 아니며, 이 대학에 관한 것도 아니며, 과학에 관한 것도 아니며 그렇다고 학문이나 교육 일반에 관한 것도 아니었다. 그는 족보, 양반, 유학, 한서, 퇴계, 의성 김씨, 양동 그리고 유명한 유학자 이언적에 대한 화제로 옮겨가며 자신의 해박한 지식을 내게 진열한다. 그는 이언적의 문집을 책꽂이에서 꺼내놓고 손가락으로 따라가며 귀에 담아 들어지지도 않고 담아 들어도 잘 알 수 없는 어떤 구절을 나에게 열심히 설명해준다. 포항공대 바로 이웃에 있는 양동 태생인 16세기의 이 한학자가 퇴계에 거의 버금가는 유학자였고 자기와 멀리 얽혀 있는 인척관계가 있다고 자랑스럽게 덧붙인다. 그리고는 대학시절 우리가 서로 알고 있는 몇몇 친구들의 이름을 대며 그들이 안동과 양동의 가문들과 어떤 관계에 있는지도 아울러 설명해 주었다. 나는 그가 대는 그 친구들의 얼굴을 40년 전의 기억을 더듬어 머리 속에 그려 본다. 그는 퇴계나 이언적 같은 분이 위대한 철학가이며 자신이 가장 존경하는 분들이라고 주장했다. 그러면서 나보고 이 문집을 빌려 줄테니 한 번 읽어보고 평하라는 것이었다.

어려서 나는 족보, 양반 얘기를 조부로부터 지겹도록 들었고 알 수도 없는 한서를 늘 옆에서 보고 자랐지만 단 한 번도 그런 문제에 흥미를 가진 적이 없었고 한문을 제대로 배우지도 않았다. 나는 동네 아이들과 산이나 들로 뛰어다니며 놀기에 여념이 없었다. 조부나 부친께서도 그러한 나에게 억지로 한문을 가르치려 하지 않으셨다. 지금 돌이켜 생각하면 내가 그때 한문을 배우지 않았던 것이 뒤늦게 퍽 후회스럽기만 하며, 억지로라도 나를 가르쳐 주시지 않았던 조부나 부친이 원망스럽기도 하다. 아무튼 김학장은 동양에도 그리고 한국에도 퇴계나 이언적 같은 훌륭한 사상가들이 있으니 이제 플라톤이네 칸트네 하는 건 그만두고 동양과 한국의 철학을 공부해보면 어떠나고 농담 삼아 내게 권고했다.

　외국에 오래 살았으며 더구나 젊은 세대에 속하는 물리학자인 그가 그만한 한문지식을 갖고 있다는 데 우선 나는 다시 한번 놀랐고 그에게 은근한 경외심을 갖지 않을 수 없었다. 그러면서도 그때까지 나는 그가 퍽 고리타분한 사람으로 시대착오적이며 인류의 정신사를 잘 모르고 세계를 보는 눈이 지나치게 협소하며 자기중심적이구나 하는 생각을 금할 수 없었다. 외국에서 오래 살았지만 과학자이니 만큼 역시 할 수 없구나 하는 생각도 내 머리 속을 스쳐갔다. 한문을 잘 하는 데 대해서는 경외감이 갔지만 그가 현대 물리학 이론 얘기 대신 낡았다고 생각되는 유교적 정신에 관심을 갖고 있다는 사실이 어딘가 전혀 어울리지 않게 보였다. 그가 세계 정신사를 잘 알지 못하고 객관적으로 보려 하지도 않으며 의성 김씨, 유교, 안동 그리고 한국이라는 좁은 편견을 갖고 세상과 세계를 잘못 보고 있다는 생각까지 들었다. 세계적 안목으로 볼 때 이언적보다 깊고 뛰어난 철학자가 허다했고, 유교 못지않은 사상체계가 적지 않았다는 것을 그는 모르고 있었으며 안동이 한국의 중심이 아니며 한국이 세계의 중심이 아니라는 것을, 그는 의식하고 있지 못한 것 같았다. 인류 사상사의 시각에서 볼 때, 이언적이 대단치 않은 사상가라는 판단은 그가 빌려 준 문집 해설을 읽고 나서도 변함이 없는 나의 의견이며 그런 나의 의견은 그후 몇 년이 지난 지금도 변하지 않았다.

　일요일 오후가 되면 몇몇 나이든 교수들 내외가 특별한 약속 없이 형편이 되는 대로 모여 포항과 경주 주변의 산에서 등산을 마치고 저녁 무렵 시내로 돌아와 역시 기분대로 값싼 식당에서 동동주나 소주를 나누며 저녁 식사를 함께 하곤 했다. 나도 덩달아 이 일요일 모임에 끼어 즐거운 하루를 보내곤 했다. 김학장은 바쁜 일정임에도 불구하고 이 작은 등산 모임에 거의 빠지지 않고 오리걸음으로 부인과 함께 나타나곤 했다. 그가 끼어 있기 때문에 이 등산 모임은 더 중심이 잡히고 웃음을 터뜨릴 수 있는 것 같았다. 그의 말솜씨가 뛰어나고 입심이 세기 때문이다. 간단한 등산복 차림으로 나타날 때는 그는 더욱 투박하고, 더욱 촌스럽게 보였으며, 그럴수록 그만큼 더 소박하고, 대중적이며, 우직하고, 충직하며 건실한 친근감을 주는 인간으로 보였다. 등산길의 그의 모습은 개교한 지 몇 년만에 한국에서 제일가는 공대라는 명성을 얻게 된 포항공대 창설자이며 학장같아 보이지 않았다. 오히려 그의 모습은 잘해야 시골 신사같이 소박하고 순수해 보였다. 이미 한국의 명사가 되어 있었지만 등산길의 그의 모습에서 그러한 티는 전혀 찾아볼 수 없었다. 개인적으로 생각과 얘기를 조용히 오래 나눌 기회는 별로 없었지만, 이렇게 김학장과 관계를 가지면서 나는 그를 좀더 알 수 있을 것같은 느낌이 들었다. 그때, 한 학기를 포항공대에 있으면서 나는 즐거웠다. 책만 갖고 있다면 내가 하고 싶은 공부를 하기에 불평할 것이 전혀 없어 한 학기 동안 작은 책을 한 권 쓸 수 있을 것같았기 때문이다. 그러나 더 중요한 이유는 내 마음에 드는 이곳 주변의 등산길에 너그럽게 나를 끼워준 이 학교의 학장 내외를 포함한 동년배의 교수들 때문이다. 내가 보스턴으로 돌아가게 될 무렵, 김학장은 나더러 하루바삐 아예 귀국하여 함께 있자고 권유하였다. 이런 연고로 나는 미국 학교와의 계약관계를 바꿔 1년 후인 1991년 8월, 포항으로 아주 와서 살게 됐다.

4. 인간적 매력

지난 2년 반 동안 김학장의 생활을 보면 그는 학교의 행정 사무 외에도 수많은 조직의 회의, 강연회, 텔레비젼 출연, 박약회, 한시작(漢詩作)모임, 안동에 계신 양친께의 주기적 방문, 조상의 성묘, 차례며 제사 및 그밖에도 많은 혼인상례(婚姻喪禮) 방문 등으로 날이 갈수록 바삐 지내고 있었던 것같고 신문 잡지에 수많은 글을 쓰기에 바빴다. 그의 사택에서 다른 동료들과 더불어 술을 나누며 잡담을 나눌 수 있었던 몇 번의 경우를 빼놓고, 내게는 그와 조용히 어떤 문제를 깊이 함께 생각해본다든가 어떤 철학적 또는 인생 일반에 관해 서로 의견을 교환하거나 따져 본다든가, 하며 인간적으로 따로 사귈 기회가 거의 주어지지 않았다. 그러나 그가 작고하기 바로 전까지도 우리들의 일요일 오후 등산 모임은 몇 년째 여전히 계속되었고 그는 부인과 함께 그 등산에 가능하면 빠지지 않고 나타나곤 했다. 내가 그를 인간적으로 보다 잘 알 수 있었고 그에게 인간적 매력을 느끼게 된 것도 바로 이러한 일요 등산을 통해서이다.

    나는 이런 기회를 통해서 좀더 알면 알수록 그를 보다 높이 평가하고 좋아하게 되고 속으로 존경하는 마음까지 갖기에 이르렀다. 그가 떠나간 지금 그가 남긴 수상집을 읽으면서 나는 더욱 그러한 느낌에 젖는다. 이런 사실을 의식하면 할수록 그와 더 많은 시간을 가질 수 없었던 것이 아쉽고 안타깝다. 지금이라도 좀더 개인적인 그리고 사무적인 것을 떠난 이야기를 동동주와 곁들여 나누었더라면 하는 아쉬운 마음이 사무칠 만큼 간절하다. 그를 더 잘 알 수 있었더라면 나는 그를 그만큼 더 좋아하고 그만큼 더 존경하게 됐을 것이다. 그런데 아 야속하다! 우리는 다시 함께 할 수 없게 됐구나! 그는 알면 알수록 정말 이야기를 나눌 수 있고 나누고 싶은 사람 중의 하나이었다. 그러한 사람이 많은 것은 아니다.

    등산을 하면서 나란히 길을 걷게 되면 나는 즐겨 그와 약간 지적인, 정신적인 문제를 놓고 얘기를 나누고 싶었고 그럼으로써 그를 보다 잘 알고 그로부터 무엇인가를 배우고 싶어 했다. 김학장과 전문적 철학문제를 나누는 데는 물론 한계가 있다. 그러나 그는 넓은 의미에서 철학적 생각을 많이 하고 있었고, 삶의 적지 않은 근본적인 문제에 대해 자신의 뚜렷한 견해를 갖고 있었으며 입장도 세우고 있었다. 그의 견해는 그 나름대로 언제나 흥미있었다. 이런 점만으로도 그는 충분히 철학자란 명칭을 붙이고 다녀도 되는 당당한 과학자였다. 일반 지식인 가운데 그리고 특히 과학자들 가운데 인간, 도덕, 종교, 문학, 철학 등에 대해 김학장만큼 관심을 갖고 자신의 확고한 입장을 세우고 있는 이가 과연 몇 퍼센트나 될 지 의심스럽다. 자칭 철학을 전문으로 하는 이들 가운데도 그만큼 자신의 세계를 확실히 하고 있는 이는 별로 많아 보이지 않았다.

경치가 좋은 산길을 오르다가 때때로 그는 이런 조용한 산속 시골집에서 책이나 읽고 글이나 쓰며 옛날 한국의 선비처럼 여생을 보냈으면 좋겠다고 말했다. 그럴 때면 공자나 맹자의 말을 인용하기도 하고 도연명, 이태백 같은 이의 한시를 몇 구 더듬거리며 외우기도 했다. 그런가 하면 그는 적지 않은 우리 현대 시인들의 이름뿐 아니라 시작품들을, 시인이라 자처하는 나 자신보다도 더 많이 암송할 줄 알고 있었다. 그럴 때마다 나는 그가 정서적으로 건조하거나 지적으로 단순한 과학자가 아님을, 또 대학의 단순한 경영자가 아님을 새삼 발견했다. 그가 어느 전문적 지식인 못지않게 지적으로 다양한 관심을 갖고 남달리 낭만적인 데가 있다는 데 새삼 놀랐고, 그의 비상한 언술과 기억력에 감탄하지 않을 수 없었다. 그럴 때마다 나는 그를 다시 보고 다시 생각하며 그만큼 차츰 더 높이 평가하게 되었다. 그는 천성이 시인인 데가 있었다. 그가 한시작 모임에서 정기적으로 한시를 썼던 것은 단순히 사교만을 위해서거나 한문 실력을 과시하기 위해서가 아니었다.

5. 한국의 정신적 뿌리

김학장은 기회만 있으면 의성 심씨, 퇴계, 진성 이씨, 학봉, 이언적, 안동, 양동, 논어, 유림 등의 말을 자주 꺼냈고, 의성 김씨 및 그밖의 안동 명문들간의 복잡한 족보 관계를 설명하고 그런 집안의 종가 얘기를 즐겨 꺼내곤 했다. 그는 또한 자신의 대대 조상들 얘기와 자신의 부친의 삶, 그리고 자신이 어렸을 때 어떻게 자랐는가에 대해서도 자랑스럽게 들려 주었다. 그는 또한 중학교 때 안동에서 함께 보냈던 친구들이나 인척들에 대해서 그리고 서울에 와서 그들과 고학하던 얘기도 감회롭고 애정어린 어조로 즐겨 들려 주었다. 그럴 때마다 그는 자신의 의성 김씨 집안과 자신의 고양인 안동의 전통에 대한 각별한 애향심과 자부심을 조금도 숨기려 하지 않았다. 이 모든 자부심의 대상은 유교전통, 유교적 가치를 의미하는 것이었으며, 유교야말로 그의 정신적 뿌리이며 종교로서 어떠한 이데올로기와도 바꿀 수 없는 신념체계이며 가치체계였다. 그가 박약회를 조직하여 회장의 자리에 앉아 거기에 정성을 받쳤던 것은 위와 같은 그의 출신, 성장 과정 그리고 정신적 맥락에서 볼 때 전혀 우연이 아니다. 그가 자신의 가정배경, 고향땅, 출신지방, 성장과정에 대해 얼만큼 애정과 아울러 자부심을 갖고 있었던가는 그의 책 제1부를 차지하는 '지례에서 지곡까지' 라는 자서전적 글에 감명깊게 드러난다.

나도 유가에서 성장했지만 우리집은 엄격한 전통을 다 지키지 않았기 때문에 나는 비교적 자유롭게 '신식'으로 성장했다. 그러나 회갑을 지난 나이로 엄격한 유가전통으로 유명한 영남에 와 살게 되고 김학장을 알게 되면서, 그렇게도 유명했지만 말로만 들었던 이곳 유가들, 그리고 그가 그렇게도 자랑하는 의성 김씨 집안이 궁금했다. 대개는 젊고 그렇지 않더라도 과학자가 모인 이곳 포항공대 동료 가운데에 김학장만큼 유가, 양반, 족보에 관심을 두는 이는 없다. 포항공대 뿐만 아니라 전국 어느 대학 교수사회에 가도 그런 이는 별로 없을 것이다. 시대가 이미 21세기라는 첨단기술의 세계에 들어가고 있다는 것을 상기할 때 너무나 당연하다. 그러나 나는 복고주의적 기질 때문이 아니라 한국의 역사, 한국의 몇백 년 되는 유교전통문화의 옛 모습에 아주 뒤늦게나마 깊은 호기심을 갖게 됐다. 내가 유교 집안에서 자랐던 탓인지도 모른다. 그러나 최근 나의 이러한 호기심은 나의 뿌리, 아니 한국의 뿌리를 찾으려는 인간으로서, 자연적 욕구에서 오는 것으로 보다 잘 설명될 수 있을 것이다.

그가 거의 매주일 멀리 안동까지 가서 부모님을 찾아 뵙는다는 것은 말로 듣고 있었다. 아무리 차편이 좋더라도 포항에서 안동까지의 거리는 꽤 멀다. 그런데도 그는 부모를 찾아 뵙는 것을 당연한 도리로 믿고 있었다. 미국에 있을 때부터 그는 줄곧 절약한 돈을 안동에 계신 부모에게 부쳐드리곤 했다고 한다. 그는 정말 시대착오적이라 할 만큼 효자이며, 자신의 형제들과도 지극한 우애 관계를 맺고 있었다. 평생 한 번도 그렇게 할 수 없었던 내가, 그를 알고부터 더 부끄러워진다. 그는 내가 이곳 대학에 있는 누구보다도 유가, 안동의 유림, 안동의 양반들에 짙은 관심과 호기심을 갖고 있는 것을 차츰 알게 됐다. 김학장은 작년 초봄 자기와 함께 안동을 돌고 오자며 나를 초대했다. 나는 얼른 그의 초대를 받아들였다. 정말 궁금했던 곳이며 가보고 싶었던 곳이 아니었던가!

6. 안동의 풍광

포항에서 영덕, 청송을 지나 임하댐을 지나 안동으로 통하는 경치의 아름다움에 매료되었다. 김학장은 임하댐에 이르렀을 때 차에서 내려 물이 찬 그곳을 바라보며 그 내력을 설명하고 더 깊숙한 산중으로 들어가면 수몰된 자기 고향마을 지례가 있다며 보존 건축으로 지정되어 물이 차지 않는 곳으로 옮겨 놓은 자기 생가에까지 가서 그 모습을 보여 주었다. 그곳은 고색이 창연하며 운치가 있었다. 나는 그가 이런 집에서 살며 자랐던 모습을 상상해보았다. 그는 임하댐이 내려다 보이는 곳에 집을 짓고 사는 이곳 유씨 종가의 한 과부댁으로 안내해서 소개하였고 그곳에서 술과 떡 대접을 받았다. 알고 보니 그곳은 우리 둘 다 가깝게 알고 있는 유혁인씨의 종가라서 더욱 감회가 깊었다. 그리고 그가 그렇게도 자랑하던 의성 김씨 12대 및 14대 종가댁으로 안내해 주어 역시 각기 그곳 종손들과 인사를 나누고 약주를 한잔씩 마시며 이야기를 나누었다. 그때까지 그가 의성 김씨를 자랑하고 양반과 유가전통을 늘어놓을 때마다 케케묵은 생각만 하고 있다고 속으로 웃어버렸지만, 실제로 이런 종가에 와보고 또 이곳 종손들을 만나보니 그가 자랑할만 했었구나, 하는 생각이 들었다. 때로는 전통을 용감하고 대담하게 버려야 할 때도 있지만, 전통을 지켜온다는 것은 그것만으로도 귀중하다. 하물며 유교의 귀중한 정신적 전통을 지키는 것의 중요한 가치는 어떻겠는가? 하회에서도 그는 유성룡의 종가로 가서 그곳 종손에게 나를 소개시켰고 역시 그곳에서도 약주 한잔을 함께 나누었다.

    나의 조부께서는 보학에 환하신 분이었다. 어려서 귀에 못이 박히도록 양반과 족보 얘기 하시는 것을 듣고 자랐지만 전혀 관심을 갖지 않았던 내가, 기억에 남을 만큼 구체적인 지식을 갖춘 것은 전혀 없다. 그렇기 때문에 김학장과 그곳 종손들과 족보, 인척, 양반 얘기를 해도 나는 그 구체적 내용을 전혀 알 수 없었다. 그럼에도 불구하고 나는 그들의 뿌리가 깊고 그러한 뿌리를 잘 지켜 계승해온 데 일종의 선망을 느끼게 됐다. 역시 그렇게도 말을 많이 듣던 안동의 유림은 자랑할 만하구나 하는 생각이 들었다. 아무튼 그때 그의 안내를 받으며 안동을 방문함으로써 나는 안동의 유가전통, 그리고 더 나아가서 한국의 정신적 뿌리의 큰 한줄기와 접하고 새삼 그것을 배우고 따라서 새삼 한국인으로서 나 자신을 보다 절실히 피부로 느낄 수 있는 것 같았다. 짧아서 아쉬웠지만 나는 그날 하루의 방문을 통해서 안동의 유가, 나아가서는 한국의 문화 그리고 나 자신을 좀더 잘 의식하고 알 수 있게 된 느낌이었다.

물이 가득 찬 아름다운 임하댐과 그것을 둘러 싼 늠름한 산들은, 그것을 바라볼 줄 하는 이의 마음을 높여 준 듯하다. 그는 그러한 산들을 바라보면서, 그리고 안동시내로 통하는 긴 가로수길을 달리는 차 안에서, 이곳에서 그가 살았던 삶과 그때 그가 느꼈던 생각들을 들려 주었다. 그는 자신의 마을에서 안동까지 산길을 따라 나오는 데 얼만큼이나 걸렸으며, 또 안동에서 중앙선을 타고 서울을 왕복하는 데 며칠이 걸렸던가를 즐겨 얘기했다. 그의 어조나 얘기 내용으로 보아, 또 당시 한국의 경제적 수준으로만 보아도 그가 풍요하지 못했던 것만은 분명한 것 같고, 당시의 한국의 사회적 수준으로 보아도 그가 자란 세계가 벽촌이라는 '후진성'을 띠고 있었음은 분명하다. 그러나 지금, 그는 영국에서 짧은 시일만에 학위를 땄고, 미국에서 첨단 물리학 교수로 오래 재직했으며, 그가 세워놓은 명문 포항공대의 학장으로서 한국의 교육계와 지식층 사이에 명사로 위치하여, 그가 어려서 살았던 세계와는 너무나 다른 세계에 존재한다. 그러나 벽촌에서의 유년기와 안동에서의 학창시절, 그리고 깊은 산골 지례에서 안동을 거쳐 중앙선 기차에 몸을 맡기고 서울 청량리를 힘겹게 오랜 시간에 걸쳐 왕복하던 대학시절을 회고하는 그에게는, 오늘날 그가 이룩한 성취감에 대한 만족감, 자부심과 아울러 그가 시골 벽촌에서 자랐고 안동에서 컸던 시절에 대한, 그리고 고향에 대한 따뜻한 향수를 쉽게 읽을 수 있었다. 어떻게 생각하면 그가 정말 행복했던 시절은 물질적으로 궁핍했던 어린시절이었고, 그가 정말 자신의 고장으로 느낄 수 있는 곳은, 서양도 한국의 개화된 도시도 아닌 유가의 옛 전통에 때 묻은 깊은 산속의 고향 촌락이었을는지 모른다. 시골에서의 그의 삶은 가난했지만 풍요했고, 괴로웠지만 행복했다고 그는 마음 깊숙히 느끼고 있었던 것이 아닌가? 이러한 측면이야말로 김학장의 인간됨과 정신세계를 가장 잘 암시해주는 것이 아닌가 싶다.

그날 포항으로 돌아오는 어두운 시골 산길에서, 김학장은 머지않아 다시 찾아와 퇴계의 생가를 비롯해서 다른 곳과 다른 사람들과 만나게 해주겠다고 약속했다. 그러나 어쩌다가 1년이 넘었지만 그 약속이 이루어지지 않았고, 이제 그는 영구히 우리를 떠났다. 이제 그와 안동유가를 찾아갈 수 없게 되었구나! 그의 재미있는 의성 김씨 얘기를, 영남 유림에 대한 그의 자랑스러운 설명을 다시 들을 수 없게 되었구나! 이제 누구하고 그곳을 가볼 수 있을 것이며, 누구에게서 그곳 세계를 배울 수 있겠는가! 생각하면 할수록 그가 아쉽기만 하며, 그가 더욱 그리워진다. 그가 떠난 지금 나의 세계도 어느덧 그만큼 삭막해졌다.

7. 과학입국

김학장에게 자신의 고향인 안동이란 지방과 자신의 정신세계를 구성한 유학전통이 개인적으로 중요하고 귀했다면, 자신의 조국인 한국이란 땅과 자신이 학문적으로 몸을 던져왔던 과학은 지적으로나 사회적으로 가장 중요한 관심사이며 문제였다. 사적으로 기회가 있을 때마다 의성 김씨와 양반 이야기를 즐겨 얘기했다면, 사회적으로나 직업적으로 가능하기만 하면 그는 한국의 과학교육을 변론하고, 때로는 남이 보기에 민망하고 어린애같다고 할 만큼 포항공대를 앞세우는 데 주저하지 않았다. 포항공대는 그의 삶에 있어서 가장 중요한 집념이었음에 틀림없다. 그는 포항공대를 그의 성공한 생업으로 믿고 있었으며 앞으로 정말 문자 그대로 세계적 연구중심의 공과대학으로 더욱 키워 완성시키는 일이 자기가 해야 할 남은 과제로 믿고 있었던 것이다.

그가 두 번씩이나 공과대학을 세우게 된 것은 우연이 아니다. 그는 미국에서도 성공한 물리학자였다. 그러나 그의 꿈은 더 위대한 물리학자가 되는 데 있지 않고 과학교육을 발전시켜 조국의 후진성을 극복하고 약소국으로서 지금까지 조국이 겪은 치욕과 고통을 씻어야 한다는 애국심에 근거한다. 그리하여 그는 오래 전부터 미국에서 이런 꿈을 꾸어오다가 1983년, 22년의 외국생활을 청산하고 고국에 돌아와 진주에 한 기업가의 후원으로 연암공전을 창설했고, 얼마 후 때마침 당시 포항제철 박태준 회장의 야심에 찬 큰 꿈과 일치하여 명실공히 국제 수준의 포항공과대학을 맡아 세우게 됐다. 그러므로 포항공대는 과학교육자로서 그의 가장 결정적 꿈의 구체적 실현을 의미했다. 박회장의 대담하고 무조건적이며 막대한 재정적 뒷받침이 없었다면 오늘날의 포항공대는 불가능했을 것이다. 그러나 만약 김학장의 흔들리지 않는 신념, 의지, 정열, 추진력, 사교력, 언술, 배짱, 뚝심 그리고 헌신적 노력이 없었더라면, 현재의 포항공대는 또한 결코 존재하지 않았을 것이다. 그는 자나깨나 좋은 학생을 모으려고 갖은 궁리와 홍보활동에 열을 식히지 않았고, 우수한 교수를 모으기 위해서 처음에는 견딜 수 없는 굴욕감을 참으면서도 좌절되지 않는 집념을 갖고 최선을 다했다. 오늘날 포항공대는 최우수학생이 아니면 입학할 수 없고, 포항공대에서 연구하고 가르치고자 하는 우수한 과학자들은 너무나 많게 된 사정에 이르렀다. 포항공대와 아울러 가속기연구소를 성공적으로 세웠다. 전세계를 통해 몇 개밖에 없고 막대한 자금이 드는 이 연구소를 한국에 세우겠다는 엄두를 낸 사람은 그 당시 아무도 없었다. 그러나 그는 남보다 크게 앞을 내다 보았다. 먼 훗날의 과학발전을 위해서 절대로 필요하다는 신념을 바탕으로 산업계는 물론 정부조차 관심을 갖지 않는 기초과학연구소를 드디어 만들고야 말았다. 작고할 때까지 가속기연구소에 대한 그의 애착은 포항공대에 대한 것 이상으로 크지 않았던가 생각된다.

그는 한국의 장래는 과학, 특히 과학기술의 발달에 달려 있다고 믿고 있었으며, 기회가 있을 때마다 정부가 그러한 방향으로 정책을 쓰고 사회에서 그러한 것을 인식하고 뒷받침해 줄 것을 강연과 논설을 통하여 역설했다. 이러한 국가적 차원에서 본 과학, 과학교육, 과학기술 발전의 중요성에 대한 그의 견해와 정열적 주장은 그가 포항공대나 그곳 가속기 연구소의 차원을 떠나 그의 오랜 애국심에 바탕을 두고 있다.

8. 인간 김호길

김학장은 물리학자이면서도 시를 좋아했다. 내가 만난 한국의 과학자들 중에서 그만큼 시를 외우고 있는 이를 아직 기억할 수 없다. 영국과 미국 등 서방 선진국에서 20여 년의 긴 세월을 보냈으면서도 첨단적 세계 사회인 런던이나 베를린이나 워싱턴보다는 빈곤하게 유년과 소년시절을 보냈던 낙후된 안동의 고향에 변함없는 애착을 갖고, 플라톤이나 맑스에 심취하기보다는 공자나 퇴계를 더 아끼고, 유행하는 기독교를 '유태인의 조상숭배사상'으로 규정하면서 거부하고, 우리 자신의 그리고 한국의 정신적 뿌리임을 의심치 않는 유교의 사상적 위대성을 강조하는 그의 세계관, 가치관 및 종교관을 이해하기란 쉽지는 않다. 첨단 물리학자인 그는 영남 유림의 전통과 아울러 한국의 큰 유학자 학봉 김성일의 후손으로, 안동의 양반 의성 김씨의 후손으로 태어난 데 대해 자부심을 조금도 숨기지 않으려 하면서도, 첨단과학교육의 중요성을 그 누구보다도 절실히 인식해서 포항공대를 세우고 오늘과 같이 육성하는 데 결정적 역할을 했고, 마지막 숨을 거두는 순간까지 그러한 작업에 심혈을 기울였다. 이러한 점으로 볼 때 그의 인간과 사상은 여러모로 모순과 갈등을 담고 있어 보였다.

언뜻 얼굴만을 볼 때 김학장은 순수한 시골 한국인이라는 인상이지만 알고 보면 선진국에서 학위를 따고 대학 교수로 가장 오래 있었던 한국 과학교육계의 명사였다. 그의 성격은 언뜻 보아 구수하고 막걸리같이 텁텁하지만 그의 내면에는 위스키보다도 더 짜릿한 사고력과 꼬챙이보다 더 꼿꼿한 원칙을 갖고 사는 까다로운 인물이었다. 인간적 측면에서 볼 때 그는 투박하고 시골 양반처럼 거북스럽게 격식적이었고 놀랄 만큼 대담하고 엄격한 점이 있었지만, 또한 누구하고도 동동주와 파전을 즐겨 나누며 무슨 얘기도 구수하게 하고 모든 집안 어른, 어릴 적 시골 동무, 학교의 친구 그리고 스승에 대해 변함없이 따뜻한 정을 갖고 있는 지조와 신의가 두터운 인간이었다. 그는 효스러운 자식이요, 우애 있는 형이며 동생이요, 애향심 있는 명사요, 의리 있는 친구요, 엄하면서도 믿음직한 아버지였다. 그는 바람에 따라 변하지 않고 자기 나름의 삶의 반석같은 줏대를 굳게 디디고 살았다. 많은 한국의 지식인들이 자신의 정신적 지주로서 유교나 불교보다 기독교를 다투어 선호할 때, 기독교를 '유태인의 조상숭배'라고 제쳐놓고, 유교를 중히 여기고, 남들이 '야만인'이라는 말을 하든 말든 보신탕을 동동주와 더불어 즐기고자 한 그의 태도는 그에 동의하거나 동의하지 않거나와는 전혀 상관없이 그가 얼만큼 뚜렷한 주체성을 갖고 있었으며 자신의 신념대로 당당하게 살아간 인간인가를 웅변으로 밝혀준다.

자신이 회갑기념으로 남긴 『자연법칙은 신도 바꿀 수 없지요』라는 책의 자서전적 글에서 그가 고백한 대로 그는 어려서부터 '욕심'과 '자존심' 많은자였고 남에게 지기를 싫어하며 주먹으로 못 당하면 돌을 던지면서 덤빌 만큼 독할 정도로 강한 투지력을 갖고 있었다. 그러나 그의 이런 어릴 때의 놀라운 행동은 그의 냉정한 심성을 나타내기보다도 어릴 적부터의 강한 자존심을 반영한다. 그렇게 강해보이는 그의 마음속 밑바닥에는 의리와 신뢰와 애정을 함께 한 그의 길고도 고운 심성이 깔려 있다. 그는 뿌리가 있는 인간이요, 원칙에 따라 살려고 애쓴 사람이었다. 물질적 가치가 날이 갈수록 팽팽해지는 오늘의 상업주의 사회에서 그만큼 도덕적 원칙을 의식하며 살아가고 있는 이는 그리 흔하지 않다. 그는 명실공히 하나의 인격을 갖고 있었으며 그의 근본적 심성과 인간됨은 "인간이 탄생하고 자라나기 위해서는 많은 분들의 사랑을 받고 은혜를 입기 마련이다. 고향이 시골인 데다 유난히 많은 친척을 가진 덕분에 나는 어린시절에 남다른 경험을 하게 되었으며 그것이 지금 아름다운 추억으로 남아 있다"라는 그의 말에서도 역력히 드러난다. 사상적으로 볼 때 그는 어떠했던가? 그는 한편으로 지극히 '현대적'인가 하면 다른 한편으로 지극히 '낡은' 사상에 젖어 있었고, 한편으로 지극히 '서양적'이지만 다른 한편으로 지극히 '동양적' 특히 '한국적'이었으며, 한편으로는 지극히 '과학적' 사고를 하는 사람이었으나 다른 한편으로는 지극히 '비과학적' 태도를 벗어나지 못하는 구태의연한 인물이었으며, 한편으로는 개별적 특수성을 고집하는 전통주의자였다. 그는 또한 보편적 진리를 추구하는 물리학자면서도 다른 한편으로는 과학을 '한국인'의 승리와 '한국'의 위상을 끌어 올리기 위한 도구로 삼으려는 '전략자'였다.

그렇다면 그는 갈등에 차 있고 그의 사상은 모순을 담고 있는 인간이었던가? 인간 김호길과 그의 사상은 과연 어떻게 요약·정리될 수 있을 것인가? 약 3년간 나는 그와 한 교정에서 가까이 지내오면서, 그의 성격과 그의 사상은 언뜻 보기와는 달리 모순되지 않다는 것을 차츰 깨닫게 됐고, 그럴수록 나는 인간으로서 김호길과 그의 정신적 세계를 더욱 잘 이해할 수 있을 것 같았다. 그러면 그럴수록 나는 인간적으로 그를 더욱 높이 평가하게 되고 그이 사상적 조숙성, 폭 그리고 깊이를 더욱 잘 이해할 수 있었다.

9. 유교 전통의 가정교육

인간으로서의 그와 사상가로서의 그를 설명해 주는 것은 한결같이 그리고 근본적으로, 그의 고향인 벽촌 지례에서 의성 김씨가 몇백 년에 걸쳐 지켜온 유교전통의 가정교육이다. 그는 자신의 집안과 가정교육에 대해 사석에서 구두로나 공적으로 또는 지면을 통해서 끊임없이 자랑스럽게 회고한다. 그의 가정이 깊은 산골에 있었고 그곳의 궁핍하고 딱딱한 구식 가정에서 완고한 교육을 받고 자랐다는 것을 감안할 때 자신의 가정적 배경과 성장과정에 대한 그의 이러한 태도는 상식적으로 이해하기 어렵다. 조숙했던 그는 자신이 성장한 세계 아닌 더 넓고 풍요하고 개화된 세계가 있음을 다른 애들 이상으로 잘 알고 있었을 것이다. 사실 그가 택한 공부는 가장 첨단적인 물리학이었고, 그것을 가장 발달된 선진국에서 배웠고 가르쳤다. 이런 상황에서 일반적인 경우였다면, 그는 대도시의 이른바 '개화된' 가정에서 일찍부터 신식교육을 받고 자라지 못한 것을 아쉬워했을 것이다. 과학자로서 끝까지 과학적 사고와 과학기술의 가치를 그렇게도 믿고 있었으며 스스로 세계적 물리학자가 되고자 한때 큰 꿈을 꾸기도 했던 그였기에 더욱 그렇다. 그럼에도 불구하고 자신의 가정교육과 고향에 대한 그의 향수와 애착과 자부심은 남달리 두터웠고 조금도 변함이 없었다. 이러한 사실이 얼른 납득되지 않는다. 그러나 그의 성장과정과 그가 그동안 살아오면서 보인 언행을 종합해보고 그것들의 의미를 좀더 반성해보면, 그의 세계관, 가치관, 인생관과 그의 언행간에는 모순이 없고, 양반들이 지켜온 유교전통을 존중하는 안동 벽촌 출신인 그와 과학자이며 과학주의자인 그와는 갈등이 없음을 알 수 있다. 나는 이 추억의 글을 쓰기 위해 그가 남긴 『자연의 법칙은 신도 바꿀 수 없지요』라는 수상집을 읽고 나서 내가 막연히 했던 위와 같은 생각을 더욱 굳히게 됐다. 인간으로서 그는 유교교육에 의해서 형성되었으며 그의 사상은 어디까지나 유교에 의해서 결정되었다. 그의 인간과 사상은 한마디로 그가 받고 그가 해석하고 이해한 대로의 유교에 의해서 일관성 있게 환히 밝혀진다.

과학이 자연현상에 대한 지적 이론이라면 유교는 인간으로서의 삶에 대한 도덕적 가치관이다. 유교의 입장에서 볼 때 인간으로서 어떻게 살아야 하는가의 문제는 세계가 어떻게 되었느냐를 설명할 수 있고 얼만큼이나 그러한 세계를 조작할 수 있는 능력을 갖느냐의 문제보다 더 중요하다. 직업인으로서, 지적 인간으로서 그리고 기능인으로서의 과학자가 되고 과학기술의 중요성을 그 어느 누구보다도 잘 알고 있었지만 처음부터 그에게 그런 문제보다 더 중요한 것은 어떻게 인간으로서 올바르게 살아가야 하는가의 문제였다. 이름난 물리학자가 된 이후에도 유학에 관심을 쏟았던 것은 바로 이런 이유에서였을 것이며, 그가 어려서부터 받은 동양의 한 세계관인 유학을 나이가 들수록 더욱 귀중히 생각했던 것은 어린 시절과 고향에 대한 향수 때문만이 아니다. 삶의 방침에 대한 신념체계는 유교나 불교, 도교만이 아니라 지난 반 세기 미국의 영향과 아울러 한국을 휩쓸게 된 기독교도 있다. 그럼에도 불구하고 그가 다른 세계관을 배제하고 유교를 고집한 까닭은 그가 보기에 유교의 세계관이 가장 옳다고 믿었기 때문이다. 물론 김학장은 전문적 유학자가 아니다. 따라서 그의 유교에 대한 이해는 잘못된 것인지도 모르며 그렇지 않더라도 지나치게 소박한 것이었는지 모른다. 그러나 바로 유교에 대한 그의 소박한 해석이 그의 행동과 그의 사상을 이해하는 데 열쇠가 된다. 아니 어쩌면 유교의 정수(精髓)는 오직 바로 그러한 소박한 그의 이해 속에 담겨 있는지도 모른다.

10. 도덕적 가르침

유교가 김학장의 관심을 끈 이유는 그것이 객관적 세계에 대한 지적 설명을 해주는 데 있지 않고 인격적 지침을 내주는 도덕적 가르침인 데 있었다. 그가 나이를 들면서 더욱 유교에 기울어진 것은 그러한 유교의 도덕적 가르침이 옳다고 확신했기 때문이다. 어릴 적 벽촌 고향에서의 의성 김씨 가문의 유가적 분위기를 회고하면서 '모든 유가에서 똑똑하고 못된 것보다는 어리석은 면이 있더라도 착한 것을 강조하기 때문에 때로는 어리석은 것을 자랑으로 삼기도 했다' 라고 썼을 때 그는 유교를 보는 그의 입장을 유머스러우나 분명히 드러냈으며, 삶에 대한 그의 궁극적 태도를 밝혀 주고 있다. 그에게 가장 중요한 것은 '안다' 는 지적 문제가 아니라 '착함' 이라는 도덕 가치이다. 그속에서의 유가의 모임인 남풍회(南風會)라는 모임을 얘기하면서 '우직하게 살지언정 시류에 쉽게 따르지 않는 유가의 가치관이 남풍회란 이름 속에 스며 있고, 어리석은 것은 크게 부끄러워할 일이 아니라는 영남 유가의 가르침' 의 핵심을 설명할 때 그는 부푼 긍지를 갖고 그러한 유가의 전통을 확고히 이어받고 있었던 것이다.

그의 확고한 도덕적 자세는 '모든 사람들이 궁핍해도 의를 잃지 않고 달했을 때도 도를 떠나지 않아야 한다는 생각을 항상 하도록 사회풍조가 경신되어야 하겠다'는 그의 주장에서 더욱 자명해진다. 바로 그렇기 때문에 그는 "저는 약간 비관적입니다. 앞으로 24세기나 25세기의 사가들은 20세기 역사를 쓸 때 '20세기 공포의 시대, 잔인한 시대'로 기록할 것입니다. 과학이 발달했다고는 하지만 인도(人道)나 인의(仁義)의 사상은 후퇴하고 있어요. '어떤 것이 옳으냐?' 보다는 '어떤 것이 더 이익이 많은가?' 라는 생각이 극단화되고 있는 것 같아요"라고 인류의 장래를 어두운 눈으로 보고 있다. 그는 얼마전 한국정부가 국가의 이익을 위해서 대만과 국교를 단절하고 중국과 국교를 맺게 된 것을 보고 한 논설에서 '외교에서는 결국 신의나 의리보다 이익과 국력이 우선하는 모양이다. 우리의 국력이 약했을 때는 따라서 우리도 우리의 우방들로부터 같은 대우를 당할 것이라 생각하니 쓸쓸한 생각을 지울 수 없다'라고 마음 아픈 어조로 기술하고 있다. 이 글 속에서 우리는 '의리' 혹은 '신의'라는 유교적·도덕적 가치를 그가 얼마만큼 귀중히 생각하고 있었던가를 읽어볼 수 있다. 그에게 가장 중요한 것은 과학으로 대표되는 지적 가치이다. 그러나 그런 가치에 앞서 그에게는 도덕적 가치 즉 '인간적' 가치가 더 귀중했던 것이다. 그 자신도 과학자이기 전에 도덕적 인간이고자 했다.

유교는 도덕적 가치관만이 아니라 하나의 세계관이다. 그것은 자연 현상, 우주 등 객관적 인식대상에 대한 관점이기도 하다. 그가 유교를 따르는 이유는 유교의 도덕적 자세에만 있지 않다. 유교의 세계관이 그가 믿고 있는 과학적 세계관과 일치한다고 믿기 때문이다. 죽음에 대한 제자의 물음에 답할 때 공자는 삶에 대해서도 잘 알지 못하는데 어떻게 죽음에 대해 말할 수 있겠는가, 라고 대답했다. 이런 점에서 공자의 사상은 경험주의적, 실증주의적이며 종교적이기를 거부한다. 이런 점에서 유교적 사고는 합리적이고 과학적이다. 김학장은 과학에서 가장 잘 나타난 합리적 사고를 존중한다. 그에 의하면 유교적 세계관은 어느 종교적 세계관보다 합리적이며 인도주의적이라는 것이며 그러한 세계관이 옳다고 그는 전제한다. 그가 초월적 문제 즉 종교적 문제에 무감각하다는 것은 결코 아니다. 그러나 그는 과학이 그러하듯이 그런 문제에 대해 겸허하다. 그에게 중요한 것은 우리가 인간으로서 알 수 있는 것만을 믿고 인간으로서 할 수 있는 것에만 충실해야 한다고 생각하는 것이다. 그가 생각하기에 유교는 바로 그러한 입장을 취하고 있다. 그래서 그는 공자에서 볼 수 있는 겸허한 인도주의가 옳다고 생각하는 것이다. 종교적 문제와 유교를 보는 그의 위와 같은 생각은, 한 대담에서 그가 말한 다음과 같은 대답에서 잘 나타난다. "유교에서 공자의 태도가 합리적입니다…… 그래서 유교에서 말하는 정도의 합리성…… 뭐, 수인사대천명(修人事待天命)한다고 성실히 최선을 다해서 살아간다는 거지요. 그리고 죽고난 다음에 천당이 있든지 지옥이 있든지 그것은 그 뒤의 문제지요"라고 했다. 이런 관점에서 그는 한국의 전통문화와 과학기술간의 조화를 찾는 가능성을 본다. 그는 "우리는 어느 종교보다 합리적이며 실용적인 유교의 전통을 되살리고 유교의 인도주의적 측면을 강조하여, 대결보다는 조화, 혁명보다는 점진적 개혁, 불신보다는 신뢰가 바탕이 되는 합리적·실용적·인도적 사회를 건설할 수 있을 것이다"라고 논한다. 그가 안동대학보에 기고한 글에서 '안동의 전통을 이어 받아 과학기술과 인도주의에 바탕을 둔 새로운 사회를 이끌어갈 임무를 받아 안동 후배들은 비평보다는 창조쪽으로' 가야 한다고 설교한 것도 바로 위와 똑같은 맥락에서 이해된다.

11. 사회 참여

김학장은 유교의 도덕적 가치와 전통에 어려서부터 젖어 있었고, 그것을 끝까지 신봉했다. 그러면서도 그는 서양의 근대적 사상을 대표하는 과학적 지식과 과학기술의 가치를 신봉하는 물리학자였다. 그러나 그는 동시에 지식의 세계를 넘어 사회 현실에 앞장서 적극적으로 나섰던 사회 참여인이었다. 그는 포항공대의 학장으로서 행정에 전념했을 뿐만 아니라 그 테두리를 훨씬 넘어 한국사회의 개혁과 발전을 위해 언론을 통해서 혹은 강연을 통해서 혹은 여러 조직체에 가담함으로써, 누구보다도 활발하여 때로는 지나치게 정치적으로 되어 간다고 할 만큼 현실참여를 했다. 이러한 사회참여가 보기에 따라 유교적 선비정신이나 학자 및 교육자적 순수성과 상충된다고 생각할 수 있고 다소는 권력 지향적이라고 판단할 수 있다. 그러나 그는 그렇게 생각하지 않는다. 그는 '지식인과 벼슬 사이'라는 글에서, 한족(漢族) 송(宋)의 유명한 철학자 허노재(許魯齋)가 오랑캐가 송을 멸망시키고 원조(元朝)를 세운 데 대하여 학자로서의 참여문제에 대한 논쟁을 둘러싼 이퇴계의 옹호하는 입장을 예로 들며, 학자의 사회참여가 무조건 비판될 수 없다고 주장한다. 그는 경국제민(經國濟民)의 유교적 이상에 따라 적절한 경우의 적극적 사회참여는 오히려 학자나 선비의 사회적 의무라고 주장한다. '벼슬을 하는 것이 경국제민에 도움이 될 때는 벼슬을 하고, 벼슬을 그만 두는 것이 도움이 될 때는 벼슬을 그만두는 것으로서 공자나 맹자가 말하는 성지시자(聖之時者)의 범주에 속하는 사람이다'라고 생각하기 때문이다.

때로는 막걸리같이 텁텁한 그의 취미와 털털한 그의 언행에 아직도 어딘가 벗겨지지 않은 촌티를 느끼면서도 나는 거기서 순수하면서도 세련되고 활짝 터진 그의 인간적 그릇의 크기를 보았고, 때로는 권위적이며 독선적인 것 같은 그의 태도에서 그의 믿을 만한 주체성을 읽을 수 있었다고 생각한다. 안동에 대한 그의 애착에 그의 지방색을 느꼈을지 모르며 의성 김씨와 양반에 대한 그의 자부심이 촌스럽게 여겨질 수 있었으며, 유교전통과 퇴계에 대한 무조건적인 그의 찬사는 그를 시대에 뒤진 사람으로 보이게 했을지 모른다. 그러나 그의 생각에 동의함과 하지 않음의 문제를 떠나서 나는 그 밑바닥에 깔려 있는 하나의 철학적 인간관을 발견할 수 있었다. 그는 옳건 그르건 자신의 세계관, 인생관을 확고히 갖고 있었고 그러한 원칙에 따라 살아왔으며 언제나 더욱 그렇게 살려고 애썼던 것으로 믿어진다.

그는 단순한 물리학자, 한 공과대학의 학장, 신문에 논설을 쓰는 칼럼니스트, 청중을 매료하는 연사만이 아니었다. 그는 물리학자로서 물리학과 또한 과학분야 밖의 다양한 종교적·철학적 그리고 사회적 문제에 관심이 많았고 지식이 풍부했으며 그런 문제들에 대해서도 자신의 확고한 견해를 갖고 있는 근래 보기드문 교양을 갖춘 지식인이었다. 또한 그는 옳게 그리고 보람있게 살려고 늘 애쓴 도덕적 인간이며, 그때그때 시세에 따라 남의 눈치만 보며 눈앞의 공리적 타산에 의해서 편리하게만 움직이지 않으려 했으며, 그대신 자기가 갖고 있는 확고한 인생의 도덕적 원칙에 따라 살며 행동하려고 언제나 애썼던 철학적 인간이기도 했다.

12. 성공한 삶

지난 약 3년간 어느 회의장에서, 혹은 그의 행정적 결정을 지켜보면서, 혹은 일요일 오후 경주나 포항주변의 등산길에서, 혹은 그가 좋아하는 동동주를 함께 마시면서, 혹은 서울 메트로 호텔에서 함께 묵게된 어느날 잠자리에 들기 전 그 주변 술집에서 단 둘이 약주를 몇

잔 나누면서, 나는 위와 같은 인간 김호길과 그의 사상을 더욱 더 발견·확인해왔다. 그러면 그럴수록 나는 내 나름대로 인간으로서의 그에 대한 존경심을 더욱 굳혀갔고, 그의 사상에 대한 공감대를 내 마음 속에 더욱 넓혀왔다. 그리고 나는 그와 조용히 더 많은 이야기를 나누고 함께 다시 안동에 가면서 그의 유가 얘기와 인생과 세계에 대한 그의 이야기를 더 듣고 싶었고, 언젠가 그러한 기회가 많아지게 되리라 의심치 않았다. 지적으로 외롭고 인간적으로 허전하면 더욱 그러한 생각이 들곤 했다. 나에게 있어서 그는 단순히 포항공대의 학장이기보다 동료였고, 단순히 동료이기보다는 마음의 친구로 바뀌어 가고 있었다. 나는 어느덧 그에 대해 일종의 따뜻하고 깊은 인간적 우정을 느껴가고 있었다.

그런데 지금 그는 우리 곁에서 뜻하지 않게 영원히 사라졌다. 너무나도 갑자기 사라졌다. 다시는 그와 자리를 함께 못하리라는 것을 생각하면 너무나도 야속하다. 안동, 의성 김씨 그리고 유가전통에 대한 그의 구수한 얘기를 다시는 듣지 못하게 됐다는 것을 새삼 의식하면, 그가 생존했던 동안 조금이나마 더 이야기를 나눌 수 없었던 것이 나에게는 너무나도 아쉽게 느껴진다. 그의 빈자리가 얼마만큼 허전한 것인가를 뼈저리게 느끼는 것은 나만이 아닐 것이다. 그를 잘 아는 수많은 이들이 그랬고 포항공대가 그랬고, 안동이 그랬고, 적어도 한국의 과학계와 교육계가 다같이 그럴 것임에 틀림없다. 그러나 그는 떠났다. 그리고 나는 정말 귀중한 한 친구를 잃었다.

그러나 그는 행복한 인생을 살았다. 비교적 짧은 생을 살았음에도 그렇다. 학문적으로나, 가정적으로 그리고 사회적으로 그는 성공한 삶을 살았기 때문이다. 그는 사회적으로 중요한 업적을 남겼고 사회적으로 갈채도 받았다. 그는 많은 친구를 갖고 있었다. 그는 모범적인 가정을 일구어 자랑할 만한 자녀들을 두었다. 그러나 그보다 더 중요한 것은 그가 늘 자부심을 가질 수 있는 집안에서 태어나 자신의 소신대로 힘껏, 그리고 열심히 살았다는 사실이다. 그와 마지막 작별을 하러 끝이 없어 보이는 꼬불꼬불한 산길을 따라 그의 영원한 휴식처인 그의 고향을 찾아가면서 나는 그 산들의 웅장하고 늠름한 아름다움에 깊이 매료됐다. 한국에서 드물게 볼 수 있는 정말 시골다운 시골이라 생각했다. 그곳이 바로 그가 그렇게도 자랑스럽게 얘기하던 그의 고향 지례였다. 그곳은 과연 그가 자랑할 만한 곳이며, 그와 같은 인간이 탄생할 수 있는 곳이라는 생각이 들었다. 그리고 나는 그러한 곳에서 태어나 그렇게 잘 살다 그런 곳에 묻힐 수 있는 그는 누구보다도 행복한 사람이었다고, 혼자 다시 한번 말했다.

그는 지금 영원한 휴식에 들어 있고 나는 지금 그를 생각하며 이 글을 쓴다. 아무리 해도 믿어지지 않지만, 우리는 유명을 달리한 몸이 됐다. 나는 새삼 삶과 죽음의 알 수 없는 엄숙한 신비와 존재의 무한히 깊은 조화의 의미에 숙연해진다. 나는 이러한 신비로운 조화에 대해 누군가와 조용히, 그리고 오래 이야기 나누고 싶다. 그런 사람을 만나기란 쉽지 않다. 지헌 김호길이야말로 바로 그런 사람이었다. 그는 무슨 대답을 가졌던 것인가? 삶에 대한 궁극적 문제에 접할 때면 그와 얘기를 나누고 싶고 그가 더욱 아쉬워진다.

〈1994년, 『과학도 인간이 하는 겁니다』〉

제4부 역사의 선택과 이성

역사의 선택과 이성
정통성과 도덕성
철학과 참여
어둠과 빛

역사의 선택과 이성

오늘의 모든 생물이 진화라고 불리우는 변화의 결과라면, 오늘의 인류는 역사라고 불리우는 보다 큰 변화의 산물이다. 그러한 변화는 크거나 작을 수 있고, 변화의 강도와 폭에 따라 인류의 역사는 때로는 안정되고 때로는 불안정한 시대로 서술될 수 있다. 어쨌든간에 개인적 측면에서 보나 집단적 관점에서 보나 변화의 소용돌이를 벗어난 삶의 역사는 생각할 수 없다.

역사적 변화를 어떻게 설명할 수 있는가? 한 개인의 행동을 결정론적으로 완전히 설명할 수 없다면 인간의 집단적 행위로서의 역사도 결코 결정론적으로는 만족스럽게 풀이할 수 없다. 만일 인간의 개별적 혹은 집단적 행위를 결정론적으로 만족스럽게 설명할 수 있다면 우리가 우리의 삶과 우리의 역사에 대해 취할 수 있는 것은 오직 관조적 태도로서 헤겔의 역사관처럼 그것을 '이해'하는 것에 그친다. 그러나 설사 모든 동물을 포함한 자연현상의 작동과 변화가 결정론적 인과법칙으로 설명할 수 있더라도, 적어도 인간의 행동만은 자율적 선택을 전제하지 않고는 이해할 수 없다. 한 인간의 삶이나 그러한 인간의 집단적 행위 결과인 한 사회집단이나 더 나아가 인류역사는, 처음부터 결정된 인과법칙에 의해서가 아니라 인간의 집단적 선택의 결과로서만 설명할 수 있다. 한 개인, 한 국가 그리고 인류가 겪는 변화는 운명이 아니라 그 개인, 그 민족 그리고 인류의 창조적 결단과 실천의 결과이다. 나 개인, 우리 민족 그리고 인류가 어떻게 창조적 결단을 내리느냐에 따라 나의 삶, 우리 민족의 흥망성쇠, 인류의 번영과 멸망이 달라질 수 있으며, 한 시대의 역사의 변화는 보기에 따라 다른 시대에 비추어 보다 개선되거나 악화된 것, 진보됐거나 후퇴한 것으로 평가될 수 있다. 어쨌든 인간의 삶은 부단한 선택의 도전을 받으며, 아무튼 어떤 경우이고 변화로서의 역사는 운명이 아니라 자율적 인간에 의한 선택의 이야기라는 것이다. 장소와 시대의 상황에 따라 한 개인, 한 민족 그리고 인류가 당면하게 되는 변화의 폭과 깊이는 크고 작을 수 있고, 그에 따라 한 개인, 한 민족 그리고 인류가 내려야 할 선택의 중요성이 다를 수 있다. 그렇지만 어떤 상황이든 변화에 대한 태도의 선택을 도피할 수 없다.

개선·진보의 잣대가 바람직한 삶이며, 바람직한 삶의 구체적 척도가 인간의 물질적·정치·사회적 및 지적 해방이라면, 허다한 우여곡절과 가혹할 만큼 큰 대가를 치루었음에도 불구하고, 오늘날까지 인류 역사는 대체로 개혁과 진보의 역사로 측정할 수 있다. 세계사에 대한 위와 같은 해석은 개별적으로 한국의 역사에도 해당될 수 있다. 수 많은 영광과 그 이상의 민족적 수난을 여러 차례 겪어 왔음에도 불구하고, 20세기의 마지막에 들어선 현재의 관점에서 볼 때 한민족은 자신의 정체성을 지켜 왔을 뿐만 아니라 지난 20여 년 전부터는 '단군이래' 가장 풍요한 삶을 누리게 됐다는 것이다. 이러한 사실은 총괄적으로 볼 때 한민족이나 인류는 그동안의 무수한 작고 큰 변화에 대해 현명한 선택을 해왔음을 뜻한다.
 그러나 과거의 현명한 선택이 미래의 현명한 선택을 보장하는 것은 아니다. 변화는 혼매와 기존적 질서와의 차이를 뜻하고, 그러한 차이는 혼매성을 동반한다. 새로운 상황을 기존의 틀로는 이해할 수 없고, 이러한 상황이 제기하는 새로운 문제는 기존적 모델로서는 해결도 할 수 없다는 것이다. 그때그때 대처해야 할 변화는 언제나 새로운 것이며 그만큼 창의적인 새로운 대처방안의 발명과 선택을 요청한다. 그 변화의 폭과 중요성이 크면 클수록 새로운 대처방안과 새로운 선택은 그만큼 더 혁신적이어야 하며 그만큼 더 심각하다.
 인류는 지금까지 적지 않은 코페르니쿠스적 문명의 지각 변동을 경험했지만, 그 규모의 크기나 그 성질의 질적 측면에서 볼 때 과거 어떠한 변화도 지금 세계 전체가 겪고 있는 변화의 소용돌이에 비교할 만한 것은 하나도 없을 것 같다. 현재 세계사와 아울러 한국사의 차원에서 현재 우리가 겪고 있는 변화의 폭과 깊이는 과거 어느 때보다도 더 근본적이고 그만큼 심각하다. 이 변화를 어떻게 대처하느냐에 따라 문명의 발전만이 아니라 인류의 존망도 가려질 것같기 때문이다.
 하루가 다르게 가속적으로 진행되는 과학기술혁명이, 지구적 아니 우주적 차원에서 초래한 경제, 정치, 사회, 이념 및 생태학적 변화의 소용돌이 속에서, 역사는 내일을 예측할 수 없는 혼돈상태에서 방향감각을 잃게된 듯하다. 왜냐하면 현재와 같은 추세라면 인류를 기다리고 있는 역사는 보다 바람직한 인간의 삶의 가능성이 아니라, 생태계의 파괴와 더불어 인류의 생물학적 종말일지도 모른다는 예측이 설 수 있기 때문이다. 개인적으로나 집단적으로 인간의 삶은 부단한 변화에 대한 부단한 대처이며, 그러한 대처가 밖으로부터 완전히 결정된 것이 아니라 인간으로서 자율적 선택을 뜻한다면, 현재 인류가 겪고 있는 변화에 대한 현명한 대처와 올바른 역사적 선택은 어느 때보다도 절실하다.

인간의 행동은 욕구 충족을 위한 가치관에 의해 결정된다. 지금까지 인류를 지배한 가치는 자기중심적 욕망 충족이다. 오늘의 첨단 기술문명은 그러한 가치관의 성공을 뜻한다. 인류는 지구만이 아니라 우주까지도 지배하게 되고 오늘의 많은 인류는 그 어느 시대에서도 상상할 수 없을 만큼의 물질적 욕구를 충족시키게 되었다. 그러나 오늘의 첨단 과학문명에 대해 적어도 두 가지 물음이 제기될 수 있다.

첫째, 오늘의 인간이 과거의 인간보다 진보한 인간인지, 물질적으로 풍요한 오늘의 삶이 물질적으로 다소 빈곤했던 과거의 삶보다 정말 더 만족스럽고 정말 더 바람직한 것인지가 새삼 문제된다. 더 심각한 것은 둘째의 물음이다. 현대 문명이 반성없이 추진되어갈 때 생태계의 파괴와 아울러 인류의 생물학적 종말이 머지 않아 닥치지 않겠느냐의 물음이다. 만일 이러한 결과가 바람직하지 않다면, 이러한 결과의 근원적 원인이 인간의 자기중심적 욕망 충족이라는 가치관에 있다면, 인간의 앞날에 전망되는 생태계의 회복할 수 없는 파괴와 그에 동반되는 인류 역사의 종말이라는 총체적이고 근원적 위기는, 지금까지 인류를 지배해온 자기중심적 욕망 충족이라는 가치관을 포기하지 않고는 피할 수 없는 현실로 나타날 것이다. 현재 인류가 직면한 막중한 변화는 역사적 선택을 요청하는데, 이때 선택은 가치의 선택이다. 그것은 구체적으로 물질적 가치와 생태중심적 가치관의 선택을 뜻한다.

모든 선택은 언제나 어렵다. 선택이라는 개념 자체 속에는 '어려움'이라는 뜻이 이미 내포되어 있다. 오랫동안 철학은 모든 판단과 결정이 절대적으로 객관적 기준·규범에 비추어 가능하고, 모든 인간이 선천적으로 소유하고 있는 보편적 '이성'이라는 신비스러운 존재가 곧 그러한 기능을 담당한다고 확신해왔다. 18세기 이후의 근대 계몽주의사상은 바로 이러한 이성에 대한 신뢰에 근거한다. 선택이 어렵다는 것은 그러한 '이성'을 발견할 수 없음을 말한다. 모더니티 즉 보편적 이성의 허구성을 고발하고 최근 모든 지적분야를 지배하는 포스트모더니즘의 사조는 이성의 부재에 대한 신념의 시대적 표현이다. 보편적 판단과 선택의 기준으로서의 이성 부재는 인식적 및 가치론적 허무주의를 함의하거나 그렇지 않으면 적어도 보편적·다원적 상대주의를 뜻한다. 이러한 상대주의에 의하면 이성이란 실재하지 않고 잘해야 한 개인이나 또는 한 사회집단의 집단적 견해나 기호의 표현에 불과하며, 따라서 개인과 사회, 시대와 장소에 따라 가변적이다. 따라서 한 개인, 한 사회가 어떤 인식적 판단이나 혹은 실천적 결단을 '이성적'으로 내렸을 경우라도 그것의 진/위 혹은 옳고/그름은 오직 그 개인, 아니면 그 사회집단의 테두리 안에서만 의미를 갖는다는 것이다. 그렇다면 두 개인간의 인식적 판단의 진/위나 실천적 결단의 옳고/그름은 그 개인들이 살고 있는 사회의 집단적 견해나 기호에 비추어 결정할 수 있더라도, 한 개인과 사회 집단간의 갈등하는 집단적 견해의 진/위나 기호의 옳고/그름을 결정할 이성적 판단의 잣대는 존재하지 않는다는 것이다. 이성, 진리 그리고 가치는 결코 일원적이 아니라 다원적이라는 것이다.

이성의 허구를 고발하는 포스트모더니스트적 상대주의자들이나 모든 보편적 이성을 해부하는 무정부주의적 해체주의자들은, 보편적 이성의 죽음을 개탄하기보다는, 오히려 그것을 하나의 '해방'으로서 환영한다. 보편적 그리고 객관적 이성은 필연적으로 전체주의적이며, 따라서 그만큼 이질적 개체들의 자유를 억압해왔기 때문이라는 것이다. 비록 보편적 이성의 부재가 개인간의 혹은 집단간의 갈등을 빚어내는 결과를 인정하더라도 그러한 문제는 관용의 도덕적 덕목으로 풀어낼 수 있다고 포스트모더니스트나 해체주의자들은 주장한다.

불행히도 이러한 주장의 근거는 희박하다. 적지 않은 경우 개인이나 집단간의 신념과 이해의 갈등은 실제로나 논리적으로 '관용'의 원칙으로 쉽게 풀릴 수 없다. 비록 두 철학자가 어떤 명제의 진/위에 대한 상반된 주장이나 선/악에 대한 두 종교적 신념이 서로 상반될 때 그러한 주장들이나 신념들이 동시에 다 같이 '상대적'으로 진리일 수 없으며 옳을 수 있다는 것은 논리적으로 불가능하다. 진/위나 선/악의 결정은 '관용'의 대상이 아니다. 신념간의 갈등이 제기하는 문제의 심각성은 그러한 갈등의 성격이 단순히 지적 논의로 끝날 수 없다는 데 있다. 인간의 개인적 및 집단적 삶의 상황은 큰 폭풍을 만나 바다에 떠 있는 한 배에 함께 타고 있는 몇 사람 및 몇 집단의 상황에 비유할 수 있다. 배를 어떤 방향으로 어떻게 헤쳐가느냐에 따라 폭풍을 빠져 나갈 수 있고, 그렇지 않으면 침몰하게 된다.

이러한 극한 상황에서 우리는 어떤 지적 판단과 실천적 행동의 결단을 피할 수 없으며, 그러한 맞는 판단과 옳은 결단은 단 한가지만 가능하다. 더 딱한 문제는 위와 같은 경우 선택·결단을 뒤로 미룰 수 없다는 것이다. 삶은 항상 어려운 선택과 결단을 당장 내릴 것을 요구한다. 내가 앓고 있는 암을 치료하는 가장 옳은 방법으로 나는 현대 의학에 따른 수술과 미신에 따른 굿 가운데 꼭 하나만을 선택해야한다. 만약 포스트모더니스트들의 주장대로 신념과 행동을 결정하는 합리적 잣대로서의 이성이 부재하다면 이러한 선택은 충동이나 우연에 의존할 수밖에 없고, 물리적 강압이나 폭력으로만 결정될 수 있다. 결과적으로 끝없는 혼란과 혼돈은 불가피하다. 그렇다면 그들의 주장대로 이성의 부재, 수없는 신념과 행동의 다원성은 결코 축복해야할 해방이 아니라 어떻게 해서라도 극복해야 할 비극이다.

오늘날 세계적으로 각 사회마다 질서의 문란과 작고 큰 범죄의 증가 현상이나 사회적·민족적 집단간의 크고 작은 파괴적 무력 갈등과 분쟁이 빚어지고 있는 근본적 근거는 결국 포스트모더니스트들의 진단대로 이성의 부재 때문이 아닐까?

역사가 선택의 산물이라면 선택은 충동이나 우연의 맹목적 행위에 맡길 수 없다. 맹목적 행위는 진정한 의미에서 행위가 아니라 작동에 불과하며, 어떤 작동이 문자 그대로 선택이라 서술될 수 있다면 그것은 필연적으로 지적 판단과 의지의 결과이며, 지적 판단과 의지는 필연적으로 '이성'을 전제한다. 요컨대 이성이 부재한 상황에서 선택은 존재하지 않으며, 모든 선택은 다소간 언제나 '이성적' 이다.

그렇다면 이성이 부재한 가운데서 역사가 있을 수 없고, 역사 밖에서 인간적 삶은 존재하지 않는다. 지난 반 세기 한국은 국가 민족적 차원에서 엄청난 역사적 변화를 치루었으며, 얼마 전까지만 해도 상상을 초월한 변혁의 와중에 놓여 있었으며, 앞으로도 예측을 불허하는 급격한 변화를 겪게 될 것이다. 이러한 역사적 변화는 한국에 국한되지 않는다. 한국의 변화는 인류가 치르고 있는 미증유의 문명사적 변화를 반영함에 지나지 않는다. 이러한 거대한 변화 속에서 한국인이 어떤 선택을 하느냐에 따라 한국의 장래는 전적으로 달려있고, 오늘의 문명사적인 크나큰 변화 속에서 오늘의 인류가 어떻게 선택을 하느냐에 따라 인류의 번영과 아울러 존망은 달리 결정된다. 그만큼 한국인 그리고 인류의 지혜로운 선택이 절실하고, 이성을 전제하지 않는 어떠한 지혜로운 선택도 불가능하다면, 현재 많은 무정부적·반이성주의자들에 의해 사망선고를 받았거나 아니면 상를 받았거나 아니면 공격받고 있는 '이성'의 복구와 옹호는 어느 때보다도 절실하며, 이성은 자신의 잠, 아니면 병상, 아니면 무덤에서 깨어나 새삼 궐기해야 한다.

도대체 이성이란 무엇인가? 흔히 주장되어왔던 바와는 달리 '이성'은 인간의 의식 속에 존재하는 실체로 생각되었고, 그것은 '가성' 이라는 의식의 속성과 대립·구별되는 또 다른 속성으로 믿어 왔다. 그러나 인간 의식의 어느 곳을 찾아 봐도 '이성'이라는 속성은 찾을 수 없다. 그렇다고 그것은 인간이 다른 동물에서 찾아볼 수 없는 어떤 특수한 선천적 지식·신념을 뜻하지도 않는다. 그럼에도 불구하고 고대 그리스부터 내려오는 말대로 인간이 이성적 동물이라면, 이성은 인간에게서만 볼 수 있는 '비판적', 보다 정확히 말해서 '자기반성적' 능력을 지칭한다. 개인의 삶이나 민족 혹은 인류의 역사가 선택의 결과이며, 선택이 이성의 잣대로 결정되어야 하고, 그러한 이성이 자기비판적 능력을 지칭한다는 주장은 '이성적인 선택이 절대적으로 옳다는 말은 결코 아니다. 이성의 기능이 진/위나 선/악 판단을 보장해 준다면 이성적 '보장'은 그러한 판단의 절대성이 아니라 최선성을 뜻할 뿐이다. 인간의 어떠한 신념도 절대적일 수 없다는 사실이 곧 서로 다른 모든 신념의 근거가 동일하게 상대적이거나 더 나아가서는 똑같이 비합리적 즉 충동적이라는 결론을 유추해낼 수는 없다. 흔히 보는 포스트모더니스트들의 주장과는 달리 '이성적'이란, '독단적'이며 '전체주의적'인 태도와는 정반대로, '비판적'이며 '개방적' 정신을 뜻한다.

 국내적으로나 세계적으로 우리는 지금 급격한 역사적 변화의 와중에서 개인적 그리고 집단적 차원에서 갈등을 경험하고, 서로 부딪히고, 상처받고 따라서 이성을 포기한 채 때로는 냉소적이고 때로는 절망에 빠져들기 쉽다. 그러나 인간이 존재하는 한 이성은 결코 사라지지 않고, 이성이 있는 한 우리는 어떠한 난관도 극복할 수 있는 가능성이 있고, 이성이 자신의 기능을 다시 발휘하게 되는 날, 한국은 한국의 역사를, 인류는 인류의 문명을, 올바른 방향으로 이끌어 갈 수 있다. 아무리 결함과 한계가 있더라도 개인적으로나 인류로서 의지할 수 있는 마지막 빛, 의지할 수 있는 궁극적 뒷받침은 이성 이외에는 아무것도 없다. 이성에 대한 비판과 공격 자체는 그 자체가 이미 이성적 활동의 표현에 지나지 않기 때문이다.

우리가 당면한 변화와 혼돈의 역사를 올바로 대처하려면 이성 비판에 대한 비판이 필요하고, 더 나아가 보다 더 근원적이고 넓은 의미로서 이성을 복귀시키고 가다듬고 옹호해야 한다. 이제 반이성주의의 구호를 그쳐야 한다. 역사의 변화는 우리의 이성적 활동에 따라 앞으로도 진보할 수 있고, 후퇴, 더 나아가서는 파멸의 길을 갈 수도 있다. 이성만이 우리의 희망이다. 반성하고 또 반성하는 인간의 능력을 뜻하는 이상을 잃지 않고 역사적 변화에 대처할 때 한국의 그리고 인류의 역사는 진보의 궤도를 이탈하지 않을 것이다. 우리에게는 아직도 역사에 대한 희망이 있다. 왜냐하면, 근래 심한 상처를 받아 때로는 병상에 쓰러져 있음에도 불구하고 우리의 이성은 아직 살아 있기 때문이다.

〈1995년, 『공동선』〉

정통성과 도덕성

　루소나 로크의 사회계약론은 국가 기원에 관한 이론이다. 이런 이론을 전적으로 비웃으면서 '현존하거나 기록에 남아 있는 거의 모든 정부는 애초에 약탈 아니면 정복, 아니면 이 두 가지 수단으로 세워진 것일 뿐 그것이 인민의 공정한 동의나 자의적 복종에 의한 것이라는 아무 평계도 없었다'[1]라고 흄은 반박했다. 그 뒤 니체도 국가의 기원은 '정복자이며 지배 종족인 금발머리 야수들의 어떤 무리'[2]의 폭력에 있었다고 역설한다.
　국가는 그 영토 내의 국민들에게 권력을 행사하고 복종을 요구한다. 만일 국가의 기원이 흄이나 니체가 주장하듯이 적나라한 폭력에 의한 약탈과 정복 위에 세워지고 계속 그 위에 바탕을 두고 있다면,

---

1) David Hume, "Of the Original Contract," *Essays : Moral, Political and Literary*(Eyesne Miller 편), Indianapolis : Liberty Classics, 1985, 1987, p.471.
2) Friedrich Nietzsche, *A Nietzsche Reader*(R. J. Hollingdale 편), N. Y : Penguin Classics, 1977~1978, p.16.

국가라는 집단은 깡패 집단과 다를 바 없다. 깡패들은 자신들의 폭행을 정당화하지 않고, 우리가 그들에게 그 폭행의 정당성을 요구하려는 것이 우스운 일인 것과 같이 국가 권력자들이 권력 행사를 대중들에게 강제적으로 행사하면서 그런 행동을 정당화할 필요를 느낀다면, 그것은 오히려 웃기는 일이다.

국가(the state)는 일정한 영토내에서 대내적으로는 정부라는 체제를 갖추면서 때로는 경찰이나 군(軍)과 같은 무력을 사용해서라도 지배력을 발휘하고, 대외적으로는 하나의 영토와 그 안의 거주인들을 대표하는 자주력으로 주권(sovereignity)을 주장한다. 이와 같은 국가의 주권자는 "국가, 그것은 곧 나다"라고 주장한 프랑스의 루이 14세 왕의 경우와 같이 한 사람이 될 수도 있고, 그 밖의 대부분의 국가의 경우와 같이 정부의 여러 요직자일 수도 있다.

이러한 국가의 기원이 흄이나 니체의 주장대로 깡패 집단의 형성과 전혀 다를 바 없다 해도 일단 그러한 권력(power) 체제가 형성되면, 맹목적으로 권력 행사에 그치지 않고 그러한 권력 행사의 정당성을 뒷받침하는 것으로서의 이른바 권리(the right)를 반드시 주장하게 마련이다. 이러한 권리를 주장하는 점에서 국가의 권력에 의한 지배는 깡패들의 힘의 행사와 다르다.

국가로서의 한 개인이나 한 집단이 권력을 행사할 수 있는 권리가 있다는 말은 국가가 권위(authority)를 갖추고 있다는 뜻이 되며, 권력자에게 권위가 있다는 말은 그가 행사하는 권력의 근거가 오로지 물리적 힘에만 의존하지 않고 이성적 질서에도 바탕을 두고 있음을 뜻한다. 국가의 권력이 이성적 질서에 바탕을 두었다고 인정할 때, 그 권력에의 국민의 복종은 물리적 힘에 의존하는 타의에서가 아니라 이성적 논리에 의존하는 자의적인 것으로 변모해야 한다. 이러한 상황에서만 비로소 국가는 국민을 순조롭게 지배하고 통치할 수 있다.

국가의 권리와 권위가 국민들에 의해 인정될 때, 국가의 국민에 대한 권력 행사는 항상 물리적으로 강권을 사용하지 않고도 이루어질 수 있고, 따라서 그 사회의 질서는 안정될 수 있다는 말이다.

깡패나 깡패 집단은 그들이 힘을 행사하는 권리가 있다고도 주장하지 않고, 그들에게 어떤 권리가 부여된다고 생각하지도 않는다. 그들은 오로지 주먹으로, 다만 폭력이나 위협으로써 남들을 굴종시키면 그만이다. 어느 면에서는 깡패나 깡패 집단과 다를바 없는 국가가 구태여 권리나 권위를 내세우는 데에는 어쩔 수 없는 구체적이고도 현실적인 이유가 있다. 아무리 강력한 독재국가도 그 국민들을 오로지 물리적인 힘만으로는 완전히 지배할 수 없다. 어느 정도까지만이라도 국민들이 그들에 대한 국가의 요청을 단순한 위협이나 강요로서가 아니라 마땅히 수행해야 할 의무(*obligation*)로서 받아들일 용의가 없다면, 국가의 순조로운 통치는 실질적으로 불가능하다.

국가가 권력을 행사할 권리와 함께 그 자신 권위를 갖추었을 때에만, 그 국가는 정통성(*legitimacy*)을 갖추었다고 말한다. 바꿔 말해서 국가가 자신의 권리와 권위를 주장하는 한에는, 모든 국가는 자신의 정통성을 필요로 하고 그것을 주장하게 된다. 모든 국가는 한결같이 자신의 정통성을 주장하게 된다. 정통성이 없는 국가는 사실상 국가의 자격이 없다는 말이 된다. 군대와 경찰력 혹은 그 밖의 조직을 통해서 그 어느 때보다도 강력한 통치력을 구사했던 박정권(朴政權)이나 전정권(全政權)의 정통성이 국내적으로나 국외적으로 문제가 되었다면, 그것은 구체적인 통치력이 있었음에도 불구하고, 그리고 그 통치력에 따른 명령에 국민들이 따랐음에도 불구하고, 위의 두 정권을 행사했던 권력 단체는 정통성 있는 국가로서 인정될 자격에 문제가 있음을 의미한다. 무력이나 경제력의 관점에서 볼 때 이스라엘은 이라크·시리아·사우디아라비아·이집트 등 여러 아랍 국가들을 합친 것보다 강력한데도 아랍 국가들이 이스라엘을 국가로서 인정하지 않는다는 것은 이스라엘의 권력 집단이 정통성을 갖추지 않았다고 전제하기 때문이다. 한반도에서의 남북 정권의 갈등 관계도 이 같은 시점에서 똑같이 풀이된다. 국내적으로나 국외적으로를 막론하고 정통성이 의심되거나 부정된 국가는 객관적으로 볼 때 깡패 단체와 전혀 다를 바 없는 단체임을 의미한다. 그리고 정통성이 부정된 국가의 요구에 국민들이나 다른 국가가 응할 이유가 전혀 없다. 그럼에도 불구하고 국민이 그러한 요구에 복종한다면, 그것은 오로지 깡패의 경우와 마찬가지로 폭력이나 위협 때문일 것이다.

　이와 같이 볼 때 건전한 국가와 건전한 사회에서 정통성은 절대적인 필요 조건이다. 그렇기 때문에 비록 시초에는 정통성이 없었던 국가도 국민의 뜻을 만족시키든가 아니면 그 밖의 작업을 통해서 정통성을 만들고 굳혀간다고도 하며, 정통성이 희미한 국가는 가능하면 많은 수의 다른 국가들과 국교를 넓혀가면서 정통성을 찾는다고도 말한다.

　하나의 권력 집단이 정상적인 국가로서의 기능을 발휘하기 위해서는 정통성이 절대적으로 필요하다면, 도대체 정통성이란 무엇인가? 정통성은 합리성을 뜻한다. 그것은 어떤 행위를 물리학적으로 볼 수 있는 인과적 설명으로서가 아니라 논리학적으로만 이해될 수 있는 이유 혹은 합리성을 말한다. 이런 관점에서 자칫하면 정통성이라는 개념은 정당화(*justification*)라는 개념과 동일시되기 쉽다. 그러나 맥캘럼이 지적하듯 이 두 가지 개념은 다 같이 합리성이라는 개념에 포괄되지만, 그것들은 서로 다른 뜻을 갖는다. 어떤 행위가 정당하다고 해도 그것이 자동적으로 정통성을 갖출 수는 없다. 맥캘럼이 예를 들어 설명해주듯이 '하나의 정치적 공동체의 공적 활동은 그런 활동에 의해서 얻어질 수 있는 인간의 보편적 이익에 크게 기여함으로써 정당화될 수 있다. 그렇다고 해도 그 공동체의 기구나 작동이 예를 들어 신이나 인민들이 부여하거나 허가한 자격이나 권한에 배치된다면 정통성을 갖추지 못할 수 있다'[3] 정통성은 어떤 행위의 결과가 바람직하기를 전제할 뿐 아니라, 그 행위가 그러한 행위를 할 수 있는 자격(entitlement)을 갖춘 자에 의해서 이루어지기를 요구한다. 누군가가 어떤 자격을 갖고 있다는 말은 그 자가 어떤 행위를 할 권리를 갖고 있다는 뜻이 된다. 요컨대 정통성은 능력만을 의미하지 않고 자격을 뜻하며, 자격에 바탕을 둔 권리와 뗄 수 없는 관계를 갖는다.

어느 상황에서 어느 조건을 갖추었을 때 한 국가는 정통성을 갖추었다고 할 수 있는가? 바꿔 말해서 어떤 경우에 한 국가는 권력 행사를 그 국민에게 할 수 있는 자격을 갖추고, 따라서 그러한 권리를 가졌다고 인정될 수 있는가?

막스 베버의 유명한, '권위의 세 가지' 유형은 위와 같은 물음에 대한 대답이다. 그에 의하면 세 가지 방법에 의해서 한 국가의 권위가 정통성을 갖게 된다는 것이다. 물론 베버는 세 가지 유형의 정통성을 다 같이 옳다든가 아니면 그 어느 것이 옳다든가 하는 입장을 취하지는 않는다. 그는 다만 정통성의 세 가지 유형을 역사적으로 추출하고 구별하여 서술하는 데 그친다.

그 첫째 유형은 전통적 권위 즉 정통성이다. 한 국가의 권력 근거는 오래 내려온 전통 속에서 찾아볼 수 있다는 주장이다. 오랜 역사를 통해서 한 군주는 세습적으로 권력을 행사해왔었고, 그러한 전통은 마치 자연의 법칙과 같이 객관적이라는 것이다. 군주의 이러한 권력은 궁극적으로 신에 의해서 부여된 것으로서 정당화된다. 이러한 예는 세습적 봉건 사회에서 찾아볼 수 있다. 둘째 유형은 카리스마적

---

3) Gerald C. MacCallum, *Political Philosophy*, Englwoods-Cliffs : Prentice-Hall, 1987, p.116.

권위 즉 정통성이다. 한 국가의 권력은 어떤 특별한 인물로서 대표되며, 그 권력은 정통 권위와 정통성을 그 인물의 특별한 지도력에 근거한다. 예수 그리스도・모하메드와 같은 종교적 지도자나 나폴레옹・알렉산더 대왕과 같은 영웅들이 그러한 예가 될 것이다. 아주 가까운 예로서 김일성의 우상화에 바탕을 두고 있는 북한의 정치 권력 체제가 카리스마적임을 말해준다. 셋째 유형은 합법적 권위 즉 정통성이다. 국가 권력은 법에 의해서 권위와 정통성을 갖춘다. 이러한 권위와 정통성은 근대적 법치 국가에서 그 예를 찾을 수 있다는 것이다.[4]

베버가 서술한 대로 역사를 통해서 위와 같은 세 유형의 정통성이 시대나 사회에 따라 달리 존재해왔다는 것을 인정하자. 여러 가지 권력 집단들은 자신들의 권위와 권력 행사의 정통성을 위와 같은 양식으로 정당화했을 뿐만 아니라, 그러한 권력의 지배를 받아왔던 인민들이 그러한 지배자들의 권위와 그들의 권력의 정통성을 인정했다고 가정하자. 이러한 두 가지 사실들을 가설적으로 인정하더라도 그 권력자들에게 권위가 있거나 그들의 권력이 정통성을 객관적으로 갖추었다고 말할 수는 없다.

좀 따지고 보면 베버가 주장하는 세 가지 유형의 어느 것에 의해서도 권력 집단으로서의 국가의 정통성은 발견되지 않는다. 첫째, 전통적 정통성에는 신의 존재뿐만 아니라 신이 어떤 특정한 사람이나 집단에게 특별한 권리를 주었다는 믿음이 전제되어야 한다. 그러나 많은 사람들은 과거에도 그랬지만 오늘날에 와서도 그러한 전제를 믿지 않게 되었다. 그러므로 전통적 정통성은 납득되지 않는다. 둘째,

---

4) 참조 Max Weber, *Economy and Society*(G. Roth/E. Witilich 편), Berkeley : University of California Press, 1968, 1978.

카리스마적 정통성은 지도자의 능력에 바탕을 둔다. 능력 있는 지도자가 국민의 소원대로 한 사회 공동체를 위해서 정권을 행사했다고 하자. 그러나 이러한 사실만으로는 그 지도자의 권력이 자동적으로 정통성을 갖지 못한다. 앞서 우리는 정당화와 정통성을 구별했다. 위와 같은 카리스마적 지도자의 권력은 정당화될 수 있을지 모르지만, 그렇다고 정통성을 지니지 못한다. 정통성은 과거의 행동이나 역사에 의해서 부여된 자격, 따라서 권리에 바탕을 둔 행위에서만 그 예가 발견된다. 따라서 카리스마적 정통성도 만족스러운 대답이 되지 못한다. 셋째, 합법적 정통성도 위의 두 경우와는 다른 이유 때문에 정통성의 근거를 제시하지 못한다. 한 사람 혹은 한 집단의 권리는 그것이 어떤 법적 제도에 근거하는 한, 정통성이 있다고 주장한다. 그러나 이러한 대답은 우리가 얻고자 하는 문제에 대한 대답이 아니라 그것과는 다른 문제에 대한 대답이기 때문이다. 한 사람 혹은 한 집단의 어떤 개별적인 권력 행위는 기존하는 법적 제도에 의해서 정통성을 갖는다. 그러나 우리의 문제는 어떤 구체적 권력 행위의 정통성에 있지 않고, 그러한 법적 제도 자체 즉 국가 권력 자체의 정통성에 문제가 있다. 문제는 법적 제도 자체가 어떻게 정통성을 갖출 수 있느냐에 있다. 어떻게 그러한 법적 제도가 원리를 가질 수 있느냐를 알고자 함이 우리의 문제다. 베버의 이른바 법적 정통성은 우리들의 물음에 침묵을 지키고 있을 뿐이다.

만약 정통성이 어떤 권리의 뜻을 내포하고 권리가 어떤 법적 제도 안에서 그러한 제도에 비추어서만 이해될 수 있는 개념이라면, 한 국가의 권력에 정통성을 부여하는 한 국가의 제도적 체제 자체의 정통성을 묻는다는 것은 무의미하다는 결과가 나온다. 한 국가가 행사하는 개별적인 권력의 정통성은 당연히 따질 수 있지만, 그 국가 자체의 정통성은 따질 수 없다는 말이다. 대충 위와 같은 입장이 법철학자 하트[5]의 주장이다.

만약 하트의 논리가 옳다면, 한 국가의 정통성을 운운함은 무의미하다. 한 국가 자체가 비판되거나 더 적극적으로는 부정되고 전복되어야 한다면, 그것은 오로지 우리들의 감정적 기호에 근거한 것이며 오로지 물질적으로만 뒷받침될 수 있을 뿐이다. 그렇다면 한 권력 집단으로서의 국가가 정통성을 찾고 정통성을 쌓아 올리려 한다는 말도 의미를 잃게 될 것이다. 그럼에도 불구하고 국민들에 의해서 박정권이나 전정권의 정통성이 항상 문제되었고, 이스라엘 국가나 북한 정권은 많은 다른 국가들에 의해서 그 정통성이 문제되었다. 이러한 사실은 한 국가, 그 국가가 제정한 법적 제도 자체에 대해서도 정통성이 시비될 수 있음을 말한다.

그러면, 베버가 분류한 세 가지 유형이 아닌 다른 형태로서 한 국가 자체와 그 국가의 법적 제도 자체의 정통성이 인정될 수 있는가? 이 물음에 대한 대충 일치된 일반적 대답을 도덕성이라는 개념에서 찾는 것같다. 한 국가가 하는 일이 도덕적으로 납득이 되느냐 안 되느냐에 따라 그 국가는 권력 행사의 권리를 갖게 되고, 따라서 정통성을 갖추게 된다는 것이다. 그리하여 라파엘은 다음과 같이 말한다.

> 국가에 대한 의무는 동의(同意)로부터 생기지 않는다. 그러한 의무는 정의와 사회적 공동체의 이익을 증진시켜야 한다는 이미 전제된 도덕적 의무와 아울러 국가가 그러한 목적을 위해 필요로 하는 방법임을 인정함으로써 생긴다.[6]

---

5) 참조 : H. L. A. Hart, *The Concept of Law*, Oxford : Clarendon Press, 1961, pp.168~84.
6) D. D. Raphael, *Problems of Political Philosophy*(제2판), Altantic Highland : Humanities Press, 1970, 1976, 1990, p.204.

그는 결론적으로 다음과 같이 풀이하여 맺는다.

나의 결론에 의하면 일반적으로 정치적 의무의 근거는 국가의 도덕적 목적 혹은 목표가 무엇인가에 달려 있다. 국민들이 법에 복종해야 할 도덕적 의무가 있는 이유는 국민들에게 정의와 공동체의 이익을 증진할 의무가 있는 데 있으며, 또한 국가의 활동이 그러한 목적을 추구하는 것이 본질적인 방법이라는 데 있다.[7]

월프의 무정부주의 정치철학도 국가의 정통성을 그 국가 활동의 도덕성에서 그 근거를 찾고 있다. 그에 의하면 정통성을 갖춘 정치적 권위는 논리적으로 도덕적 권위를 갖추고 있다. 즉 정치적 권위는 그것이 도덕적 권위를 갖출 때에만 존재한다. 따라서 정통성이 있는 국가는 국민에게 도덕적 행위를 강요할 권리가 있다. 그러나 이러한 결과는 각 개인에게 가장 중요한 도덕적 의미로서의 자율성과 배치된다. 따라서 정통성을 갖춘 권위 있는 국가는 존재할 수 없다. 그러므로 가장 이상적인 인간 사회는 무정부적이어야 한다는 것이다.[8]

월프의 주장은 정치적 의무와 도덕적 의무를 근본적으로 동일한 맥락에서 보고 정치적 의무가 도덕적 의무에 환원됨을 전제로 한다. 이런 점에서 월프는 법의 한계에 관한 데브린의 입장과 동일한 반면 도덕적 의무와 정치적 의무를 명확히 구별하는 하트와 대립된다. 후자에 의하면, 한 국가의 법률의 기능은 그 사회가 믿고 있는 도덕적 가치 실천을 떠나서는 의미가 없다. 그러므로 가능한 한 모든 도덕적 의무를 법적으로 제정해야 한다는 것이다.[9]

---

7) 같은 책, p.208.
8) 참조 : Robert Paul Wolff, *In Defense of Anarchism*, N. Y. : Harper and Row, 1970.
9) 참조 : Patrick Devlin, "The Enforcement of Morals," *Proceedings of the British Academy*,

라이맨은 월프의 무정부주의를 반박하는 책에서, 월프의 무정부주의 이론은 정치적 권위와 도덕적 권위를 동일한 차원에서 혼동하여 전자를 후자에 비추어서만 정당화하려는 데 근본적으로 잘못이 있다고 주장한다. 그는 정치적 권위의 정통성과 하나의 정치 체제의 정통성을 구별한다. 정치적 권위는 기존하는 정치적 체제 즉 법적 제도의 테두리에서만 그 정통성을 찾을 수 있다. '그러므로 정치적 권위는 그것이 도덕적으로 국민들에게 당연한 것으로서 설득력을 갖지 못해도 정통성을 갖출 수 있다.'[10] 바꿔 말해서 '정치적 권위는 도덕적 권위와 구별된다. 국가는 국민을 지배할 권리를 행사할 때도 그가 복종하도록 선포하는 명령이 실제로 그 국민들에게 도덕적인 구속력이 있다고 주장할 필요가 없다'[11]는 것이다.

언뜻 보아 위와 같은 라이맨의 주장은 정통성의 개념과 도덕성의 개념이 구별되고, 더 구체적으로는 국가의 정통성은 반드시 국가의 권력 행사의 도덕성에 있지 않음을 밝히는 데 있는 것 같다. 이처럼 라이맨은 라파엘이나 월프 혹은 데브린과는 달리 국가 권력의 정통성과 그것의 도덕성을 엄격히 구별하는 듯하다.

그러나 그의 논점을 좀더 조심히 보면, 라이맨도 궁극적으로는 오로지 도덕성에서만 한 국가 권력의 정통성을 찾을 수 있다고 전제하고 있다. 다시 말해서 한 국가 권력은 그것이 도덕적으로 옳다고 전제되었을 때에야 비로소 권력 행사의 권리가 인정될 수 있다는 것이다. 왜냐하면 정치적 의무가 도덕적 의무와 관계없이 정통성을 가질 수 있다는 말은 도덕적 의무와 전혀 관계없이 그렇게 될 수 있다는 말이 아니라, 한 개인으로서 생각하는 도덕적 의무와 관계없다는 말

1959.
10) Jefferey H. Reiman, *In Defense of Political Philosophy*, N. Y. : Harper and Row, 1972, p.39.
11) 같은 책, p.18.

에 지나지 않기 때문이다. 정치적 의무는 사회적 관점에서 본 도덕적 의무에 의해서만 정통성이 부여되기 때문이다. 그 이유는 개인적으로 생각하는 도덕성이 아무리 주관적으로 확신에 차 있다고 하더라도 객관적으로는 잘못될 수 있다는 데 있다. 국가 전체의 권위뿐만 아니라 그 국가가 행사하는 정치적 권위 또는 법적 권위도 결국은 사회적으로 본 도덕성에 의해서만이 정통성을 갖게 되고 정말 진정한 의미에서의 권위를 세울 수 있다. 이러한 정통성과 도덕성의 관계를 라이맨은 다음과 같이 설명한다.

> 정치적 권위와 법의 도덕적 정당화를 어떤 부류의 인간 행동과 그들의 도덕적 판단에 맡겨두기에는 너무 위태스럽다. [……] 사실 이러한 판단은 개인의 도덕적 판단이 너무 자주 발생하기 때문에 전체적 관점에서 볼 때 이와 같은 중요한 인간 행동의 영역에서는 개개인의 무제약적 표현을 내버려두는 것보다는 개인적인 도덕적 판단의 자유로운 행동을 막거나 아니면 되도록 하지 말도록 권장하는 것이 더 좋다는 믿음이 참이라고 입증될 수 있는 한에서, 바로 그러한 한에서, 그 정치적·법적 조직은 정통성을 갖는다.[12]

국가 자체, 더 구체적으로 말해서 한 국가의 정치적·법적 권위의 정통성을 그것의 도덕성에서밖에 찾을 수 없다는 생각은 쉽사리 납득될 수 있을 것 같다. 국가, 그것의 정치적·법적 조직의 존재는 한 사회의 모든 구성원들에게 가장 바람직한 삶을 마련한다는 데에서만 그 의미를 갖는다. 따라서 국가 그리고 그것의 정치적·법적 조직은 그것이 본래의 기능을 효과적으로 맡아내느냐 못하느냐에 따라 그것

---

12) 같은 책, p.45.

의 정통성이 좌우될 것이다. 그렇다면 한 국가의 위와 같은 의미에서의 정통성을 결정하려면, 한 사회의 구성원들이 가장 바람직한 삶이 무엇이어야 하는가를 우선 결정해야 한다. 그러한 삶이 물질적으로 만족할 수 있는 삶이어야 함은 당연하다. 왜냐하면 인간은 동물로서 물질적 욕망을 초월할 수 없다. 그러나 인간은 그냥 동물만은 아니다. 인간은 물질적으로만 만족할 수 없다. 그는 정신적 만족을 필요로 한다. 인간의 인간다운 삶은 정신 생활을 완전히 떠나서는 있을 수 없다. 그러므로 인간이 바랄 수 있는 가장 이상적 삶이란 넓은 의미에서 도덕적으로 만족스러운 삶일 수밖에 없다. 따라서 한 국가의 존재 이유, 즉 그 정통성도 그 국가가 도덕적으로 옳은가 아닌가, 말하자면 국민 모두에게 도덕적으로 올바른 삶을 마련하는 데 이바지하는가 않는가에 따라서 판단될 수밖에 없을 것 같다.

언뜻 생각하기에는 납득이 갈 것 같지만 좀더 자세히 고찰할 때, 한 국가의 도덕성은 그것이 곧 그 국가의 정통성이 되지 않는다. 앞서 우리들은 정통성과 정당화를 구별했다. 이러한 구별을 놓고 볼 때 한 국가의 도덕성은 정당성이 될 수 있을지 모르나 정통성은 되지 않는다. 한 국가가 국민들에게 만족스러운 법을 제정하고 그에 따라서 국민이 바라는 가장 인간다운 삶 즉 올바른 삶을 마련해준다고 해도 그러한 활동에 의해서 그 국가가 정통성을 갖게 되지는 않는다. 한 사람 혹은 한 집단이 도덕적으로나 관습적으로 무자비하고 불법적인 방법에 의해서 정권을 잡은 후에, 오랜 시간을 두고 그런 정권에 의해 희생되지 않은 국민들에게 만족스러운 정책을 썼다고 가정해도, 그 결과 자체만으로는 그런 국가, 그런 정권이 정통성을 가졌다고 말할 수 없다.

백 보를 양보하여 위와 같은 문제가 생기지 않는다고 가정해도 더 구체적으로 어려운 문제가 있다. 그 문제는 구체적으로 어떠한 삶이 가장 바람직한 것인가. 어떤 정치와 정책이 가장 도덕성을 갖고 있는 가를 결정할 수 없는 데서 생긴다. 같은 사회내에서 시민들은 서로 전혀 다른 갈등 관계의 삶 속에서 자신의 비전을 갖고 국가에 대한 이상을 품는 경우가 구체적인 역사적 사실이다. 그렇다면 똑같은 국가, 똑같은 정권은 동시에 어떤 사람들에게는 정통성이 있는 것으로 인정되고, 다른 사람들에게는 정통성이 부정될 수밖에 없다. 여기서 한 국가나 정권이 동시에 정통성이 있고 정통성이 없다는 모순이 생긴다. 비록 이상적인 가설일 수밖에 없는 경우를 가상해서 한 국가내의 모든 사람들이 똑같은 이상적 삶의 비전, 똑같은 도덕관을 갖게 되었다고 생각해보자. 그러나 이와 같은 경우도 도덕성은 한 국가의 정통성을 보장할 수 없다. 왜냐하면 모든 사람이 어떤 행동을 도덕적으로 옳다고 생각한다고 해서 그것으로 그 행동의 도덕성은 보장되지 않는다. 모든 사람들이 가장 보람 있는 삶이 무엇인가를 다 같이 착각하고 있을 지도 모르기 때문이다. 옳고 그름은 다수에 의해서 결정되지 않는다. 그렇다고 모든 국민들이 그들의 국가, 그 국가의 정책을 옳다고 믿는다고 해서 반드시 정말 객관적으로 옳지는 않기 때문이다. 바로 이런 관점에서 하버마스는 '정통성과 진리의 관계'[13]에 문제가 있음을 제기하고, 이 관점에서 그의 '정통성의 진리 의존성'의 개념이 이해된다. 하버마스의 이른바 '의사 소통(意思疏通)으로서의 합리성' 이론도 바로 위와 같은 맥락에서 이해된다. 하버마스의 중요한 철학적 문제의 하나는 가치의 객관성을 마련하는 데 있다. 그의 입장에서 볼 때 모든 객관성은 진리와 뗄 수 없는 관계를 갖고 있고 진리성에 의해서 뒷받침된다. 그러나 논리 실증주의자들 이외에도

---

13) jürgen Habermas, *Legitimation Crisis*(Th. MaCarthy 역), Boston : Beacon Press, 1973, 1975, p.96.

많은 철학자들은 비록 사물현상에 대한 진리 즉 객관성을 가질 수 없다고 믿고 있다. 가치와 진리의 관계에 대한 이와 같은 입장은 진리의 기준을 판단과 판단 대상과의 상응성에 있다고 전제하는 데서 생긴다. 위와 같은 진리의 기준에 대한 이론을 뒤집어 하버마스는 진리의 기준을 정말 민주적인 방법에 의한 합의에서 찾는다. 그에 의하면 한 사회 공동체내에서 어떠한 삶이 가장 바람직한 삶인가에 대한 합리(合理)를 찾을 수 있고, 그렇게 결정된 가치관·인생관이 곧 객관성 있는 것이라고 주장한다. 그리고 이와 같은 방법으로 산출한 합리에 의해서 한 국가의 권력에 정통성이 부여될 수 있다는 것이다.

한편 리쾨르는 국가 권력의 정통성과 이데올로기의 관계에 관해서 다음과 같이 언급한다.

> 이데올로기의 역할은 (한 국가의) 권위에 정통성을 부여하는 데 있다. 더 정확히 말해서 이데올로기는 기존하는 권위의 체제를 정당화함으로써 그 체제의 통합성을 보장해주는 해석의 기호로서 역할을 한다. 〔……〕(기존하는 질서의 권위)에 정통성을 부여하는 이데올로기의 역할은 강력하게 남아 있는데, 그 이유는 절대적으로 합리적인 정통성의 체제가 존재하지 않는 데 있다.[14]

우리는 앞서 라파엘 혹은 라이맨 등의 예를 들면서 정통성을 도덕성의 각도에서 보고, 한 국가 권력의 정통성을 그 권력 행사의 도덕성에서 찾기 어려움을 보았다. 하버마스의, 정통성의 진리의존성에 관한 고찰은 정통성을 도덕성에서 찾는 데 부딪치는 어려움을 풀어주

---

14) Paul Ricoeur, *Lectures on Ideology and Utopia*(Georges H. Taylor 편), N. Y. : Columbia University Press, 1986, pp.12~13.

는 시도로 볼 수 있다. 이와는 대조적으로 이데올로기가 정통성을 보장하는 역할을 한다는 리쾨르의 이론은 객관적 정통성을 찾으려는 하버마스의 의도가 하나의 이상에 불과함을 밝혀내려고 하는 것이다.

하버마스가 정통성을 도덕성에서 찾으려고 할 때 부닥치는 문제들을 극복하는 방법으로서 가치의 객관적 기준의 척도를 제시하려 했고, 리쾨르가 하버마스적 시도에 한계가 있음을 지적함으로써 정통성의 어쩔 수 없는 주관성을 강조하고 있지만, 하버마스나 리쾨르는 다 같이 정통성을 도덕성에서 찾으려는 다른 철학적 입장과 근본적으로 다를 바가 없다. 따지고 보면 그들도 궁극적으로는 정통성이 역시 도덕성에 있음을 의심 없이 전제하고 있다. 하버마스가 가려내고자 하는 진리로서의 가치는 한 사회의 구성원들이 공통적으로 믿어야 하는 참다운 사람으로서의 삶을 의미함에 지나지 않는다. 따라서 그러한 가치관은 넓은 의미에서 도덕적 가치를 의미한다. 또한 리쾨르가 정통성을 뒷받침해준다고 주장하는 이데올로기는 한 사회가 갖고 있는 가치체계를 포함한다. 그러므로 그것은 역시 한 사회가 갖고 있는 도덕성을 반영함에 지나지 않는다.

한 사회의 도덕성이 객관성을 가질 수 없고 따라서 보편성을 가질 수 없다면, 어떠한 정통성도 객관성과 보편성을 갖출 수 없다. 달리 말해서 정통성을 도덕성에서 찾으려 할 때 어떠한 국가권력도 정통성을 주장할 근거를 가질 수 없다. 그렇다면 어떤 국가 권력도 정통성의 관점에서 비판될 수 없다.

하버마스는 이러한 난점을 극복하기 위해서 정통성의 진리 의존성을 주장한다. 만일 하버마스의 주장대로 한 사회의 도덕성이 객관적 진리일 수 있고 그것이 진리인 한에서 그 사회의 권력 행위가 정통성을 갖는다고 주장한다면, 앞서 지적한 정통성과 정당화의 구별에 비추어볼 때 사실인즉 그러한 정통성은 엄격한 의미에서 정통성이 아니라 정당화의 뜻을 가질 뿐이다. 전자가 규범적 개념으로서 어떤 규준에 의한 권리 행위를 이해시켜주는 데 반해, 후자는 인과법칙적 개념으로서 어떤 객관적 현상을 설명해준다. 그의 이론이 설득력이 있다 해도 하버마스는 정통성의 객관성을 보장하기 위해서 그것을 진리에 종속시키지만, 정통성이 진리에 종속되는 순간 정통성은 사실상 정당화의 기능을 함으로써 기존 권리를 이해시키는 것이 아니라 구체적인 기존 권리행위를 설명해줄 뿐이다. 따라서 하버마스의 정통성에 관한 이론은 사실상 정통성에 관한 이론이 아니다. 그리고 정통성에 대한 그의 대답도 사실상 정통성에 대한 대답이 아니다.

위에서 몇 가지 예를 들어본 정통성에 관한 대답이 다 같이 만족스럽지 못하다면 결국은 만족스러운 대답이 없다는 말이 된다. 따라서 정통성에 대한 물음은 처음부터 물음이 될 수 없는 물음이란 말인가? 그렇다면 한 국가는 깡패 집단과 다름없으며, 국가 권력은 어떤 이성적 근거에 바탕을 두지 못하는 깡패 집단과 똑같으며, 이른바 국가의 권리란 그러한 집단이 갖고 있는 물리적 힘에 지나지 않는다고 보아야 하는가? 이런 물음에 대한 대답이 긍정적이라면, 어떠한 국가의 권력도 합리적으로 비판할 수 없고 그것에 대결하는 방법은 다만 또 하나의 물리적 힘일 뿐이라는 결론이 나온다. 만일 이런 결론을 수용할 수 없고, 국가의 권력도 이성적인 비판을 받을 수 있으며, 권리는 단순한 물리적 힘과 구별되고, 따라서 국가 권력의 정통성을 따질 수 있다면, 정통성이란 개념의 성질을 종래의 관점과는 다른 각도에서 해석해야 할 것이다.

정통성을 도덕성에서 찾으려는 지금까지의 이론은 정통성이 어떤 내용을 가리키는 개념임을 전제하고 있다. 한 국가의 정통성은 그 국가가 도덕적 입장에서 수용될 수 있느냐 없느냐에 달려 있다는 것이다. 그 국가 권력의 도덕적 질 즉 내용에 따라 그것의 정통성이 결정된다는 것이다.
 그러나 정통성은 내용적 개념이 아니라 절차적 개념이다. 한 국가의 권력 행위가 도덕적으로 어떤 것이건 간에 그것이 어떤 절차에 의해서 생겼느냐에 따라 정통성이 있다고도 볼 수 있고 없다고도 볼 수 있다. 남녀가 생리학적으로나 실제적으로 동거하여 자식을 낳아도 그와 같은 동거 생활에서 태어난 자식은 자식으로서의 정통성을 갖추지 못한다. 그 이유는 단순히 그 동거 생활, 다시 말해서 위와 같은 동거 생활에서 태어난 자식이 법적 혹은 제도적 절차를 밟지 않았기 때문이다. 그 이유가 어느 곳에 있든간에 이미 정통성이 있다고 다 같이 인정한 한 국가를 다른 국가 집단이 강제로 점령하거나 혹은 그 국가내에서 어떤 집단이 쿠데타로 현존하는 정권을 전복시킨 다음 무서운 독재와 폭력을 사용하여 국가을 운영하고 그 결과로 후에 그 국민들의 복지에 크게 공헌했다고 해도, 그런 것만으로는 그러한 권력, 그러한 권력에 의해 세워진 국가를 역시 정통성을 갖추지 못한다. 왜냐하면 그러한 권력은 정통성을 갖추는 데 필요한 절차를 밟지 않고 오로지 폭력에 바탕을 두고 있을 뿐이기 때문이다.
 정통성을 갖추는 데 필요한 절차를 밟지 않고 세워진 권력 집단이 그렇다고 언제까지나 정통성을 갖추지 못한다는 말은 아니다. 그 권력의 시초에는 정통성이 없었다고 하더라도 그 후에 어떤 활동을 하고 어떤 결과를 내느냐에 따라 그 권력은 정통성을 갖게 될 수도 있다. 그러나 이와 같이 정통성을 갖추게 되려면, 외적으로 언뜻 보아 명백하지 못하더라도 타당하다고 인정되는 절차를 새삼스럽게 밟아야 한다.
 자격과 권리와 책임을 가져오는 절차에는 자격과 권리와 책임의 성격에 따라 여러 가지로 나눌 수 있다. 기독교인이 되기 위해서는 적어도 세례라는 절차를 밟아야 하고, 부부가 되려면 법적 수속이라는 절차를 밟아야 한다. 만일 이러한 절차를 밟지 않고 성서를 외우고 교회를 가서 기도를 해도 정말 기독교인으로서의 자격이 없다. 만일 법적 수속을 밟지 않으면 아무리 오래 실질적으로 결혼 생활을 하고 생리적으로 자식을 많이 낳아도 두 남녀는 정말 부부일 수 없다. 그리고 아무리 교회에 열심히 가는 신자라도 무조건 목사나 신부가 될 수 없다. 법적 절차 없이 서로 사랑하며 동거 생활을 했던 남녀도 그 가운데 하나가 죽었을 때, 남은 한 사람은 죽은 사람의 막대한 유산을 받을 권리를 갖지 못한다.

그렇다면 한 권력 집단으로서의 국가는 어떤 절차를 밟았을 때 그 권리를 가졌다고 할 수 있으며, 따라서 정통성을 갖추었다고 말할 수 있는가? 이 물음에 대한 대답은 한마디로 민주적 절차라고 말할 수 있다. 민주적 절차에 의해서 세워진 권력 집단으로서의 국가만이 정통성을 갖는다. 그러한 국가의 명령에 대해서 그 국민은 자유롭게 각기 개인의 인간적 위신을 지키면서 자율적으로 복종해야 할 의무를 수행할 수 있다.

이상적으로는, 모든 국민의 예외없이 일치된 의견에 의해서 국가가 정통성이 부여되어야 할 것이다. 그러나 인간 사회의 현실은 언제나 의견의 갈등을 제거할 수 없다. 따라서 민주적 절차는 다수의 의견을 따르는 절차일 수밖에 없다. 한 국가의 권력이 그 국가내의 국민 다수로부터 지지를 받을 때에만 그 국가는 정통성을 갖출 수 있다. 그러나 다수의 지지가 자동적으로 민주적 절차가 되는 것은 아니다. 세뇌적 선전이라든가 그 밖의 억압적 방법에 의해서 창출된 다수의 의견은 결코 민주적 의견이 아니다. 일제시 일본인들의 국가에 대한 충성심이나 김일성에 대한 북한 인민들의 광신적인 이른바 절대적 지지는 결코 민주적이 아니다. 처음에는 약탈에 의해 시작된 권력이라도 그것이 후에 국민의 지지를 받을 수 있다면, 그것은 국민의 지지에 비례하여 정통성을 갖추게 된다. 오늘날 대부분의 국가들의 정통성도 이와 같이 생긴 것이다.

민주적 다수 의견은 모든 사회 구성원들 각 개인의 사고・정보・표현의 자유가 보장된 상황에서 형성된 의견이어야만 한다. 현실적으로는, 위와 같이 이상적인 민주적 조건을 갖춘 사회는 어느 때고 어느 곳에도 존재하지 않았다. 그러나 어느 시대 혹은 어느 곳에 있는 사회는 다른 시대 혹은 다른 곳에 있는 사회보다 좋은 민주적 조건을 갖추고 있다고 볼 수 있다. 따라서 한 국가는 다른 국가와 똑같이 정통성을 갖추고 있다고 해도, 그 가운데 어떤 국가는 다른 국가보다 더욱 두터운 정통성을 갖추고 있다고 볼 수 있다.

민주적 절차에 따른 다수의 지지에 의해서 처음에는 정통성이 없는 국가가 정통성을 갖추게 될 수 있으며, 그와 반대로 정통성을 갖춘 국가라도 정통성을 상실할 수 있다. 이와 같이 볼 때 정통성은 고정된 사실이 아니고 부단히 만들고 지켜야 하는 과정이며 절차이다. 그러므로 국민은 기존의 국가 권력을 항상 지켜보아야 되고, 그 정통성은 국민에 의해 부단히 재검토되며, 경우에 따라 그 국가에 도전하고 그것을 전복시킬 권리를 국민들은 갖는다.

그러나 여기서 언제, 어느 기준에 따라 국가 권력의 정통성이 부정되고 국가에 대한 저항과 때로는 혁명이 정당화될 수 있는가를 결정해야 하는 어려운 별개의 문제가 남아 있다.

이와 같은 각도에서 볼 때 박정권・전정권의 정통성이 어떻게 평가되어야 하며, 그 두 정권의 기간에 있었던 비판과 저항의 연속적인 정치・사회적 혼란의 의미도 새롭게 검토될 수 있다. 그리고 이런 각도에서 오늘의 한국의 정치적 상황도 이해되고 앞으로의 정치적 방향과 행동도 이성적으로 결정되어야 한다.

〈1991년, 『한민족 철학자 대회보』〉

철학과 참여

　정치활동을 통하여 한 사회를 보다 부강하고 보다 정의롭게 만들 수 있다. 군인이 되어 국가를 외적의 위협으로부터 보호하는 데 보람을 찾을 수 있다. 무역에 성공할 때 개인적으로뿐만 아니라 국가적 차원에서도 부에 이바지할 수 있다. 페니실린·탄약·비행기·전기·전화·컴퓨터 등을 발명하여 정치적 혁명 이상으로 근본적인 사회 변화를 이룩할 수 있고, 인간의 삶에 편의를 가져다 줄 수 있다. 물리학·수학 등을 통해서 기술적 발전의 토대가 될 수 있다. 경제학·사회학을 전공하여 연구비를 쉽게 탈 수 있고, 정치적으로 굵직한 자리를 차지하여 권세를 부리고 윤택한 생활을 할 수도 있다.
　2천 년 전에 씌어진 플라톤의 『대화』를 머리를 싸매어 몇십 년 읽고, 비트겐슈타인의 언어의 의미에 대한 이론을 배우고 검토하는 것이 철학자의 일이라면, 철학은 페니실린·탄약을 만드는 데 아무 도움도 되지 않고, 농산물을 조금이라도 더 생산하는 데 아무 쓸모도 없으며, 불의의 독재자를 제거하고 올바른 정치 체제를 세우는 데 직접적으로 전혀 힘이 되지 않는다. 노장 사상에서 '도(道)'가 '음양(陰陽)의 원리'와 어떻게 관계되며, 주자학에서 '이(理)'와 '기(氣)'가 어떻게 설명될 수 있으며, 플라톤의 '가상 세계'가 '현상 세계'와 어떻게 관계되며, 칸트의 이른바 '선험적 자아'를 어떻게 해석하며, '종합적 판단'과 '분석적 판단'을 어떻게 구별하며, '진리' '자유' '정의' '선' 등의 언어적 의미를 밝히는 것이 철학의 전형적 예가 된다면, 철학은 사회적 출세나 돈을 버는 데 전혀 도움이 되지도 않고 개인적·사회적 차원에서 물질적으로 전혀 기여할 수 없다. 칸트의 선험 철학 혹은 언어의 지칭 대상(指稱對象)의 문제 혹은 인식의 객관성의 문제 등에 도취하여 몇십 년 시간을 보내고 나서 백발이 된 철학자는 남들이 좋은 집을 사고 자식들의 교육을 잘 시키고 있는 동안에 자신은 아직도 찌그러진 고옥에서 가난과 싸우며, 자신은 물론 아내와 가족들을 고생시켜왔음을 악몽에서 깨어나듯 뒤늦게 의식할 수도 있다. 궁상스럽게 책만 들여다보고 있는 철학자를 입으로는 '고상한' 공부를 한다고 존경하는 듯하지만, 사회는 그를 도와주려고 하기는커녕 사실상 그에게 진정한 관심조차 보이지 않는 것같다. 몇천 년 동안 생각하고 따져도 결정적 결론이 나오지 않았고 앞으로도 쉽사리 풀릴 것 같지도 않은 문제들과 싸우고 있는 그는 시간과 정력만을 쓸데없이 낭비하고 있는 사회의 기생충이 아닌가 하는 생각을 갖기 시작할 수도 있다.

문제는 철학의 유용성, 사회적 의의이다. 여기서 유용성은 사회적 공헌과 인간적 충족에의 기여를 의미한다. 이러한 유용성과의 관계가 이른바 '참여'를 뜻한다면 철학의 유용성은 곧 철학의 참여의 문제로 바꿔 고찰될 수 있다. 철학은 정말 '참여'해야 하는가? '참여'한다면 어떻게 할 수 있는가? 바꿔 말해서 철학은 사회적으로 혹은 인간적으로 어떠한 기여를 할 수 있으며, 따라서 어떠한 가치를 가질 수 있는가? 이 물음에 대한 대답은 철학의 기능에 대한 명석한 이해를 전제로 한다. 그러므로 여기서 우선 철학의 학문적 성격, '철학'이라는 개념을 다시 한번 재검토하고 분명히 할 필요가 있다.

'철학'이라는 말은 고금 동서를 통해서, 극히 애매하고 막연하며 다양하게 널리 사용되고 있다. 소크라테스, 플라톤, 아리스토텔레스를 전형적 철학자로 보는 데는 이의가 없다. 노자의 『도덕경』, 공자의 『논어』를 위대한 철학적 저서라고 부르며, 이퇴계·이율곡·원효가 한국의 철학자를 대표한다고 한다. 언어철학이 있는가 하면 성의 철학, 테니스 철학이라는 말이 있고, 이대 앞 신촌 골목에서 수많은 '철학원' 간판을 붙이고 삶의 곤경에 빠져 정신적으로 헤매는 사람들의 돈을 살그머니 빼앗으며 이른바 인생 철학을 지껄이는 사기꾼들도 적지 않다.

이처럼 다양하게 혼동되어 사용되는 '철학'이라는 말에서 대체로 크게 두 가지 의미를 추출해낼 수 있다. 그 하나는 사물 현상의 원리원칙이나 앎을 말하며 또 하나는 어떤 믿음 혹은 앎에 대한 엄격한 근거를 추구하는 지적 활동 자체를 지칭한다. 성(의)철학, 테니스 철학, 인생 철학이라고 할 때, '철학'이라는 말은 원리원칙이나 앎의 뜻으로 사용되고 있다. 성에 대해, 테니스에 대해, 혹은 인생에 대해 각기 그 목적·기능 등에 관한 일정한 원칙적인 견해를 뜻한다. 이러한 뜻으로서의 가장 고도의 철학은 우주관·세계관 등, 즉 넓은 의미에서의 이데올로기로 표현된다. 이런 관점에서 불교·기독교 등을 포함한 모든 종교들은 각기 다른 철학이라고 볼 수 있다. 혼란스럽고 각박한 문제를 안고 있는 한국에서 국가의 장래를 위하여 비전을 제공하기를 철학자들에게 기대하고 있다면, 그것은 역시 철학을 하나의 원리원칙적인 앎이나 하나의 관(觀)으로 보는 데서 나온 기대이며, 철학가가 그러한 것을 가질 수 있는 특수한 기능을 지닌 사람이라고 전제하고 있기 때문이다.
 이와는 달리 소크라테스를 철학의 조상으로 인정하고, 플라톤의 『대화』가 가장 전형적·철학적 사고의 모델이요, 데카르트의『방법론 서설』혹은 칸트의『순수이성 비판』을 전형적인 철학 텍스트로 인정할 때, '철학'이라는 말은 어떤 관 혹은 앎의 뜻이 아니라 어떤 주장에 대한 근거를 비판적으로 고찰하고 그것의 엄격한 근거를 찾고자 하는 지적 활동 자체의 의미로 사용되는 것이다. 위와 같은 사람들을 각별히 위대한 철학가라고 부르는 것은 그들이 어떤 사물 현상 혹은 문제에 대해서 하나의 관을 제시했기 때문이 아님은 물론, 그들의 관이 옳았다고 판단되기 때문도 아니다. 소크라테스나 플라톤은 어떤 사물 현상에 대해 확고한 견해도 제시하지 않았을 뿐만 아니라, 어떤 결론도 짓지 않았다. 오늘날 데카르트나 칸트의 자아에 대한 견해나 신에 대한 견해가 틀렸다는 것이 일반적으로 인정되더라도, 그들은 역시 역사에 빛나는 위대한 철학가로서 계속 모든 철학도들의 본보기가 되고 존경받고 있다. 이처럼 그들이 위대한 철학자로 숭배되는 이유는 그들이 사물 현상에 대한, 혹은 어떤 주장, 견해에 대해 체계적으로 철두철미한 비판적 사고를 적용했기 때문이다. 그들은 어떤 관에 대한 근거를, 어떤 주장의 정당성을 끝까지 추구했던 사람들의 좋은 예가 된다. 그들의 철학적 위대성은 바로 이러한 비판적 활동에서 발견된다.
 만일 '철학'이라는 말이 한편으로 일종의 견해, 혹은 관, 혹은 믿음이라는 뜻으로도 쓰이고, 또 다른 한편으로 그러한 믿음·관·견해에 대한 철저한 근거를 추구하는 활동 자체의 뜻으로도 사용되고 있다면, 다시 말해서 주장으로서의 철학과 분석으로서의 철학이 두 가지 뜻으로 사용되고 있다면, 이 두 가지 다른 뜻으로서의 철학들은 어떠한 관계를 갖고 있으며, 그 중 어떤 뜻으로서의 철학이 올바른 철학의 뜻이 될 수 있는가? 즉, 그 중 어떤 기능을 철학 고유의 기능으로 볼 수 있겠는가?

모든 주장은 그것의 근거를 밝히기 위하여 분석을 요청하며, 모든 분석은 자신의 공허함을 지향하기 위해서 어떤 주장에 도달하기를 희구한다. 그러므로 정도의 차이, 강조하는 점에 차이가 있기는 하지만 위대한 철학은 주장의 요소와 분석의 요소를 동시에 내포하지 않을 수 없다. 따라서 한편으로는 설사 플라톤이나 노자와 똑같은 견해를 어떤 사람들이 가질 수 있지만 설사 그런 경우에도 우리는 그들을 철학자라고 부르지 않으며, 또 다른 한편으로는 플라톤이나 데카르트와 똑같이 까다롭게 문제를 따지는 논리학자나 궤변가들이 있더라도 그들이 어떤 문제에 대한 올바른 견해와 무관한 이상 우리는 그들을 철학자로 간주하기를 꺼리게 된다. 노자의 『도덕경』, 이퇴계의 성리학이 위대한 철학으로 간주될 수 있다면, 그것은 그들의 주장, 즉 믿음이 옳았었기 때문만이 아니라, 그 주장 혹은 믿음을 뒷받침하는 분석적 사고가 곁들어 있기 때문이다. 플라톤의 『대화』나 칸트의 『순수이성 비판』이 역시 위대한 철학적 저작이라면, 그것은 그것들이 철저한 비판적 정신, 분석적 사고의 소산이기 때문만이 아니라, 거기에는 잠재적으로 혹은 투명하게 존재일반·인간·진리 등에 대한 견해 또는 믿음이 암시되거나 또는 분명히 주장되고 있기 때문이다.

이와 같이 볼 때 일반적으로 말해서 동양 철학은 분석보다는 주장 혹은 관의 성격이 강하여 이데올로기에 가깝고, 서양의 철학은 주장 또는 관을 내세우기에 앞서 분석적 요소가 짙은 것이라 할 수 있다. 동양 철학 가운데서도 불교의 이론은 노장 사상이나 유교보다 분석적이며, 서양 철학내에서도 아리스토텔레스, 헤겔, 마르크스 하이데거 등의 철학은 플라톤, 칸트, 흄, 비트겐슈타인보다 덜 분석적이며 이데올로기적 요소를 더 짙게 풍기고 있다. 뿐만 아니라 동서를 막론하고 철학은 전통적으로 세계관을 주로 의미해왔으며, 오늘날에 와서는 철학의 기능을 분석적 활동으로 본다. 철학의 기능에 대한 견해는 위의 두 가지 해석을 양극으로 해서 아직도 견해가 엇갈려 있음을 볼 수 있다. 그뿐만 아니라 최근 세계적으로 크게 영향을 미치고 있는 데리다, 로티 등의 철학자들은 철학과 문학, 철학과 역사의 근본적 구별을 부정하고 있으며, 이미 오래 전 콰인은 철학과 과학의 근본적 구별을 부정하는 주장을 한 바 있다.

이러한 상황을 의식하면서도 철학과 이데올로기, 철학과 문학, 철학과 종교, 철학과 과학은 개념적으로 엄격히 구별된다고 나는 믿는다. 모든 중요한 철학적 고전들, 최근의 저서들 속에는 부득이 이념적 요소와 분석적 요소를 동시에 발견할 수 있기는 하지만, 이데올로기를 갖는 것, 즉 무엇을 믿는 것과 그 믿음의 근거, 정당성을 따지는 분석을 제시하는 것과는 전혀 서로 다른 성질의 것이라고 나는 생각한다. 철학적이라는 것은 어디까지나 분석적인 활동을 지칭하는 것으로 확신한다. 만일 철학·이념·과학·문학·역사 등이 구별될 수 없다면, 우리는 이미 위와 같은 상이한 어휘들을 사용할 수 없지 않겠는가? 만약 아직도 서로 다른 어휘를 사용하여 여러 가지 정신적·지적 활동을 구별한다면 그것은 어떤 내재적 논리의 필연성 때문이 아니겠는가? 다시 말해서 그 낱말들은 각기 서로 다른 개념들을 전달하는 것으로 봐야 할 것이다. 어린애나 바보도 하나님이 있다거나 없다거나 둘 중의 하나를 믿고도 남는다. 허다한 무지한 사람들, 이 가운데는 독실한 기독교 신자가 있는가 하면 철저한 무신론자도 있다. 대부분의 사람들은 살인 혹은 도둑질은 도덕적으로 악이라고 믿는다. 그러나 철학자들 가운데는 하나님이 있는지 없는지 어느 쪽도 아직은 믿지 못하며, 어째서 살인·도둑질이 도덕적으로 악인가를 모르겠다고 대답하는 사람들이 적지 않다. 하나님이 있다는 것이 진리라고 가정하자. 그렇다면 애들이나 바보들은 진리를 알고 있었지만 철학자들은 진리를 모르고 있었다는 결론이 나온다. 이러한 사실을 인정하더라도 애들이나 바보는 결코 철학자가 아니며 철학자들은 역시 철학자로 남아 있다. 진리의 소유에 따라서 철학자와 비철학자가 구별되지 않는다는 말이며, 진리와 철학은 일치하지 않는다는 의미가 된다. 진리를 소유하지 못했음에도 불구하고 어떻게 진리를 알 수 있는가, 어떻게 하나님의 존재를 보장할 수 있는가를 분석하고 따지는 한에서만 철학자와 비철학자가 구별될 수 있다는 결론이 나온다.

   어떤 믿음 혹은 주장의 근거, 정당성을 분석하는 지적 활동을 철학이라고 부른다고 해도 모든 분석적 활동이 철학적 행위는 아니다. 여기서 과학과 철학의 차이를 발견하게 된다. 과학은 사물 현상 자체를 설명하려 하고 그러한 현상들의 원리를 체계적으로 밝히려 한다. 과학은 정확하게 사물 현상을 관찰하고 그 관찰된 자료를 여러 가지로 분석하여 그 현상을 움직이는 인과적 법칙을 찾아내고자 한다. 그렇기 위해 추상적인 가설을 세워 구체적으로 모든 현상이 그 가설에 따라 설명될 수 있는가를 실험하고 검증한 후 하나의 과학적 발견, 과학적 이론을 세운다. 이와 같은 방법으로써 과학은 수많은 개별적 현상들을 설명할 뿐만 아니라 이상적으로는 우주 전체까지도 하나의 원리로서 설명하고자 한다. 물리 현상과는 구별되는 사회·역사·심리 현상을 대상으로 하는 과학으로서의 사회과학·역사학도 원칙적으로 동일한 방법, 같은 논리를 따라 하나의 과학적 발견을 제시하고 과학적 이론을 제안한다. 그러나 과학 이론으로서의 아인슈타인의 일반 상대성 원리가 물리 현상 일반에 대하여 총괄적으로 설명해준다 해도, 그리고 괴델의 공리가 아무리 엄격한 논리에 따라 수학적 진리로서 증명되었다 해도, 그것들은 어디까지나 과학과 수학의 차원에 머물러 있을 뿐, 결코 철학이 아니다. 철학이 분석적 활동이라면 그

분석 대상은 물리 현상도 아니며 수학 자체가 아니라 물리 현상에 대한 여러 가지 개념들, 숫자에 대한 여러 가지 개념들일 뿐이다. 단적으로 말해서 철학은 사물 현상 자체를 대상으로 하지 않고 사물 현상에 관한 개념들을 대상으로 삼으며, 따라서 사물 현상과는 직접적인 관계를 갖지 않고 오로지 개념을 통한 간접적 관계를 갖는다. 그러므로 철학적 분석의 대상은 사물 현상이 아니라 개념들일 뿐이다.

철학을 언어 분석이라 한다면 그것은 구체적으로 무엇을 뜻하는가? 철학적 언어 분석은 한 언어의 음성학적·문법적 분석을 뜻하지 않는다. 이러한 작업은 과학의 일부로서의 언어학적 영역에 속한다. 철학적 언어 분석은 어떤 낱말, 어떤 명제의 의미를 밝히는 작업을 뜻한다. 우리는 가령 '존재', '진리', '선', '미', '인간 관계', '객관적', '신' 등의 낱말들을 흔히 사용하거나, '하나님은 전지전능하다', '복돌이는 착하다', '꽃은 아름답다', '장미꽃은 빨갛다' 등의 명제를 흔히 사용하며, '정의' '자유' 등의 말을 쓰거나 '사람은 자유롭다', '오늘의 인간 사회는 정의롭지 못하다' 등의 명제를 사용한다.

일상 생활에서는 물론 자연과학에서까지 이러한 낱말들 혹은 명제들의 의미는 자명한 것으로 전제되어 있다. 이러한 전제가 없이는 그러한 낱말·명제들은 사용되지 못할 것이다. 그러나 좀 반성적으로 뒤돌아서서 생각하면 일상적으로 전제되어 있는 바와는 달리 그러한 낱말들·명제들의 의미는 결코 투명하지 않다. '신'이라는 말이 과연 무엇을 지칭해서 사용되는지 정확히 밝혀줄 사람은 아직도 존재하지 않으며, '사람은 자유롭다'라는 말이 정확히 무엇을 뜻하는지 투명치 않다. 어째서 '사람을 죽여서는 안 된다'는 명제가 옳은지 확실치 않게 된다. 과연 '과학적 진리'가 무슨 뜻을 갖는지도 희미해진다. 만일 인간의 '자유'가 귀중하고, '도덕적'으로 살아야 하며, '하나님'을 믿고, '과학적 진리'를 찾아야 함이 개인적으로나 사회적으로 극히 귀중하다면, 그리고 그러한 입장이 주장되려면, 우리는 우선 위와 같은 낱말들 혹은 명제들의 의미를 분명히 해야 함은 너무나도 자명한 논리다.

이와 같이 철학을 언어적 의미의 해명에 있다고 본다면 철학은 과연 어떻게 참여할 수 있는가? 바꿔 말해서 철학은 개인적 혹은 사회적 차원에서 어떠한 실천적 가치, 즉 삶에의 공헌을 할 수 있는가? 이러한 물음에 대해 부정적 대답이 언뜻 나올 수 있다. 아리스토텔레스가 이미 강조했듯이 순수한 테오리아(theoria)로서의 철학은 실천적인 모든 작업과 대립되며 근본적으로 사변적이라고 말할 수 있다. 그것은 한가한 사람들만이 할 수 있는 지적 놀음에 그칠 듯하다. 오늘날 많은 사람들은 철학 일반, 특히 언어적 의미의 해명에 초점을 두는 이른바 분석철학을 무용한 '말장난'으로 흔히 조롱하고 규탄한다. 사실 오늘날 많은 철학자들의 논쟁을 들어보거나 혹은 논문들을 읽어보면 그와 같은 인상을 받는 경우가 적지 않다. 작은 재주를 펴거나 논리적 장난을 하고 있다는 느낌을 감출 수 없는 것도 사실이다.

그러나 좀더 숙고해볼 때, 첫째, 순수한 이론으로서의 철학, 아무런 실천적 기능도 맡지 못하는 완전한 공론같이 보이는 철학도 보다 다른 차원에서 삶에 그리고 보다 구체적으로 사회에 간접적으로나마 참여하며 기여한다는 사실을 입증할 수 있다. 우리의 삶에 자유가 귀중하고, 도덕적 삶이 중요하다는 것을 전제하고, 또한 철학이, 오직 철학만이 '자유' 혹은 '도덕적 삶'의 정확하고 참다운 의미를 밝혀낼 수 있다면 말장난같은 철학은 근본적인 차원에서 모든 사람들에게, 따라서 사회에 참여하고 있는 것이며 실천적으로 이바지하고 있음을 인정하지 않을 수 없다. 설사 그와 같은 기능을 할 수 있는 철학이 2천 여 년을 지낸 오늘날에도 아직껏 '자유', '도덕적 삶' 혹은 '신'의 의미를 결정적으로 밝혀주지 못하고 가까운 장래도 그러한 기대를 하기 어렵다 칠 때 철학의 실천적 의미는 의심받게 된다. 그러나 설사 이러한 경우를 인정하더라도 철학은 또다른 관점에서 사회에 공헌하고 따라서 참여하게 마련이라는 것을 깨달을 수 있다. 만약 철학이 최고의 지적 추구를 의미한다면, 비록 그러한 활동이 물질적인 차원에서 개인적으로나 사회적으로 전혀 실용성이 없다는 것을 인정한다 하더라도, 한 사회에서 그와 같은 고도의 지적 수준에 올라갈 수 있었다는 사실, 순수하고 깊은 사고의 차원에까지 도달할 수 있다는 사실만으로 그런 사고를 할 수 있는 사람에게는 물론 그러한 사람을 키울 수 있는 사회에게도 크나큰 긍지가 되지 않을 수 없다. 인류 역사를 통하여 고도의 정신적 창조는 의식주 등 실제적 그리고 물질적 필요로부터 해방된 소수의 사람들에 의해서 만들어졌다. 만일 이러한 사람들이 현실적인 문제에 관심을 쏟고 참여했었더라면 그들의 창조는 불가능했을 것이다. 플라톤, 아리스토텔레스는 노예 제도가 있었던 그리스 사회에서 가능했고, 세익스피어는 생활을 위하여 농사를 짓거나 공산품을 만들 필요를 느끼지 않았고, 칸트는 정치적·사회적 운동에 직접 가담하지 않고 대학에서 연구하고 가르칠 수 있었던 것이다. 플라톤, 칸트의 철학은 빵을 만드는 데 도움이 되지 않고 감기를 치료하는 데 소용이 없으며, 세익스피어의 문학 작품들은 사회의 부정을 시정하는 데 직접적으로는 아무 쓸모가 없다. 이퇴계의 철학이 한국의 민주화를 위해서 도움이 되지는 않았다. 그러나 만약 플라톤, 칸트, 세익스피어의 정신적 창조가 없었더라면 인류는 얼마만큼 허전했을 것이며, 만약 이퇴계의 철학적 추구가 없었더라면 한국 문화는 얼마만큼 빈곤했을 것인가? 이와 같이 볼 때 철학은 언뜻 보아 무용한 생각의 유희같이 보이지만 사실상 인간에게, 한 문화를 위해서 극히 근본적인 차원에서 공헌하고 있는 것이다. 그렇다면 철학의 진정한 참여는 섣불리 당장의 정치적·사회적·물질적 목적 수행을 위해서 시간을 보내는 대신 철저하게 순수한, 즉 오로지 철학적 문제를 추구하고, 그러한 작업에 헌신함으로써만 가능하다고 해야 할 것이다. 당장 민주화를 위한 싸움, 민족을 위한 전선, 무역 증진을 위한 국가적 목적을 위하여 철학이 봉사하기를 요청한다면 그것은 철학의 기능에 대한 오해에서 기인한 것이며, 사회적 공헌, 참여에 대한 근시안적 안목에 바탕을 두고 있기 때문이다.

위와 같이 말하자면 철학의 '순수한 참여'가 가능할 뿐만 아니라 그러한 참여가 요청되기도 하지만 사실상 철학자는 눈앞의 사회적·현실적 문제로부터 눈을 전혀 돌릴 수는 없다. 존재가 근본적으로 '이'냐 아니면 '기'냐 하는 문제에 앞서, '선험적 자아'의 본질이 무엇이냐는 문제에 앞서, '한 명제의 의미는 어떻게 결정될 수 있는가'의 극히 추상적·비사회적 문제에 앞서, 사회의 '불의', '자유'를 위한 투쟁, '사회의 선덕', '사형', '인공 수정' 등의 도덕적 문제에 더욱 직접적이고 긴박하게 부딪치게 된다. 이러한 문제에 접할 때 철학은 두번째 참여의 길을 택할 수 있다. 철학은 철저한 비판적 이성을 동원하여 현실에 널려 있는 수많은 정치적·사회적·도덕적 문제를 항상 재검토하고, 그런 것들의 정확한 의미, 그러한 것들의 전제 혹은 논리적 결과를 투명하게 밝혀줌으로써 현실적으로 정치가·사회인들이 문제를 올바르게 잡고, 해결하는 데 이바지할 수 있다. 철학이 이러한 방향을 택할 때 넓은 뜻에서의 정치철학·사회철학이 나타날 수 있고, 20여 년 전부터 미국에서 말하는 이른바 '응용윤리학'이 활발해질 수 있다. 이러한 철학은 영미의 이른바 분석철학자들에 의해서보다는 유럽의 철학자들에게서 두드러지게 관찰될 수 있으며, 유럽 내에서도 독일에서보다 프랑스에서 더욱 현저하게 볼 수 있는 현상이다. 70년대에 잠깐 크게 떠들어댔던 프랑스의 이른바 '누보 필로소 프(新哲學者)들'이 이러한 문화적 참여를 보여주는 최근의 두드러진 예가 되겠다.

그러나 우리는 책을 통해서, 토론을 통해서, 이성을 통한 해결을 기다리지 않는 더욱 절박한 문제에 직면하는 경우가 적지 않다. 전쟁・기아・폭군에 의한 사회적 불의 등은 경우에 따라 철학적 해결을 기다리지 않고, 철학자가 철학을 당분간 버리고 일선에 나와 총을 쏘아 적을 물리치기를 요구하고, 거리에 나와 폭군과 싸우고, 사회적 불의를 바로잡기를 호소하며, 철학책을 구입하는 대신 쌀을 사서 굶어 죽어가는 사람들을 위해서 도움이 되기를 외친다. 이러한 경우 철학자는 철학을 통해서가 아니라 철학자, 즉 사회의 일원으로, 하나의 인간으로서 참여할 수 있다. 침략적인 적이 조국에 몰려들어 폐허를 만들려는 마당에서 만약 한 철학자가 철학의 순수성을 고집하여 혼자만 안주할 곳을 찾는다면, 그는 결코 도덕적으로 용납되지 않을 것이며, 기아에 허덕이는 사람들에게 전혀 관심조차 없이 '영혼', '진리'를 이야기하는 것으로 안주할 때, 그러한 철학자는 마땅히 인간적인 규탄을 받아야 할 것이다.

철학의 참여에 관해서 이론적으로 위와 같이 세 가지로 구분할 수 있고, 경우에 따라서 철학의 '순수한 참여'보다 '실천적 참여'를 해야 하고, 또 어떤 경우는 '철학으로서의 참여'보다는 '철학자로서의 참여'가 요청됨을 인정하더라도 구체적인 상황에서 세 가지 참여 방식 가운데에 어떤 방식을 선택해야 할 것인가를 결정하기란 용이한 일이 아니다.

첫째의 길, 즉 '순수한 참여'로서 한 사회, 인류에게 영원한 정신적 공헌을 한다 하지만, 누구나 쉽사리 플라톤, 노자, 이퇴계, 칸트가 될 수 있는 것은 아니며, 그처럼 위대한 철학자가 되지 않더라도 훌륭한 학자의 경지에 도달하기도 용이한 일이 아니다. 그러므로 '순

수' 혹은 '철학'이라는 명목하에 많은 경우 철학자들은 용기와 희생을 요구하는 사회 참여로부터의 도피 구실을 찾고자 하는 유혹을 갖게 된다.

이와 같은 사회로부터의 도피를 피하고 철학을 고수하면서 사회에 봉사하기 위하여 두번째 참여의 길, 즉 '철학으로서의 참여'의 길을 택한다고 하자. 정치와 사회에 대한 의식을 갖고 사회 개조를 위하여 철학으로써 봉사하자는 것이다. 철학도 정치 사회의 구체적 문제를 명백히 해명하여 유익한 봉사를 할 수 있다는 것이다. 그래서 특히 최근 프랑스의 젊은 철학자 가운데에는 현재의 사회와 정치를 비판하고 정치가 취할 길, 보다 이상적 사회가 어떠한 것이어야 하는가를 제안하는 저서를 내는 경향이 크다. 미국의 이른바 많은 분석철학자들 가운데도 60년대 월남전 그리고 학생들의 반체제 운동을 치르고 난 사회·생활 문제, 즉 구체적 문제에 눈을 돌려 형이상학적 문제보다는 현실적 문제에 대한 철학적 분석을 하게 되었다. 이러한 철학의 사회 참여는 마땅하다. 그러나 여기에도 문제는 있다. 근래에 와서 프랑스에서보다는 독일에서 중요한 철학들이 많이 창조되었다. 비단 철학에서뿐만 아니라 거의 모든 학문분야에서 20세기 초입까지 약 한 세기 동안의 독일의 업적은 거의 절대적으로 크다. 이러한 현상은 과거 독일의 학자들 거의 모두가 부유한 출신이어서 생활 자체에 전혀 관심을 가질 필요가 없었고, 독일의 대학은 사회나 정치에 전혀 관심을 갖지 않은 채 대학의 상아탑 속에서 오로지 자신들의 학문에만 몰두할 수 있었기 때문이라 한다. 그러나 바로 이러한 학자들의 태도, 즉 학자들의 구체적인 현실과 정치에 대한 무관심 때문에 나치 정권이 서게 되었고 마침내는 비참한 독일의 파괴를 가져오게 되었다는 것이다. 그렇다면 철학은 그 학문의 발전을 희생하고 언제나 적극적으로 정치에 참여해야 할 것인가? 아니면 학문의 순수성을 구실로

나치 정권과 같은 정치 현상으로부터 눈을 돌리고 상아탑에 머물러 있을 것인가? 간단히 일반적인 대답을 내기는 어렵다. 그렇다면 두 가지 태도를 어떻게 조절하며, 어느 경우에 가서 철학을 희생하고 그리고 정치에 참여해야 하며, 어느 정도까지 사회로부터 거리를 두고 철학의 순수성을 지킬 것인가는 각자가 해결해야 할 것이다. 그러나 문제는 그러한 결정을 마련해줄 수 있는 일반적인 확실한 규준이 없다는 데 각 철학자들의 인간적인, 학자적인 고민이 있을 수 있다.

세번째의 참여의 길을 생각해보자. 그것은 철학자가 철학을 버리고 정치인으로서 혹은 사회 운동가로서 거리에 나서고 현실적 투쟁에 가담하는 길이다. 마르크스는, 지금까지 철학이 세계에 대해 오로지 여러 가지 해석만을 해왔으나 이제부터의 철학은 세계를 개조해야 한다고 호소했다. 그는 철학으로서보다 철학자로서의 참여를 주장했던 것이다. 그에 의하면 철학은 어디까지나 구체적인 삶의, 따라서 사회 개조를 위한 도구에 지나지 않는다. 그러므로 이른바 철학자도 다른 모든 사람들과 같이 올바른 정치를 위해서, 올바른 사회를 위해서 그리고 올바른 삶을 위해서 정치적 데모에 앞장서야 하며, 사회 운동의 선구자가 되어야 한다는 것이다. 궁극적으로 모든 인간의 활동이 인간의 보다 인간다운 삶을 위해서만 의미를 가짐은 사실이다. 그러나 문제는 어떤 사회가 참다운 사회며, 어떤 정치가 옳은 정치며, 어떤 삶이 인간다운 삶인가를 우선 알아야 하지 않겠는가? 이러한 문제를 궁극적으로 다루는 것이 철학이라면 철학자는 무조건 서재에서 나와 총칼을 들고 거리로 나설 수는 없다. 만약 모든 학자들이, 모든 예술가들이 일정한 정치적 목적 달성을 위하여 사색을 끝내고, 작품 창조를 버린다면 그러한 사회는 문화적으로 극히 저속한 사회로 머물러 있거나 문화적 수준이 떨어지게 될 것임은 틀림없다. 반면 이러한 사실을 빙자하여 한 국가가 정치적으로나 사회적으로 큰 위기에 접했는데도 그러한 상황으로부터 등을 돌리고 플라톤이나 노자 얘기만 지껄이고 있다면 그러한 철학자도 용납될 수 없다. 그러므로 철학, 아니 학문, 예술 일반의 참여 문제, 철학자, 아니 학자 혹은 예술가 일반의 참여 문제는 도식적인 대답을 찾지 못한다. 한 사회가 어떤 방식의 철학의 참여를 요구해야 하는가는 그 사회의 그때그때의 지혜에 달려 있고, 한 철학자가 어떻게 사회에 참여할 것인가는 그때그때 각 철학자 개인의 실존적 결단에 달려 있다. 맹목적인 철학의 참여는 무조건의 철학의 순수성과 똑같이 철학을 위해서나, 철학자 자신을 위해서나 그리고 사회 전체를 위해서 오로지 부정적 결과만을 가져오게 된다. 한 철학자가 어떠한 철학을 하기를 결정하든간에, 철학자로서의 자신과 사회인으로서의 자신의 관계를 어떻게 결정하든간에, 그의 참다운 '참여'는 위와 같은 사실들을 의식함으로써 비롯되고, 그러한 의식에 바탕을 두어야 할 것이다.

한국에 있어서의 철학의 참여 문제는 철학을 하는 한국인으로서 더욱 긴박하고 어렵다. 선진 국가와는 달리 한국은 해방 이후에도 언제나 긴박한 정치적·사회적·경제적 격동을 계속 겪고 있다. 이러한 상황에서 한국의 철학자들은 참여의 문제를 남달리 심각하게 고려해야 하는 상황에 있으며, 서로 갈등하는 방향을 놓고 어려운 결정을 내려야 하는 입장에 부딪치고 있다. 뿐만 아니라 설사 이러한 마당에서 '순수한 철학'의 길을 당분간 선택하여 독창적이고 위대한 '철학'을 구상해본다 해도 과연 그러한 철학이 정말 우리의 독창적인 것일 수 있는가 하는 의심이 갈 수 있기 때문이다. 현재 우리가 하고 있는 철학은 거의 서양적인 것이다. 문제의 접근·전제가 서양적인 것에 바탕을 두고 따라서 우리가 사용하는 대부분의 학문적 개념들이 서양적인 것들이라는 말이다. 사고와 진리에는 국경이 없다지만, 사고와 진리가 기본적 전제, 기본적 개념들에 의해서 크게 좌우되는 이상, 서양적 전제·개념에 의한 우리의 철학은 정말 우리 것이 아니라 서양의 것일지도 모른다는 의심이 생기기 때문이다. 서양 철학은 서양인의 경험과 사고의 소산이다. 만약 우리의 경험, 동양의 사고가 서양과 다를 수 있다면 우리의, 동양의 독창적 철학은 우리의 오랫동안의 경험·현실·전통 등에 바탕을 둔 것이고, 그러한 것들을 밝혀주는 것이라야 할 것이다. 그러므로 한국의 철학인들은 서양 철학을 이해하고 나서도 우리의 역사·전통·경험들을 다시 한번 이해하고, 그러한 것을 반영하며, 그러한 토대에서 서양 철학을 넘어서 보다 새롭고, 보다 깊고, 보다 보편적 철학을 생각해야 할 필요를 느낀다. 그러므로 우리는 서양의 철학인들보다 더욱 넓게 그리고 더욱 깊게 현실을 돌아보아야 할 것이다. 그러므로 우리들은 남달리 더 짐이 무거운 동시에 그만큼 더 크고 보람있는 철학적 도전에 참여해볼 수 있다.

〈1988년, 『삶에의 태도』〉

어둠과 빛

 삶의 초월적 의미가 있다는 것을 믿지 않으면서도 죽음에 대한 공포나 두려움에서 우리는 해방되지 않는다. 땅 속에 묻혀서 무겁고 축축한 흙에 덮인다는 것은 상상만 해도 숨이 막히게 답답하다. 땅 속에서 구더기와 같은 벌레의 밥이 된다는 사실을 상상할 때 죽음에 대한 공포와 두려움이 반사적으로 일어난다. 죽음에 대한 우리의 공포는 최후 심판이거나 염라대왕의 초월적인 얼굴에 기인되지 않고 가장 피부적인 것인 것같다.
 그러나 좀더 생각하면 그 공포는 어둠에 대한 것이 아닐까? 죽으면 우리는 아무 것도 보지 못한다. 죽음은 우리들의 시각(視覺), 시각의 상징, 아니 그것의 연장인 의식을 박탈한다. 그래서 죽음은 어둠을 뜻한다. 본다는 사실 자체, 의식한다는 사실 자체는 그것의 대상이 어떤 것이건간에, 그것의 결과가 어떤 것이건간에 빛이요, 따라서 최고의 환희요, 최대의 가치다. 그렇기 때문에 귀머거리나 앉은뱅이보다도 소경이 가장 불우한 불구자인 것같다. 시력을 완전히 상실한 상황을 상상해보자. 그것은 거의 의식을 상실할 때와 유사하지 않을까? 시력은 의식을 상징하며 의식은 빛이요, 빛은 생명이다. 헤겔이 형이상학적 궁극적 목적을 절대적 존재의 자의식(自意識), 투명화(透明化)라고 보고 우주적 역사를 그러한 지점에 도달하는 과정으로 봤다는 것은 우연한 발상이 아니었던 것같다. 보다 가까이 후설이 다소 쇼비니스트적인 색채를 띠고는 있지만 인류 역사의 궁극적 가치는 모든 사물 현상의 이성화, 즉 투명화라고 믿고, 유럽은 그러한 형이상학적 사명을 띠고 있다는 주장을 했다는 사실은 눈의 가치, 봄의 가치, 앎의 가치의 절대성에서 찾아볼 수 있지 않을까. 눈을 뜰 때 자연 현상의 질서가 드러나고 인간의 의식의 거울 속에서 그것들의 의미가 투명히 부각된다. 인간의 눈, 의식, 인간의 언어에 의해서 그냥 존재하는 것들이 하나의 자연으로서, 하나의 세계로서 빛을 받는다. 하이데거의 말대로 존재는 그 은폐성에서 탈피하여 태양의 비은폐성으로 환원된다. 이런 빛 속에서 존재는 비로소 존재, 삶은 비로소 삶의 형태를 갖는다. 마치 먼동이 틈으로써 밤새도록 어둠 속에 갇혀 있던 우리들 논밭·산천·마음·집안 형태·강아지·뜰에 심은 화초들이 스스로를 드러내 보이며 투명한 형태를 갖추고 비로소 그 개개의 아름다움을 드러내듯이.

사물의 투명성이 가져오는 상쾌함, 앎이 주는 기쁨은 그것들의 유용성에서 찾아볼 수 있을지 모르며, 그것은 결국 생물학적인 설명을 얻을지 모른다. 앎은 생물체로서의 우리가 살아가는 데 가장 기본적인 도구가 되기 때문이다. 그러나 이러한 이론적 차원을 따지지 않고서라도 앎이 우리들에게 주는 환희는 가장 직접적이고 근본적인 것 같다. 인류가 동물과 다른 점은 우리가 보다 많은 것을 알고 있다는 사실, 보다 밝은 빛을 받고 있다는 점이다. 나날이 더 절감하게 되는 과학의 위력은 그 효용성에 있다. 그러나 과학이 우리를 매혹하는 것은 그 효용성 이전에 그것이 자연 현상을 보다 투명하게 해준다는 데 있지 않을까? 하나의 뉴턴, 하나의 아인슈타인의 생애와 노력은 어떤 실질적 효용성을 찾는 데서보다는 자연 현상의 빛을 찾는 데 있었다고 봐야 한다. 앎 자체, 빛 자체에 그들은 매혹되어 있었고 그런 것에 환희를 느꼈던 것이다.

과학이 비춰 주는 세계는 한계가 있다. 과학의 빛은 오로지 이미 존재하는 물리 현상에 국한된다. 과학적 앎은 한계를 의식한다. 물질 현상을 넘어서, 그 이전의 세계는 과학으로 도달할 수 없는 영역에 놓여 있고, 그것은 과학의 빛이 미치지 못하는 어둠으로 남아 있다. 사물 현상들은 도대체 어디서 왔는가? 과학으로써 설명될 수 있는 자연 현상이 존재하는 의미는 도대체 무엇인가? 하이데거식으로 '도대체 어찌하여 아무것도 없지 않고 무엇인가가 있는가?'라는 질문이 나올 수 있다. 여기서 전통적 뜻으로서의 철학적 사색이 시작된다. 철학은 과학이 미치지 못하는 보다 근본적인 현상, 사실에 대한 앎의 추구이다. 노자·장자·공자·석가모니의 동양적 사색, 소크라테스에서 후설, 하이데거, 비트겐슈타인에 이르는 서양적 사고는 과학이 마련해 줄 수 없는 빛을 던져 보려는 색다른 시도들이었다. 이러한 철학적 시도 밑바닥에는 오로지 이성으로써 궁극적인 사물 현상의 모습이 밝혀진다는 소신이 깔려 있다. 철학적 의도 속에는 이성에 대한 신뢰가 있다. 철학의 입장에서 볼 때 이성은 곧 빛이다. 그러나 우리는 알고 있다. 이성의 한계를, 따라서 철학의 허영심을. 만약 이와 같이 이성에의 신뢰가 철학의 전제였다면, 철학은 스스로의 상(相)을 또한 자각하기에 이른다. 해가 비치는 곳에 그늘이 있고, 시선이 닿는 곳에 지평이 가려 있듯, 철학적 이성의 지평선엔 산이 솟아 있다. 저쪽이 보이지 않는 산들이.

철학적 환상이 의식될 때 신비주의 그리고 나아가서는 종교적 세계가 만들어진다. 철학의 빛이 의식한 무한한 어둠을 빛으로 전환시킬 때 신비주의가 생긴다. 이제 이성에서 본 어둠은 빛이 되고, 이성의 입장에서 본 빛이 어둠, 아니면 하나의 그림자에 불과했던 것으로 생각될 때 신비주의는 스스로 투명한 빛으로 자부한다. 그러나 신비주의가 도달한 빛의 세계, 신비주의가 보고 알고 있는 세계는 모든 언어의 인공적 투명한 질서 밖에, 이성의 정돈된 윤곽에서 벗어나 있는 존재이다. 따라서 그것의 투명성, 그것의 질서는 말할 수 없는 것, 표현할 수 없는 것, 오로지 진공관의 빛에 의해서 그냥 한없이 밝기만 한 침묵의 빛, 침묵의 질서이다. 이런 침묵에 답답증을 느끼고 아지랭이같이 그러나 한여름 대낮보다도 밝은 빛을 찾는 욕구가 생길 때 신비의 세계는 초월의 세계라는 명칭을 받게 되고, 거기에 새로운, 그러나 우리가 이성의 빛으로 바라봤던 이 사물현상의 형이상학적 세계와 유사한 또 하나의 세계가 만들어진다. 종교란 다름아니라 말할 수 없는 것을 말하는 욕망의 표현이기도 하다. 종교는 말을 갖고 하나님을, 딴 세계를, 영생을, 천당을, 지옥을 꾸민다. 이와 같이 해서 종교는 이성의 빛을 이성이 도달할 수 없는 세계에까지 확장시키려는 욕망의 표현이 된다. 종교적 세계가 이성의 빛으로 도달할 수 없는 어둠의 세계를 전제로 한다면, 그것은 동시에 그 어둠을 이성의 빛보다 더 높은 차원의 빛으로 보고자 한다. 그러나 종교가 침묵을 지키지 않고 얘기를 하고 그곳에 새로운 세계를 만든다면, 그것은 어둠의 빛을 어둠의 빛으로 받아들이지 못하고 그것을 이성의 빛으로 조명하려는 모순된 욕망이 아닐까? 신비주의가 비춰 준다고 생각하는 어둠 속의 빛, 종교가 묘사한다고 자처하는 어둠 너머 세계는 사실상 우리들의 끝없는, 한없는 빛에 대한 욕망의 다급한 표현에 불과할지도 모른다. 그러한 그것은 욕망이 만들어낸 상(相)인지 모른다.

눈을 감을 때 사물이 보다 잘 보인다는 역설이 진리인 듯 느껴지는 때가 없지 않다. 각박하도록 밝은 대낮보다는 칠흑같은 어둠 속에서 보다 크나큰 빛을 보는 듯한 느낌을 가질 때도 없지 않다. 그러면서 우리가 마지막으로 의지할 수 있는 것은 우리들의 구체적인 눈, 우리들의 의식, 우리들에게 정상적으로 사물의 윤곽을 드러내 보이는 낮이 아닐까. 결국 우리들이 방황 끝에 되돌아올 곳은 한없이 따분해 보이고 냉랭한, 그리고 낙망을 가져오는 자그마한 이성의 빛이 아닌가. 그렇다면 우리들의 한없는 빛에 대한 갈증은 좌절감을 가져오고야 만다. 흥분했던 낭만적 신비주의, 초월적 종교가 그 본연의 신뢰할 수 없는 모습으로 드러내 보일 때 우리들은 새삼 우리들의 앎의 한계, 우리들을 둘러싼, 뚫을 수 없는 신비의 무한한 어둠의 벽에 갇혀 있음을 새삼 의식한다. 우리들을 밝혀 주는 빛은 겨울밤 산골 오막살이집 안방에서 깜박거리는 등불에 비유될 수 있을지 모른다. 우리들을 밝혀 주는 빛은, 나란 무엇인가, 인간이란 무엇인가, 자연이란 무엇인가, 역사란 무엇인가, 있다는 게 무엇인가라는 물음을 밝혀 준다기보다는 그러한 것들의 한없이 복잡하고 알 수 없는 수수께끼를 의식케 하고 놀라게 한다.

알 수 없는 어떤 것의, 누군가의 계획이 있었을는지는 모른다. 그러나 나는 그것을 알 수 없다. 내가 알 수 있는 유일한 사실은 무한히 복잡하다고밖엔 말할 수 없는 인과 관계에서 내가 태어났다는 것뿐이다. 내가 원해서가 아니라, 나는 그저 생명이라는 형태로, 인간이라는 모습으로, 남자가 아니면 여자로 살아갈 수 있는, 살아가야만 하는 양태로 태어났다는 것이다. 내가 내 부모를 선택하지 않았던 것과 마찬가지로 나는 내가 속해 있는 인종·국가·사회·시대를 선택하지 않았다.

각 개인이 타고난 이러한 조건을 운명이라 불러도 좋겠다. 그렇다면 우리는 봄이 되면 일정한 곳에서만 싹이 트는 초목과 같은 것인가? 우리들은 강아지나 병아리와 다름없이 주어진 여건에 완전히 예속되어야만 하는가? 우리는 완전히 인과 관계로만 묶여진 자연현상의 작은 일부에 지나지 않는다는 말인가? 분명히, 각 개인의 의지나 결단·노력으로 어쩔 수 없는 운명을 각 개인은 타고났음에 틀림없다. 이러한 사실을 부정한다면 그것은 망상에 지나지 않을 것이다. 그러나 인간은 완전히 운명의 노예는 아니다. 어떤 형이상학적인 원리에 의해서 움직여지고 있는지는 모르지만, 적어도 우리들이 의지할 수 있는 유일한 근거인 경험의 차원, 혹은 이른바 현상학적 차원에서 볼 때 우리는 우리들 자신의 운명을 다소나마 결정할 수 있는 자유와 힘을 갖고 있다. 나는 반드시 철학을 공부하게끔 운명지워지진 않았다. 나는 반드시 배신자로 결정되지 않았다. 나는 반드시 결혼해야만 되어 있지 않다. 어떤 아내 혹은 남편을 고르는가는 결국 나의 결정에 달려 있다. 여기서 실존주의자들이 말하는 자유의 뜻이 이해된다.

  나의 결단에 의해서 나의 삶의 태도가 결정되고, 나의 태도에 의해서 나의 생리적, 인종적, 문화적, 사회적, 지리적 모든 여건의 뜻이 밝혀지고 생길 수 있다면 나는 운명의 노리개라기보다는 내가 내 운명을 만들어낸다는 말이 더 정확할 것이다. 나의 자유는 어떻게 쓰여질 것인가? 나는 나의 자유로 무엇을 하겠다는 말인가? 이러한 질문은 내가 어떻게 살아가는 것이며 어떻게 살아가야 할 것인가의 질문과 일치한다. 그것은 삶의 목적을, 삶의 뜻을 어디에 두어야 하는가의 질문으로 다시 바꿔 놓을 수 있다.

  하루에 몇 번씩 기저귀를 갈아차야 했던 괴로움을 잊는다고 하자. 기저귀를 떼어 버리고 나선 달콤한 잠을 깨어 무거운 가방을 짊어지고 국민학교를 가야 하는 고통을 누구나 겪어야 한다. 숙제를 하고 시험을 보고, 선생님한테 꾸지람받을까 걱정을 해야 한다. 조용하고 따뜻한 부모의 보호가 있는 집, 왕자처럼 귀여움받고 아껴 주는 집을 떠나 국민학교에 가면 그 떠들썩한 분위기, 정신이 어리둥절하게 부산한 꼬마들의 등쌀 속에서 나는 잘해야 그 많은 수효의 하나에 불과함을 의식한다. 나는 왕자가 아니다. 나는 나만이 귀여움을 받는 아들이요, 선녀가 아니다. 가방을 메고 학생이 되는 신기함, 코끼리에 대해서, 산술에 대해서, 한글 문법에 대해서, 또는 동요를 배우는 데 있어서 느끼는 신기함과 환희를 경험하지 않는 바는 아니다. 그러나 유치원에서 대학에 이르기까지 우리들의 경험은 즐거움보다 고통에 더 시달려야 하지 않는가?

그러면서도 운이 좋은 경우 대학을 졸업할 때까지, 아니 그 이후 얼마까지 부모 혹은 가족의 보호를 받는다. 나는 별로 큰 책임을 지지 않는다. 설사 인생이 무엇이냐 하는 괴로운 의문이 심심치 않게 튀어나온다 해도, 그리고 내 할머니 할아버지, 혹은 부모의 죽음, 이웃 혹은 친지의 죽음을 하나둘 당하게 되는 경우, 나에게는 아직도 그 모든 사건들이 남의 일 혹은 하나의 사건에 불과하지 나의 죽음으로 절실히 결부되어지지 않는다. 내게는 할일이 많다. 나는 희망에 가득 차 있다. 나는 아직 새파랗게 젊다. 젊음은 보배요 자랑이다. 늙음·죽음은 남의 얘기, 책에 씌어진 얘기일 뿐이다. 사회적 명예, 학문적 업적이 나를 자극하고 내 삶의 활력소를 이룬다. 나는 사업에 성공해서 물질적 풍요와 그것에 따르는 권력을 행사하고자 한다. 좋은 집, 고급 양주, 세계 일주 여행, 자선 사업의 미래가 나를 이끌어간다. 아니 나는 큼직한 권력을 잡아 사람들을 휘두르고 세상을 내 손아귀에 넣고 싶다. 그뿐이랴. 나는 가장 아름다운 사랑을 꿈꾼다. 소설이나 영화에서 보는 뜨겁고 낭만적인 사랑을.

꿈은 꿈이다. 젊음의 꿈은 더욱 그러기 쉽다. 이미 나는 소년으로 부모의 따뜻한 보호만 받을 수 없다. 나는 독립해서 어느 누구도 대신할 수 없는 어려운 결정들을 계속 내려야 하고 생활 전선에서 싸워야 한다. 사람들 대부분의 젊은 꿈은 시시한 현실의 파편으로 퇴색하여 제 모습을 드러낸다. 나는 어려운 결정, 가령 직장 문제·결혼 문제를 무한정 연장할 수 없다. 현실은 나에게 엄청난 결단을 계속 강요한다. 어려서부터 좋아했던 시를 쓰겠다면 나는 가난을 각오해야 한다. 결혼을 않고 혼자 사는 자유를 원한다면 나는 고독, 특히 노년의 황량한 나날을 각오해야 한다. 결정이 어려워도 무한정 연장할 수 없다. 가혹한 시간은 우물우물하는 결단 부족 자체가 하나의 결단임을 뒤늦게나마 반드시 보여 준다.

 나의 어렸을 때, 젊었을 때의 꿈은 실현되건 안 되건 이미 미지수로서의, 오로지 희망으로서의 꿈이 아니다. 나는 이미 남편이요, 아버지요, 회사원으로 되어 있다. 나는 어느덧 권력을 잡은 장군이요, 혹은 이미 파산한 사업가이다. 어느덧 머리가 희고, 몸이 전같이 자유롭지 않다. 20년 만에 만난 대학 동창의 얼굴에서 가혹한 세월을 읽는다. 몰락해서 비참하게 된 옛 부호의 아들에게서 부귀의 무상을 들여다본다. 고령인 어머니의 마지막 병상에서 어쩔 수 없는 자연 법칙의 가혹성을 다시금 실감한다. 자식이 어느덧 아이를 갖게 되고, 나는 이미 할아버지가 됐다. 태어남과 죽어감, 낳고 또 죽고, 이 삶의 끊임없는 지루한 반복. 이러한 것이 얼마나 계속되었던가? 이런 일이 언제 시작되었던가? 이게 무슨 뜻을 가졌는가?

 강자와 약자, 부자와 가난한 사람, 지배자와 피지배자, 악독한 자와 선한 자, 웃던 자와 울던 자. 죽음은 이 모든 사람들을 다 함께 평등의 무덤으로 몰아 넣는다. 제아무리 강한 사람, 제아무리 부유한 사람들도 죽음 앞에서 궁극적인 무력을 느낀다. 죽음 앞에서 우리들은 다같이 물에 빠진 어린애에 지나지 않는다. 죽음은 우리들의 삶의 뜻을, 우리들의 희로애락의 뜻을, 우리들의 귀중히 여기는 모든 가치의 의미를 다시금 묻게 한다. 죽음은 시작 없는 우주의 시작, 끝없는 존재의 끝과 그것들의 궁극적인 뜻을 제기한다. 이게 다 어떻게 시작된 것이며, 어디로 가는 것이며, 무엇을 상징하는가? 우리는 나비의 꿈 속에 갇혀 있지 않은가? 이런 질문이 부닥치는 것은 미지의 두터운 어둠뿐이다. 철학적 투명한 빛, 성인(聖人)들의 깊은 지혜도 이 궁극적 어둠 앞에선 아무 밝힘도 되지 못한다. 의지할 곳 없는 우리들의 이 안타까움. 여기서 우리는 종교를 발명코자 하는 유혹에 빠진다. 우리들 대다수의 좌절된 시시한 꿈·바람·죽음이라고 하는 우리들의 마지막 어둠. 우리들의 헤아릴 수 없는 노력. 고통의 뜻 없어 보이는 종말. 우리들의 가장 빛나는 빛의 지혜. 이성이 무력해지는 사물현상의 궁극적 어둠에서 이성의 직선적 논리를 꺾고, 보이지 않는 초월의 세계를 본다. 우리들의 이 어둠에 빛을 밝혀 주고, 우리들의 고통에 흐뭇한 의미를 부여하고, 우리들의 절망에 희망을, 우리들의 죽음에 영생으로 연결하는 저너머의 세계를 상상하고, 우리들의 강한 소망이 그 상상물을 실제로 변형시킨다.

하나님의 구원의 손길은 우리들의 잃어버린, 아니 무력해진 우리들 부모의, 형제자매의, 친구의, 이웃의, 우리들의 모든 지혜를 대신해서 뻗는다. 우리들은 우리들의 간절한 소망이 발명해낸 빛에서 새로운, 보다 궁극적인 희망을 발견한다. 니체는, 종교가 약자들이 강자들에 대한 복수의 수단으로 발명한 것이라는 독창적인 이론을 세웠다. 그러나 종교는 아무리 해도 우리들의 고통의, 우리들의 궁극적 무력함의 상상물이라는 고전적 해석이 보다 옳은 이론인 것만 같다. 종교가 우리들이 알고 체험하는 세계에, 우리들의 삶에 의의를 부여하려는 시도라면 그것은 빛에 대한 우리들의 희구에 불과하다.

그러나 우리들의 바람과 우리들의 현실은 구별되어야 한다. 바람은 반드시 현실이 될 수는 없다. 바람이 현실로 착각될 때 우리는 보다 더 불행을, 빛이 아닌, 빛이라는 환상이 빛으로 믿어질 때 우리들은 구할 수 없는 더 짙은 어둠 속에 빠져들 위험이 많다. 만약 종교적 믿음, 종교적 앎, 종교적 진리, 종교적 빛이 하나의 크나큰 환상이라면 어떻게 되겠는가? 만약 이런 가능성이 사실이라면 종교는 마르크스의 말대로 아편이라 할 수 있다. 아편은 잠시 우리들의 고통을 풀어 줄지 모르나 우리들의 아픔을 고쳐 주지 않는다. 아편은 끝내는 우리들을 불치의 더 심한 고통으로, 그리고 죽음으로 유인한다. 빛에 한계가 있다는 것이 사실이며, 그러한 사실이 고통스러운 것이라 한다면 차라리 그러한 한계를 인정하고 그 한계 안의 빛을 따라가야 하지 않겠는가? 우리들의 고통이 크고, 우리들의 욕망이 채워지지 않는다면 차라리 그런대로 견디는 것이 보다 정직한 태도가 아닐까? 우리들의 죽음이 궁극적 어둠으로 우리를 몰아간다면 우리는 그 어둠을 어둠으로 인정하고 죽음을 받아들일 수밖에 없지 않는가? 우리들이 갖고 있는 제한된 이성의 빛을 따라 모르면 모르는 대로, 알면 알고 있는 한계 안에서, 괴로우면 괴로운 대로 알고 있는 그 괴로움을 제거하면서, 궁극적 의미가 없으면 없는 대로 시시한 의미들을 채워 가면서.

한 인간의 삶은 보기에 따라 아름답기도 하고, 딱하기도 하고 측은하기도 하다. 따뜻한 정, 어린이들의 철없는 놀이, 애인을 기다리는 젊은이의 안타까움, 불우한 이웃을 돕는 손, 어떤 이상을 위해서 자신을 바치는 정열은 모든 이론을 초월해서 아름답다. 결국은 이루어지지 않는 욕망을 추구하는 모습, 결국은 연로하여 죽어가는 운명을 지닌 삶은 딱하고 측은하다. 보기에 따라 인생은 희극이요 또는 비극이기도 하다. 만일 전지전능한 하나님이 아니더라도 좀 거리를 두고 사람들이 사는 모습을 보면 폭소가 터질 수도 있고 동시에 눈물이 쏟아질 수도 있다. 무엇인가 알고 있다고, 안다고 따지는 모든 주장, 무엇인가 옳다고 주장하는 심각한 우리들. 진리・사랑・도덕・정의를 주장하고 외치며 사는 우리들. 물고 뜯고 웃고 성내는 우리들의 간사한 모습. 만약 인류보다 10배나 지혜가 있는 동물이 있다면 우리들 가운데서 가장 위대하다는 철학자·성인·과학자의 생각이 얕음에 측은한 미소를 지을는지도 모른다. 돌이켜 생각해보면 그 깊다는 지혜들이 무슨 궁극적인 진리를 보여 주는가? 과연 어떤 지혜에 의해서 삶의, 아니 모든 존재의 의미가 밝혀졌던가? 이게 다 뭐냐? 이러한 질문은 전혀 그 해답 없는 메아리가 되어 우리들의 깊은 마음 속에 울려 올 뿐이다.

아무리 논리적으로 정연한 결론이 삶의 무의미를 연역해내어도 우리는 삶에 집착한다. 우리는 근본적인 이유도 모르고 의미도 찾지 못한 채 살아야 한다. 삶은 끝없는 코미디인지도 모른다. 그러나 삶을 코미디로서만 간주할 수 없다. 보기에 따라 코미디는 비극일 수 있기 때문이다. 이제 여태까지의 폭소가 분노의 고함으로 바뀐다. 관조적이기만 했던 우리는 극렬한 행동인으로 되어야만 할 것같다.

사람들은 너무 요사하다. 너무 가면적이다. 사회는 너무나 부당한 것으로 짜여져 있다. 만일 하나님이 계신다면, 이러한 것을 만들어 놓고 관조만 한다고 생각되는 전지전능한 그는 너무나도 가혹하다. 잔인할 만큼 가혹하다. 어찌 하나님을 믿을 수 있겠는가? 어찌 그 앞에 무릎을 꿇고 두 손을 모아 공경하고 겸손한 마음으로 기도를 올릴 수 있겠는가?

술잔을 놓고 밤새도록 굳힌 영원한 우정은 몇 년이 못 가서 까마득히 잊혀지고 오가다 만나는 자리에선 서먹서먹한 악수로 끝나든지 더 심한 경우 적을 만드는 계기로 그 정면을 드러낸다. 죽음을 걸고 영원을 약속한 사랑이 10년이 못가서 권태와 멸시와 증오, 아니면 원수가 되기도 한다. 우리는 어쩌면 누구나 자기 자신만의 이기심을 추구하는 것에 불과한가. 사랑·우정·박애란 감정은 이러한 이기심의 가면에 불과할 뿐이란 말인가. 인간, 인간 사회, 인간의 감정은 그 속을 들여다보면 결국 가짜에 불과하단 말인가. 전지전능하고 무한한 하나님의 사랑도 가짜가 아닐까? 모든 게 가짜에 지나지 않은가? 나비의 꿈에 지나지 않은가? 우리의 가까운 주위를 돌아보자. 인류의 역사책을 다시 뒤져보자. 우리는 언제나 위기에 살고 있고, 살아 왔던 것같다. 우리는 현재 밤낮으로 전쟁의 위협 속에 산다. 밤낮 경제적 정신적 위기에 산다. 세계 어디에서든 거의 쉬지 않고 전쟁·쿠데타·폭력·재난이 끊일 날이 없다. 형이상학적, 우주적 밤에 앞서 우리들은 정치적, 사회적 그리고 도덕적 밤에 몇 겹으로 싸여 있다. 우리는 분노한다. 질식한다. 그리고 반항에의 강렬한 충동을 느낀다. 인류가 짜내 온 최고의 지혜, 가장 깊은 철학도 우리들의 어둠을 밝혀 주지 못한다. 인류의 고통이 상상해낸 모든 종교적 기도에서 우리들은 마음의 평화를 찾지 못하고, 그것은 또한 우리들의 정신적, 육체적 고통을 풀어 주지 못한다. 그러나 세계는 끝나지 않았다. 세상은 완전한 밤중만은 아니다. 인생이, 세상이 궁극적으로 늦가을 초승달 하나 없는 밤이라면 거기엔 미흡하나마 반짝이는 무수한 별들이 박혀 있다. 우리의 지적 세계가 눈만 쌓이는 깊은 밤이라면, 온돌방엔 아직도 깜박이는 등불이 타고 있다.

어느 논리보다도 투명한 여름. 불처럼 뜨거운 혹서. E대학 캠퍼스의 무성한 정원. 거기 몇몇 아주머니들이 호미를 들고 잡초를 뽑는다. 아무 말 없이 흰 수건으로 뙤약볕을 가린 채. 저쪽 언덕으로는 새 빌딩 공사장에서 일꾼들이 벽돌을 나르고 콘크리트를 다지고. 짙은 나무 그늘 밑에서 보면 책을 놓고 바람을 즐기는 두 여학생. 가끔 매미 우는 소리에 죽은 듯한 오후의 고요가 깨지곤 한다. 어느 과학적, 철학적 이론보다도 투명한 낮, 뜨거운 태양의 크리스탈 같은 여름.

수만리 떨어진 타향 산중에서 동료를 구하고 희생된 젊은 산악인.

얼마 전 늦게야 결혼한 노총각이 아기를 낳아 기뻐하는 모습. 한 곤충 연구에 몰두하는 늙은 과학자. 첫 시집을 내고 흐뭇한 만족감을 감추지 못하는 무명 시인. 자신의 이상을 위해서 목숨을 바친 수많은 무명의 혁명 투사. 나라를 지키기 위해 힘껏 싸우다 산화한 수많은 무명의 전사. 그리고 그 무덤 앞을 가꾸고 꽃을 심어 꾸미는 이름 없는 마음과 손들. 멀리 떨어져 있는 친구에게서 받는 따뜻한 안부의 편지. 모래밭에 찰랑이는 바닷물에 뛰어들어 헤엄을 치는 쾌감. 애인과 만나 막걸리 한 잔을 나누는 자랑스러움. 나이트클럽에서 밤이 새도록 디스코를 추는 젊은이들. 어려운 철학적 이론을 동댕이치고, 심오한 종교적 진리를 팽개치고, 하나님이 없은들 어떠하랴, 영생이 없은들, 인생의 의미가 없은들 어떠하랴. 하나하나의, 나의 구체적이며 개별적인 행위와 경험이 모두 유일한 의미라면.

햇빛이 산천 초목, 마을과 도시, 사람과 짐승들의 윤곽을 드러낸다. 정원과 아늑한 주택들 혹은 높은 빌딩·자동차·꽃병·담배 꽁초·벌레, 그리고 꽃무늬들. 있는 것들은 더욱더 그 모습을 가다듬고 질서를 갖춘다. 사람들의 사고에 의해서 우주·지구, 한 나라, 역사와 그것들의 의미가 해석되고 정돈된다. 주의 깊은 눈은 무한한 혼돈 속에서 역시 무한한 빛을 발견한다. 그만큼 헤아릴수 없는 그늘들, 그림자들과 함께. 이런 수많은 빛의 얼룩짐 속에서 삶은 '이게 다 무엇이냐?' 하는 따위의 추상적인 질문을 잊거나 생각하지 않는다. 구체적인 그 시시한 삶들의 각 순간이 삶의 뜻, 우주의 뜻, 역사의 뜻이 아니고 무엇이겠는가? 삶에 열중하면서 우리들은 죽음 앞에서도 그저 흐뭇해질 수 있는 게 아니랴!

아니, 이게 모두 시시하고 유치한 인간의 상념인지도 모른다. 그냥 살지, 진리·의미·앎·행복·정의·선악이 다 무슨 의미가 있겠는가? 변하는 계절, 불어 오는 바람, 구름, 저 산, 저 높은 하늘의 입장에서 볼 때, 인간 고락, 나의 실존적 고민, 사람들의 삶과 죽음, 그리고 어둠과 밤이 무슨 의미가 있겠는가? 그게 무슨 상관이 있겠는가? 저 별들, 헤아릴 수 없는 위성들의 눈에는 인류의 역사, 인류의 영광, 인류의 자만심은 하잘것없는 그림자의 그림자에 지나지 않을 게 아닌가?

어떠한 상상도 미치지 못하는 무한한 공간, 무한한 시간, 아니 공간과 시간의 의미가 무의미해지는 자리에선 천당과 지옥, 영생과 종생이 무슨 의미를 띨 수 있겠는가? 이처럼 우주적 관점에서 우리는 이른바 해탈을 할지 모른다. 그러나 무엇을 위한 해탈이냐? 그러한 해탈은 결국 구체적인 우리들의 이 시시한, 너절한 삶을 얼룩지게 하는 희로애락에 대한 의미를 밝혀 주고 살과 피로만 존재할 수밖에 없는, 시간과 공간에 매여 있는 이 하잘것없는 삶의 문제들을 풀기 위한 시도에 불과하지 않은가.

우리는 우리를 하늘에서 바라볼 수는 없다. 우리의 삶은, 그 삶의 의미는 이 땅에 매여져 있다. 우리는 구체적으로 먹고, 소화하고, 자고, 분비하게 마련이다. 우리들의 희로애락, 우리들의 삶의 의미의 결판도 시시한 땅 위에서, 천문학적 입장에서 보면 한순간도 되지 않는 시간 속에 매여 살게 마련이다. 그러기에 우리는 다시 일하고 노력하고 비판하고 싸우고 또 이겨야 한다. 그러기에 우리는 알 수 없는 초월의 세계가 아니라 우리가 확신하고 있는 유일무이한 이 땅에서, 하나만의 이 구체적인 삶에 참여해야 한다. 우리의 삶의 마당인 사회에, 역사가 뛰어들어 그 속에서 싸우고, 웃고 울고 아파하고 기뻐하며 춤춰야 한다. 가면극이 아니라 알몸으로, 있는 그대로의 정체를 드러내어 삶의 드라마를 펴야 한다. 궁극적으로 우리들의 형이상학적인 욕망이 수포로 돌아가더라도, 아니 그렇기에 더욱 뜨겁게, 알차게 살아야 한다. 끝이 날 때까지, 아니 죽음이라고 하는 끝이 있으니까.

우리들은 빛 속에만 있지도 않는다. 우리의 세계는 투명치 않다. 그렇다고 우리의 세계는 어둠 속에 덮여 있는 것만도 아니다. 어둠과 빛, 빛과 어둠의 어릿어릿한 엇갈림 가운데서 우리는 완전히 좌절하지는 않는다. 그렇지만 우리는 어떤 독단도 버릴 수 있는 겸허한 태도를 배운다. 나이에 눌려, 어떤 알 수 없는 크나큰 원리에 따라 벌써 고령이 되어 병상에 누워 나날이 쇠약해지시는 어머님을 지켜보면서 알 것도 같은데 모르는, 모르면서도 알 것 같은, 어둠과 빛으로 얼룩진 '삶'의, 그리고 '있음'의 신비에 다시 한번 잠겨 보는 마음이다. 끝끝내는 모든 것이 좌절돼야만 하는 것같은 우리들의 안타까움, 그리고 영원히 침묵의 입을 벌리지 않는 이 궁극적 수수께끼. 또한 우리들의 무력함과 허탈감.

그러면서 인간이 없었을 우주, 인간의 의식에 비치지 않고, 인간의 생각에 의해서 다소나마 밝혀지지 않았을 우주의 고독과 어둠을 생각해볼 때, 무력한 대로의 우리들 스스로에게 다소의 긍지를 갖게 되고, 거기서 어떤 우주적 의미를 찾을 것만도 같은 느낌이 든다.

네로 황제와 같이 잔인할 수도 있고, 스탈린과 같이 무자비할 수도 있으며, 히틀러와 같이 광기의 포로가 될 수 있는 인간이지만, 그는 또한 부처님과 같이 자비로울 수도 있고, 예수와 같이 의로울 수도 있다. 파스칼의 말대로, 인간은 육체적으로 갈대보다도 나약한 동물일지 모르나, 그는 또한 노자가, 플라톤이 혹은 뉴턴과 같은 생각의 빛이 되어 우리들 자신 그리고 우주의 어둠에 미약한 대로의 빛이 될 수 있다. 그렇다. 우리의 그 누구도 궁극적 진리를 갖지 못한다. 그만큼 우리의 이성은 보잘것 없고 그만큼 우리들의 양심은 자신을 갖지 못한다. 그러면서도 우리가 의지할 수 있는 유일한 빛은 이성이며, 우리가 믿을 수 있는 유일한 가치의 자(尺)는 양심이 아니고 무엇이겠는가? 설사 모든 것은 아무 의미도 없다고 하자. 그렇다면 우리는 무엇을 해야 된단 말인가? 죽는다? 그렇다면 죽어서 무엇하겠는가? 이성의 가르침에 따라 곧게 살고, 양심의 명령에 따라 옳게 사는 것 말고 딴 의미가 어디 있겠는가? 궁극적 어둠을 다소나마 밝혀 주는 이성과 양심의 빛 말고 무슨 가치가 있겠는가? 그러기에 끊임없는 희망과 좌절, 의미와 무의미의 애매한 중간 지역에서 헛될지 모르지만 애쓰고, 착각했을지 모르지만 주장하고, 질는지 모르지만 투쟁하고, 배반당할지 모르지만 사랑한다. 어둠과 빛의 중간 지역에서 우리는 모르지만 알려 하고, 쓰러지지만 다시 일어나고, 결국은 죽지만 살려고 하는 것이다.

지금 창 밖엔 끓는 듯한 맑은 태양이 E대학의 캠퍼스의 녹음을 더욱 푸르고 투명케 한다. 한 여름의 빛. 구체적인 빛. 창 밖에서 뜨거운 햇빛 밑에 나같이 시시한 잡념에 흔들리지 않고 일꾼들이 교실을 짓느라고 망치를 두들기는 소리가 난다. 수건을 둘러쓴 여자들은 아직도 정원 잔디의 잡초를 뜯는다. 활짝 열린 창문으로 불어오는 바람에 나의 겨드랑이는 무척 행복해진다.

〈1982년, 『인식과 실존』〉

제5부 삶에 대한 태도

교육이념과 인성교육(人性敎育)
-대학에서 인성교육은 가능한가?
삶에의 태도
자기 기만
목적과 수단
-삶을 보는 하나의 시각
가짜

교육이념과 인성교육(人性教育)
— 대학에서 인성교육은 가능한가?

　　인간과 교육의 뗄 수 없는 관계를 칸트는 '인간은 교육을 통해서만 비로소 인간이 된다'[1]라고 서술한다. 칸트에 앞서 플라톤은 자신의 철학 전체를 교육 철학으로 봤을 만큼 교육이 인간의 핵심적 문제임을 이미 잘 알고 있었으며, 플라톤에 앞서 공자는 그의 평생을 위대한 교사의 행위와 삶으로 해석할 수 있을 만큼 인간적 삶과 교육의 분리할 수 없는 관계를 파악하고 있었다.

　　인간과 교육의 이같은 관계는 공자의 철학적 인간관의 근거를 이룬다. 그에 의하면 인간은 파스칼이 후에 그렇게 생각했던 것과 같이 형이상학적으로 '중간적 존재'이다. "未能事人, 焉能事鬼… 未知生, 焉知死"[2], 즉 "사람 하나도 섬길 수 없으면서 어떻게 귀신을 섬길 수

---

1) *Kant on Education*, trans. by Annette Churton(London, Routledge & Kegan Paul, Ltd. 1899, p.2)
2) 論語(11/12)

있으며, 삶도 모르면서 어떻게 죽음을 알겠는가?"라고 할 때 공자는 한편으로는 인간이 자연의 일부로서 한계를 갖고 있음을 확인하지만, 그와 동시에 "鳥獸 不可與同群, 吾非斯人之徒與而誰與"[3], 즉 "새나 짐승과는 서로 함께 지낼 수 없는데, 내가 저 사람들과 함께 지내지 않으면 누구와 함께 지내야할까!"라 할 때 그는 다른 한편으로는 인간이 사회적 질서 즉 자연을 초월한 질서에 걸쳐 있는 존재임을 지적한다. 따라서 인간은 자연과 초자연의 중간 즉 문화적 존재이며, 문화적 존재란 곧 교육을 통해 인위적으로 개발되어야 하는 존재임을 말한다. 바로 이러한 맥락에서 "學而時習之, 不亦說乎. 有朋自遠方來, 不亦樂乎"[4] 즉 "배우는 족족 내 것으로 만들면 기쁘지 않을까! 벗들이 먼 데서 찾아와 주면 반갑지 않을까!"라는 『논어』의 첫 구절의 깊은 의미가 새삼 울려 온다.

이처럼 인간이라는 동물은 자신의 모든 것을 교육을 통해서만 개발함으로써 비로소 문화적 동물 즉 인간이 될 수 있다. 교육열에 있어서 한국인을 당할 민족도 찾기 어렵다. 오랜 한국의 역사가 그러하지만 특히 지난 반 세기 우리가 살아온 역사가 이러한 사실을 재확인해 준다. 이런 점에서 우리는 교육의 문제를 새삼 문제시 할 필요가 없을 것 같다. 그런데도 지난 몇십 년 동안 한국 교육의 실패가 의식되고 교육제도가 큰 문제로 줄곧 제기되어 왔고 최근에는 '도덕적 위기' 의식과 아울러 인성교육의 문제가 각별히 제기되는 이유는 어디에 있는가?

인간이 교육을 필요로 한다면, 교육의 문제는 무슨 내용을 가르치며 어떤 방법으로 가르치느냐의 문제로 바꾸어 고찰할 수 있다. 지금

---

[3] 같은 책(18/6)
[4] 같은 책(1/1)

까지 우리의 교육적 문제는 방법에 초점을 맞추었다. 우리 교육은 주입적인 것이었고, 따라서 인간의 비판적 사고와 창의적 능력을 양성하는 데 실패했다는 것이다. 그러나 인성교육의 문제의식은 우리 교육이 방법에서만 아니라 내용에 있어서도 실패했음을 나타낸다.

교육을 떠난 인간을 생각할 수 없고, 교육이 인간이 갖고 있는 가능성의 계획적 개발을 뜻한다면, 인간은 생물학적으로 자연 환경 속에서 잘 적응하기 위해 지적 및 기술적 기능을 갖춰야 하고, 아울러 인간사회에서 바람직한 인간으로 살기 위해 정신적 및 정서적 자질을 다듬어야 한다. 인간에게 다 같이 바람직하다는 점에서 지적 및 기술적 기능과 정신적 및 정서적 자질은 다같이 덕목(virtue)에 속한다. 그럼에도 불구하고 그 덕목의 성질은 다르다. 전자의 덕목이 인간의 도구적 능력 즉 기술적 능력의 개발을 지칭한다면, 후자의 덕목은 도덕적 심성의 개발을 의미한다. 즉 도덕적 위기는 곧 심성이 병들었음을 뜻하고, 심성교육의 문제는 곧 도덕교육의 실패에 지나지 않는다. 그렇다면 심성의 문제는 곧 도덕적 덕목의 문제이다. 그리고 인성교육의 실패는 결국 인성교육을 하지 않았기 때문이며, 인성교육을 하지 않은 이유는 도덕적 가치의 깊은 의미를 의식하지 못하고 소홀히 했음을 뜻한다.

이런 상황에서 인성교육의 문제가 새삼스럽게 크게 제기되는 것은 당연하며, 인성교육의 문제가 주로 청소년의 인성교육의 문제라면 청소년의 인성교육은 가정에서부터 모든 대학을 포함한 제도적 교육과정에서 마땅히 강조되어야 함은 자명하다. 그런데도 인성교육의 문제가 특히 오늘날 한국에서 제기되고, 어째서 각별히 '대학에서의 인성교육의 가능성'이 새삼 이 자리에서 제기되는가? 여기에 대한 대답으로서 첫째, 이런 물음이 제기되는 원인을 검토하기 위해 현재 한국의 대학이념의 갈등을 분석하고, 둘째, 한국 대학에서 인성교육의 필요성을 주장하기 위해 기술과 인성의 관계를 검토하고, 세째, 그런 교육의 방법으로서 인문 과목의 중요성에 대한 주장을 펴기 위해 인성교육과 인문과목의 관계를 살펴보기로 한다.

1. 대학이념의 갈등

칸트의 말대로 교육은 인간의 속성이며, 화이트헤드의 주장대로 인성교육이 정보나 기술 교육보다 더 핵심적이라면 인성교육은 유치원부터 대학에 이르기까지 모든 교육 기관에서 필수적이다. 바로 이런 까닭에 오늘날까지도 특수한 경우를 제외하고 초·중고등학교에서만이 아니라 모든 대학에서도 어느 정도의 인성교육을 교양과목이라는 이름하에 자연스러운 것으로 실시하고 있다. 그럼에도 불구하고 일반적으로 그리고 특히 현시대적 시점의 한국에서 '대학에서의 인성교육의 가능성'에 대한 물음을 새삼 제기해야 한다면 그 이유는 크게 철학적인 것과 역사·사회적인 것으로 나누어 볼 수 있기 때문이다.

첫째, 인성교육의 철학적 어려움은 교육 내용으로서 인덕·인성의 존재론적 성격과 도덕적 가치의 상대성에 기인한다. i) 첫번째의 어려움에 관해서 플라톤은 그의 한 대화록 『메논』의 첫머리에서 '덕목·인성을 가르칠 수 있는가 아니면 실천을 통해서 교육될 수 있는가?'[5] 라는 물음을 던지고, 같은 대화록의 끝머리에서 '덕목·인성은 자연적이거나 가르쳐지는 것이 아니라 신에 의해 주어진다'라고 부정적 대답을 한다. 그러나 덕목 교육의 가능성에 대한 그의 의견은 애매하

---

5) Steven M. Cahn, "Meno" in *The Philosophical Foundations of Education*(Evanstion : Harper & Row, 1970, p.7)

다. 이러한 사실은 플라톤이 다른 대화록 『프로타고라스』의 마지막쯤에서 그가 쓴 "덕목은 가르칠 수도 있다"[6]라는 말로 드러난다. 인성교육의 어려움에 대한 플라톤의 의식은 교육 내용으로서 인성의 형이상학적 위상에 근거한다. 인성은 물리학이나, 수학이나, 수사학이나, 도자기 제조나, 전술이나 그 밖의 교육내용과는 달리 물리적인 현상이나, 개념적 대상이나, 언어적 존재거나, 특수한 목적을 위한 기술이 아니라 형이상학적으로 전혀 다른 범주에 속하는 정신적 아니 영적 존재의 표현이기 때문이다. ii) 플라톤이 의식한 형이상학적 이유를 고려하지 않더라도 오늘날 우리는 시대적 상황에 비추어 볼 때 플라톤에게는 없었던 새로운 문제에 직면하고 있다. 우리가 직면한 새로운 문제는 덕목·인성을 어떻게 가르치는가의 문제에 앞서 어떤 덕목·인성을 가르쳐야 하는가를 우리 스스로 먼저 결정해야 하는 데 있다. 그런데도 이른바 포스트모더니즘이라는 상대주의적 이념의 거친 물결 속에서 부모, 교사 그리고 교수들 자신도 어떤 것이 옳고 어떤 것이 좋은가에 대한 신념을 잃게 되었다. 이런 상황에서 어떻게 청소년에게 인성교육을 할 수 있겠는가?

그러나 플라톤이 제기한 물음에 대한 대답은 간단하다. 공자나 칸트의 인간과 교육의 관계에 대한 통찰이 옳고, 인성이 인간으로서 갖추어야 할 필연적 속성이라면 인성교육의 가능성에 대한 문제는 사라지고 오직 인성교육의 방법의 문제만 남는다. 이 문제는 교육개발 연령과 관련된다. 교육은 인간이 선천적으로 갖고 있다고 전제되는 다양한 잠재적 심성의 계획적 개발을 뜻한다. 인간이 잠재적으로 갖고 있는 능력의 개발은 그 성질에 따라 생리학적 연령에 의해 제한되어 있다. 철학적 사고력이 평생 동안 개발될 수 있는 반면, 음악, 수

---

6) Ibid, "Protagoras", p.35.

학, 체육에 관한 고도의 기능 개발이 10대나 20대를 넘어서는 거의 불가능하다는 것은 경험적으로 이미 실증된 사실이다. 따라서 이러한 분야에서 초기 교육개발은 절대적이고 경우에 따라 사춘기를 넘어선 대학 교육은 무의미하다는 판단이 설 수 있다.

교육 심리학적 연구를 근거로 인성교육에도 위와 똑같은 논리를 펼 수 있다. 콜버그에 의하면 인간의 도덕적 의식의 수준은 몇 가지 차등적 단계로 구분할 수 있으며, 그러한 의식개발은 생리학적 연령에 의해 제한되어 있다. 그러므로 어떤 정도의 연령에 도달하지 않고는 높은 수준의 도덕적 의식 즉 인성을 갖출 수 없다는 것이다.[7] 콜버그의 연구는 도덕적 의식 즉 인성 개발이 고등학교 졸업 연령을 넘은 이에게 더 이상 불가능하다는 결론을 도출하지 않지만 그러한 가능성만은 암시한다. 그렇다면 어떤 연령을 넘어서면 인성개발은 음악적 또는 수학적 능력 개발의 경우처럼 불가능하고, 그것이 사실이라면 어쩌면 대학에서 인성교육은 낭비일지 모른다. '세 살 적 버릇 여든까지 간다' 라는 우리의 속담은 인간의 도덕적 품성이 어린 연령에 이미 결정된다는 생각을 나타내는 말로 풀이할 수 있다. 그러나 고도의 기능이나 철학적 사고의 개발과는 달리, 그리고 음악이나 수학 능력의 개발과 같이 인성교육이 생리학적 인간 발달의 초기에 보다 효율적일 수 있지만, 대학 연령 이후에 가능하다는 증거는 아직 전혀 없다. 그렇다면 인성교육이 주요한 이상, 대학에서 인성교육은 가능할 뿐 아니라 필수적이라고 해야 한다. 이런 마당에서 대학에서 인성교육의 가능성을 새삼 묻고 따질 이유는 전혀 없다.

그렇다면 대학에서 인성교육의 문제를 제기하는 또 하나의 철학적

---

7) see Lawrence Kohlberg, *The Philosophy of Moral Development*, Vol.I, (N. Y : Harper & Row, 1971)

이유로 작용하는 도덕적 상대주의는 어떤가? 이 물음에 대한 대답은 먼저 도덕과 논리의 개념적 구별을 통해 주어질 수 있다. 일반인은 물론 철학자들까지도 흔히 분명한 구별 없이 사용하고 있는 이 두 개념은 구별된다. '도덕'이 인간으로서 갖추어야 할 영원한 따라서 보편적 가치를 가진 인간의 심성을 지칭한다면, '윤리'는 그러한 인성을 실천하기 위한 사회적 따라서 상대적 규범이다.[8] 시대와 삶의 조건의 변화에 따라 윤리적 규범이 달라질 수 있으며 또 달라져야 한다면 도덕적 가치는 달라질 수 없다. 현재 세계 특히 한국을 휩쓸고 있는 상대주의적 이념 특히 도덕적 상대주의와 그에 따른 위기는 보편적 도덕적 가치의 상대성이 아니라 윤리적 규범의 변화 내지는 혼돈을 의미하며, 이러한 변화와 혼돈은 정치, 경제, 기술, 문화의 극심한 변화를 반영할 뿐이다. 따라서 인(仁), 진(眞), 지(智), 경(敬), 신(信), 용(勇)과 같은 것으로 표현될 수 있는 인성의 도덕적 가치는 변함이 없고, 인성교육이 그러한 가치를 전수, 개발함에 있다는 데는 의심할 여지가 없다. 기본적 도덕적 가치가 유교에서 서(恕)의 개념으로, 불교에서 자비(慈悲)의 개념으로, 기독교에서 애(愛)의 개념으로 각기 달리 불리지만, 유교, 불교 그리고 기독교의 가장 기본적 도덕적 원칙이 함께 '네가 남한테 바라는 것처럼 너도 남을 대하라'라는 똑같은 명제로 표현되고 있다는 사실은 근본적 도덕적 가치의 보편성을 입증해 주고도 남는다. 그렇다면 인성교육의 내용 즉 어떤 인성을 가르쳐야 하는가라는 상대주의의 문제는 사라지고 오직 인성교육을 옳게 하는 문제만이 남는다. 그렇다면 이와 같은 두 가지 철학적 측면에서는 인

---

8) 이런 관점에서 볼 때 한자(漢字)문화권에서 도덕이 관습을 뜻하는 라틴어 모랄리스(moralis)와, 윤리가 심성을 뜻하는 그리스어 에토스(ethos)와 각기 동일한 뜻으로 각기 사용되고 있지만, 한문의 어원적 의미로 볼 때 정반대로 도덕과 윤리는 각기 에토스(ethos)와 모랄리스(moralis)의 동의어로 사용되어야 할 것이다.

성교육의 문제가 새삼 제기될 이유는 없다.

그렇다면 이런 문제 제기의 역사·사회적 현실은 어떠한가? 현재 세계는 문명사적 및 문화사적으로 유례 없는 큰 변화의 와중에서 예측할 수 없는 미래로 달리고 있다. 문명사의 맥락에서 볼 때 지금 우리는 첨단화하는 기술에 바탕을 둔 자본주의적 물질문명이 독주하는 시대를 맞고 있으며, 그에 따라 모든 국가는 물질적 풍요를 위한 과학기술 개발과 상품 생산의 무한경쟁 속에 날이 갈수록 더욱 휩쓸려 들고 있다. 문화사적 맥락에서 볼 때 세계 전체가 급속도로 지구촌화하는 과정에서 이질적인 다양한 문화가 서로 교차하고 얽히면서 세계 전체 특히 정치, 경제, 군사 및 문화적으로 열악한 사회는 윤리 도덕적 가치관과 세계관에 엄청난 혼란, 혼동 및 갈등의 소용돌이 속에 빠지게 되었다. 이러한 현상은 세계 어느 곳 못지않게 오늘의 한국에서 두드러지게 드러나고 있다. 자본주의적 물질문명에 휩쓸린 한국이 지난 반 세기 동안 추구한 국가민족적 지상 목표는 경제발전이었으며, 모든 가치가 기본적으로 경제적 척도에 의해서 측정되고, 그에 따라 겉으로는 무엇이라고 했든, 과학기술의 육성과 개발이 교육의 지상목표로 되어 왔고, 이러한 추세는 최근 급속도로 발전하는 첨단기술의 경쟁 시대에 들어서면서 날이 갈수록 더욱 명확해지고 있으며 이대로라면 과학기술교육, 더 일반적으로 직업교육은 앞으로도 부득이 한층 더 강조될 전망이다.

이러한 오늘날 한국의 정치적, 사회적, 경제적, 기술적 현실은 문화적 혼란 속에서 자연히 경제적 가치 이외의 다른 가치를 특히 도덕적 가치에의 불감증을 일으키게 하고, 따라서 자연히 인성교육은 소홀해지거나 아니면 숫제 불필요한 것처럼 보이게 되었다. 하루 속히 경제적 교환가치의 측면에서 유용한 그리고 경쟁력 있는 제품들을 생산하려면 기술자 양성이 가장 급선무이다. 그러자면 아무리 배워야 그러한 제품들을 생산하는 데 도움이 되지 않는 인성교육은 시간과 물질의 낭비로밖엔 달리 보이지 않게 된다. 설사 인성교육의 필요성을 인정하더라도 그런 교육은 고등학교 수준으로 충분하지 극히 전문화된 실용적 기술을 습득해야 하는 대학에까지 끌고 올 필요가 없다는 주장이 설 수 있다. 비록 고등학교 수준의 인성교육이 이상적으로 생각할 때 충분치 않더라도, 오늘의 경제적·기술적 차원의 치열한 국제 경쟁을 생각할 때 정신적·도덕적 가치보다는 물질적·경제적 가치가 선행할 수밖에 없고, 따라서 인성교육보다는 기술교육이 강조되어야 하며, 마침내 대학의 인성교육은 희생되어도 좋다는 논리가 설 수 있다. 지난 몇십 년 동안 대학에서 인문교육의 비중이 점차적으로 위축되어 왔던 것은 바로 위와 같은 한국 그리고 세계문명의 일반적 추세를 반영하며, 최근 한국에서 갑작스럽게 나타난 대학의 개방 및 국제화와 맞물려 많은 대학에서 인문계 학과가 축소 내지 폐지되거나 교양필수 과목의 철폐 등으로 나타난 제도적 변화는 다같이 기술문명이 정신문명을, 물질적 가치가 도덕적 가치를 더욱 지배해가고 있음을 보여주는 구체적 증거이다.

그러나 바로 이러한 기술문명과 물질주의적 문화로 인해 인성에 병이 나고 도덕적 위기가 인간의 번영은커녕 사회적 안정을 그 뿌리로부터 위협하고 있음을 우리는 또한 다 같이 의식하고, 따라서 보다 건실한 인성교육의 필요를 절실히 느낀다. 한편으로는 기술·경제의 국제적 경쟁 속에서 살아 남으려면 지난 몇십 년과 같이 기술·경제 성장을 국가적 제일 목표로 삼아 인성교육을 희생하면서라도 과학기술·직업교육에 총력을 집중해야 한다. 다른 한편으로는 그러한 정책이 오늘의 도덕적 위기를 초래하고, 도덕적 위기가 현대인의 인성 황폐(人性荒廢)를 의미하며, 이러한 결과로 우리 사회가 뿌리로부터 흔들리고 있음을 인정한다면, 인성교육의 중요성은 모든 차원의 교육적 단계에서 지속적으로 더 강화되어야 한다.

위와 같은 두 가지 요청은 다 같이 현재 세계의 문명사적 맥락 특히 한국의 오늘의 문명·문화사적 현실에 뿌리 박고 있는 것이지만, 지금까지 제기된 형태로 볼 때, 그것들은 서로 양립할 수 없는 성질의 요청들이다. 대학의 인성교육의 가능성에 대한 문제는 오늘 한국이 추구하고 있는 두 가지 현실적 요청에 대한 갈등의식인 동시에 그런 갈등을 풀어야 할 필요성의 표현이다. 그러나 이 문제해결을 위해서 먼저 기술과 인성(人性)의 관계에 대한 분석과 반성이 필요하다.

Ⅱ. 기술과 인성(人性)

의도적 행위는 목적을 전제한다. 교육은 일종의 의도적 행위이다. 그러므로 모든 교육적 행위는 필연적으로 어떤 목적을 갖는다. 교육의 목적은 인간이 타고 난 잠재적 기능 가운데 바람직한 것들을 개발하고 발전시키는 데 있다. 그렇다면 인간이 인간으로 사는 데 꼭 필요하고 귀중한 것은 어떤 것들인가? 이에 대한 대답은 각기 남자냐 여자냐에 따라, 각 개인의 기호와 성격에 따라 그리고 각기 그가 구체적으로 처해 있는 자연적, 사회적 및 역사적 상황에 따라 사뭇 달라지는 측면이 많다. 그렇지만 모든 인간은 다 같이 인간이라는 점에서, 다 같이 필요로 하고 귀중하게 느끼는 것들이 있다.

파스칼이 '인간은 물리적으로 우주에 포함된 말할 수 없이 작은 존재이지만 우주를 생각할 수 있는 한에서 지적으로 우주를 자기 속에 포함시킨다'[9]라고 했던 바와 같이 인간은 생물학적 동물로서 다

---

9) Blaise Pascal, *Pascal's Pensees*, bilingual ed. trans. by H. Strewart, (N. Y : The Modern Library College Edition, 1967, p.83)

른 동물과 똑같이 자연에 속하지만 그와 동시에 이성적 동물로서 자연을 초월한다. 동물적 인간은 생물학적 존속과 복지를 위해 효율적으로 자연에 적응하고 발전하기 위한 힘의 개발이 필요하고, 정신적 인간은 심성의 개발을 필요로 한다. 동물적 필요를 충족하기 위해서는 인간에게 자연현상에 대한 객관적 지식과 자연을 가장 효과적으로 활용하기 위한 실용적 기술이 없어서는 안된다.

그러나 이성적, 초월적 존재로서 인간은 자연적 즉 동물적 욕망으로 채울 수 없는 도덕적 요청을 한다. '인간은 빵만으로는 살 수 없다' 라는 성서의 가르침은 인간이 물질로 환원할 수 없는 정신적 존재임을 간략하고도 명료하게 표현한 데 지나지 않는다. 인간의 초월성은 모든 사물과 행동을 유용·무용의 공리적 입장에서만 보지 않고 옳고/그름의 내재적 가치의 입장에서 봐야만 한다는 사실을 말해준다. 자연적 존재로서 빵이 필요하고 초월적 존재로서 도덕성이 필요하다면, 전자를 충족시키기 위한 기술·기능적 개발과 교육 그리고 동시에 후자를 만족시키기 위한 정신·인성 교육은 다 같이 필수적이다.

인성교육의 중요성을 인정하더라도 실제적 문제는 이 두 가지 다른 교육의 상대적 중요성이 생긴다. 이러한 문제에 대한 견해의 차이에 따라 각기 영역에 얼마만큼의 교육적 투자를 하느냐가 결정되기 때문이다. 오늘날 세계 일반 특히 한국의 상황에서 볼 때 도덕적 가치에 대한 경시와 인성교육이 소홀히 되고 있으며, 상대적으로 기술·기능적 가치와 교육이 날이 갈수록 강조되고 있다. 이러한 사실은 인간의 자연적·동물적 복지 즉 도구적 가치가 초월적·도덕적 충족 즉 내재적 가치보다 상대적으로 보다 무거운 비중을 갖게 됐음을 증명해주는 듯싶다. 이러한 사회적 현실은 많은 최근의 첨단 과학기술과 더불어 많은 과학적 사고에 잠재적으로 함의되어 있는 유물론적 환원주의의 형이상학을 반영하는 것같다.

물론 듀이가 강조하고,[10] 굿맨이 거듭 밝혔듯이,[11] 실제로는 목적과 수단, 가치와 사실이 엄격히 구별될 수 없듯이, 교육적 실천과 교육적 가능성, 전체와 부분, 내재적 가치와 수단적 가치 등을 양분/대립시키고, 그것을 상위/하위 혹은 지배/종속의 위계적 관계로 떼어 배열할 수 없다. 기술교육과 인성교육의 관계도 마찬가지다. 우선 지식・기술을 갖추어 물질・동물적 필요조건을 충족시키지 않는 상태에서 정신・인성을 쉽게 개발할 수 없으며, 그와 동시에 우리가 실현코자 하는 품성・정신적 가치가 결정되지 않고는 어떤 지식・기술을 개발해야 하는가를 결정할 수 없으며, 다양한 개별적 목적과 가치의 실현 없이는 단 하나의 궁극적 목적과 가치의 실현은 생각할 수 없으며, 거꾸로 인간의 궁극적 목적이 존재하지 않는 곳에 개별적 여러 가지 목적과 가치는 의미를 갖지 않는다. 이와 같이 생각해볼 때 교육이념으로서 기술개발과 인성개발의 관계 및 기술・수단적 가치와 인성・궁극적 가치의 관계는 생물학적 한 인간과 그의 생물학적 모든 구성요소들의 관계나 혹은 한 자동차와 그것을 구성하는 모든 부분들의 관계와 같다. 한편으로는 팔, 다리, 눈, 코, 심장 등의 부분들이 없는 인간을 생각할 수 없는 것과 똑같이 부분으로 분화할 수 없는 살아 있는 단 하나의 생물학적 인간을 떠나서는 팔, 다리, 눈, 코, 심장 등은 전혀 의미를 갖지 못한다. 이 두 가지는 서로 뗄 수 없이 역동적 보완관계로 매여 있다. 그렇다면 기술적 가치와 도덕적 가치는 다 같이 중요하며, 기술교육과 인성교육은 다 같이 강조되어야 한다.

이러한 사실에도 불구하고 두 가지가 갈등을 일으킬 때는 더 강조되어야 하는 것은 역시 인성교육이다. 기술교육과 인성교육이 다 같

---

10) see John Dewey, *Experience and Education* Chapters 4, 5 and 6(N. Y : Collier Books, 1938)
11) see Nelson Goodman, *Ways of Worldmaking*, (Indianapolis : Hackett Publishing, 1978)

이 교육의 이념일 수밖에 없지만 교육의 총체적 이념이 '인간으로서' 존재하는 데 있으며, 인간으로서 존재는 인간의 도덕성에서만 찾을 수 있기 때문이다. 지식이나 기능이라는 덕목이 생리학적 만족을 위한 수단·도구적 의미만을 갖는데 반해 인성이나 도덕이라는 덕목이 인간의 초월성을 보여주는 내재적 가치의 표현이라면, 도덕적 가치는 기술적 가치의 상위에 있어야 하고 따라서 기술교육은 인성교육에 종속해야 할 것이다. 왜냐하면 러셀이 설명하고 있듯이 어떠한 '유용성·도구성'도 궁극적으로 도구적·효율적 가치를 초월한 내재적 가치를 전제하지 않고는 완전히 이해할 수 없기 때문이다.[12]

"今之孝者, 是謂能養. 於犬馬, 能有養, 不敬, 何以別乎"[13] 즉 "요즈음 효도란 봉양만 잘하면 되는 줄 안다. 그것쯤이야 개나 망아지도 할 수 있는 일인데, 존경하지 않는다면 다를 데가 없지 않은가!"라는 공자의 말은 인간의 초월성과 정신적·도덕적 가치의 물질·기술적 가치에 대한 논리적 선행성을 말해주는 뜻으로 해석할 수 있다. 이런 맥락에서 필자는 이미 딴 자리에서 모든 종류의 개별적 교육의 목적은 단 하나의 궁극적·총체적 교육 이념 즉 그 자체가 가치인 것에 비추어서만 그것들의 개별적 의미가 본질적으로 이해되고 그 가치를 평가도 할 수 있다고 주장했다. 그리고 인간의 존엄성(human dignity)을 교육의 궁극적 목적이라 주장한 공자, 칸트 그리고 분석적 철학자 쉐플러의 교육철학은 다 같이 이러한 신념을 갖고 있다고 주장한 바 있다.[14]

---

12) see Bertrand Russell, 'On Education' in Steven Cahn, *The Philosophical Foundations of Education*, pp.285~301)
13) 論語(2/7)
14) see Ynhui Park, "Rationality and Human Dignity"-Confucius, Kant, Scheffler on the Ultimate Aim of Education, first to appear in Special Issues : *Studies in Philosophy and*

필자의 논지에 근거가 있다면 "그저 많은 정보만을 갖고 있는 인간은 하나님의 지구에서 가장 따분한 자이다"[15]라는 화이트헤드의 말은 맞고, 그렇다면 인성교육은 기술교육에 앞서 더 귀중하고 더 강조되어야 한다. 특히 물질적 가치에 치중한 나머지 기술교육 일변도로 강조되어 오고, 그런 결과로 인성의 황폐와 도덕적 위기에 직면하고 있는 한국에서 더욱 그렇다. 인성교육을 강조하는 것은 결코 기술교육의 시급한 중요성을 몰라서가 아니다. 오늘날 이른바 무한경쟁시대에 선진국을 쫓아 가려는 한국에서 기술교육 특히 첨단 과학기술교육의 시급성을 필자는 누구 못지않게 인정한다. 그러나 만약 인성교육의 탄탄한 반석에 서지 않는다면 어떠한 뛰어난 기술교육도 궁극적으로는 사상누각에 지나지 않는다는 것을 알고 있기 때문이다.

인성교육이 필요하다 해도 그러한 교육이 고도의 전문적 교육을 필요로 하는 대학에서 전문적 교육을 희생하면서까지 꼭 해야 하는가? 이 물음에 대한 긍정적 대답은 두 가지 이유에서 확실하다. 첫째의 이유는 대학에서 인성교육은 전문 기술교육의 희생이 아니라 각 학생의 개인적 입장에서 볼 때 전문 기술교육의 약간의 연기, 따라서 교육 기간의 약간의 연장만을 뜻한다는 사실에서 찾을 수 있다. 교육기간의 연장은 국가・사회적으로 볼 때는 전문 기술 교육내용의 낙후를 의미하는 것은 결코 아니다. 그것은 다만 교육 완료 연령이 약간 늦어짐만을 의미한다. 이런 결과로 대학졸업 평균 연령이 가령 22세가 아니라 23세가 되더라도 그것은 전문기술 교육수준의 저하를

Education, (VPI & SU, College of Education, Blacksburg, VA, 1996), & then to reappear in Harvey Siegel, ed. *Reason and Education : In Honor of Israel Scheffler*(Dordrecht ; Kluwer Academic,1996)

15) Alfred N. Whitehead, *The Aims of Education and Other Essays*(N.Y : The Macmillian Co. 1967, p.1)

뜻하는 것은 전혀 아니다. 둘째의 이유는 지금까지의 한국에서 중·고등 교육의 현실에서 찾을 수 있다. 필자가 알고 있는 바로는 프랑스나 독일 등 선진 유럽 국가에서는 고등학교에서 이미 상당한 수준의 인문·교양 특히 철학교육이 전통적으로 시행되고 있다. 이러한 사실은, 가령 금년도 프랑스의 고등학교 졸업 자격 인문계 시험문제가 삶에 대한 다각적 의식, 종합적 사고력 그리고 논술적 표현력을 요구하는 가령 "자유는 행복의 필수 조건인가?"와 같은 종류의 것이었다는 것으로 밝혀진다. 이런 프랑스에서도 대학에서 처음 1년간은 교양과목으로 개론적 철학과 문학과목이 필수적이다. 우리의 경우는 어떤가? 고등학교까지 우리의 교육은 주입·암기식 일변도이며, 일반적으로 종합적 사고력은 훈련하지 않고 있으며, 더욱이 철학적 사고력이나 문학적 그리고 도덕적 감수성의 개발이나 강화에 있어 전적으로 실패하고 있다. 이러한 상황에서 우리의 인성교육에 문제를 조금이라도 의식한다면 우리 대학에서 올바른 철학 및 문학 과목의 교육은 무엇보다도 시급하다.

대학에서 인성교육이 가능할 뿐만 아니라 절실히 필요하다면 두 가지 문제가 뒤따른다. 인성교육이 도덕적 덕목의 개발을 뜻하고, 도덕적 덕목에는 여러 가지가 있을 수 있다면, 인성교육은 개발하고자 하는 덕목의 선택을 전제한다. 그러나 앞서 이미 언급했듯이 도덕적 덕목이 사회·문화적으로 상대적인 것과 보편적인 것으로 구분할 수 있고, 모든 인성교육의 궁극적 목적은 당연히 보편적 덕목의 개발에 있다면 어떤 도덕적 덕목을 선택해야 하는가의 문제는 생기지 않는다. 그렇지만 시대와 장소를 초월한 궁극적 그리고 보편적 덕목은 사회적, 자연적 및 문화적으로 상대적인 특수한 상황에서만 실천할 수 있는 한 보편적·궁극적 도덕적 덕목은 개별적·상대적 목적의 실천을 통해서만 가능하다. 이러한 사실은 고대 그리스 시대에 가령 아리스토텔레스가 지혜(wisdom), 절제(temperance), 용기(courage), 정의 (justice)의 덕목을 강조한 데[16] 반해, 20세기 초 러셀이 용기(courage) 와 지성(intelligence)과 나란히 생동력(vitality)과 감수성(sensitiveness) 의 덕목을 주장했고[17], 유교가 인의예지(仁義禮智)를 핵심적 덕목으로 여긴 데 반해 기독교가 믿음(faith), 소망(hope), 사랑(love)을 기본적 덕목으로 삼고 있는 사실로 드러났다.

그렇다면 우리는 인성교육을 착수하기에 앞서 역시 현재 우리의 구체적 현실로 보아 우리가 생각하기에 가장 맞고 중요한 도덕적 덕목들을 그 중요성의 순서에 따라 차등적으로 결정해야 할 것이다. 그리고 이러한 덕목의 선택은 철학적 문제가 아니라 과학적 문제에 속한다. 그것은 여러 분야에 걸친 객관적 사실에 대한 과학적 지식을 기초로 이성적으로 결정하면 될 수 있다. 보다 어려운 문제는 우리가 선택한 도덕적 덕목을 무엇을 가지고 어떻게 교육할 수 있느냐의 방법을 찾아내는 데 있다.

Ⅲ. 인성교육과 인문과목

인성교육의 목적이 인간의 존엄성에 대한 감수성과 의식을 강화하고, 어떤 상황에서도 자신의 존엄성을 지키도록 도와주는 데 있다면, 그런 목적을 어떻게 실현할 수 있는가? 인간의 존엄성이 전문적 지식이나 특수한 기술과는 상관없이 인간으로서 가장 바람직한 삶에 대한 인간의 기본적 태도를 지칭하고, 그러한 태도는 궁극적으로 도덕적 덕목을 의미하고, 그러한 도덕적 덕목은 인간이 그냥 동물로서

---

16) see Aristotle, *The Nichomachean Ethics*, trans, by H. Rackham(Cambridge : Harvard University Press, 1926)

17) see Bertrand Russell, *Education and the Good Life*(London : Allen & Unwin, 1926)

가 아니라 초월적 존재라는 데서 나타날 수 있고, 인간의 존엄성은 그의 인성(人性)과 덕목의 표현인 만큼 인성교육의 필요성은 자명하다. 그렇다면 대학에서 인성교육은 언제 무엇을 어떻게 가르쳐야 하는가?

모든 교육은 피교육자의 흡수능력을 고려해야 한다. 이런 점을 무시하면 아무리 선의의 교육도 쇠귀에 경읽기가 될 수밖에 없다. 인성교육은 피교육자의 정신적 발달과정을 먼저 고려해야 한다는 것이다. 유치원은 물론 국민학교에서의 인성교육은 각기 그 수준에 맞게 마치 어떤 동물들을 훈련시키는 경우와 유사하게 상과 벌을 통해 우리가 귀중하다고 여기는 인성·덕목들에 맞는 행동 관습을 갖도록 유도할 수 있다. 사춘기에 해당하는 중·고등학교에서는 도덕적 문제에 대한 감수성과 개념적 사고력을 자극하기 위해서 가령 도덕적 잠언들을 암기시키거나 알기쉬운 훈육적 내용이 담은 이야기를 의무적으로 읽게 하거나 하여 다소 주입식 인성교육이 효과적일 수 있다.

그러나 한 인간이 사회가 바람직하다고 믿은 덕목의 틀에 맞는 행동을 한다고 해도, 그러한 행동은 그 인간이 바람직한 인성을 갖추고 있다는 증거가 될 수 없으며, 따라서 그 인간의 존엄성을 입증하지 못한다. 한 인간의 참다운 이성은 그가 자율적으로 즉 하나의 인격자로서 갖추고 있는 태도와 행동을 했을 때만 의미를 갖는다. 따라서 피교육자가 기계적으로가 아니라 자율적으로 바람직한 인성에 맞는 행동을 하도록 유도할 때만 비로소 참다운 인성교육이라 할 수 있다. 그러므로 초기 인성교육에 필요했던 주입식 방법은 참다운 인성교육의 방법일 수 없다. 이런 점에서 볼 때 참다운 인성교육은 고등학교 이상의 학생들에게만 비로소 가능하다. 그렇다면 대학의 인성교육은 『명심보감』의 암기를 통한 주입식 교육방법이 아니라 훨씬 자율적인 방법이 도입되어야 한다. 그렇다면 대학에서는 인성교육을 위해 무엇을 어떻게 가르칠 수 있는가?

한 인간의 인성은 그의 모든 일상적 언행에서도 간접 혹은 직접적으로 나타날 수밖에 없다. 그리고 사회학이나 역사학이나 인류학을 통해서 인간의 인성은 개발되고 습득될 수 있다. 따라서 자연과학과는 그 성질이 다른 사회과학 분야의 교육은 인성교육에 중요한 역할을 담당한다. 그러나 한 인간의 인성은 집단적 즉 사회적으로 표현되기에 앞서 실존적 고독 속에서 가장 적나라하게 경험되고, 한 인간의 인성의 문제는 그가 처한 어려운 상황, 특히 죽음과 삶이 교차하는 실존적 극한 상황에서 가장 두드러지게 노출되고 시험된다. 그렇다면 인성교육의 방법은 가능하면 이러한 실존적 상황을 의식할 수 있는 감수성을 키워주고 그러한 상황에서 인간의 위신을 잃지 않고 인간으로서 삶의 의미를 각자가 스스로 발견·체험할 수 있는 데 중요한 역할을 할 수 있는 것이라야 할 것이다. 여기서 우리는 월남 전쟁 때 상공에서 추격당한 후 8년간의 포로생활을 했던 미해군 부제독 스토크데일의 말을 생각해보자.

그는 자신의 절실한 경험을 통해서 '대부분의 포로들은 내가 알기에 현재 범람하고 있는 문제를 실용적으로 처리하는 방법에 대한 전문적 학문이 아무 쓸모도 없다는 것을 발견했다. 내가 말하고자 하는 것은 감옥에 살게 될 사람들을 훈련하기 위한 교육이 이루어져야 한다는 것이 아니다. 내가 뜻하고자 하는 것은 극한 상황에서는 근본적인 것 즉 핵심적 고전 교과목에 대한 교육이 가장 유용하다는 것이다.'[18] 그는 이어 자신이 육체적으로나 정신적으로 인간으로서는 견디기 어려운 고통을 8년이라는 긴 기간 동안 견디며 인간으로서 위신

---

18) James B. Stockdale, 'The World of Epictetus' in Christina & Fred Sommers, ed. *Vice & Virtue in Everyday Life*, (Orlando : Harcourt Brace Jovanovich, 1989, p.585)

을 지킬 수 있었던 것은 여러 고전 가운데도 특히 그가 읽었던 구약 가운데의 『욥기(The Book of Job)』와 고대 금욕주의자를 대표하는 철학자 에픽테투스의 작은 책자 『잠언록(The Enchiridion)』 때문이었다고 말한다.

『욥기』는 누구보다도 선하고 행복했던 욥이 하나님에 대해 인간 이성으로서는 아무리 해도 이해할 수 없는 수난을 당했던 기록이며, 『잠언록』은 '풍요하지만 근심 속에 사는 것보다는 죄의식과 공포 없이 굶어 죽는 것이 좋다'라든가 '절름발이는 육체의 걸림돌이지 의지의 걸림돌은 아니다'라는 종류의 잠언이 담겨있다. 『욥기』나 『잠언록』의 위와 같은 내용들은 객관적으로 존재하는 자연적 혹은 형이상학적 세계에 대한 구체적 정보·지식에 속하지도 않고, 구체적인 무엇인가를 제조하거나 구체적인 어떤 행위를 지적해주지 않는다. 이런 책을 읽고 배웠다고 해서 과학적 또는 철학적 지식은 전혀 얻어지지 않으며, 자동차나 컴퓨터를 만들거나 농사를 짓는 데 도움이 되지도 않다. 이런 책들의 내용을 완전히 이해했다고 해서 건강이 좋아지는 것도 아니며 노래나 춤을 더 잘 할 수 있는 것도 아니다. 요컨대 실용적 관점에서 볼 때 완전히 무용지물이다.

그러나 인간의 존엄성은 그의 지식, 그의 소유물, 그의 재능에 있지 않고 그의 정신적 초월성에 있으며, 그러한 초월성은 알몸으로, 궁극적으로는 오직 혼자서 죽음과 삶, 비굴성과 자존심간의 양자 선택이 강요된 실존적 상황에서 각별히 의식되며, 이러한 선택 즉 자존심을 지키느냐 아니냐를 결정하는 데는 지금까지 유용했던 것들은 완전히 무용해지고, 오직 삶에 대한 근본적 가치의식과 도덕적으로 올바른 자세만이 유용할 뿐이다. 이런 점에서 실용적으로 가장 무용한 책, 『욥기』와 『잠언록』은 그가 8년간 포로로 갇혀있었던 감옥에서 스토크 데일 부제독에게 가장 유용한 것이었고, 언제나 실존적으로 존재해야 하는 우리 모두에게도 똑같이 귀중한 삶의 교과서일 수 있다. 스토크데일은 인성교육에 있어서 무엇보다도 중요한 교육과목은 자연과학이나 기술·직업과목이 아님은 물론 사회학이나 정치학이나 인류학이 아니라 인문계에 속하는 과목임을 웅변으로 말해준다.

고전 특히 전통적 뜻의 철학 즉 삶에 대한 지혜로서 철학이 인성교육에 차지하는 결정적 중요성을 입증한다면, 다 같이 인문계 과목교육의 중요성을 강조하면서 철학자 더스카는 전통적 인성교육 방법의 허점을 지적하고 가장 바람직한 방법으로서 문학과목이 각별히 중요함을 주장한다. 그에 의하면 최근 유행하고 있는 이른바 '응용윤리학'을 포함해서 현재의 윤리교육은 지나치게 이론적·형식주의적이다. 도덕적 원칙·규범을 구체적 도덕적 문제에 적용해도 결정적 해결을 볼 수 없다는 것이다. 모든 윤리학은 궁극적으로 '행복'이라는 이상에 호소하고 있지만, '행복'이란 개념은 정확히 정의할 수 없는 가치로서 그것은 우리가 정열(passion)을 쏟는 활동에 부수적으로 따라 오는 가치에 불과하다. 이러한 사실은 정열적으로 살 때만 우리의 삶은 의미를 띨 수 있음을 말해주며, 문학은 정열과 행복/불행의 관계를 배우는 데 기본적 원천이라고 그는 주장한다. 더스카는 정열과 의미있는 삶이 뗄 수 없다는 자신의 주장을 뒷받침하기 위해 까뮈의 『시지프스의 신화』의 마지막 몇 줄을 인용함으로 한 문학 작품이 어떻게 이러한 사실을 보여주는가를 말하고자 한다.

나는 시지프스를 산 밑에 남겨 둔다! 누구나 새로운 짐이 생긴다. 그러나 시지프스는 신들을 부정하고 바위를 올리는 높은 충실성을 가르쳐 준다. 시지프스도 '모든 것이 다 좋다'라고 결론짓는다. 이제부터 그에게는 주인 없는 이 우주는 삭막하지도 않고 헛되지도 않다. 그 바위를 구성하고 있는 하나하나의 원자, 그날 밤의 하나하나의 광물적 송이가 산을 가득 채우고, 그 자체로서 하나의 세계를 형성한다. 산정을 향한 투쟁 자체는 한 인간의 가슴을 채우기에 충분하다. 행복한 시지프스를 상상해야 한다.

더스카에 의하면 도덕성의 문제는 두뇌나 지식 이전에 가슴과 느낌의 문제이며, 비도덕성은 비감수성과 남에 대한 배려의 결함을 뜻한다. 이와 같이 볼 때 문학은 윤리학과 뗄 수 없는 관계를 갖고 따라서 인성교육에 가장 유익하고 효과적인 교육수단 방법으로 사용할 수 있다는 것이다. 왜냐하면 무엇보다도 먼저 문학은 삶의 의미와 정열이 어떻게 해서 뗄 수 없이 얽혀 있는가를 보여주고, 또한 남들에 대한 우리들의 감정이입을 발달시키는 데 도움을 줌으로써 보다 더 감수성을 갖고, 남들에 대해 보다 개방적이며, 남들을 보다 더 생각해 주는 인간이 되도록 도와주기 때문이라는 것이다.[19]

스토크데일의 감동적 체험담을 듣거나 더스카의 주장을 따라 가기에 앞서 실존적 상황에서 대학교육을 받았던 사람으로서 그가 기억할 수 있는 철학자들의 어떤 귀절이나 세계관에 의지해 보지 않았던 이는 없을 것이며, 어떤 중요한 문학작품을 읽으면서 인생에 대한 새롭고 깊은 경험을 간접적으로 함으로써 깊은 감동을 느껴보지 않았던 이도 없을 것이다. 그렇다면 이들의 이야기와 주장을 몰랐더라도 인문계 특히 철학과 문학교육이 인성교육에 절대적 중요성을 차지함은 자명하다. 이처럼 인성교육에 문학작품 감상의 중요성은 문학작품의 가치를 도덕적으로만 접근하고 평가해야 한다거나 오직 문학교육을 통해서만 인성교육을 할 수 있다는 것을 결코 의미하지 않는다.

---

19) see Ronald Duska, 'Literature and Moral Education' in *Vice & Virtue in Everyday Life*(pp..554~565)

한 문학작품은 그것의 문제, 그것이 갖고 있는 상상력, 사상적 깊이, 사회적 영향 등에 의해서 다각도로 해석·감상될 수 있으며, 다른 예술매체 특히 연극이나 영화 등의 가상을 통해서도 문학으로 할 수 있는 것과 똑같은 인성교육을 할 수 있다. 그러나 그 성격상 예술적 매체로서 문학작품 특히 소설의 예술적 감상이 다른 어느 종류의 예술작품보다도 효과적이다.

물론 철학과 문학의 단순한 형식적 교육으로는 무의미하다. 기술·전문직 과목과는 달리 철학과 문학교육은 그 성질상 극히 어렵다. 이런 측면에서 대학에서는 물론 중·고등학교에서 문학교육의 내용과 방식에 대한 재검토가 절실하며, 그런 목적으로 성취하기 위해서 철학적 교양을 어느 정도 갖추고 문학적 감수성이 짙은 국어과 교원 및 문학교수의 재교육과 양성이 선행되어야 한다. 이런 점에서 우리 교육계의 현실이 만족스러운가에 대한 의문이 깊어진다. 우수한 문학 및 철학 교원·교수들의 양성과 교육을 위해 더 많은 시간적 및 재정적 투자가 있어야 한다.

〈1995년, 서강대 '인문과학연구소'에서 발표〉

삶에의 태도

파스칼은 우리의 존재 상황을 승선(乘船)에 비유했다. 우리가 태어난 것은 우리의 자의적 선택에 의한 것이 아니지만, 싫건 좋건 우리는 이미 삶이라는 '배'에 타고 있게 되었다는 것이다. 삶 자체뿐 아니라 남자로 태어났느냐 여자로 태어났느냐 혹은 어떠한 특수한 사회적·역사적·생리적·경제적 조건을 갖고 태어났느냐 하는 것도 우리의 자의적 선택에 의해서 결정된 것은 아니다. 이처럼 각자 다른 조건에서 태어난 우리는 이미 타고 있는 배를 저어 삶이라는 항해를 시작하고 계속해야 하는 운명에 던져져 있다. 이러한 상황에 대한 의식은 곧 삶에 대한 의식 혹은 반성의 성격을 띤다. 이러한 삶에의 의식은 사람에 따라서 일찍은 10대에, 늦게는 30대 혹은 40대에 시작될 수 있다. 그러나 정도와 때는 다를지라도 사람이라면 누구나 이러한 의식을 하지 않을 수 없을 것이다. 막막한 바다에서 험악한 파도에 흔들리며 위험하게 떠 있는 배 안에 들어앉아 있는 스스로를 처음으로 발견할 때 누구나 두 가지 의문을 갖게 된다. 첫째, "나는 무엇 때문에 이 배에 타고 있는가?"라는 의문을 가질 수 있고, 둘째, "만약 배를 타고 바다에 떠 있다면 어디로 어떻게 배를 저어서 갈 것인가?"라는 문제를 생각해야 한다. 우리가 던지는 이 두 가지 질문은 '인생의 의미'의 문제로 바꾸어 볼 수 있다.

인생의 의미의 문제는 도대체 삶 자체가 보람있는가의 문제이며 어떻게 보람있는 삶을 살아갈 수 있는가의 문제이다. "나는 계속 삶이라는 배를 타고 항해를 할 것인가?" "만약 배를 타고 항해를 계속한다면 어떻게, 어떠한 곳을 향해서 배를 저어갈 것인가?" 이와 같은 두 가지 물음에 대한 대답은 다 같이 각 개인의 선택에 달려 있다. 내가 세상에 태어난 것, 즉 바다에 떠 있는 배를 타고 있음이 나의 선택에 의한 것은 아니었지만 나는 삶을 거부하고 내가 타고 있는 배에서 바닷속으로 뛰어내려 자살할 것이냐 아니면 그 배에 머물러 항해를 계속할 것이냐 하는 것은 나 자신의 선택에 달려 있다. 재수없이 남자로, 가난한 집안에서, 혼란한 시대에 태어난 것은 내가 어찌할 수 없는 사실이지만 그러한 상황에서 열심히 일하여 아내와 자녀를 위하여 스스로를 희생하면서 열심히 배를 젓고 보람을 찾을 것인가 아닌가는 역시 나의 선택에 달려 있다.

그렇다면 "인생의 의미는 무엇인가?" "삶과 죽음을 놓고 무엇을 선택할 것인가?" 우리의 생물학적 본능은 이러한 물음을 던질 여유를 주지 않는다. 우리는 다만 맹목적으로 삶에 매달린다. 그러나 인간은 동물과는 달리, 비록 감상적 문학소녀가 아니더라도 삶의 고통을 느낄 때 인생의 의미에 대한 의문을 갖게 된다. 이러한 의문이 생기는 것은 삶이 고통스럽기 때문만은 아니다. 아무리 행복한 일생을 살아가는 사람에게도 그러한 의문은 생기게 되며, 아무리 나이가 많은 사람에게도 그러한 의문은 때때로 튀어나온다. 아무리 부귀와 영화를 누리는 사람이라도 멀지 않아 다 같이 흙으로 돌아간다. 로마의 폐허를 서성거릴 때, 박물관에서 고대 이집트 파라오 왕(王)들의 미이라를 볼 때, 인생의 허무함을, 인간의 모든 노력과 고통의 궁극적 무의미함을 잠깐이나마 느끼지 않는 사람은 없을 것이다. 그러기에 사랑을 하다가도 "이게 다 무엇인가?"라는 물음이 스쳐가고, 분명히 자기 집에 있는 것을 알면서도 "나는 어디에 있는가?"라는 생각이 들기도 하고, 분명히 서울로 가면서도 "나는 어디로 가는 것인가?"라는 의문을 갖기도 한다.

"인생의 의미는 무엇인가?" 불행히도 이 물음에 대한 대답은 없다. 비록 인생의 의미없음이 사실이라 해도 반드시 죽음을 택해야 한다는 결론은 나오지 않는다. 왜냐하면 '죽음'의 의미도 역시 없기 때문이다. 인생의 의미가 있건 없건 다행히 우리들의 본능은 우리들의 삶에 대한 애착에서 해방시켜 주지 않는다. 우리는 거의 모든 경우 엄청난 대가를 치르면서도 삶에 끝까지 매달린다. 사실 인생의 의미가 있는가 없는가는 우리의 문제가 되지 않는다. 인생의 의미가 있다 해도 그러한 의미는 우리들에 의해서 결정될 수 없고, 인생의 의미가 없다는 결론에서 자살한다면 그 본인에게는 아무것도 문제가 되지 않기 때문이다. 따라서 우리의 문제는 오로지 인생에 있어서의 의미를 찾는 데 있다. 비록 인생의 의미가 없다 해도 인생에 있어서의 의미는 충분히 있을 수 있다. 그것은 마치 꽃이 지면 그만이긴 하지만 그 꽃은 역시 아름다울 수 있는 것과 마찬가지이다. 따라서 삶에의 태도는 어떻게 우리의 삶을 아름다운 것, 보람있는 것으로 만들 수 있는가의 과제에 대한 우리의 태도에 지나지 않는다.

삶에 대한 태도는 크게 적극적인 태도와 소극적인 태도로 나누어 생각할 수 있다. 사람은 물론 모든 생명은 본능적으로 각기 자신의 욕망을 충족시키기 위하여 거의 맹목적으로, 적극적으로 살게 마련이다. 인간은 동물처럼 생존에의 본능을 충족시키기 위하여 항상 최선을 다할 뿐 아니라, 동물과는 달리 그 밖의 수없는 욕망, 채워도 채워도 채워질 수 없이 확대되는 욕망을 직접 혹은 간접적으로 추구한다. 그와 같은 욕망이 어느 정도 충족되면 그만큼 우리는 만족감을 느끼고 삶에 보람을 느끼게 된다. 그러나 우리의 욕망은 결코 언제나 충족되지 않는다는 사실이 또한 삶의 현실이다. 욕망이 좌절될 때, 따라서 살아가는 하루하루가 즐거움이라기보다 고통이라고 느껴질 때, 우리는 삶에 대해 소극적인 태도를 취하고자 하는 유혹을 항상 느끼게 된다. 부귀와 영화가 많은 사람들이 추구하는 것이라 해도 다 같이 언젠가는 죽어간다는 것이 사실이라면 무슨 의미가 있는가? 삶을 연장시키고자 하는 것이 누구나의 가장 근본적인 본능이라고 한다 해도 다 같이 언제고 흙이 되고 재가 된다는 것이 사실이라면 삶에 무슨 뜻이 있겠는가? 라는 생각을 하게 된다. 큰 병에 걸려 고통을 받았을 때, 가까운 이가 죽어가는 것을 지켜보았을 때, 혹은 눈이 오거나 비가 내리는 밤 잠을 이루지 못했을 때, 가끔 위와 같은 생각을 하지 않았던 사람이 어디 있겠으며, 그러한 생각이 스쳐가지 않을 사람이 어디 있겠는가? 때로 이러한 생각에 당황할 뿐 아니라 삶이 가져오는 끊임없는 어려움에서 해방되기 위하여 죽음에의 유혹을 순간적으로나마 느껴보지 않은 사람도 거의 없을 것이다. 무엇을 하든, 어떠한 삶을 살든 궁극적으로 삶은 허무하고 고통스러울 뿐이라는 것이 철학적 혹은 종교적 결론이라면 우리가 취할 태도는 당연히 삶을 부정하는 죽음이어야 할 것이다. 그러나 이러한 논리적 결론이 나오더라도 극히 소수의 사람을 제외하고는 동물적 삶에의 본능에 의하여 계속 살아가게 마련이다. 이때에 우리는 삶을 살아간다기보다는 삶에 끌려가는 소극적 삶을 살게 된다. 그러나 어차피 살아갈 바에야 이와 같은 소극적 삶의 형태가 바람직하지 않다는 것은 두말할 필요도 없다. 어차피 다 같이 죽는다 해도, 어차피 고통스럽게 산다 해도 죽는 순간까지, 살아 있는 한 씩씩하고 명랑하게 적극적으로 살아가는 것이 그와 반대의 소극적 삶의 형태에 비하여 미학적으로라도 바람직함은 누구나 알 수 있을 것이다. 그러므로 삶에 대해 소극적이 아니라 적극적인 태도를 가져야 함은 자명하다고 생각된다.

삶에 대한 적극적인 태도, 긍정적인 자세는 삶 자체의 존엄성을 전제로 한다. 가을이 되면 시들어 땅에 떨어지는 한 포기의 꽃이 귀하다 한다면, 4, 50년이라는 세월을 고생만 하다 죽어간다 해도 인간의 삶 자체는 모든 이유를 초월하여 귀중하다. 어떻게 해서, 무엇 때문에 한 포기의 꽃나무, 한 인간의 삶이 태어났느냐는 문제는 영원히 신비에 가려져 있다. 그러기에 그 꽃나무, 그 인간의 삶은 그만큼 귀하고 숭고한 의미를 갖는다. 삶 일반, 특히 인간의 삶을 떠나서 무엇이 의미가 있으며, 무엇이 아름다울 수 있겠는가? 삶 일반, 특히 인간의 삶을 떠나서 모든 존재는 그 뜻을 잃는다. 삶이라는 관점에서만 모든 사물들은 비로소 그 질서, 그것들의 관계를 맺을 수 있다. 그러므로 삶이야말로 가치 중의 가치, 즉 절대적 가치가 된다. 이와 같은 삶의 성격, 이와 같은 삶과 그 밖의 사물 현상들과의 관계를 의식할 때 우리는 새삼 삶의 존엄성, 궁극적 존엄성을 의식한다. 삶은 우리가 무어라고 표현할 수 없는 신성한 것을 지니고 있다. 삶의 신성한 존엄성을 의식할 때 삶을 아끼고, 가다듬고, 충만한 것으로 만들어봐야 하겠다는 생각이 드는 것은 논리적 필연성을 갖고 있다. 한 주일밖에 피어 있지 못하더라도 한 포기 꽃의 아름다움이 의식될 때 그 꽃을 보다 잘 간직하고 감상하고자 하게됨이 당연한 이치와 같다. 살아 있다는 사실보다 더 귀한 것은 없고, 살아간다는 것보다 더 기쁜 일은 생각할 수 없다. 왜냐하면 우리들에게 있어서 삶은 모든 가치의 근원, 모든 가치의 기준이 되기 때문이다.

삶에 대한 이러한 관점은 언뜻 보아서 우리들 모두가 동시에 갖고 있는 또 다른 모순된 태도와 일치하지 않는 것 같다. 인생을 고해(苦海)로 보는 입장은 동서고금을 막론하고 역사적 뿌리가 깊은 것 같다. 그것은 기독교·힌두교·불교의 밑바닥에 깔려 있는 생각이며 고대 그리스의 이른바 금욕주의자들의 확신이기도 했다. 이러한 입장에서 보면 삶은 절대적 가치는커녕, 아무 가치도 없는 것, 우리가 극복해야 할 것으로 나타난다. 그러나 이론적으로 볼 때 그러한 입장에 있는 사람들은 하루빨리 자살을 해야 함에도 불구하고 역시 고해(苦海)라고 보는 삶에 끝까지 애착을 갖고 하루라도 더 살려고 애쓴다. 이러한 사실은 그들의 이론에도 불구하고, 그들의 주장과는 달리 사실인즉 그들 역시 죽음보다는 삶이 귀중하다는 사실을 인정하고 있음을 반증해준다. 삶이 지속적인 걱정·긴장·고통임은 사실이기도 하다. 그러나 이러한 고통을 고통으로 보는 것은 불교가 가르쳐준 것처럼 우리들이 지나친 욕심을 갖고 있기 때문이다. 삶에서 느끼는 고통은 관점을 바꿔보면 고통이 아니라 삶의 즐거움, 삶의 환희의 한 요소, 삶의 기쁨의 한 측면으로도 생각할 수 있다. 고통이 없는 즐거움은 생각할 수 없다. 이른바 삶의 고통은, 힘이 들고 몸에서 땀이 나지 않고는 정구를 치는 즐거움을 생각할 수 없는 사실에 비유될 수 있다.

  삶이라는 정구를 치는 우리는 땀을 흘리고 있으며, 팔이 아프고 숨이 가쁠 때가 많다. 어떤 이유에서이든간에 객지에서 이민 생활을 하고 있는 우리들은 문화적으로나 인종적으로나 소외감이라는 심리적 고통을 받지 않을 수 없는 현실에 부딪친다. 공을 열심히 쳐서 백발백중시켜도 도대체 무엇 때문에 치는지가 의심스럽게 여겨지기도 하고, 열심히 삶이라는 배를 저어 끝없는 바다에 침몰하지 않고 떠 가다가도 어디로 향하여 가는지를 의심하게 되는 괴로움을 면하기 어렵다. 젊어서 어려운 공부를 마치고 직장을 얻어 버젓한 집을 짓고 생활의 기반을 잡고, 아이들의 교육을 시키고 난 후 어느덧 5, 60대에 가까와질 때까지도 우리는 어쩐지 이 사회에서 마치 물 위에 떠 있는 기름방울같다는 소외감에서 완전히 벗어날 수는 없는 것같다. 사회의 한복판에 참여하여 발언하고 사는 게 아니라 그 주변 그늘에서 안일한 그날그날을 보내왔다는 느낌을 완전히 청산할 수 없다. 나이가 들어 가까와오는 죽음을 의식하면서 누구나, 어디서나, 어떻게 살거나를 막론하고 삶에의 공허감을 느끼는 것이 상례이긴 하지만, 위와 같은 상황에서 백인 사회에서 살고 있는 우리 같은 아시아의 소수 민족은 그러한 공허감을 더욱 절실하게 느끼게 된다. 그러나 무슨 이유에서이든간에 우리는 이곳에서 살기를 선택한 것이다. 그리고 우리는 삶의 귀중함을 인식하고 있다. 우리는 싫든 좋든 우리의 삶과 사회의 객관적 현실을 냉정히 인정하고 그런 바탕에서 우리들의 삶의 방향을 찾아야 하고 삶의 보람을 창조해야 한다. 우리의 상황이 남들보다 불리하면 할수록 그만큼 더 적극적으로 살아가도록 애쓸 수밖에 없다.

 그러나 적극적으로 산다는 것만으로는 만족스러운 대답이 되지 않는다. 적극적으로 산다고 한다 해도 문제는 구체적으로 어떻게 살 것인가, 어떤 가치를 추구해야 할 것인가, 구체적으로 무엇을 위해 애써야 할 것인가를 알아내는 데 있다. 아름다운 꽃은 적절한 조건에서는 저절로 아름다운 꽃을 피우게 마련이지만, 불행히도 인간은 꽃과는 다르다. 나의 인성이 아름다운 한 포기의 꽃이 되기를 원한다 해서 나는 저절로 그런 꽃으로 피어나지 않는다. 나의 삶이 한 포기의 꽃으로 피기 위해서는 나의 부단한 노력과 지혜를 필요로 한다. 나는 무엇을 할 것인가? 나는 무엇을 바라는가? 인생의 꽃이란 도대체 어떤 것인가? 대답은 간단한 것같다. 우리는 다 같이 행복을 바란다는 것이다. 행복이야말로 인생의 활짝 핀 꽃이라 말할 수 있다. 이러한 대답이 고금을 막론한 상투적인 진리라고 해도 그 대답은 우리에게 별로 도움이 되지 않는다. 행복이라는 꽃의 이름은 그것이 구체적인 의미를 갖기에는 너무나 막연한 낱말에 지나지 않기 때문이다. 문제는 어떻게 살며, 어떠한 구체적인 삶이 행복을 가져올 수 있는가에 있으며, 과연 그러한 행복이 어떻게 이루어질 수 있는가에 있다.

'사람은 빵으로만 살 수 없다'는 말이 있다. 그러나 거꾸로 '사람은 정신으로만 살 수 없다'는 말도 위의 말에 못지않은 진리다. 사실 우리는 모두 물질적인 안정, 나아가서는 풍요를 추구한다. 더우기 자본주의 사회에서, 특히 오늘날의 모든 사회에서는 물질적 풍요가 대부분의 사람들이 추구하는 가치인 듯하다. 인간답게 살려면 어느 정도 의식주의 문제에서 해방되어야 함은 틀림이 없다. 정든 고향을 버리고 이곳 미국에 이주해 온 우리들 대부분의 근본적 동기는 물질적인 안정이라고 추측된다. 이곳에 사는 대부분의 한국인들이 모든 악조건을 극복하고 경제적으로 다소의 안정을 찾을 수 있기까지 성공한 사실에 우리는 다 같이 긍지를 갖지 않을 수 없다. 깨끗한 집에서 값비싼 차를 굴리고 다니며, 자녀들을 일류 학교에 보내고, 때로는 바하마스로, 유럽으로 여행을 하는 데서 삶의 보람을 느낄 수도 있다. 그 이상의 다른 것을 바라지 않을 수도 있다. 그러나 좀더 삶을 생각하는 사람은 일단 이러한 물질적 만족이 어느 정도 채워졌을 때 그러한 삶에 만족을 하지 못한다고 여겨진다. 만약 그러한 삶에 만족한다고 끝까지 우기는 사람이 있다면 그것은 그가 정말 만족해서가 아니라 그 이상의 어떤 이상, 그와는 다른 삶에 대한 가능성을 찾지 못하고 일종의 단념에서 생기는 자위적 태도가 아니라는 확신이 얼른 서지 않는다. 이러한 나의 추측이 옳다면 '사람은 빵만으로 살 수 없다'는 옛말이 옳다는 사실을 인정해야 한다. 인간은 물질적 풍요만 가지고 행복할 수 없다는 말이다. 인간은 단순한 동물이 아니라 정신적 동물이기 때문이다. 물질적 충족 외에, 아니 물질적 충족 이상으로 정신적으로 충족됐을 때 비로소 인간은 행복, 자기 만족, 삶의 보람을 얻게 되는 것이 아닌가 생각된다. 그렇다면 우리는 물질적 충족을 채우며 사는 이외에도 정신적 충족을 위해서 살아야 하며, 물질적 가치를 추구하는 외에도 정신적 가치를 추구해야 한다.

정신적 가치는 지적 가치와 도덕적 가치로 나누어 생각할 수 있다. 지적 가치는 앎의 가치다. 앎은 힘이라는 말이 있다. 과학이 일종의 앎이고 그것이 귀중하다면 그것이 중요한 이유의 하나는 과학적 지식이 우리에게 힘이 된다는 것 때문이다. 우리가 원시인들과 달리 물질적으로 풍요할 수 있는 까닭은 우리들이 원시인들보다 사물 현상에 대해 풍부하고 정확한 지식을 갖고 있기 때문이다. 그러나 앎이 오로지 그 실용성 때문에만 귀중한 것은 아니다. 앎 자체가 귀중한 것이다. 앎 자체가 인간에게는 가치라는 말이다. 앎 자체가 빛이요, 기쁨이다. 인간이 동물과 다른 근본적인 면의 하나는 인간이 앎을 추구하는 앎 자체에 기쁨을 느낄 수 있다는 데서 찾아볼 수 있다. 인간의 인간적 행복, 인간의 인간적 보람은 앎을 떠나서는 불가능하다. 바꿔 말해서 인간이 인간적으로 살아간다는 것은 가능한 한 그의 앎의 영역을 넓히고 깊게 하면서 살아간다는 말이 된다. 인간은 무엇인가를 알기 위해서 태어났으며, 앎을 깊게 하려고 살고 있는 것이라고 말할 수 있다.

학자로서 어떤 한 영역에서나마 인류에 크게 공헌할 수 있는 삶이 바람직함은 물론이다. 하나의 공자, 하나의 아인슈타인이 될 수 있다면 우리의 삶은 그만큼 보람있는 것이 될 것이며, 가능하면 그러한 사람이 되도록 애써야 할 것이다. 그러나 모든 사람이 공자가 되고 아인슈타인이 될 수는 없다. 공자나 아인슈타인같은 지적 업적을 남기는 것도 중요하고, 그만큼 유명하게 되는 것도 삶의 보람이 되겠지만 더 중요한 것은 어떤 업적을 남기고 사회로부터 인정을 받고 유명하게 되는 것보다, 그런 목적 이전에 오로지 앎 자체, 진리 자체에 정열을 갖고 자신의 지적 세계를 가능한 한 넓혀가는 일이 더욱 중요하다. 이처럼 각자 자신의 능력·분수·처지에 따라 자신의 지적 세계를 넓혀간다면 그만큼 그의 세계는 확대되고 그만큼 그의 삶은 깊고, 그만큼 그의 삶은 풍부하게 된다. 설사 내일 눈을 감고 의식을 잃은 송장이 되더라도 그 순간까지 하나라도 더 보고, 느끼고, 알아지는 기쁨, 그 보람을 의식해야 한다고 생각된다.

지적 가치와 더불어 또 하나의 정신적 가치는 도덕적 가치이다. 진리가 중요하지만 그 이상으로 선도 중요하다. 진리는 앎, 즉 일종의 의식상태를 두고 말한다면 선은 우리들의 행위를 가리키는 개념이다. 아무리 물질적으로 풍요하고, 지적으로 뛰어났다 해도 도덕적으로 선하지 않은 인간의 삶은 보람있는 것일 수 없다. 왜냐하면 사람이 사람다운 가장 근본적 이유는 인간이 다른 동물들과는 달리 도덕적 의식을 갖고 있기 때문이다. 도덕적 차원을 벗어날 때 인간은 근본적으로 동물과 다를 바가 없다. 도덕적 문제는 선악, 즉 사람으로서의 옳고 그른 행위를 가려내는 데 있다. 어느 사회, 어느 시대를 막론하고 이미 일정한 도덕적 규범이 있다. '남녀칠세부동석' 혹은 '삼강오륜' 같은 것은 그러한 예가 된다. 일반적으로 도덕적으로 산다는 것은 기계적으로 이러한 규범에 맞추어 행위함을 의미한다. 그러나 여기서 내가 말하는 도덕적 행위는 그러한 규범만을 가리키지 않는다. 참답게 도덕적이기 위해서는 때로는 이미 존재하는 규범을 따르기는커녕 그것을 깨뜨릴 필요가 있기 때문이다. 한 사회의 법을 지키고, 무고한 사람들을 희생시키지 않는 것이 도덕적이기는 하지만 때로는 그러한 법을 깨뜨리고 비록 무고한 사람들을 희생하면서라도 혁명적인 일에 뛰어드는 행위에서 보다 참다운 도덕성을 찾을 수 있다.

모든 구체적인 상황은 결코 완전히 동일할 수 없으므로 구체적으로 어떤 행위가 도덕적인가를 일률적으로 긍정할 수는 없다. 문제는 각자가 언제나 도덕적으로 살아야 한다는 의식을 갖고 궁극적으로는 자신의 도덕적인 판단에 따라 살아야 한다는 것이다. 이상적으로 도덕적 차원에서 우리는 다 같이 성인(聖人)이 되도록 노력해야 한다. 그러나 모든 사람이 공자나 아인슈타인 혹은 괴테 같은 지적 인간이 될 수 없는 것과 마찬가지로 누구나 성 테레사가 될 수 없고 혹은 자신의 목숨을 바치면서 혁명에 참가할 수는 없다. 사람마다 각자 그의 도덕적 한계가 있는 것이다. 그러나 남이 알든 모르든 위대하든 아니든 우리는 가능하면 도덕적으로 살려고 노력함으로써 참다운 삶의 내적 의미, 내적 만족을 찾을 수 있다.

삶의 의미는 삶의 성공을 의미한다. 삶의 성공은 각자 갖고 있는 자신의 본래의 가능성을 최대한도로 실현하는 데 있다. 다시 꽃의 예로 돌아간다면 한 포기의 꽃의 보람이 그 꽃의 가능성을 최대한으로 발휘하여 활짝 피게 하는 데 있고, 그러한 꽃은 금방 시들어 없어진다 해도 성공된 꽃이라고 말할 수 있다. 왜냐하면 우리는 그러한 꽃을 하나의 완성된 성취라고 볼 수 있기 때문이다. 인간의 잠재성은 물론 생물학적 욕망을 채우는 데 있다. 그러므로 우리는 물질적으로 성공해야 한다. 그러나 그 외에, 그리고 그 이상으로 중요한 것은 우리가 갖고 태어난 지적·도덕적 잠재성을 충분히 발휘하여 지적·도덕적 꽃을 활짝 피게 함으로써만 참다운 삶의 성취감을 찾을 수 있다고 할 것이다.

모든 사람이 생리학적·지적·도덕적 가치를 추구해야 하겠지만, 우리가 각자 갖고 있는 가능성은 선천적으로, 사회 경제적으로 다를 수밖에 없다. 그러므로 어떤 사람은 물질적인 성공을 크게 이룰 수 있는 반면, 정신적인 성취는 크게 이룰 수 없으며, 반대로 어떤 사람은 정신적으로 큰 성공을 이룰 수 있지만 물질적 성공을 희생할 수밖에 없다. 그러므로 문제는 물질적인 성취를 이루는 것이 더 중요하냐 아니면 정신적인 성취가 더 중요하느냐에 있지 않다. 더 근본적인 문제는 어떤 가치를 추구하든간에 그것을 가능한 한 충분히 이루는 데 있으며, 얼마만큼 열심히 이루느냐에 있다. 바꾸어 말해서 삶에서 가장 중요한 것은 열심히 한순간 한순간을 살아가는 것이다. 우리는 이것을 삶의 밀도 혹은 긴장도, 즉 인텐시티(intensity)라고 부를 수 있다. 이와 같이 볼 때 삶의 참다운 성공, 삶의 참다운 보람은 구체적으로 성취한 결과가 남들이 볼 수 있는 외형적인 것에 있지 않고, 살아가는 과정 그 자체, 오로지 각기 자신이 내적으로만 경험할 수 있는 그 삶의 과정의 밀도, 긴장, 인텐시티에 있다고 보아야 할 것이다. 이와 같이 볼 때 장미꽃이 할미꽃보다 더 아름답다든가, 호랑이의 삶이 고슴도치의 것보다 더 늠름하고 보람있는 삶이라는 판단은 나올 수 없다.

  꽃이 진다고 해서 그 꽃이 아름답지 않을 수 없는 것과 마찬가지로 우리가 조만간 죽어 흙이 되고 벌레의 밥이 되게 마련이라고 해도 삶 일반, 특히 인간의 삶은 아름답고 귀하다. 아니 우리가 머지않아 사라지기 때문에 그만큼 더 우리들의 삶은 보람을 갖는다. 그러므로 우리는 어떤 경우에도 삶의 존엄성, 절대적 가치를 의식하고 삶에 대한 경외, 삶의 성스러움을 새삼 깨달을 필요가 있다. 시들시들한 꽃보다 생생한 꽃이 더 아름다운 것과 마찬가지로 적극적 삶, 강렬한 삶은 그만큼 더 귀중하다. 삶의 귀중함, 삶의 존엄성을 의식하면 할수록 우리는 그만큼 더 삶을 아끼고, 보다 보람있는 삶을 살아가고자 하는 의욕과 에너지를 얻게 될 것이며, 스스로의 삶에 긍지를 갖게 될 것이다. 또한 이러한 긍지를 가지면 가질수록 우리는 보다 더 보람있는 삶을 창조하려는 노력을 하게 될 것이다. 죽는 날까지 우리는 작은 것에 만족할 것이 아니라, 항상 생각하고 노력하여 경제적으로, 지적으로 그리고 도덕적으로 아름다운 한 포기의 꽃이 되도록 애써야 할 것이다. 결과가 어떻게 되든 이러한 목적, 이러한 가치를 위해 살아가는 끊임없는 긴장의 과정 자체 속에 삶의 희열이 있을 것이며, 보람을 찾을 수 있을 것이다.

〈1988년, 『삶에의 태도』〉

자기 기만

한 개인이나 한 사회가 객관적 현상에 대해 갖고 있는 믿음의 진위는 객관적으로 지적될 수 있고 비판될 수 있다. 보다 정확한 관찰과 보다 짜임새 있는 논리를 근거로 창조설의 오류가 지적될 수 있다. 그렇다면 한 개인이나 한 사회가 갖고 있는 가치관이나 이념의 오류를 지적하고 그것을 비판할 수 있는가?

이런 비판에 확실한 근거가 있건 없건 한 사람의 인생관이 딴 사람의 그것에 의해, 한 사회의 이념이 다른 사회의 그것에 의해서 항상 비교되고 평가되거나 규탄되어 왔다. 이러한 비판의 근거는 무엇인가? 그것은 자기 기만이라는 개념이다.

자기 기만이라는 인간의 특수한 의식 현상을 전제하지 않고는, 내가 남의 인생관을 비판하고 한 사회가 다른 사회를 규탄할 논리적 근거를 찾지 못할 뿐 아니라, 내 자신이나 사회가 스스로의 가치나 이념을 반성하거나 비판할 터전을 가질 수 없다.

자기 기만은 한 개인이 자기 자신을 속임을 뜻한다. 더 정확히 말해서 자기 기만은 한 개인이 자기 자신의 의식 상태를 자기 자신에게 감추거나 속이는 현상을 뜻한다. 내가 현재 불행하게 느끼고 있는데 내가 내 스스로 나는 불행하지 않다고 느낄 수 있다는 것이다. 인간이 막연하나마 자기 기만의 현상을 의식한 것은 퍽 오래됐음에 틀림없지만 그 현상을 어느 정도 과학적으로 설명해준 것은 프로이트의 정신분석학이 처음이다. 정신 현상의 무의식과 의식의 구별은 프로이트 정신분석학의 근본적 바탕이며, 또한 이러한 구별 없이는 자기 기만이라는 정신 현상은 설명되지 않는다.

프로이트에 의하면 어떤 욕망도 그 자체로서는 나쁘지 않다. 그러나 어떤 욕망은 이성적으로 따져볼 때 현실적으로 용납되지 않고 사회적으로 허용될 수 없다. 생물로서의 모든 인간의 근본적 욕망은 쾌락이다. 그러나 인간은 쾌락에만 빠져 있을 수 없다. 생존을 위해서 쾌락에 대한 욕망을 억제하고 고통을 참고 일을 해야 한다. 베짱이처럼 언제나 노래만 부를 수 없고 추운 겨울날을 대비해서 개미처럼 일해야 함을 의식한다.

인간의 근본적인 욕망은 성욕이다. 그러나 모든 개인에게 이러한 욕망 추구가 자유롭게 허용된다면 사회는 큰 혼란이 생길 것이다. 그리하여 이러한 욕망은 무의식이라는 심층 속에 억눌린 채 숨어 있다. 그러나 무의식 속에 눌려 있는 욕망은 나의 이성이나 내가 살고 있는 사회가 용납하는 형태로 위장되어 밖으로 나타난다. 무의식적 욕망은 쾌락을 추구하는 것이지만 그러한 욕망은 사회 봉사나 위대한 학문적 업적에의 의욕이라는 형태를 띠고 표현된다는 것이다. 본능적 욕망을 억제해서만 가능한 사회적 봉사나 학문적 업적에 대한 욕망은, 사실인즉 본능적 욕망의 위장된 표현임에도 불구하고 사회는 물론 나 자신도 의식적으로 어느덧 사회적 봉사나 학문적 업적이 참된 욕망이라고 스스로 생각하고 주장한다. 즉 자신의 참된 욕망에 대해서 자신에게 거짓말하고 스스로를 기만하는 것이다.
　자기 기만의 현상은 개인을 떠나서 사회 현상을 설명하는 데도 똑같이 적용될 수 있다. 우리 사회는 정신적으로 병들었는데도 우리 스스로 건강하다고 믿기에 이를 수 있다. 이와 같이 해서 개인적인 자기 기만이 있을 수 있는 것과 마찬가지로 인간은 사회적인 차원에서 집단적 자기 기만의 현상을 나타낸다. 자기 기만은 일종의 속임이다. 그러나 사르트르가 프로이트의 정신분석학을 비판하면서 지적한 바와 같이 자기 기만은 논리적으로 불가능한 것같다. 왜냐하면 속임이라는 행위는 속이는 자와 속임을 당하는 자가 동일하지 않고 서로 다를 때만 가능하다.
　그러나 자기 기만의 경우와 같이 속이는 자와 속임을 당하는 자가 동일할 때 위와 같은 속임의 조건은 성립되지 않는다. 그러므로 자기 기만은 불가능하다고 사르트르는 주장한다. 그는 다음과 같은 예를 들어 설명한다. 유부녀가 어느 의사를 찾아와서 자신의 불감증에 대한 불평을 얘기하고 그것을 고쳐달라고 한다. 그러나 남편의 얘기를 들어보니 그 여자는 성적 쾌감을 분명히 표시했다는 것이다. 그럼에도 불구하고 당사자인 그 여자가 자신의 쾌감을 의식하지 못했다면 그러한 사실은 그 여자가 자기 기만을 하고 있는 증거가 될 것이다. 그러나 사르트르는 이러한 현상을 부정한다. 그에 의하면 그 여자는 도덕적인 억압 때문에 자기가 의식한 성적 쾌감을 부정하려고 애쓰는 것에 불과하며, 아무리 그렇게 애써도 결과적으로 그 여자는 자기 자신의 쾌감을 의식하고 있었다는 것이다. 그래서 사르트르는 프로이트의 정신분석학에서 자기 기만이라고 불리는 현상을 허위 의식이라고 명명한다.
　그렇다면 이해하기 어려운 개념이긴 하지만 '자기 기만'이라는 개념이 지칭하는 현상이 개인적 차원에서나 사회적 차원에서 생김을 인정해야 한다. 그리고 자기 기만이라는 현상은 한 개인의 가치관이 나 한 사회의 이념을 평가하고 비판하며 규탄할 가능성을 마련한다.

한 사람의 가치관 비판이나 한 사회의 이념 비판은 참된 의식 혹은 가치관과 잘못된 의식 혹은 이념을 구별하고 진짜 이익과 가짜 이익, 적절한 욕망과 비적절한 욕망의 구별을 전제한다. 어떤 한 사람이 스스로를 행복하다고 생각하지만 사실인즉 그 사람은 불행하며, 한 사회가 어떤 가치를 추구함에 있어서 스스로 옳고 건전하다고 생각하지만 실제로 그 사회는 잘못된 가치를 추구하며 병들어 있을 수 있다. 우리가 좋아하는 것, 우리가 원하는 것은 우리가 꼭 좋아해야 할 것, 꼭 원해야 할 것과 구별된다.

불교나 기독교와 같은 한 종교를 이념으로 삼고 있는 한 사회가 그러한 종교적 이념이 내포한 가치를 추구하면서 행복하고 자유롭다고 스스로 믿고 있지만 그러한 가치를 분석해보면 니체의 말대로 병든 가치이거나 진정한 의미에서 자유롭지 못할 지 모른다.

어떤 불행한 소녀가 언젠가는 왕자가 나타나서 자기를 데려가리라고 가망 없는 망상에 빠져 행복하다고 생각하는 경우가 있다. 한 기독교 사회는 단순히 심리적으로 만족감을 준다는 사실때문에 있지도 않은 저승에서의 영생을 믿고 이승에서 금욕적으로 살면서도 행복하고 자유롭다고 스스로 믿을 수 있다. 니체는 기독교의 서구 사회가 껍데기로는 아무리 부유하고 건전하며 행복해 보이더라도 실제로는 노예적 삶에의 태도 때문에 실제로는 자유롭지도 않고 정신적으로 병들어 있다고 했다.

그리하여 니체는 건전한 삶을 되찾기 위하여 '권력에의 의지'라는 새로운 가치관을 제안한다. 참된 필요성과 피상적 필요성의 구별, 진실한 행복과 진실하지 않은 행복의 구별은 자기 기만이라는 개념과 더불어 한 개인의 가치관이나 한 사회의 이념을 비판할 수 있는 논리적 전제가 된다.

따지고 반성해보면 우리는 많은 경우 필요하지 않은 것을 추구하고 그 대신 정말 필요한 것을 추구하지 않는 경우가 적지 않다. 나의, 아니 우리 모두의 행복을 위해서 그 많은 여러 가지 소비품들은 필요하지 않을지도 모른다. 우리 사회 전체는 민주주의라고 해도 정말은 마음의 자유나 행동의 자유가 없을지도 모르며, 우리 스스로가 그 풍부한 소비 물자에 둘러싸여서도 행복감을 느끼지 못할지도 모른다.

개인적으로나 사회적으로 참된 필요성과 피상적 필요성의 구별이 필요하고 참된 가치와 피상적 가치의 구별이 필요하다. 보다 보람 있는 삶을 살기 위해서는 이미 갖고 있는 가치관이나 세계관은 부단히 반성되고 평가되어야 한다.

다른 사람의 가치관이나 다른 사회의 이념에 대한 비판은 비판을 내리는 자가 비판을 받는 자보다 그러한 가치나 이념의 의미, 그리고 그러한 가치나 이념과 비판을 받고 있는 사람의 사회적·심리적·생물학적인 객관적 조건과의 관계에 대해서 보다 많은 지식을 갖고 있음을 전제한다. 인생을 오래 살아온 아버지는 아직도 삶의 경험이 미숙한 자식보다 더 많이 위와 같은 상황에 대해서 알고 있고, 따라서 비록 아들이 원한다고 생각하는 것이 예술가로서의 삶이지만, 아들 자신이 원하는 것에 대한 판단은 경험이 부족한 때문일 수 있다. 따라서 아들이 택해야 할 삶은 의사가 되는 것이라는 아버지의 판단이 옳을 가능성이 있다. 또 한편 어떤 자가 스스로 행복하다고 느끼고 있는데도 불구하고 그 자는 정말 행복하지 않다고 주장하는 것은 행복이나 고통과 같은 한 사람의 경험의 내용도 그 경험의 주체자와 독립해서 객관적임을 전제한다.

나나 나의 사회가 어떤 가치를 추구하고 어떤 이념을 믿고 있을 경우 그러한 가치관이나 이념은 객관적인 인간의 삶의 조건인 사회적·심리적·생리학적 여건을 잘못 알고 있기 때문일 수도 있다. 만약 나나 나의 사회가 위와 같은 측면에서 보다 객관적이고 올바른 정보를 갖고 있었더라면, 나나 사회는 다른 가치를 추구하고 다른 이념을 채택했을는지 모른다. 아버지의 충고와 권고를 고집하고 예술가의 삶을 택한 아들이 나이가 들면서 세상을 보다 잘 알게 되면서 자신이 옳다고 생각했던 가치관이 틀렸고 아버지의 말이 옳았다는 생각을 하게 되는 예는 허다하다.

미국의 노동자들이 스스로를 자유롭고 행복하다고 하지만 객관적으로 볼 때 그들은 자유롭지도 않고 불행함에도 불구하고 행복하다는 착각에 빠져 있는지도 모른다.

의식의 주체자, 경험의 주체자의 주체적 경험, 즉 주관성을 떠나서 어떤 것이 좋고 나쁘다는 가치 판단이 있을 수 없으며, 어떤 삶이 정말 객관적으로 보람 있는 삶이라고 판단할 수는 없다. 미국의 노동자의 경험은 어디까지나 그들의, 더 정확히 말해서 그들의 주관성을 떠나서는 의미가 없다. 그들이 행복을 정말 느낀다면 그것은 그들이 행복함을 뜻한다. 그들의 행복을 남들이 대신해서 느낄 수 없다. 만일 그렇다고 주장한다면 그것은 이미 그들의 행복이나 불행이 아니라 남들의 행복이나 불행에 지나지 않는다.

자기 기만의 현상을 부정하자는 것은 아니다. 자기 기만이라는 현상은 분명히 있다. 그러므로 남의 가치관, 다른 사회의 이념은 나의 이른바 객관적 관점에서 비판될 수 있고 개혁될 수 있다. 그러나 나의 객관성은 확실한 보장이 없다. 객관성이 또 하나의 주관성이 아니라는 확실성은 없기 때문이다.

그럼에도 불구하고 하나의 주관성에 지나지 않을지도 모르는 나의 객관성이라는 명목하에 일률적으로 남의 가치관이나 다른 사회를 비판하려 한다면 그것은 자칫하면 남의 자율성, 다른 사람들의 인격을 무시하는 독단주의적 독선의 길로 빠지기 쉽다. 우리들 자신의 가치관·세계관에 대해서, 다른 사회의 이념에 대해서 항상 반성이 있어야 하며, 그것은 비판되고 개혁되어야 한다. 그러나 독선적인 가치 비판이나 이념 비판은 내재적으로 큰 위험을 내포하고 있다. 문제는 자기 기만의 현상이 비판될 수 있는 객관성을 보장하는 데 있다. 그렇게 하기 위해서는 어떤 비판에 앞서 객관적으로 복잡한 여러 가지 가치 판단의 상황을 검토해야 한다. 이러한 작업은 한마디로 가치 판단의 근거, 이념 비평의 근거를 찾는 작업에 지나지 않는다. 그리고 그 작업은 한 개인의 가치나 한 사회의 이념을 비평하는 합리성의 문제로 돌아간다. 가치 판단의 합리성은 존재하는가? 존재한다면 그것은 어떤 것일 수 있는가? 자기 기만의 문제는 합리성의 문제를 제기한다.

⟨1990년, 『문학사상』⟩

목적과 수단
— 삶을 보는 하나의 시각

인간은 의미를 찾는 동물이다. 이와는 달리 인간 외의 동물은 그냥 생존한다. 오직 인간만이 자신을 비롯한 모든 존재 및 자신의 행동에 무엇인가의 의미를 찾고 또한 부여한다. 이런 점에서 인간은 유일한 '의미적' 존재이다. 그렇기 때문에 '인생의 의미는 무엇인가?' 라는 물음을 단 한 번이고 희미하게나마 던져보지 않은 사람을 우리는 상상할 수 없다.

여기서 '의미'는 목적을 뜻한다. 인생의 의미에 대한 물음이란 곧 인생의 목적에 대한 물음에 지나지 않는다. 가령 나의 인생의 의미에 대한 물음은 나의 존재, 나의 삶의 의미 즉 목적은 무엇인가의 물음으로 변한다. 이러한 물음은 인간의 영원한 물음이었다. 이러한 물음에 대한 대답은 종교적 또는 철학적 형태로 언제나 다양하게 제시되었음에도 불구하고 모두에게 만족한 대답은 아직 하나도 없었다.

그 이유는 어디에 있는가? 그것은 인간의 많은 행동을 설명함에 전제되는 목적과 수단의 구별이 인간 행동의 총체적 호칭인 '인생'

에 잘못 적용되기 때문이다. 인간의 구체적 행동의 의미를 목적과 수단의 관계의 틀 속에서 수단적으로만 설명하고 이해한다. 음식을 먹는 행위는 영양 보충이라는 목적과 그것을 수행키 위한 수단의 관계 속에서 수단적으로 적절하다고 봤을 때 그 의미가 설명된다.

독서, 교육, 운동, 취업, 결혼의 형태로 나타나는 여러가지 행위의 의미도 위와 마찬가지로 목적과 수단의 인과적 틀 속에서 수단으로 파악될 때 비로소 이해된다. 독서는 지식의 흡수라는 목적을 위한 수단으로 파악될 때 그 행위가 이해되고, 교육은 어떤 능력을 익힌다는 목적을 위한 수단으로서 볼 때 그 행위의 뜻이 설명되며, 운동은 건강을 관리한다는 목적을 실현하는 수단으로서 그 행위가 뜻을 갖게 되고, 취업은 생활비를 번다는 목적에 비춘 수단으로 봤을 때에야 마침내 그 의미가 납득될 것 같다. 이런 논리로 봤을 때 인생이라는 총체적 행동의 의미는 인생의 그것과 분리하여 생각해야 하는 인생의 어떤 목적을 달성하기 위한 수단으로서 파악되었을 때 비로소 발견되고 설명될 수 있을 것이다.

그러나, 사실은 그렇지 않다. 독서, 교육, 운동, 취업, 결혼의 의미가 오로지 목적과 수단의 뚜렷한 구별관계에 비추어서 수단적으로만 설명될 수 있을지 의심스럽다. 비록 위와 같은 행동들이 그렇게 설명된다 가정해도 적어도 인생의 의미는 결코 위와 같은 인식의 틀 안에서 똑같은 방식으로 설명, 이해될 수 없다.

우선 인생의 목적이 있다 해도 그것이 도대체 어떤 것인가를 정확히 알 수 없다. 그렇다면 인생의 의미는 목적과 관련시켜 설명할 수 없다. 왜냐하면 인생의 목적에 비추어 본 인생의 의미는 오로지 수단 즉, 도구적 의미만을 갖게될 것이기 때문이다. 나의 삶이 무엇인가의 도구로 전락한다면 결코 나는 그러한 나의 삶에 만족할 수 없다.

한 인간의 삶을 무한한 행동의 집합으로 서술할 수 있다. 인간은 그가 살아가는 동안 수없이 많은 목적을 설정하고 그것을 이룩하기 위해 수단으로서 수많은 결단과 행동을 취한다. 그러므로 한 인간의 삶 전체는 서로 독립된 목적과 수단의 관계에 비추어 설명할 수 있다.

그러나 실제로 조용히 생각해볼 때 한 인간의 삶은 이렇게 목적과 수단의 개념으로만 분석될 수 없는 하나의 총체이고 전체이다. 밥을 먹고, 잠을 자고, 공부하고, 일하고, 결혼하고 나이를 먹는 것은 단순히 배를 채우고, 휴식하고, 취업하고, 돈 벌며, 기쁨을 느끼고, 죽는 목적을 위한 수단만인 것은 아니다.

이러한 것들은 마치 숨쉬고, 눈으로 보며, 귀로 듣고, 웃고, 즐겁고, 슬픈 것이 어떤 특정한 목적을 위한 것이 아니라 바로 그 자체로서 충족되고, 시원하며, 흐뭇한 것과 마찬가지다.

꽃이 아름다운 것은 어떤 목적달성을 수행하기 때문만이 아니라 그 자체가 그렇기 때문이며, 성인들의 희생이 고귀한 것은 그것이 어떤 목적달성을 위한 수단이기 때문이 아니라 그 행동 자체가 고귀하기 때문이다.

인간은 추상적인 존재가 아니다. 그는 자신의 의지와는 전혀 상관없이 특정한 시간과 장소에서 특정한 부모로부터 태어나서 어느 누구와도 완전히 동일할 수 없는 구체적 환경에서 배우고 일하며 살아가다 죽게 마련인 구체적 존재이다. 한 인간의 삶이란 이와 같은 구체적 사실, 경험의 총괄적 호칭에 불과하다.

나름대로 유일한 방식으로 거쳐야 하는 이러한 구체적 사실들을 떠난 인간이란 공허한 낱말에 지나지 않는다. 그가 거쳐야 하는 이러한 구체적 사실 및 경험을 떠나 별도로 생각할 수 있는 인간은 존재하지 않는다. 왜냐하면 한 인간이란 바로 이러한 사실, 이러한 구체적 경험의 총체에 지나지 않기 때문이다.

그렇다면 그 사람의 삶의 의미 또는 목적은, 날마다 내일의 구체적 경험, 행동, 노력, 일 등과 별도로 존재하는 것이 아니라, 바로 그러한 것 자체 속에 존재한다. 이러한 구체적 사실들은 그러한 것 밖에 따로 존재하는 어떤 인생의 목적을 위한 수단이 아니라, 그것 자체가 삶의 의미 즉 목적이기 때문이다.

한 인간의 삶의 의미는 그가 어떤 상황에 있건 그가 취해야 할 구체적 태도의 결정, 그가 선택해야 할 구체적 행동을 어떻게 하는가에 달려 있다. 인간의 삶은 주어진 목적에 도달하기 위한 수단으로 존재하는 것이 아니라 자기 실현을 위한 과정에 지나지 않으며, 이러한 인간의 삶의 의미는 어떤 목적을 달성하는 데 있는 것이 아니라 자기 실현의 과정에서 삶의 순간순간을 최선을 다하여 성실한 태도로 열심히 살아가는 것, 바로 그 자체에 있는 것이다.

우리의 일상적이고 구체적인 한순간 한순간의 삶은 그 자체가 목적이지 그밖에 있는 알 수 없는 추상적 목적을 위한 수단이 아니다. 그렇다면 우리가 일상생활에서 매 순간 선택해야 할 태도와 행동이 얼만큼 귀중하고, 선택에 있어 항상 보다 이상적인 것을 향하여 최선을 다해야 함은 자명하다.

우리 삶의 진정한 기쁨 즉, 충만감은 바로 이렇게 살아가는 그 자체에서만 찾을 수 있다.

〈1995년, (사보)『대한전선』〉

가짜

 사실이 아닌데 사실처럼 보이는 것을 가짜라 한다. 그래서 진짜 머리가 아닌데 진짜 머리처럼 보이는 '가발' 혹은 진짜 학생 아닌데 진짜 학생인 것처럼 행세하는 '가짜 학생'은 가짜의 가장 가까운 예가 된다. 그러나 '가발'과 '가짜 학생'과의 경우는 그 성질이 다르다. 가발을 쓸 때 나는 남을 속여 남을 해롭게 하거나 자신의 이득을 취할 생각을 하진 않는다. 사실이 아닌데 사실처럼 남에게 보이려 하긴 하지만 나는 남을 해롭히려는 의도에서보다는 남의 마음을 불쾌하지 않게 하고 동시에 나 자신을 즐겁게 하기 위해서일 뿐이다. 이에 반해서 가짜 학생의 행세를 할 때 나는 남이나 나 자신을 즐겁게 한다는 의도에서가 아니라 남을 속여 나의 어떤 목적을 부정직하게 달성하려는 데 있다.

 따라서 전자의 경우인 가짜에는 없지만 후자의 특질은 사기성을 내포하고 있다. 이런 입장에서 '가짜'와 '가짜 가짜', '가짜'와 '진짜 가짜'로 구별할 수 있다. 진짜 가짜의 본질은 사기성, 즉 기만성이다.

물론 좀 더 조심스럽게 생각하면 가발의 경우와 가짜 학생의 경우의 위와 같은 구별은 획일적인 것은 아니다. 가발의 경우, 같은 종류의 가짜의 예로서 염색 머리를 들어 생각해보자. 만약 나의 머리가 백발이었다고 가정하고 내가 어떤 여인을 마음에 두었다고 하자. 나는 그 여인의 마음을 사기 위해서 나의 나이를 속이고, 그 나이에 어울리게 염색을 해서 상대방에게 그러한 사실을 알려 주지 않았다 하자. 이런 경우 나의 염색 머리는 틀림없이 사기성이 있다.
　이런 경우 가발이나 염색 머리는 가짜 가짜가 아니라, 진짜 가짜로 판단될 것이다. 그러나 위와 같은 특수한 경우를 빼놓고는 가발 혹은 염색 머리의 경우는 가짜 학생이나 가짜 돈, 위폐의 경우와 구별된다.
　우리는 같은 값이면 가발이나 염색 머리보다는 진짜 머리를 바라고, 그런 것에 일종의 입맛 쓴 연민을 느끼지만 가짜 학생 혹은 가짜 돈에 대해선 울분을 느끼고 규탄한다. 가발보다는 진짜 머리를 바라는 것은 우리가 진짜, 즉 진리를 바란다는 사실에 근거를 두고 있으며, 가짜 학생, 가짜 돈에 울분을 느끼고 그것을 규탄하는 이유는 우리가 진짜인 것과 더불어 진실성을 바라는 데서 찾을 수 있다.
　가짜 가운데에서 가발·의치·가짜 금반지·가짜 구찌 핸드백과 같은 물건들은 가짜 학생·가짜 박사·가짜 졸업증과 같은 것들과 구분될 수 있다. 그러나 이것들은 다 같이 비교적 쉽사리 알아 그 가짜성을 알아볼 수 있는 성질을 갖고 있다. 이러한 가짜들을 허다히 보아 왔지만 우리들은 노력만 한다면 비교적 쉽사리 그러한 가짜를 멀리할 수 있다. 그러나 불행히도 눈에 보이지도 않고 법적으로나 사회 제도상으로 쉽사리 알아볼 수 없는 무형의 정신적 가짜들이 우리들을 더욱 슬프게 한다. 가짜 친구·가짜 사랑·가짜 종교·가짜 지식인·가짜 애국자 들이 그러한 예이다. 알고 보면 우정이란 흔히 아부나 사교의 가면이며, 종교는 흔히 위선의 가면이다. 주의해보면 지식은 흔히 돈을 벌기 위한 화려한 수단이며, 애국은 흔히 권력에 접근하기 위한 가장이다. '연구비'라는 명목이 붙은 공돈을 빼내기 위하여 학자들이 흥미도 없으면서 무엇인가를 연구하는 시늉을 하거나 돈을 벌기 위하여 교회를 짓고 이민가기 위해서 목사가 되는 경우가 없지 않다고 보장할 사람은 없을 것같다. 인기가 있는 학위증이나 합격증을 갖게 된 젊은 총각들 가운데에는 갑부나 권력층의 따님들에게 물리적 조건을 제시하는 경우가 더러 있다는 소문이 가슴을 아프게 한다. 물론 여기서 인기가 있다는 것은 언제나 돈, 즉 물질과 깊은 관계가 있는 것으로 본다.

춘향이나 베르테르의 사랑이 너무나 순수하고 낭만적인 것이라 인정하더라도 우리의 정신적 영혼의 샘물은 이렇게까지 메말라야만 하는가? 사고의 자유를 잃지 않기 위하여 명예로운 대학 교수 자리를 거부하고 암스테르담의 작은 방 안에서 안경알을 갈아 팔며 생계를 유지하면서 오로지 사색에 도취한 철학자 스피노자의 진리에 대한 순수한 정열이 너무나도 초인적인 것이라 하더라도, 어디 한구석이나마 우리에겐 돈이나 권력에 쉽사리 예속되지 않는 진리에의 순수한 탐구심, 존경심이 남아 있어서는 안 될 것인가? 우리의 정신적 뿌리는 없어졌는가? 우리의 정신적 양식은 밑바닥까지 독이 났는가? 우리 생활 주위에 많은 것들이 가짜라면 우리들은 그만큼 가난하다. 우리들이 갖고 있거나 추구하고 있는 여러 가치들이 가짜라면 그것은 그만큼 우리들의 가슴을 메마르게 한다. 만약 우리의 지적, 정서적, 윤리적 그리고 정신적 의식 생활이 가짜라면 그만큼 우리들은 동물과 구별될 수 없게 된다. 나의 하는 일, 나의 태도, 나의 생각, 내가 갖고 있는 것들이 가짜일 뿐만 아니라, 나의 삶 자체가 가짜라면 어떻게 될 것인가? 우리는 '나의 삶은 가짜가 아닌가?' 하고 자문해본 적이 있는가? 나의 삶 자체가 가짜일 수 있는가? 만약 이런 질문이 뜻을 갖는다면, 도대체 '가짜 삶'이란 무엇일 수 있는가? 그것은 무엇을 의미하는가?

톨스토이의 단편 「이바노비치의 죽음」은 '가짜 삶'의 의미를 실감케 하는 좋은 예이다. 이바노비치라는 젊은이는 겉보기에 똑똑하고 남들이 모두 부러워할 만큼 행복하며 보람 있는 생애를 갖는다. 그는 장교가 되고 남들이 탐낼 만한 집안의 딸과 결혼해서 극히 빠른 진급을 하게 되는 이른바 성공을 계속한다. 그러나 중년에 들기 전 그는 불치의 병에 걸려 죽음과 맞선다. 이때 그는 자신의 삶에 대한 무한한 공허감을 처절히 체험한다. 그것은 그 자신이 단 한 번도 진실한, 자신에 충실한 삶을 살아본 적이 없다는 의식에 기인한다. 그는 자기가 좋아서 군인이 된 것이 아니라, 남들이 그런 직업을 좋다고 하니까 그런 직업을 택했던 것이고, 그의 결혼은 털끝만큼이라도 사랑의 감정을 느꼈기 때문에 한 것이 아니고 그런 여자와 결혼하면 자신의 출세길이 수월해지기 때문이었던 것이다. 물질적으로 또 사회적으로 남들 보기에 보람 있는 삶이 있음에도 불구하고, 그는 사실상 자기 자신의 삶을 한 번도 살아 보지 않았던 것이며, 자기가 없었던 것이다. 그는 남들의 삶만을 살아감으로써 자기 자신을 잃어버리고 마치 마네킹이나 혹은 그저 사물처럼, 남들의 장식물처럼 존재하고 있었던 것이다.

사르트르의 말을 빌자면 그는 한 번도 실존해본 적이 없이 그저 그냥 있었을 뿐이었다. 아내에 대한, 그리고 자녀에 대한 그의 애정은 언제나 가짜였다. 그의 사회적 성공은 그 자신에 비추어 볼 때 껍데기에 불과했다. 그의 삶은 가짜였다. 그 가짜성은 그가 자기 자신에 진실하지 않았다는 사실, 그가 한 번도 자기 스스로에 대해서 진짜가 아니었다는 사실에 기인한다. 하나의 삶이 가짜인가 아닌가는 그 삶의 주체자의 진실성과 결부된다. 바꿔 말해서 하나의 삶이 진짜냐 아니냐는 물질적이거나 사회적인 것으로 결정될 수 없다는 것이다. 왜냐하면 삶의 가짜성 혹은 진짜성을 결정하는 진실성은 물질적인 것, 외형적인 것이 아니라 내면적인 것이기 때문이다. 여기서 내면적인 것이란 가치 혹은 이념의 문제와 결부된다. 한 사람의 가치관 혹은 이념은 그 사람의 삶의 방향을 결정해준다. 다른 말로 설명하자면 한 사람의 가치관은 그 사람의 주체성, 그 사람의 삶의 내용과 의미를 마련한다. 가짜 인생이란 방향이 없는 삶, 주체가 없는 삶, 근본적인 가치, 즉 이념이 없는 삶을 가리킨다.

그러나 이러한 가치 혹은 이념에 있을 때에 비로소 주체가 서게 되고, 이렇게 주체가 섰을 때 우리는 진정한 의미에서 스스로를 발견하고 스스로의 삶을 갖게 되고 그것에 진실할 수 있다고 말할 수 있다. '가짜 삶'을 위와 같이 해석해볼 때, 우리는 우리들 스스로의 삶이 가짜가 아닌가 하는 의심을 갖지 않을 수 없게 된다. 내가 하고 있는 것은 정말 내가 하고 있는 것인가? 나의 말은 정말 내가 하는 말인가? 나는 정말 나의 삶을 살고 있는가? 나는 내가 진정 추구하고 있는 보람 혹은 이념을 갖고 있는가? 나는 진정 그러한 보람을 위해서 진실한가? 나는 오로지 '학생'이라는 것, '선생'이라는 것, '작가'라는 것, '아내'라는 것에 지나지 않는가? 나에게는 저금 통장과 호화로운 주택과 많은 증명서와 훈장만이 있을 뿐인가? 나의 삶이란 오로지 이런 것들의 총화에 불과한가?

스물 두 살된 키에르케고르는 그의 일기첩에 '나에게 지금 가장 중요한 것은 내가 그것을 위해서 목숨을 바치고 살 수 있는 하나의 이념을 발견하는 일'이라고 기록하고 있다. 여기서 키에르케고르가 말하는 이념이란 궁극적인 삶의 가치를 말하는 것인데, 그것은 그가 그의 삶에 보람을 줄 수 있는, 의미를 비춰 줄 '삶의 가치'를 의미한다. 그것은 달리 풀이해서 그가 적어도 자기 자신에게 외형적 혹은 물질적인 것으로 설명될 수 없는 진실성을 찾음을 의미한다. 그는 껍데기로서의, 가짜로서의 삶이 아니라, 내면성을 갖고 있는 정신적인 것, 즉 진짜 삶을 절규하고 있음을 뜻한다. 키에르케고르의 허다한 저서가 언뜻 보아서 넌센스같이 보이고, 설사 이러한 평가가 옳다 해도 그는 그가 겨우 스물 두 살에 발견한 이른바 실존적 문제를 제기했던 사실만으로도 충분히 중요한 사상가의 한 사람으로 평가될 수 있다고 믿는다. 넌센스에 가까운 그의 모든 저서도 이와 같은 실존적 문제의 입장에서 볼 때에만 비로소 어느 정도의 의미를 갖게 될 성싶다. 2차 대전을 전후해서 키에르케고르가 발견되고, 이후 그에게서 연원을 찾는 실존주의 사상은 전세계적으로 휩쓸고 한때 크나큰 영향을 주었다. 지난 10여 년 전부터 이러한 실존주의 사상이 시들어 가고 있다곤 하지만 키에르케고르가 절규한 실존적 문제는 계속 그 의미를 갖고 있을 뿐만 아니라, 나날이 급속도로 기계화해 가는 오늘의 인간 사회 속에서, 그리고 나날이 심해 가는 물질주의 사상에 지배되어 가고 있는 가치관의 세계에서, 더욱 절실한 문제로 다시금 재인식되고 검토되어야 할 의미를 지니고 있다고 확신한다.

이러한 사실은 급격한 근대화·산업화에 박차를 가함에 따라 너무나도 한심스럽게 물질주의화해 가는 오늘날 우리들의 사회에서 더욱 절실한 문제로 보인다. 과연 우리는 우리가 어느 만큼 진정한 의미에서 정신적 가치를 존중하는가를 새삼 깊이 생각하고 물어볼 필요가 있다. 과연 얼만큼 우리는 영적·도덕적·지적 가치를 존중하는가? 가발·염색 머리·가짜 얼굴·가짜 금반지·가짜 미제품들은 고사하고라도 가짜 친절·가짜 우정·가짜 사랑·가짜 박사·가짜 존경·가짜 믿음이 이젠 거의 아무렇지 않게 생각될 수 있다면 그것은 우리들의 정신의 상실, 우리들의 극단적 물질주의와 깊은 관계가 있다고 믿어진다. 만약 우리들이 스스로를 곰곰히 반성해볼 때, 더러는 우리들의 삶이 가짜가 아닌가 하는 불안스러운 느낌이 언뜻 들 만한 충분한 근거가 있다면, 그것은 우리들이 극도의 물질주의자라는 사실에서 찾아볼 수 있을 것 같다. 누구나 같은 값이면 가짜를 싫어한다. 같은 값이면 가발보다는 그와 똑같은 진짜 머리가 좋다. 같은 값이면 가짜 구찌 핸드백보다는 진짜 구찌 핸드백을 택한다. 같은 값이면 누가 가짜 미인을 좋아하겠는가? 하물며 어찌 가짜 삶을 살고 싶어하겠는가? 그러기에 가짜 구찌 핸드백을 갖고 다니면서도 진짜 핸드백으로 믿고 싶어함은 누구나가 다 갖고 있는 자연스러운 심리이다.

그렇다면 누구나 자기 자신의 삶이 가짜가 아니라 진짜라고 믿고자 하게 됨은 너무나 당연하다. 그래서 가짜 종교인은 교회를 짓거나 절을 늘려 돈을 벌면서 그것이 정말 기독교나 불교의 진리에 봉사한다고 믿게 되며, 설사 매국노도 자신의 정치 세력의 확장이 애국하는 것이라 믿기에 이르며, 밤낮 아내를 때리고 학대하면서 남자다운 훌륭한 남편이라고 스스로 믿는 사내들이 있게 마련이다. 그러나 자기가 자기 자신에 대해서 무엇인가를 믿게 된다고 해서 그것이 반드시 진실은 아닌 것이다. 우리는 자신을 위해서는 남을 속이고 싶은 충동에 사로잡히지만, 그뿐만 아니라 자기 자신을 속이고 싶은 유혹에서 벗어나지 못하는 경우가 많다.

사르트르는 이러한 인간의 심리 구조를 '자기 기만'이라고 이름짓는다. 철저한 카톨릭 교리를 믿는 젊은 미혼의 여성이 엉큼한, 그러나 매력 있는 젊은이와 데이트를 한다. 얼마 안 가서 남자는 그 여자의 손을 잡고자 하는데, 그 여자가 믿고 있는 카톨릭 교리에 의하면, 미혼의 여성이 남자와 손을 잡는다는 것은 부도덕적인 것이다. 그런데 그 여자가 매력 있는 남자의 손을 잡고 싶은 것, 품안에 안기고 싶은 것은 가장 자연스러운 인간의 심리이다. 이때 그 여자는 남자가 잡는 대로 자기의 손을 맡긴다.

그러나 이때 그 여자는 자기의 손이 남자의 손에 잡혔다고 믿고 싶지 않으며, 끝내는 자기 자신의 그러한 사실을 의식하지 못했다고 믿기에 이른다. 사르트르에 의하면 그 여자는 사실 그러한 사실을 의식하고 있었는데 억지로 의식하지 않았다고 스스로 속이고 있다는 것이다. 그 여자의 태도가 바로 자기 기만의 태도이다. 이 여자가 이러한 자기 기만을 하는 이유는 서로 양립하는 욕망을 이루되, 그러한 행동에 스스로 책임을 지지 않으려는 계산에서 찾아볼 수 있다는 것이다. 말하자면 이때 이 여자는 스스로를 가짜로 만들고 있는 것이다.

남을 끝까지 속일 순 더러 있어도 스스로를 끝까지 속이는 것은 논리적으로 불가능하다. 내 삶이 가짜인데 진짜라고 아무리 노력해도 그러한 가짜는 언제고 드러나고야 말게 마련이다. 아무리 유혹이 크다 해도 우리는 하루바삐 '자기 기만'이란 스스로의 음모를 자백해서 죽음이라는 삶의 종점에 도달하기 전에, 이미 때가 늦기 전에 한 번이라도 단 한 번이라도 가짜가 아닌 진짜의 사랑, 진짜 공부, 가짜가 아닌 진짜 삶을 바라야 할 것임은 당연하다.

여기서 우리는 『벌거벗은 임금님』이란 우화가 갖는 교훈을 생각하면 좋겠다. 허영에 찬 왕을 만족시키려 부대끼다 못한 왕의 양복쟁이는 극히 기발한 꾀를 생각해낸다. 그는 실제로 아무 옷도 입히지 않고서 벌거벗은 황제에게 가장 좋고 신기한 옷을 입혔다고 한다. 허영에 찬 황제는 그 말을 믿고 모든 어른들은 그가 천하에 귀하고 값비싼 옷을 입었다고 황홀한 눈으로 벌거벗은 황제를 찬양한다. 그런데 오로지 꼬마들만이 대뜸 손가락질을 하면서 황제가 벌거벗었다고 낄낄댄다. 어른들이 편견에 때묻어 사실을 사실대로 보지 않고 있는 데 반하여, 아무것도 모른다고 생각하는 꼬마들만이 편견을 갖지 않고 진리를 진리로서 솔직하게 보고 있는 것이다. 오로지 순수한 꼬마들의 눈에는 가짜는 가짜로서, 숨겨질 수 없는 것이다.

나의 믿음은 진짜인가? 나의 사랑은 진짜인가? 나의 삶은 가짜가 아닌가? 우리들은 꼬마들의 눈으로 진짜를 진짜로서, 가짜는 가짜로서, 우리들의 삶을 다시 정직한 눈으로 볼 필요가 없을까? 싫든 좋든 우리는 인간으로 진짜를 바라게 마련이니까, 그리고 우리의 삶은 두 번 있을 수 없으니까 이러한 물음은 더욱 심각한 것이 아닐 수 없다. 설사 가짜 삶밖에 없다는 결론이 나온다 하더라도 일단 우리는 우리가 가짜가 아닌가를 한번쯤은 알아봐야 하지 않겠는가?

〈1982년, 『인식과 실존』〉

연보 / 지적 방랑의 변명

영국낭만주의 문학을 장식한 키츠는 22세에 요절했고, 프랑스의 현대시사에 빛나고 있는 랭보는 19세에 시작을 그만두었다. 흄은 이미 26세에 유명한 철학 저서를 출판했고, 헤겔, 하이데거, 비트겐슈타인, 사르트르, 데리다는 모두 30대에 각기 『정신현상학』, 『존재와 시간』, 『논리 철학 논고』, 『존재와 무』, 『음성과 현상』을 출판했다. 나는 10대부터 세계를 매혹할 작가의 꿈을 꾸었고, 뒤늦게 30대 중반에 철학을 시작할 때는 세상을 바꿀 철학을 세워보겠다는 막막한 꿈을 남몰래 간직했었다. 지금까지 나는 이화여자대학교에서 불문학교수로 4년을 지냈고, 미국에서 철학교수로 25년을 보냈으며, 현재 고국에 돌아와 철학을 가르치고 있다. 그 동안 4권의 시집과 20여 권의 철학적 저서, 그리고 적지 않은 양의 논문을 영어와 불어로 써냈다. 그러면서도 나는 나 스스로를 시인으로나 철학가로 생각할 수 없다. 그렇다고, 60대 중반에 들어서 있는 내 나이를 감안할 때 나를 시인이나 철학자로 새삼 부를 수 있게 할만한 시집이나 철학적 저서를 기대한다는 것도 어려울 것 같다. 그럼에도 불구하고 나는 그동안의 시작과 철학적 저서들을 습작으로만 믿고, 날마다 세상을 매료할만한 철학적 시와 세계를 바꿀만한 시적 철학체계를 머릿속에서 창작했다가 구겨버리고, 구상했다가 허물곤 하는 망상적 시간에 잠기곤 한다. 이러한 자신을 의식할 때마다 나는 나 자신에게 물어보곤 한다. 나는 도대체 누구인가? 나는 어디서 와서 무엇을 찾아 어디로 가고 있었던가?

나는 아산리(牙山里)에서 약 6키로미터 떨어진, 30여 가옥이 모여 이루어진 창룡리(蒼龍里)라는 벽촌에서 한 유가(儒家)의 막내로 태어났다. 형들이 서울과 동경에 유학을 갔던 관계로, 나는 방학을 제외한 대부분의 날들을 언제나 탕건을 쓰고 계시던 한학자이신 조부, 신학문을 다소 익혀 '개화'한 부친, 일찍 부친을 잃고 집안이 기우는 바람에 외가가 되는 서울의 정승댁에서 성장했다가 시골 양반집 농가에 17세의 나이로 시집을 와야 했던 모친, 그리고 남녀차별로 높은 학교에 진학 못하고 집에 남아 있어야 했던 두 누이 틈에서 동네사람들로부터 '애기 도련님'의 대접을 받으며 자랐다. 장날 읍내에서 소를 몰고 장을 보고 돌아올 때에 막걸리에 약간 얼큰해진 일꾼들인 김서방이나 오서방이 신문지에 싸서 사다준 가래엿이나 눈깔사탕을 받아들었을 때 느꼈던 따뜻하고 기뻤던 기억은 아직도 생생하다. 약주를 즐기시면서도 한 번도 언행을 흐트려 보이신 적이 없고, 엄하게 범절을 따지는 백발이었지만 조부는 심성은 고운 분이셨다. 부친은 천성이 가냘프다 할 만큼 마음이 여리셨다. 어머니는 소심한 아버지와는 대조적으로 꿋꿋하고 과묵하신 분이였으나 언제나 정성스러우셨다. 식구 가운데 영악하거나 극성스럽거나 강한 이는 아무도 없었다. 모두 마음이 착한 탓이었을까? 아니면 약한 탓이었을까? 아무튼 막내로 태어나 집안에서는 서열상 밑바닥에 있었으면서 나는 단 한 번 누구한테 맞아 봤거나 큰 소리로 야단을 맞았던 기억조차도 찾아낼 수 없다. 읍내에 있는 소학교, 그리고 그후 서울에 있는 중학교에 가서 거친 읍내애들이나 서울놈들의 상스럽고 거친 언행에 큰 충격을 받게 됐던 것은 당연하다. 이런 경험을 통해서 나는 내가 그때까지 얼마나 좁은 온실에 갖혀있었는가를 깨닫게 된다.

  나는 일찍 학교에 다니고 싶었다. 책보를 들고 학교에 다니는 나이든 애들이 부러웠다. 그러나 부친은 내가 9세가 되어서야 입학시켰다. 학교가 15리나 떨어진 곳에 있는데다가 어려서부터 나의 몸과 마음이 남달리 유약한 탓이었다. 먼 시골 통학길이 고되기는 했지만 나는 학교가 재미있었다. 언제나 선생님들한테 칭찬을 받고 우등상을 받았기 때문이다. 내가 머지않아 형들의 뒤를 따라 서울에 있는 높은 학교에 가는 것은 마치 자연의 법칙같이 당연한 것으로 여겨졌다. 4세 때 급성폐렴을 앓아 일꾼의 등에 업혀 온양에 있는 병원에 다녀왔었다는 말은 후에 들었지만, 내가 기억할 수 있는 한, 학교에 가기 전에 나는 한 번도 동네를 떠나본 적이 없다. 그러한 나에게 목조 현대식 소학교 건물이며, 콘크리트로 세운 교문과 거기에 붙은 동판 학교이름이며, 현관에 붙은 학교종이며, 교원실에 있는 오르간이며, 이 모든 것들은 무한한 호기심을 자극하고 동경심을 불러 일으켰다. 어린 촌뜨기는 자기가 살고 있는 촌과는 다른 문명의 세계, 그가 전부인줄로만 알고 있었던 농촌마을 너머, 보다 넓고 개명한 딴 세계가 있음을 막연하나마 의식했던 것이다. 보다 넓고 개명한 딴 세계에 대한 의식은 5학년 때 그 지방에서 뽑혀 10여일 일본 구경을 하고 돌아와서 더욱 분명해졌다.

    그러나 서울에 있는 중학교에 입학할 때까지 작은 농촌과 학교가 있는 15리 밖 읍내가 내 세계의 전부였다. 야산, 산소, 개천, 논, 밭 등이 나의 삶의 공간의 전부였다. 소, 돼지, 개, 닭, 참새, 까치, 잠자리, 붕어, 개구리, 거머리, 모기, 송충이, 지렁이들이 여름이면 땀내가 물씬나고 겨울이면 추위에 터진 손등을 입김으로 덥히며 새끼를 꼬거나 빨래를 하는 동네 사람들과 더불어 내가 사는 공동체를 구성하고 있었다. 벼, 보리, 무, 배추, 고추, 참외, 참깨, 감자, 고구마, 옥수수 등이 농촌의 넉넉지 못한 양식이었다.

    그러나 나에게는 부족함이 없었다. 나에게는 나를 언제나 뒤에서 든든하게 보호해주시는 조부, 모친 특히 부친이 계셨다. 하루하루가 삶으로 역동했다. 여름이면 언제나 바빴다. 학교에서 돌아오면 책보를 내던지고 여름에는 동네 앞을 흐르는 개울에서 물장난하고, 논고랑에서 붕어를 잡았고, 겨울이 되면 얼어붙은 논바닥에서 미끄럼 타기에 열중했다. 때로는 소를 논두렁으로 끌고 다니면서 풀을 뜯겨야 했고, 때로는 빈 정종병을 들고 건너편 마을에 가서 술을 사와야 했다. 때로는 벼가 누렇게 익은 논에 날아오는 새들의 무리를 쫓기 위해 찌그러진 세숫대야를 몇 시간이고 두들기도 했다. 그러면서도 어려움을 느끼지 않고 행복했었다. 모든 것이 자연스럽고 평화로웠다.

이러한 나의 세계에 금이 가기 시작했다. 내가 소학교를 졸업할 무렵부터였다. 그것은 내가 사춘기를 나도 모르게 느끼기 시작한 때와 일치한다. 나는 인간간의 갈등, 주위 사람들에게서 볼 수 있는 가난함과 빈약함, 무지와 미련함, 고집과 억지, 때로는 악의와 잔인성, 인간간의 불평등, 제도적 억압, 운명과 죽음에 대한 수수께끼, 특히 물질적 생활조건에 대한 불만을 막연하게나마 의식하기 시작했다. 이러한 의식은 큰형이 시골 집에 두고 간 문학책, 서양문예사전, 그리고 일본 작가와 사상가들의 전기 등에 눈이 떠서 그 뜻을 잘 모르면서도 그것들을 몰래 열중해서 뒤적거려 보기 시작하면서부터 급격히 예민해지고 부풀었다. 아마 나는 이 당시 벌써 작가, 시인, 예술가, 아니 '사상가'가 되겠다고 막연하게 마음먹은 듯싶다. 아무튼 나는 무엇인지도 모르면서 지적·정신적 세계에 끌렸던 것으로 기억된다.
 이제 내가 변하고 나를 둘러싼 세계가 달라지기 시작했다. 가정에 대한 자부심이 흔들리고, 포근했던 시골 마을이 어지러워지고, 멋있어 보이던 동네 사람들이 초라해 보이고, 무한히 넓은 줄만 믿었던 들과 산이 답답한 공간으로 변모했다. 내가 책에서 위인들을 만나고 난 후 집안 어른들이나 형들을 보는 눈이 달라졌다. 한문을 잘 하시고 보학에 환하신 할아버지는 엄격한 뜻에서 학자는 아니셨다. 그는 가문의 체면을 잃지 않기 위해 전통 범절을 지키는 것으로 만족하고 계셨다. 아버지는 신학문에 조금은 통하고 계셨지만 적극적으로 '개화'하려는 현대인은 아니셨다. 그는 어려움을 무릅쓰고 오직 4형제의 교육을 시키느라고, 제대로 된 신사양복 한 벌도 장만하지 않고 공무로 일본이나 다른 지방을 여행해야 할 때는 부잣집 내종 4촌 동생의 양복을 빌려 입어 가면서 자신을 돌보지 않으셨다. 그는 그만큼 경제적이셨다. 형들은 중학교와 대학에 다니고 있었긴 했지만 '사상가'가 될 만큼 도덕적 혹은 정치적 의식이 강했던 것같지는 않았고, 큰 야심과 투지를 보이기에는 성격들이 너무 소극적이고 약했던 것같다. 개인적, 가족적, 마을이라는 공동체적 차원에서만이 아니라 국가적, 아니 민족적 차원에서도 마찬가지다. 알고 보니 우리는 주권을 잃은 식민지였으며, 어떤 한국인이나 어떤 한국적 문화 유산도 세계적인 비중을 가졌다는 증거가 보이지 않았다. 충격적으로 박살난 자존심 뒤에 남는 것은 무한한 허탈감이다.

그럴수록 나는 나의 세계가 좁고, 어둡고, 답답하게 느껴졌다. 나는 보다 넓고, 환하고, 멋있는 세계로 떠나, 보다 높고 푸른 하늘을 향해 날아갈 준비를 해야 했다. 모든 것을 풀어 새로 밝히고 싶었다. 나의 운명과 세계를 바꾸어놓고 싶었다. 나는 나 자신과 세계에 대해 반항을 시작하고 있었던 것이다. 나는 이미 분명히 환상에 빠진 낭만주의자였던 것같다. 60의 후반에 든 지금까지도 멋있는 철학적 시와 시적 철학을 창조하겠다는 꿈을 깨끗이 버릴 수 없는 나는 바보가 아니라면, 아직도 망상에서 깨어나지 못한 낭만주의자로 남아있음에 틀림없다. 그 당시 이러한 허망한 망상에 빠져들어갈수록 나는 그만큼 더 외로움을 느꼈다. 어디 가서 나의 상처받은 아픔을 호소하며, 누구한테 가서 허망스러우나 크나큰 꿈을 의논하고 도움을 청할 수 있겠는가? 나에게는 그런 곳이나 그런 이들이 전혀 없었다. 나는 혼돈 속에서 그지없이 외로웠다.

이러한 나의 정신적 상황은 해방후 집안의 경제적 사정이 퍽 각박해진 가운데, 게다가 심한 사춘기를 거쳐가면서 더욱 고통스러웠다. 정치적 및 사회적 의식이 강렬했지만 정치적 행동에는 비교적 소극적으로만 참여했던 이유는 당시 나의 가정적, 신체적 및 정신적 상황 때문이었다. 나는 행동적이기보다는 사색적이며, 실용적이기보다는 관념적으로 되어가고 있었다. 나는 어느덧 우울한 내성적 문학소년이 되어 있었고, 알지도 못하는 책, 주로 문학책을 닥치는 대로 읽으면서 혼탁한 가운데서나마 나름대로 세상과 인간과 삶을 보는 시야를 넓히고, 도덕적 및 미학적 감수성을 길러가고 있었다. 그와 더불어 세상의 부조리, 인간의 비리, 운명의 불평등성 등이 무력한 나의 분노와 반항심을 자극하고, 나를 빠져나갈 수 없는 혼돈 속에 몰아넣고 있었다. 이런 과정에서 나는 육체적으로는 어느덧 편두통과 신경성 위궤양에 걸려 그후 몇십 년 간 고질적인 육체적 고통을 견디어 가야 했었고, 정신적으로는 염세적인 동시에 낭만적 이상주의자, 허무주의자인 동시에 심미주의자로 변해가고 있었다. 그러나 그럴수록 나는 역시 문학, 시에 끌려 있었고, 문필가, 철학적 사상가가 되고 싶었다. 나는 내가 빠져든 육체적 고통에서 해방되고, 정신적으로 어두운 수렁에서 빠져나가려고 몸부림치고 있었다. 한편으로는 모든 것을 투명하게 설명하고, 다른 한편으로 모든 것을 아름다운 것으로 만듦으로써 삶의 후끈한 의미를 발견하고 젊음의 환희를 체험해보고 싶었다. 당시 내가 의식했던 것은 아니지만 나는 막연한 대로 키에르케고르가 말하는 '목숨을 걸고 싸울 수 있는 삶의 가치'를 찾고 있었던 것으로 생각된다.

내가 대학에서 불문학을 선택한 것은 우연이 아니다. 시인, 작가가 되고자 했기 때문이다. 그 후 전공을 철학으로 바꾼 것은 직업적 이유에서가 아니다. 나는 세상을 투명하게 볼 줄 아는 철저한 사상가가 되고자 해서였다. 50이 넘을 때까지 결혼도 못하고 30년 동안 객지로 떠다니면서 어떤 한 철학자나 한 철학적 문제에 집중하지 못하고 거의 모든 철학적 문제에 관심을 흩어놓았다면 그것은 '목숨을 걸고 싸울 수 있는 가치있는 것'을 더듬어 왔었기 때문이 아니었던가 싶다.

대학 시절 보들레르의 삶과 작품이 나를 충격하여 시로 유혹했고, 사르트르의 마술적 언어의 논리가 나를 실존적 문제에 눈을 뜨게 했고, 또한 철학적 세계를 엿보게 했다. 소르본느 대학에서 5년을 지내면서 나는 피상적이나마 방대한 지적 세계와 접하면서 사유와 학문의 세계에 한 발자국씩 끌려들게 되었고, 아무리 서정적 시라도 논리적으로 해석할 수 있고, 그러할 때에 비로소 논리를 초월한 시적 가치를 체험할 수 있음을 깨달았다.

미국 대학에 2년 반 동안 학생으로 있으면서 나는 처음으로 '분석철학'이라는 말을 들었고, 철학적 사고의 미시적 세밀성과 논리적 엄격성을 배우면서 그때까지의 나의 지적 수준이 얼마만큼 엉성했던가를 의식하면서 내 자신의 지적 미래에 대해 절망감을 자주 느끼곤 했다. 그러면서도 나는 내가 새로 접한 이 새로운 철학에 크게 반발을 했다. 나의 철학적 문제는 어떤 전문화된 특수한 영역에서 제기되는 언어적, 개념적, 논리적인 것이 아니라 세계, 우주를 총체적으로 설명하고, '인생의 의미'를 찾아내는 절실한 실존적인 것이었기 때문이었다.

그후 25년간 미국 대학에서 직장을 갖고 있는 동안 나는 수많은 철학적 분야에 대해 다양한 철학적 입장에서 쓴 수많은 책을 닥치는 대로 읽었고, 예술, 문학, 형이상학, 인식론, 언어 등 다양한 주제에 대해 시시한 것이었지만 적지 않은 수의 논문을 썼다. 이러는 동안 나의 철학적 방법은 현상학도 아니며 분석철학도 아닌 것이 되어 있었다. 나의 철학적 관심은 어떤 한 가지 분야에 머물지 않았으며, 내가 즐겨 찾는 철학자는 플라톤도 칸트도 아니었고, 비트겐슈타인도 하이데거도 아니었고, 콰인도 데리다도 아니었다. 이러한 기간 동안 시간

관계로 잘 읽을 수가 없었을 때도 나의 관심이 문학과 예술에서 떠난 적이 없었다. 이러한 나의 지적 호기심과 방황, 회의와 반성 그리고 추구와 방랑은 백발이 된 지금도 끝나지 않고 계속된다. 지난 20년에 걸쳐 내가 펴낸 20여 권의 한국어 책과 여기저기 발표한 수십 편의 영·불어 논문들은 산만한 정신적 궤적을 따랐던 내 지적 방랑의 거칠고 어수선한 흔적들에 지나지 않는다.

나는 지금까지 어떤 한 철학자도 그대로는 추종하지 않는다. 그러나 수많은 철학자들로부터 무한한 지적 통찰력과 지혜를 배운다. 위대한 철학자, 작가, 혁명가는 물론 나를 가르쳐 주신 모든 시골 소학교부터의 모든 스승들, 내가 가까왔던 모든 친지들, 수많은 책들, 세계, 자연, 그리고 나의 모든 경험이 나의 철학적 교사이자 교과서이었다.

나는 어떤 특정한 종교도 믿지 않는다. 그러나 스스로를 누구 못지 않게 종교적인 사람으로 자처한다. 나는 물리적 우주에 대한 과학적 설명을 신뢰한다. 그러나 바로 그러한 우주야말로 가장 신비스러운 것으로 본다. 나는 내세를 믿지 않고 누구나 한 번밖에 살지 못한다고 믿는다. 그러나 바로 이 세상이 곧 내세이며, 바로 이 삶이 영원한 삶이라고 믿는다. 나는 삶의 궁극적 허무를 의식한다. 그러나 이 허무감을 달랠 아무것도 눈에 띄지 않는다. 나는 인간이 자연, 지구, 우주의 주인이라고 믿지 않는다. 그러나 인간이 자연, 지구, 우주의 운명에 대한 책임이 있다고 믿는다. 나는 인간보다 개나 새에 더 정이 간다. 그러나 인간보다 더 아껴야 할 존재를 아직은 만나본 적이 없다. 나는 인간이 물리적으로는 무한히 광대한 우주의 무한히 작은 일부분임을 안다. 그러나 또한 인간은 정신적으로 우주보다 크다는 것을 알고 있다.

나는 언어를 떠난 인식을 믿지 않는다. 그러나 인식은 역시 인간의 인식과 독립해 존재하는, 개념화할 수 없는 무엇에 대한 인식이지 인간의 상상물이 아니라고 생각한다. 나는 우리가 믿고 있는 모든 사실, 현상, 세계, 우주 등등은 언어에 의한 인간적 제품이라고 믿는다. 그러나 그러한 사실, 현상, 세계, 우주는 단순히 인간에 의한 언어적 발명 이상이라고 확신한다. 나는 인식론적 관념론자이며 존재론적 유명론자이다. 그러나 플라톤이나 버클리적인 관념론을 배척하고, 존재론적 개념주의를 거부한다.

나는 궁극적으로 어떤 것이 선하고 어떤 것이 악한지, 궁극적으로 어떤 삶이 옳고 그릇된 삶인지를 알 수 없다. 그러나 선과 악, 옳고 그릇된 삶은 개인이나 집단의 의견에 달려있지 않다고 확신한다. 나는 행복하고 싶다. 그러나 그냥 편함으로서의 혹은 쾌락으로서의 행복을 멸시한다.

나는 유토피아를 믿지 않는다. 그러나 인간사회는 꾸준한 개혁으로 개선되어야 한다고 믿는다. 나는 역사의 변증법에 따른 진보가 허구라고 생각한다. 그러나 인간의 지혜와 결단에 따라 역사는 진보해 왔고 앞으로도 진보할 수 있으며, 진보해야 한다는 신념을 갖고 있다. 나는 독재적 사회주의보다는 자유민주주의를 선택한다. 그러나 현재와 같은 물질적 가치만을 중요시하는 추악한 자본주의에 구역질을 느낀다. 나는 동구 사회주의 체제의 붕괴가 그곳 민중들을 위해서 다행스러운 역사적 사건이라고 여긴다. 그러나 사회주의가 원래 깔고 있던 유토피아적 이상은 살아남아야 한다고 믿는다.

나는 소수 세련된 지배 귀족에 맞서 다수 소박한 민중의 편에 선다. 그러나 민중은 정말로 귀족적이어야 한다고 믿는다. 나는 문화가 대중이 즐길 수 있는 것이라야 한다고 생각한다. 그러나 오늘의 천박한 쾌락주의적 대중문화를 혐오한다. 나는 약바른 자를 경멸한다. 그러나 위선자는 정말 참을 수 없다. 나는 조용한 것을 좋아한다. 그러나, 나 자신에게 철저하고 싶다.

나는 이성이 정확히 무엇인지를 모른다. 그러나 이성의 존재를 확신한다. 나는 이성이 판단의 절대적 잣대라고는 믿지 않고, 이성을 무조건 의지할 수 있는 빛으로 신뢰하지 않는다. 그러나 이성은 역시 사유의 잣대이며, 이성보다 더 신뢰할 수 있는 빛은 아무데서도 찾아낼 수 없다. 나는 모든 사람들이 다 같이 이성적 기능을 갖고 있다는 것을 안다. 그러나 그들이 또한 이성을 잃는 때가 흔히 있다는 것을 안다.

나는 철학이 이성적 활동의 가장 대표적 표현이라고 믿는다. 그러나 이성은 인간의 모든 활동에서 다소나마 발견할 수 있다. 나는 철학이 아무것도 생산하지 못하고, 세계의 어느 것도 바꾸어 놓을 수 없음을 안다. 그러나 철학은 세계를 밝히는 빛이다. 나는 철학의 실용성을 믿지 않는다. 그러나 세계가 철학의 제품이라는 점에서 철학은 가장 실용적이라고 생각한다. 나는 철학적 사유도 역시 자연의 일부로서 자연, 세계 속에 갇혀있음을 안다. 그러나 철학적 사유를 하는 한 인간은 필연적으로 그가 태어나고 생존하는 사회, 세계, 자연을 초월하고 우주는 그러한 철학적 사유 속에 들어있음을 안다.

당대총서 3

이성은 죽지 않았다

ⓒ 박이문, 1996

지은이/박이문
펴낸이/김종삼
펴낸곳/도서출판 당대

첫판펴낸날 1996년 4월 20일
2쇄펴낸날 1996년 6월 10일

등록/1995년 4월 21일(제10-1149호)
주소/서울시 마포구 서교동 362-11번지 4층 ⑨ 121-210
전화/323-1316, 323-1317 팩스/323-1317

값 12,000원

지은이와의 협약에 의하여 인지는 생략합니다.

ISBN 89-8163-008-9   04100
ISBN 89-8163-000-3(세트)   04100